Sigrun und Herbert Berger

Zerstörte Hoffnung, gerettetes Leben

Chilenische Flüchtlinge und Österreich

Mandelbaum Verlag Wien

Gedruckt mit Unterstützung von:
Bundesministerium für Bildung, Wissenschaft und Kultur
KommEnt, Salzburg
Internationales Gewerkschaftsinstitut des ÖGB
Dr. Karl Renner-Institut
Wiener Integrationsfonds
Verband Wiener Volksbildung

ISBN 3-85476-062-0

Ferdinandstr. 25 / 2605, A-1020 Wien

1. Auflage 2002
Lektorat: Christine Wendelin
Übersetzung aus dem chilenischen Spanisch:
Sigrun und Herbert Berger
Satz & Graphische Gestaltung: Michael Baiculescu
Umschlagbild: Thomas Billhardt
Druck: interpress, Budapest

Inhaltsverzeichnis

.....

121 **Ana Careño**, hatte mit ihrem Mann in einer Stadtrandsiedlung Santiagos ein kleines Geschäft, 1974 wurden ihr Mann und ein Sohn verschleppt, 1978 Flucht mit zwei Kindern nach Österreich

126 **Eduardo Avendaño**, 1931 in Tomé im Süden geboren, Direktor einer Landwirtschaftsschule in Valparaiso, 1973 auf dem Schiff Lebu gefangen, nach der Entlassung politische Arbeit im Untergrund, 1981 Flucht nach Österreich, 1989 Rückkehr nach Chile

138 **Dante Notari**, 1942 in Santiago geboren, Lehrer, später Beamter, Ende 1973 Flucht über die österreichische Botschaft

153 **Maria Teresa Gallardo**, geboren in Puerto Montt im Süden, Sozialarbeiterin, 1975 folgte sie ihrem Mann ins Exil

159 **Juan Correa**, studierte bis 1973 an der Universität von Concepción, Ende 1973 Flucht über die österreichische Botschaft, Rückkehr nach Chile Ende 1999

167 **José Contreras**, 1940 in Concepción geboren, Angestellter bei der Sozialversicherung, 1973 bis 1975 in mehreren Gefängnissen und Konzentrationslagern, danach Ausweisung

172 **Maria Martinez**, 1952 in Concepción geboren, studierte Soziologie, setzte nach dem Putsch die politische Arbeit fort, 1975 in mehreren Gefängnissen, Ausweisung

183 **Peter Zahradnik**, 1946 in Santiago geboren, Chemiker und Limnologe, Ende 1973 Flucht nach Österreich

199 **Francisca Sanchez**, studierte bis 1973 Statistik in Santiago, 1974 bis 1980 Exil in Kuba, politische Arbeit im Untergrund in Chile, 1981 verhaftet, 1984 Ausreise nach Österreich

.....

Sigrun Berger / Herbert Berger

Zerstörte Hoffnung, gerettetes Leben

In diesem Buch erzählen neun Frauen und zwölf Männer, die in den Siebzigerjahren als politische Flüchtlinge von Chile nach Österreich kamen, aus ihrem Leben. Sie berichten von ihren großen Hoffnungen zur Zeit der Regierung Allende, von ihrer Verfolgung durch die Militärdiktatur und von ihrer Rettung durch den Weg ins Exil. Drei von ihnen kehrten inzwischen wieder in ihre Heimat zurück, alle anderen leben seither in Österreich und fast alle sind österreichische Staatsbürgerinnen und Staatsbürger geworden. Ihr gemeinsames Schicksal ist die politische Verfolgung nach dem Militärputsch in Chile im Jahre 1973 und das Exil in Österreich.
Es sind Menschen, die sich in ihrer Heimat mit all ihren Kräften für eine große Hoffnung engagiert hatten. Es war die Hoffnung auf ein würdiges Leben für alle in Chile, die durch den Wahlsieg der *Unidad Popular*[1], den vereinten linken Parteien, am 4. September 1970 zu einem politischen Projekt wurde. Es war die Hoffnung eines so genannten unterentwickelten Landes, Ausbeutung und Abhängigkeit von den Ländern des Nordens, vor allem der USA, zu überwinden. Die Hoffnung, dass der Reichtum der Minen im Norden und der fruchtbaren Felder im Süden allen zugute kommen könnte. Es war die Hoffnung, dass die Arbeiter und Arbeiterinnen in den Fabriken, in den Minen und am Land in Würde leben können, dass ihre Kinder eine entsprechende Ausbildung bekommen und die medizinische Versorgung nicht mehr ein Privileg der Reichen ist.
Alle, die hier berichten, haben sich für diese große Hoffnung engagiert, sie wurden von einer Welle der Begeisterung und der kühnen Träume getragen. Diese Hoffnung wurde durch den Militärputsch vom 11. September 1973 grausam zerstört, weil diese Hoffnung im Widerspruch zu den Interessen der Großgrundbesitzer, der Großunternehmer, des in- und ausländischen Finanzkapitals und des US-amerikanischen Hegemonieanspruchs über Lateinamerika stand.

1 Kursiv gesetzte Begriffe werden im Glossar erläutert

Nicht alle, die diese Hoffnung teilten, konnten ihr Leben retten. Viele starben durch die erbarmungslose Repression der Militärdiktatur, nur die Überlebenden können über ihr gerettetes Leben und ihren Weg ins Exil berichten. Sie haben das nackte Leben gerettet, sie mussten zunächst ohne Familie, ohne den schützenden Mantel der eigenen Kultur, ohne Sprache und mit einer zerstörten Hoffnung im Herzen in die Fremde. Gerettetes Leben im grauen Flüchtlingslager Traiskirchen, wieder mit Mauern und Polizei. Gerettet wie Schiffbrüchige, die kein Land sehen.

Wir haben diese Lebensgeschichten aus zwei Gründen gesammelt. Erstens, weil es wichtig ist, Zeitzeugen über die jüngste Geschichte Chiles zu Wort kommen zu lassen. Die Erinnerung an ihre Lebens- und Leidensgeschichten macht bewusst, dass eine humane Gesellschaft nirgends, in keinem Land, auf keinem Kontinent, eine Selbstverständlichkeit ist, sondern dass wir ständig um sie kämpfen müssen. Unser zweites Motiv war, Erfahrungen, die politische Flüchtlinge aus Chile in Österreich machten, zu dokumentieren: Die Aufnahme im Land der Zuflucht, die mühsamen Schritte des Beginns eines neuen Lebens in einer fremden Welt und die Frage der so genannten Integration. Betroffene der österreichischen Flüchtlings- und Integrationspolitik kommen hier zu Wort, Menschen, die es lernten, sich mit der österreichischen Gesellschaft auseinander zu setzen und vertraut zu machen.
Wir haben die Autorinnen und Autoren gebeten, wenn möglich eine umfassende Darstellung ihres Lebens zu geben, angefangen von ihrer Kindheit bis heute. Wir ersuchten sie aber, insbesondere auf die Verfolgung in Chile und auf die Erfahrungen bei ihrer Aufnahme in Österreich einzugehen. Wir erhielten, wie das vorliegende Ergebnis zeigt, sehr unterschiedliche Berichte, die in ihrer Gesamtheit ein eindrucksvolles Bild von den chilenischen Flüchtlingen in Wien ergeben. Die Unterschiede beziehen sich in erster Linie auf die Ausführlichkeit: Ganz kurze, gedrängte Darstellungen kontrastieren mit umfassenden und detailreichen Berichten. Manche setzen den Schwerpunkt auf ihre Kindheit, andere auf ihre politischen Erfahrungen, andere auf ihr Leben in Österreich.
Ausführlichkeit kann, muss aber nicht bedeuten, dass der Autorin oder dem Autor ein Thema besonders wichtig ist, oder um-

gekehrt: Eine kurze Darstellung eines Lebensabschnittes impliziert nicht, dass dieser Abschnitt kein großes Gewicht für das eigene Leben hat. Bei manchen wird z. B. der Bericht über die Erfahrungen in Österreich recht knapp gehalten. Wir vermuten, dass sich einige Autorinnen und Autoren aus einer grundsätzlichen Dankbarkeit heraus scheuen, kritische Bemerkungen über Österreich und das hier Erlebte zu machen. Sie fürchten, sie könnten als undankbar missverstanden werden. Das deutet darauf hin, dass viele Verletzungen, die sie erfahren haben, noch nicht so weit aufgearbeitet sind, um unbefangen über Positives und Negatives schreiben zu können. Noch bedeutsamer sind bei einigen die Hemmungen, über ihre Erlebnisse in den Gefängnissen zu berichten. Da gibt es Barrieren, die so stark sind, dass über diese Erfahrungen nicht einmal mit guten Freundinnen und Freunden geredet werden kann, ganz zu schweigen von einem schriftlichen Bericht. Manche haben auch über diese Zeit im Detail berichtet, aber wir wissen aus unseren Kontakten, dass es allen schwer fiel, die schmerzlichen Ereignisse, die sie vor vielen Jahren erlitten haben, wieder ins Gedächtnis zu rufen und niederzuschreiben.

Wir haben insgesamt 94 Personen in Österreich und 24 in Chile gebeten, einen Lebensbericht zu verfassen. Manche haben uns ganz klar gesagt, dass sie nicht mehr an diese traurige Zeit zurückdenken möchten und daher bei diesem Projekt nicht mitmachen wollen. Viele der angeschriebenen Personen wären zu einem umfassenden Gespräch bereit gewesen, wollten aber nicht schreiben. Auf Anraten des Institutes für Wirtschafts- und Sozialgeschichte der Universität Wien arbeiteten wir aber nicht mit Interviews, sondern wählten die schriftliche Selbstdarstellung als Methode, und das war gut so. Erstens wäre es schon vom Arbeitsaufwand her kaum zu bewältigen gewesen, so lange Interviews zu machen, sie zu transkribieren und dann zu übersetzen, doch das war nicht entscheidend. Viel wichtiger ist, dass bei der schriftlichen Selbstdarstellung, zu der sich viele nur nach langem Zögern und mehrmaligen Gesprächen entschlossen, ein höheres Maß an Authentizität erreicht wird als bei Interviews, wo durch Gesprächsführung und Transkription ein gewisser Einfluss durch die Fragenden unvermeidlich ist.

Die Berichte von Alejandra Olivares, Maria Martinez und Peter Zahradnik wurden von ihnen selbst in Deutsch abgefasst, alle

übrigen haben wir aus dem chilenischen Spanisch übersetzt und unsere Übersetzung mit den Autorinnen und Autoren, die ja alle ausreichend Deutsch können, um sich ein Urteil zu bilden, besprochen. Durch unseren langjährigen Aufenthalt in Chile und den Kontakt mit den Chileninnen und Chilenen in Wien glauben wir, dass unsere Übersetzungen dem gerecht werden, was die Autorinnen und Autoren ausdrücken wollten.
Obwohl die Mehrzahl der Autorinnen und Autoren immer wieder meinte, für das Schreiben unbegabt zu sein, sehen wir, dass alle Berichte eindrucksvoll geschrieben sind und die jeweilige Persönlichkeit sehr gut zum Ausdruck kommt. Einige haben bei dieser Gelegenheit sogar ihre Liebe zum Schreiben entdeckt und äußerten die Absicht, für sich und ihre Familien einen noch ausführlicheren Lebensbericht zu verfassen. Manche widmen den Bericht ausdrücklich ihren Kindern und Enkelkindern, was nicht nur eine liebevolle Geste ist, sondern den Nachkommen Informationen und Einsichten zugänglich macht, die sie bisher nicht hatten.
Vier der Autorinnen und Autoren wollten, dass ihre Anonymität gewahrt bleibt. Bei ihnen wurde mit ihrem Einverständnis ein Pseudonym eingesetzt.
Von denen, die wieder nach Chile zurückgekehrt sind, haben nur wenige geantwortet. Das hängt einerseits damit zusammen, dass es für uns schwieriger war, in Chile nachzufragen als in Wien. Andererseits vermuten wir, dass es für Zurückgekehrte eine zusätzliche Hemmschwelle gibt, so einen Lebensbericht zu verfassen. Denn durch die Herausforderung, in Chile oft unter sehr schwierigen Umständen wieder neu anzufangen, sind ihre Erlebnisse der Verfolgung und des Exils vielleicht für den Moment in den Hintergrund getreten.
Wir haben in eigenen Beiträgen die Aufnahme der chilenischen Flüchtlinge in Österreich und die politische Entwicklung Chiles in den letzten Jahrzehnten behandelt. Dabei geht es nicht darum, diese Themen erschöpfend darzustellen, sondern einen Überblick zu geben, der als Hintergrund für die Lektüre der Lebensberichte hilfreich sein soll.
Was ein Flüchtling aus Chile hier in Wien empfand, kommt in der Erzählung »Der Schatten« von Gregorio Mena zum Ausdruck. Mena war Lehrer, Politiker und Schriftsteller. Kurz vor seinem Tod im Jänner 1997 brachte ein chilenischer Verlag un-

ter dem Titel »Cazuela de Angeles« einen Band mit seinen Erzählungen heraus. Seine Witwe, Helga Mena-Bohdal, übersetzte daraus die genannte Erzählung und stellte sie uns dankenswerterweise zur Verfügung.
Schließlich noch ein Wort zu uns selbst und dem, was wir persönlich mit diesem Thema zu tun haben. Wir lebten von 1968 bis 1973 in Chile und arbeiteten in mehreren Stadtrandsiedlungen in Santiago im sozialen Bereich. Es ging dabei um eine Hilfestellung bei der eigentlich kaum vorhandenen medizinischen Versorgung, um die Errichtung von Kindergärten oder um die Kooperation mit Selbsthilfegruppen von Frauen. Wir arbeiteten immer eng mit den jeweiligen Basisorganisationen zusammen. Wenige Wochen nach dem Militärputsch mussten wir uns in die österreichische Botschaft flüchten und das Land verlassen. Nach unserer unfreiwilligen Rückkehr nach Wien engagierten wir uns bei der Betreuung der chilenischen Flüchtlinge und in der Solidaritätsarbeit für Chile. Durch diese Aktivitäten haben wir einen intensiven Kontakt mit den Menschen, die Chile verlassen mussten und bei uns Aufnahme fanden.
Die Arbeit an diesem Projekt begann im Sommer 1999 mit dem Sammeln von Adressen und dem Aussenden eines Schreibens, in dem wir unsere Absicht darlegten, um Mitarbeit ersuchten und eine Liste von möglichen Themen für eine schriftliche Lebensdarstellung beilegten. Wir fanden ein gutes und positives Echo und wir konnten diese Arbeit, die Übersetzung eingeschlossen, in den ersten Monaten des Jahres 2001 abschließen. Diese Forschungsarbeit wurde von der Stadt Wien, Wissenschafts- und Forschungsförderung, unter der Verantwortung von Dr. Hubert Ehalt, über den Verein Frauensolidarität unterstützt, wofür wir uns herzlich bedanken.
Ebenfalls möchten wir an dieser Stelle Herrn Dr. Michael Mitterauer, Professor für Sozialgeschichte am Institut für Wirtschafts- und Sozialgeschichte der Universität Wien, und Herrn Günter Müller, Betreuer des Dokumentationsarchivs für lebensgeschichtliche Aufzeichnungen an diesem Institut, unseren Dank aussprechen. Sie gaben uns wichtige Hinweise für die Arbeitsmethode und haben uns laufend beraten. Wir verdanken ihnen viele Anregungen, die Eingang in dieses Buch gefunden haben. Kopien der Originale der Berichte wurden im Einverständnis mit den Autorinnen und Autoren dem genannten

Archiv zur Verfügung gestellt. Die von Michael Mitterauer und Peter Paul Kloß herausgegebenen Bücher in der Reihe »Damit es nicht verlorengeht ...« waren für unsere Arbeit ein Vorbild. Insbesondere aber danken wir jenen neun Frauen und zwölf Männern, die sich die Mühe nahmen ihre Lebensgeschichte aufzuzeichnen und uns zu übergeben. Es war für uns sehr schön, an diesem Projekt zu arbeiten, es war eine Arbeit, die uns tief berührte. Wir freuen uns über das Vertrauen, das uns von den chilenischen Freundinnen und Freunden entgegengebracht wurde. Wir empfanden bei jedem Bericht einen tiefen Respekt vor dem persönlichen Schicksal.

Juana Marticorena

Liebe Freunde!
Euer Brief erreicht mich in einem Lebensabschnitt, da mein Haar weiß geworden ist und mein Körper in meinem kleinen Haus in Chile die Ruhe sucht. Meine Gedanken durchlaufen den langen Weg von meiner Kindheit bis in die Gegenwart. Dieser Brief lässt mich die Zuneigung und Liebe empfinden, die ihr, Sigrun und Herbert, meine Freunde in Österreich, mir entgegenbringt. Eure Freundschaft war in all diesen Jahren ganz wichtig. Euer Brief ist eine Herausforderung für mich, die Erfahrungen meines bewegten Lebens niederzuschreiben, über mein Leben als Frau, als Gattin, als Mutter, als Arbeiterin und schließlich als politischer Flüchtling in Österreich. Mit dem Respekt, den ich euch gegenüber empfinde, aber auch gegenüber dem Proletariat und den Gefährten meines politischen Kampfes, werde ich versuchen, mit Gottes Hilfe meine Erinnerungen zu berichten. Damit möchte ich auch die Arbeit an eurem Projekt unterstützen. Bevor ich meinen Bericht beginne, wünsche ich euch viel Erfolg und ich hoffe, dass das, was ihr an Erinnerungen sammeln werdet, auch ich einmal lesen kann. Lasst euch herzlich umarmen von eurer alten Freundin Juana Maticorena (Waleska), die euch sehr vermisst.

Die Geschichte der Chilenin Waleska, die in Österreich im Exil lebte und die durch das Regime des General Augusto Pinochet viel Leid erfahren hat, aber ihr schweres Schicksal durch die Hilfe Österreichs bewältigen konnte

Mein katholischer Taufschein sagt mir, dass ich am 1. November 1930 in Lampa, einem Dorf in der Nähe Santiagos, zur Welt kam. Meine Eltern waren Juan de Dios Marticorena und Isolina Arancibia. Ich kam auf dem Gutshof meines Vaters »Lo Vargas« zur Welt, in einer fruchtbaren Region, umgeben von Obstbäumen und Blumen, am Fuße der Anden. Die Landarbeiter und ihre Familien waren die Menschen, die mich umgaben. Alle im Haus freuten sich über mein Lachen und Weinen. Mein Vater war sehr reich, er feierte mehrere Tage lang meine Geburt. Es gab eine Unzahl von Gästen bei diesem Fest, zum

Teil hohe Persönlichkeiten. Rinder wurden am Rost gebraten, es gab Empanadas[1] und der Wein aus dem eigenen Keller floss in Strömen. Ich war, wie man in Chile sagt, ein Kind, das in eine goldene Wiege geboren wurde.

Mein Vater, Juan de Dios Marticorena, war Multimillionär. Er war Gutsbesitzer, Politiker der Radikalen Partei, Freimaurer, Sponsor der Freiwilligen Feuerwehr Santiagos, Aufsichtsrat der Agrarbank und Hauptaktionär der Reisverarbeitungsfabrik EGA. Durch seinen Reichtum und seine Aktivitäten war er ein wichtiges Mitglied der Gesellschaft der Dreißigerjahre, und auf seinem Gut trafen sich viele Politiker, bis hin zum Präsidenten der Republik, um Fragen der Regierungspolitik zu besprechen, aber auch um seine großzügige Gastlichkeit zu genießen.

Ich wuchs in dieser luxuriösen Umgebung heran, zur Zeit, als der Halley-Komet die Milchstraße kreuzte. Ich war im Tierkreiszeichen des Skorpion geboren. Ich hatte eine glückliche Kindheit in meinem Heimatland. Was ich über meine ersten Lebensjahre weiß, kenne ich nur aus den Erzählungen meiner Großeltern. Darüber möchte ich nicht schreiben, sondern nur über das, woran ich mich selbst erinnere, z. B. an meine Freude, als mir mein Vater mein erstes Pferd schenkte, das ich Ajeito nannte, oder als ich mit meinem Großvater Pilze sammeln ging, die er dann kochte und die köstlich schmeckten.

Während ich heranwuchs, wurde mir bewusst, dass ich immer schön angezogen war und hübsche Schuhe hatte, während die Kinder der Landarbeiter barfuß gehen mussten und zerrissene Kleider anhatten. Ich fragte mich, ob das so richtig ist. Schon in der Kindheit bemerkte ich den Unterschied zwischen den Herren und den Knechten. Ich lebte im Überfluss und sie litten sogar Hunger. Sie ertrugen ihre Armut in Würde, sie waren außerordentlich religiös und nahmen ihr Schicksal einfach hin. Ich gab mich aber nicht zufrieden damit, wie sie leben mussten, ich litt unter ihrem Schicksal und schon als Kind versuchte ich, diesen Menschen zu helfen und sie zu trösten. In mir wuchs der Widerstand gegen diese Gesellschaft der Ausbeutung. Einmal hatte mein Vater angeordnet, dass das Fallobst der Äpfel- und Orangenbäume den Landarbeitern überlassen werden sollte. Ich sattelte am frühen Morgen mein Pferd, ritt zu den Obstgärten und stieß

1 Empanadas: mit faschiertem Fleisch oder Käse gefüllte Teigtaschen

mit meinem Pferd gegen die Bäume, damit Obst herunterfällt. So hatten die Arbeiter viel mehr Früchte, als normalerweise heruntergefallen wären – und ich wurde nie erwischt.
Oft war ich Zeugin, als die Politiker die Stimmen der Landarbeiter kauften. Sie gaben ihnen einen Becher Wein und brachten sie dann mit Lastwagen oder Fuhrwerken zum Wahllokal, damit die Arbeiter für sie stimmten. Doch als diese Politiker gewählt waren, schlugen sie den Leuten die Türe vor der Nase zu. Auch heute noch wird die indigene Bevölkerung, z. B. das Volk der *Mapuches*, so behandelt. Das alles gefiel mir nicht, machte mich traurig, und ich nahm mir vor, mit meinem Vater darüber zu sprechen. Ich war zehn Jahre alt, als ich diesen Versuch wagte: »Warum diese Klassenunterschiede, warum sind die einen so reich und die anderen so arm? Wenn die Erde allen gehört, warum gibt es dann Menschen, die kein Land haben, um es zu bebauen, die kein Dach über dem Kopf haben, um sich vor Wind und Regen zu schützen? Warum müssen die einen Armut erleiden, während die anderen in Palästen leben? Und warum kümmern sich die Regierenden nicht um die Sorgen der Armen?« Mein Vater gab mir zur Antwort, dass es schon immer soziale Unterschiede gegeben habe und dies auch in alle Ewigkeit so sein werde. Das verstand ich nicht und ich konnte mich nicht damit abfinden, denn die Armen taten mir sehr Leid.
Ich hatte eine Kindheit wie alle anderen aus meiner sozialen Schicht. Ich besuchte eine Privatschule in Santiago, spielte wie andere Kinder und war sehr fröhlich. Doch im Alter von zehn Jahren zerbrach mein Glück, da meine junge Mutter starb. Mein Glück verwandelte sich in Traurigkeit und Weinen. Es war ein ungeheurer Schmerz, ich hatte jetzt nur noch meinen Vater, der schon ziemlich alt war. Obwohl ich ihn sehr verehrte und wir uns gegenseitig liebten, konnte ich das Bild meiner Mutter nicht vergessen. Ich musste ohne Mutterliebe aufwachsen.
Auch die liebevolle Beziehung zwischen meinem Vater und mir endete durch seinen Tod im Jahre 1945, als ich 15 Jahre alt war. Ich war zum Waisenkind geworden und in meinem Schmerz verlor alles andere, der Grundbesitz, meine Freundschaft zu den Landarbeitern und ihren Familien und meine Gefühle als junge Frau, an Bedeutung. Trotz meines reichen Erbes

konnte ich den Verlust meiner Eltern nicht verwinden, zu groß war mein Schmerz. Ich wurde nun von einem Vormund abhängig, der meinen Besitz verwaltete. Er war der Mann meiner Stiefschwester und beide nützten die Situation aus, um sich einen großen Teil des Erbes anzueignen. Aufgrund der Gesetzeslage konnte ich das nicht verhindern, da ich noch nicht volljährig war.

Ich war noch nicht 20 Jahre alt, als ich einen jungen Mann meines Alters kennen lernte, der mein Ehemann wurde. Wir gründeten einen Hausstand und für mich begann ein neues Leben. Es war eine glückliche Zeit, wir hatten ein schönes Haus, es ging uns gut und wir bekamen sechs Kinder. Mein Mann war aufgrund seines Berufes als Fernfahrer oft lange Zeit unterwegs. Er kam mit seinem Lastwagen in ganz Chile herum. Manchmal konnte ich ihn begleiten und so lernte ich viel von Chile kennen. So auch den Norden Chiles, die Zone der Bergwerke und die großartige Kupfermine von Chuquicamata. Ich sah die geschundenen Minenarbeiter, viele waren noch Kinder, die von den großen Unternehmern ausgebeutet wurden. Sie hatten einen sehr langen Arbeitstag, viele starben in den Bergwerken. Es war ein trauriger Kampf des Proletariats, ohne Ausweg für die Männer und ihre Familien. Ihre Unwissenheit und der Analphabetismus waren die größten Hindernisse. Sie lebten im Elend und befolgten alles, was man ihnen sagte. Es hieß, man muss den Arbeiter in Unwissenheit und Analphabetismus belassen, um ihn zu beherrschen. Durch die geringen Löhne im Elend belassen und ihn auch durch eine Abhängigkeit bei seinem Lebensmitteleinkauf beherrschen. Die Arbeiter bekamen kein Bargeld, sondern nur Gutscheine, mit denen sie Lebensmittel und sonstige Waren nur in den Geschäften, die dem Minenbesitzer gehörten, kaufen konnten. So wurden die Minenbesitzer jeden Tag reicher und mächtiger.

Diese Zeit war geprägt von meinem Glück mit den Kindern. Ich hatte viel Freude, war aber oft auch sehr einsam. Mein Mann fuhr immer wieder nach Peru, wo er Verwandte hatte. So lernte ich auch einen Teil von Peru und die dortigen Lebensumstände kennen. Chile gilt schon als unterentwickeltes Land, aber Peru war noch viel schlechter dran. Es gab in Peru eine starke Diskriminierung bestimmter Ethnien, große Unterschiede zwischen den Weißen, den Schwarzen, den Chinesen und Japanern, den Indianern aus dem Bergland und den Mischlingen. Die Oberschicht war sehr reich und das Volk außerordentlich arm. Als ich die Realität Perus kennen lernte, war ich froh, Chilenin zu sein.

Meine Ehe dauerte nur etwa sechs Jahre. Plötzlich entfernte sich mein untreuer Ehemann von mir und ließ mich mit meinen sechs kleinen Kindern total verlassen zurück. Er machte sich nicht die Mühe, mir sein Verhalten zu erklären. Es folgten Jahre des Schmerzes, der Einsamkeit und des Nichtverstehens. Mein Leben veränderte sich nun von Grund auf. Mein Weg hatte mich vom verwöhnten Kind über die selbstlose Ehefrau in die Welt der Arbeiterinnen geführt. Ich musste nun um den Unterhalt meiner Kinder und um mein eigenes Überleben kämpfen. Gott sei Dank kam ich immer zurecht. 1970 fand ich als Fahrerin eines Ambulanzwagens des Krankenhauses Sotero del Río, im Süden Santiagos gelegen, Arbeit. Das war eine neue Erfahrung in meinem Leben.

Was mich schon als Kind beunruhigt hatte, bekam ich nun am eigenen Leib zu spüren. Jetzt gehörte ich zu denen, die gemeinsam einen harten Kampf führen müssen, die an die soziale Befreiung, an die Gleichwertigkeit aller arbeitenden Menschen und an die Menschenrechte glauben. Ein Kampf um gerechte Löhne und um ein Dach über dem Kopf. Ich fuhr nun ständig zwischen dem Krankenhaus und dem kleinen medizinischen Posten der Siedlung Nueva la Habana, der den Namen Che Guevaras trug, hin und her. Ich wohnte jetzt in dieser Siedlung, in der vor allem Leute der Linken lebten.

Das war schon zur Zeit der *Unidad Popular* unter der Regierung von Salvador Allende. Mein Leben war nun sehr ausgefüllt. Ich schloss mich der Bewegung der Revolutionären Linken, dem *MIR*, an. In meiner Siedlung kümmerte ich mich um alle medizinischen Angelegenheiten und ich musste mit dem Krankenwagen zu jeder Tages- und Nachtzeit ausfahren, um das Leben Verletzter zu retten oder um Frauen zur Geburt eines Kindes ins Krankenhaus zu bringen. Die Mitglieder des *MIR* waren in der Mehrzahl junge Männer und Frauen, die an den Sozialismus glaubten. Wir setzten unsere ganzen Kräfte für die Bewegung der Linken ein, in der Hoffnung, dass aus Chile ein freies und starkes Land wird. Die Bewegung des *MIR* wurde von Miguel Henriquez geleitet. Er war eine große Persönlich-

keit, integer und aufrichtig. Er hatte in Concepción Medizin studiert und hatte ein großes Charisma.
Die Regierung Allende musste hart kämpfen, denn die politische Rechte und ihre Parteien opponierten mit allen Mitteln gegen die Reformpläne des Präsidenten. Im Schatten der Kasernen gedieh die Verschwörung und wurde für die Bevölkerung zu einer Zeitbombe. Der tägliche Kampf und die schwierige Mitarbeit in der linken Bewegung gehörten jetzt zu meinem Leben. Dieses Leben war nun die Antwort auf die Fragen meiner Jugend. Ich war noch keine alte Frau damals, ich war 40 und hatte eine große Bereitschaft, mich mit allen meinen Kräften einzubringen. In unserer Gemeinschaft gab es einen starken Idealismus, der uns befähigte, viele Hindernisse zu überwinden. Ich liebte meine *Compañeros* und *Compañeras* und es war für mich eine Ehre, Teil der *Unidad Popular* und des *MIR* zu sein.
Ich erinnere mich an das Leben im *Campamento*, der späteren Siedlung Nueva la Habana. Es fing damit an, dass eines Nachts organisierte Gruppen ein Grundstück am Stadtrand besetzten, trotz der Gefahr, dass die Polizei einschreitet. Zunächst waren die Menschen Wind und Regen schutzlos ausgesetzt. Als den zahlreichen Familien einige Quadratmeter Platz zugewiesen waren, konnten sie beginnen, ihre provisorischen Hütten aufzubauen. Dann wurden die Wege und Straßen ausgesteckt und die Latrinen errichtet, die Versorgung mit Wasser und Strom wurde notdürftig geregelt, und das Reinhalten des *Campamento* organisiert. Es wurden Wachen eingeteilt, um die Leute zu schützen, und es wurde die Verteilung von Decken, Matratzen, Zelten und Holz zum Bau der Hütten organisiert. Wir arbeiteten Tag und Nacht, aber die Mittel reichten nicht, um alle Erwartungen zu erfüllen.
Manchmal war ich todmüde, aber die Herausforderung der Zusammenarbeit mit der Arbeiterklasse hielt mich aufrecht. Woher nahm ich die Kraft? Ich weiß es nicht, ich glaube, es war Gott, der mir beistand. Die Frauen und Männer, die diese Arbeit leisteten, waren von einer tiefen Überzeugung getragen und unser Lohn war, zu sehen, dass alles, was wir anpackten, zu guten Ergebnissen führte. Ich hatte in dieser Siedlung mit meinen Kindern mein Zuhause und war glücklich. Meine Mitarbeit war eine freiwillige Leistung, keine Ausbeutung wie früher.

Es kam das Jahr 1973, das Jahr, in dem das Blut unseres Volkes den Boden Chiles rot färbte. Vor dem Militärputsch wurde das Land durch den Streik der Fuhrwerksunternehmer lahmgelegt. Es gab ständig Zusammenstöße zwischen den Anhängern der Rechten und der Linken. Der Regierung Allendes wurde es unmöglich gemacht, ihre Aufgaben zu erfüllen.
Die Treue zu meiner Überzeugung hat meinen politischen und privaten Lebensweg bestimmt. Vor dem Putsch war ich mit meinem Leben glücklich und zufrieden. Vieles, was ich im Hause meines Vaters gelernt hatte, konnte ich jetzt gut gebrauchen. Unsere Siedlung war ein Anziehungspunkt für viele Menschen, die so wie ich dachten. So lernte ich viele AkademikerInnen, StudentInnen, ArbeiterInnen, Bauern und Bäuerinnen, Minenarbeiter und katholische Priester kennen. Alles *Compañeros* und *Compañeras*, die mit uns gemeinsam diesen Weg gehen wollten.
Wir durchlebten dann das furchtbare Jahr 1973, in dem sich die Geschichte Chiles veränderte und in dem so viele *Compañeros* und *Compañeras* durch die Militärs ihren Tod finden sollten. Nach wie vor fuhr ich den Ambulanzwagen, wenn man den adaptierten Land-Rover so nennen kann. Ich brachte die Kranken aus der Siedlung ins Spital, außerdem nahm ich an den nächtlichen Wachen teil, die viel Aufmerksamkeit erforderten. Auch diese Wachen waren notwendig, um die Veränderungen, die durch die Regierung der *Unidad Popular* ermöglicht wurden, abzusichern. Vor dem Putsch war mein Leben durch meine Kinder und eine sinnvolle Arbeit ausgefüllt. Der 11. September 1973 veränderte alles und erfüllt unser Land bis heute mit Schmerz. Es war schrecklich für mich, den grausamen Militärputsch und den Tod so vieler Menschen – des Präsidenten Allende, vieler Politiker, des Dichters Pablo Neruda – mitzuerleben. Ich selbst, eine einfache Arbeiterin im Gesundheitsdienst, erlitt Folter und Gefängnis. Ich wurde gefangen genommen und in die Polizeistation von Puente Alto gebracht. Mein Gott – wie viel Grausamkeit. Ich ertrug Folter und Spott, sie rissen mir die Kleider vom Leib und ließen mich nackt und geschunden liegen. Ich, die ich so oft Kranke und Verletzte transportiert hatte, hatte niemanden, der mir meine Wunden verband. Die Uniformierten gingen vorbei und gaben uns nicht einmal einen Schluck Wasser. Ich weinte lautlos und versuchte, alles mit Würde zu ertragen. Ich dachte an die vielen to-

ten *Compañeros* und *Compañeras*, an die Ermordeten und Verschleppten. Das geschah aufgrund des Befehls des bösesten Menschen der Welt, der eine Militäruniform trug und sich mit Reden brüstete, die voll Hass gegen Sozialismus und Kommunismus waren und in denen er sich selbst als den Retter Chiles bezeichnete.
Eine *Militärjunta*, bestehend aus den Oberbefehlshabern von Heer, Marine, Luftwaffe und Polizei, beherrschte nun das Land und organisierte die Massaker. Sie mordeten und warfen die Leichen ins Meer. Generäle befehligten eine Karawane des Todes, die mit Listen derer, die erschossen werden sollten, durchs Land zog. Es war eine Zeit des Terrors und der Trauer. Hunderte von Familien mussten zusehen, wie ihre Männer und Verwandten verschleppt wurden. Grausame Ereignisse, die in der ganzen Welt bekannt wurden und die heute, durch die Verhaftung von Pinochet in London, wieder in Erinnerung gerufen werden.
Ich versuchte in dieser Zeit in den Untergrund zu gehen. Ich musste sehr vorsichtig sein, aber ich konnte meine Arbeit als Fahrerin des Ambulanzwagens nicht aufgeben. Gerade in dieser Situation war der Krankentransport sehr notwendig und ich riskierte Tag für Tag mein Leben. Ich war mutig, ich wollte nicht sterben, aber ich hatte auch keine Angst vor dem Tod.
Der Putsch war ein tiefer Einschnitt in meinem Leben. Erstmals empfand ich einen tiefen Hass, der sich gegen Pinochet und seine Kaste der Krieger richtete, die bis heute, bis ins Jahr 1999, unser Leben mit Schmerz erfüllt. Noch heute beherrschen die Militärs die Regierung und betrügen uns mit einer Scheindemokratie. Aber wir hoffen, dass bei den Präsidentschaftswahlen zum kommenden Jahresende der Sozialist Ricardo Lagos siegen wird.
Das unbarmherzige Schicksal schlug zu. Eines Nachts wurde ich gerufen, um einen Verletzten ins Spital zu bringen. Kurz nach dem Verlassen der Siedlung wurde ich von einer Polizeistreife angehalten. Sie zerrten mich aus dem Auto, traten mich mit Füßen und rissen mich an den Haaren zu Boden. Als sie sahen, dass ich einen Verletzten transportierte, ließen sie mich unter Polizeibewachung bis zum Krankenhaus weiterfahren. Danach brachten sie mich in die Polizeistation Puente Alto.
So begann mein Kreuzweg. Sie steckten mich für elf Tage in eine Einzelzelle, ich litt Hunger und Durst, es war vollkommen

finster und ich fror, da ich nackt war. Dazu kam, dass ich meine Regelblutung hatte. Es erübrigt sich zu beschreiben, wie ich aussah. Keiner der bewaffneten Wächter hatte Mitleid mit mir. In der tiefen Stille hörte ich die Schreie der Gefolterten und am Morgen die Schüsse der Hinrichtungen. Mit Resignation wartete ich darauf, aus der Zelle geführt und erschossen zu werden. Ich war zum Tode verurteilt und erwartete den Tod. Meine Seele hatte ich Gott empfohlen.

Einer meiner Söhne, Walter, war damals Offizier bei einer Telekommunikationsabteilung des Heeres. Glücklicherweise erfuhr er von meiner Verhaftung. Seine Frau Julia wurde von einem Nachbarn, der mich im Gefängnis sah, informiert und sie machte sich auf, um mich zu suchen. Sie sprach mit einem Offizier der Wache, der ihr sagte, ich sei zum Tode verurteilt und an diesem Morgen hingerichtet worden, zur gleichen Zeit, als ich in der Zelle war. Ein Gespenst?

Julia, die schwanger war und ein kleines Kind im Arm hielt, fiel bei dieser Nachricht in Ohnmacht und musste in ein Krankenhaus gebracht werden. Nachdem sie sich erholt hatte, benachrichtigte sie meinen Sohn. Dieser fuhr sofort mit einigen Soldaten nach Puente Alto und suchte so lange, bis er mich gefunden hatte. Er konnte mich herausholen und brachte mich an einen sicheren Ort, in das Haus meiner Tochter. Er erreichte bei seinen Vorgesetzten, dass ich dort unter Hausarrest bleiben konnte.

Mein Haus in der Siedlung Nueva la Habana wurde von den Militärs ausgeraubt und niedergebrannt. Alle benahmen sich wie Verrückte. Ich durfte das Haus meiner Tochter nicht verlassen, nicht einmal bis zur nächsten Straßenecke. Trotz des Hausarrestes war es eine gute Zeit, um meine Wunden zu heilen und mich von der Folter und den Schmerzen, die immer noch da waren, zu erholen. Aber die Wunden meiner Seele, hervorgerufen durch den Tod so vieler *Compañeros* und *Compañeras*, konnten nicht vernarben. So vieles geschah in so kurzer Zeit. Die Uniformierten, die früher der Stolz und die Ehre des Vaterlandes gewesen waren, wurden zu Todesboten. Sie errichteten in den Sportstadien von Santiago, aber auch im Norden und Süden des Landes Konzentrationslager. Auf den Inseln des Südens starben viele Gefangene durch Hunger, Durst und Kälte. Die Militärs töteten straflos und tränkten das Vaterland mit Blut.

Mein Sohn Walter hatte mich, Gott sei Dank, gerettet. Aber die Angst, dass jeden Augenblick der Befehl kommen könnte, mich zu töten, dauerte an. Auch mein Sohn musste die Befehle seiner Vorgesetzen befolgen. Das Land befand sich durch Pinochet in einem blutigen Bürgerkrieg, doch mein Sohn half heimlich vielen Leuten. Er informierte sie, wenn er wusste, dass ihre Häuser durchsucht werden sollten, sodass sie sich verstecken konnten. Auch er wohnte mit seiner Frau, die ein weiteres Kind erwartete, und seiner Tochter in der Siedlung Nueva la Habana. Trotz seiner Uniform hatten ihn die Leute gern. Er konnte sich frei bewegen und achtete darauf, dass meinen Kindern nichts geschah. Mehrmals konnte er den Nachbarn Lebensmittel zukommen lassen. Heute, da ich dies niederschreibe, lebt er in Frieden mit Gott und seinem Gewissen. Er hat die Armee verlassen. Er ist sehr katholisch und unterstützt in Batuco, einem Dorf in der Nähe von Santiago, ein Altersheim. Für diese soziale Arbeit wurde er mit einem Friedenspreis ausgezeichnet. Ich bin stolz auf meine Kinder! Drei von ihnen leben in Europa, eine Tochter in Deutschland, eine in Österreich wie auch mein jüngster Sohn, dessen Kinder in Wien heranwachsen und fleißig in die Schule gehen.

Doch nun zurück zu meinem früheren Thema. Während meines Hausarrestes besuchte mich ganz überraschend mein Ehemann, der frühere Fernfahrer. Er wollte etwas über mich und unsere Kinder erfahren. Es war für mich eine große Überraschung und obwohl viele Jahre vergangen waren, seitdem ich ihn das letzte Mal gesehen hatte und ich in meiner Jugend durch ihn viel gelitten hatte, freute mich sein Besuch. Jetzt, da ich der Freiheit beraubt war, fühlte ich mich durch seine Freundschaft und seinen Trost ermutigt und ich dankte Gott, dass er ihn mir geschickt hatte. Wir sprachen lange miteinander und er freute sich, dass mein Sohn Walter mich beschützt.

Mein Mann hatte ebenfalls Probleme. Er war entlassen worden, er hatte in der öffentlichen Verwaltung gearbeitet und war Gewerkschaftsfunktionär in der staatlichen Transportgesellschaft gewesen. Es tat ihm Leid, dass ich so viel durchgemacht hatte. Er erzählte mir, dass auch er jetzt nach dem Militärputsch Schwierigkeiten habe und er gezwungen sei, das Land zu verlassen. Er verabschiedete sich und wir wussten nicht, wann wir uns wiedersehen werden. Einige Tage später flüchtete er nach

Peru. Er sagte mir Adieu. Das Schicksal trennte uns wieder. Ich wusste dann lange nichts mehr von meinen Mann Nelson Miguel. Erst viele Jahre später, als ich schon in Österreich lebte, hörte ich wieder von ihm. So ging ein weiteres Kapitel meines Lebens zu Ende. Es blieb offen, wann und wo wir uns wiedersehen würden. Nur Gott in seiner Macht und Güte wusste es, und er hat den Augenblick des Wiedersehens herbeigeführt. Nur er wusste das Ende dieser Geschichte.

Ich musste nun darauf achten, gesund zu werden, und mich um meine Kinder sorgen. Mein Hauptproblem war, dass ich in Chile nicht mehr sicher war. Ich war versucht, die Realität zu leugnen, mir schien, als ob alles nur ein Alptraum wäre. Aber wenn das alles wirklich ist, dann wird es rasch vorbeigehen und in Chile das normale Leben wieder zurückkommen. Doch es war nicht so, die Verfolgung wurde unbarmherzig fortgesetzt, sodass ich mich schließlich entschloss, nach Argentinien zu flüchten. Im Jahr 1975 sprach ich mit meinem Sohn Walter und teilte ihm meinen Wunsch wegzugehen mit. Er versprach mir, so weit wie möglich zu helfen. Ich kannte einige argentinische Ärzte und Ärztinnen, die in ihr Land zurückgekehrt waren und die mir angeboten hatten, bei ihnen zu wohnen, wenn es mir gelingen würde, über die Grenze zu kommen. Das war mit der Hilfe meines Sohnes möglich, er schickte mir einen mit ihm befreundeten Soldaten und die Ausreisegenehmigung. Der Soldat brachte mich bis zum Andenpass Los Libertadores.

In Argentinien konnte ich frei atmen. Über Huspallata kam ich nach Buenos Aires. Ich musste allein flüchten, die Umstände erlaubten es mir nicht, die Kinder mitzunehmen. Der Putsch trennte mich von meinen Kindern, aber auch von meinem Mann, der vermutlich schon in Peru war. Ich hatte keine Nachricht von ihm. In Argentinien wurde ich im Haus eines Arztes aufgenommen und ich konnte dort arbeiten. Ich blieb etwa ein Jahr in Buenos Aires. Ich hatte ständig Angst, von der Polizei festgenommen zu werden, denn es gab unter den argentinischen Militärs Gruppen, die die Chilenen, die nach Argentinien geflüchtet waren, verfolgten. Mein Aufenthalt in diesem Land war von Arbeit erfüllt, aber es lohnt sich nicht, näher darauf einzugehen. Mein Denken kreiste ständig um die Frage, wie es meinen Kindern geht. Auch die befreundeten Ärzte sahen meine Gefährdung, ich beschloss, nach Chile zurückzukehren. Ich musste das Risiko eingehen und bereitete meine Reise vor. Aus Angst, erkannt zu werden, ging ich diesmal über einen Pass im Süden, bei Bariloche, über die Grenze.

Die Freude, meine Kinder wiederzusehen, war unendlich groß, besonders den Jüngsten, Carlos, der heute in Österreich lebt. Ich brachte ihnen warme Kleidung mit, die mir die *Compañeros* und *Compañeras* in Argentinien geschenkt hatten. Auch hatte ich etwas Geld gespart. Ich konnte ihnen die Freude machen, dass sie ein paar neue Sachen bekamen und vor allem, dass wir uns sahen. Ich war wieder in meinem Heimatland, aber aufgrund meines kurzen Aufenthaltes konnte ich mir keine Klarheit über die Gesamtsituation verschaffen. Ich musste wieder weggehen, ich war auf der Flucht und fühlte mich verfolgt. Ich bat Gott um Kraft und Mut, das Leben, das mir bestimmt ist, zu bewältigen.

Ich danke Gott, dass ein Land in Europa, nämlich Österreich, mir politisches Asyl gewährte. Mein neues Ziel war Wien. Ich wusste nun, dass meine Kinder gut versorgt waren, doch ich lebte in Chile in der ständigen Angst, wieder verhaftet zu werden. Ich musste die Reise und meinen Aufenthalt geheim halten. Mit meinem jüngsten Kind kehrte ich nach Argentinien zurück und von dort flog ich nach Österreich. In die »alte Welt« zu kommen, würde für mich eine neue Erfahrung sein, gemeinsam mit meinem kleinen Sohn Carlos war ich entschlossen, als freier Mensch dieses neue, fremde Land kennen zu lernen.

Meine ersten Eindrücke waren entmutigend. Wir wurden in einem Lager untergebracht, einem grauen Gebäude, das einem Gefängnis glich und das keinerlei Ähnlichkeit hatte mit dem alten und romantischen Wien, das ich aus Büchern kannte, nicht mit dem Wienerwald, der Donau, nichts gemeinsam hatte mit den großen Musikern und Dichtern. Ich war sehr enttäuscht. Bei meiner Ankunft am Flughafen in Wien wurde ich durch die Polizei einvernommen, aber ich konnte die Sprache der Österreicher nicht und befand mich in einer argen Bedrängnis, weil ich sie nicht verstand.

Das Lager in Traiskirchen war schrecklich. Es erinnerte mich an die Gefängnisse in Chile. Ich litt, in der Nacht hatte ich Angst, doch ich hatte den festen Vorsatz, alles, was noch kommen sollte, zu bewältigen, auch wenn das, was ich durch den Militärputsch erlitten hatte, in mir noch immer präsent war.

Ich nahm mir vor, das alles zu überwinden, jetzt, da Österreich mir seine Tore geöffnet hatte und mir das Gastrecht gab, würde ich es erreichen.
Es war ein sehr schwieriges Jahr der Eingewöhnung. Der Wunsch, dass es meinem kleinen Sohn Carlos gut gehen möge, hielt mich am Leben und ermutigte mich, meine Vorhaben zu erreichen. Er sollte hier leben, eine Ausbildung machen und in seinem neuen Vaterland Österreich, das uns in unserer Hoffnungslosigkeit und unserem Schmerz aufgenommen hat, einmal einen Beruf ausüben. Ich arbeitete bei der Weinlese. Das war Schwarzarbeit, wir waren nicht angemeldet, wir wurden auf offenen Lastwagen zu den Weingärten transportiert, wie Tiere, und sehr schlecht bezahlt. Danach arbeitete ich in der Küche des Lagers: Geschirrwaschen, Erdäpfelschälen, Kochen, Putzen, wir mussten arbeiten im Lager, das war unsere Pflicht. Es war aber nicht alles schlecht, nach einer gewissen Zeit fand ich das Lager nicht mehr so hässlich und ich habe eine gute Erinnerung an Herrn Rader, den Lagerleiter, der mich gut behandelte.
Nach einem Jahr wurde ich nach Mödling überstellt, einem freundlichen Ort. Ich fühlte mich wohl, auch weil ich mich langsam eingewöhnte, und ich entwickelte wieder mehr Eigeninitiative. Ich verstand schon die Sprache und konnte mich, wenn auch noch unzulänglich, ausdrücken. Anfangs hatte ich Schwierigkeiten mit dem Klima, aber ich gewöhnte mich an die tiefen Temperaturen. Immer wieder besuchte ich meine Freunde Sigrun und Herbert, die meine Beschützer waren. Ihre Freundschaft war für mich sehr wichtig, aber ich möchte nicht mehr darüber schreiben, weil diese Freundschaft für mich eine sehr persönliche Sache ist. Ich habe sie wirklich gern und das hat einen großen Wert für mich.
Ich kam im Jahre 1976 nach Österreich und ich möchte Österreich für die Aufnahme danken. Ich habe so die Lebensart, die Leute und die Regierenden kennen und schätzen gelernt. Ich hatte die Möglichkeit, mein Leben weiterzuführen und meinen Sohn Carlos eine Ausbildung machen zu lassen. Er gründete später mit einer Chilenin eine Familie, beide haben Arbeit und leben in Wien. Meine Enkelkinder gehen zur Schule und sprechen perfekt Deutsch. Ich lebte wie andere einfache Leute in Österreich, ich arbeitete und erfreute mich an der schönen Stadt Wien, ihrer romantischen Umgebung, am Wienerwald

und an der Donau, aber auch an den schönen Straßen, den Denkmälern, den Burgen und Palästen und an den Theatern. Wien ist eine ordentliche und saubere Stadt, mit den Straßenbahnen und den modernen Bussen, den Fiakern, um in der Stadt herumzufahren, mit den imposanten Kirchen, den Sängerknaben, den vielen Touristen und den Straßenmusikanten aus Peru und Bolivien. Wirklich, eine sehr schöne Stadt.

Ich pflegte Beziehungen zu mehreren chilenischen Familien. Im September kamen wir immer zusammen, um den Nationalfeiertag zu begehen. Wir tanzten Cueca[1] in einer Ramada[2] und dachten an die Vergangenheit. Jeden 11. September versammelten wir uns beim Gedenkstein für den Präsidenten Allende in Simmering, wo wir die Internationale und die chilenische Nationalhymne sangen und Kränze vor dem Gedenkstein niederlegten. So ehrten wir den großen toten Politiker Chiles.

Wir hatten nur einige österreichische Freunde und Freundinnen, mit denen wir oft zusammenkamen, um bei Kaffee oder Bier zu plaudern. Ich stand stets mit meinem Sohn Walter in Verbindung, der sich immer um mich sorgte und mich über alles bezüglich der Familie in Chile informierte. Ich sehnte mich danach, in meine Heimat zurückzukehren, ich hatte sie nie vergessen, und die Solidarität verband mich mit Chile und seinen Menschen. Die Jahre in Europa brachten mir die Erfahrung, dass die Welt klein ist und dass sich die Menschen in aller Welt sehr gleichen. Was uns am meisten verbindet, ist die Liebe zu den Mitmenschen, der religiöse Glaube, die Liebe zu Gott, die Wahrheit auf unseren Lippen und die Aufrichtigkeit. Das, was wir in den Nächten träumen, kann Wirklichkeit werden.

Mein Traum war es, nach Chile zurückzukehren, und als es endlich möglich war, habe ich mich rasch entschlossen. Es war schmerzlich für mich, so viele Freunde und Angehörige, die ein Teil von mir waren, zurückzulassen, ich liebte sie und musste sie dennoch verlassen: meinen Sohn Carlos, seine Frau Lola, meine Enkelkinder Alejandra, Natalie und Dato und meine Töchter Ingrid und Juanita (Letztere lebt in Deutschland). Aber ich musste zurückkehren. Es kam der Tag des Abschiednehmens, ich nahm mir vor, irgendwann einmal Österreich

1 Cueca: chilenischer Nationaltanz

2 Ramada: ein mit belaubten Zweigen gedeckter Festplatz

wieder zu besuchen. Wieder stand ich am Flughafen in Wien, viele Freunde und Freundinnen waren gekommen, um mich zu verabschieden und ich brach zur heiß ersehnten Reise auf.
Die Regierung Pinochet nannte uns die »Rückkehrer«. So waren wir gekennzeichnet, wie die »Ausgewiesenen«, die »Exilierten« und die »*Verschwundenen*« (auch wenn sie leugneten, dass es *Verschwundene* gibt). Man musste diese Kategorisierung akzeptieren, entscheidend war, dass ich überlebt hatte und unter dem Schutz von Amnesty International wieder in Chile war. Nach vierzehn langen Jahren des Exils musste ich in Chile mein Leben neu beginnen, so wie viele andere Rückkehrer. Das Jahr 1990 brachte mir die Heimkehr in mein Vaterland, das noch immer von Pinochet regiert wurde. Natürlich war der Wechsel von Europa nach Südamerika wieder eine Umstellung, aber ich hatte keine Probleme, mich wieder in eine Gesellschaft einzugewöhnen, die ich fast vergessen hatte. Nach und nach lebte ich mich in die Gewohnheiten Chiles, die die gleichen geblieben waren, wieder ein. Die Menschen waren nach wie vor herzlich und liebenswürdig. Santiago war etwas moderner geworden, aber da war noch immer die Prachtstraße Alameda, der Hügel Santa Lucia, der Fluss Mapocho mit seinem wilden und schmutzigen Wasser, die Einkaufsstraßen Ahumada und Huerfanos, da waren die Kinder und ihre Kindermädchen mit den weißen Schürzen und die alten Leute auf der Plaza de Armas, die in der Sonne sitzen und tratschen. So vieles, was ich fast vergessen hätte.
Ich hatte jetzt die Freude, bei meinen Kindern, die in Chile geblieben sind, zu sein. Sie hatten inzwischen geheiratet und ihrerseits wieder Kinder, für mich neue Enkelkinder. Auf den Bauernmärkten, die an den Sonntagen in den *Poblaciones* abgehalten werden, konnte ich mich an den Früchten der Erde unseres Landes erfreuen und auf den Flohmärkten den Verkauf von gebrauchten Kleidern, die aus Europa kamen und für die armen Leute sehr preiswert waren, beobachten.
Ich besuchte auch meine alte Siedlung Nueva la Habana, die jetzt Nueva Amanecer (Neues Morgenrot) heißt. Auch für mich war es wie ein neuer Morgen, ich kam dorthin und fühlte mich zu Hause. Ohne zu vergessen, was geschehen war, dachte ich an meinen Mann Nelson und fragte nach ihm. Ich erfuhr, dass er 1985 aus Peru zurückgekehrt war, gesund ist und als Autobuschauffeur in Santiago arbeitet. Er hatte nicht wieder geheiratet und ich dachte,

eines Tages werde ich ihn sehen, wir werden uns viel zu sagen haben. Vielleicht hatte er in Peru ein ähnliches Leben wie ich, und an unserem Lebensabend werden wir uns alles erzählen.
Meine aktuelle Situation ist nicht die allerbeste, aber ich bin am Leben, das ist das Wichtigste. Die Regierung gibt mir eine Gnadenpension, von der ich nicht leben kann. Zum gegenwärtigen Kurs sind diese 30.000 Pesos etwa 60 US Dollar wert. Aber hier sind die niedrigen Pensionen leider üblich. Man muss sich vorstellen, dass ich für Strom, Wasser, Telefon und Gas zahlen muss, Nahrungsmittel und Medikamente sind zu kaufen. Ich bin eine von denen, die nur durch ein Wunder überleben, aber es ist zu wenig.
In den letzten Jahren hat sich einiges geändert. Wir leben angeblich in einer Demokratie, und wenn auch die wirtschaftliche Situation des Landes besser wurde, so konnte doch die Armut nicht überwunden werden. Das Problem der niedrigen Löhne und der Arbeitslosigkeit, die Tag für Tag zunimmt, besteht noch immer. Es gibt viel Korruption und das Schlimmste ist die Zunahme des Drogenmissbrauches. Es kommt jede Menge Kokain aus Kolumbien. Prostitution und Jugendkriminalität steigen, dazu kommt die Gewalt in den Familien. Eltern misshandeln ihre Kinder, es gibt sogar Todesfälle, Kinder töten ihre Eltern und vergewaltigen Geschwister. Es ist schrecklich, in den Nachrichten des Fernsehens erfährt man die schlimmsten Dinge.
Was mich betrifft, so möchte ich in Frieden leben. An politischen und sozialen Veranstaltungen möchte ich nicht mehr teilnehmen. Der Friede und die Ruhe im Haus sind mir das Wichtigste, und ich möchte die wenigen Jahre des Lebens, die mir noch bleiben, in Glück und Harmonie verbringen. Ich lese viel, sehe fern und mit meinen Händen mache ich Kunsthandwerk. Am Abend schaue ich meinem Mann beim Malen seiner Ölbilder zu. Manchmal schreibt er Gedichte, es gibt eine gewisse Übereinstimmung zwischen uns. Als ich nach Chile zurückkam, musste ich mir einen Platz zum Wohnen suchen. Ich entschied mich für den Bezirk La Pintana, eines der ärmsten Gebiete von Santiago, aber für mich ist er schön und es gibt eine gute Busverbindung. Von meinem kleinen Haus aus sehe ich die Anden mit den schneebedeckten Gipfeln und die Felder, es ist wie auf dem Land draußen. Der Tiergarten, der derzeit beim Hügel San Cristobal ist, soll zu uns her verlegt werden. Ich würde ger-

ne dort noch eine Arbeit annehmen, aber meine Kräfte reichen nicht mehr aus.
Wie im Märchen fand ich nach 40 Jahren meinen Mann wieder, den jungen Fernfahrer von einst, den ich 1950 heiratete. Jetzt leben wir wieder unter einem Dach. Gott hat es so gewollt, und ich danke dem Herrn, er leitet und schützt uns. »Vereint in Freude und Tod« steht auf dem Sockel einer Statue gegenüber dem Eingang zur Kunstakademie im Parque Forestal, am Ufer des Mapochoflusses, geschrieben. Es sind zwei Engel, in Bronze gegossen. Der eine lebt und hält in seinen Armen einen toten Engel, der vom Himmel auf die Erde gefallen ist: »Vereint in Freude und Tod«. So lebe ich mit meinem Mann, einem Hund und einer verwöhnten Katze. Man sieht, dass ich alt und sentimental bin, aber ich bin glücklich.
Ich weiß, dass es meinem Sohn Carlos in Wien gut geht, durch Arbeit und Selbstlosigkeit brachte er es zu einem gewissen Wohlstand, er ist ein guter Mensch und ein liebevoller Sohn. Im vergangenen Jahr hat er mich mit seiner Frau und den Enkelkindern besucht. Meine Beziehung zu Österreich und den FreundInnen dort besteht in den Briefen und den Anrufen von Carlos, aber auch durch meine Freunde Sigrun und Herbert. Alles, was in Zusammenhang mit Österreich steht, lese ich mit großem Interesse in der Zeitung. Als der chilenische Tennisspieler Chino Ríos in Österreich spielte, sah ich im Fernsehen zu meiner großen Freude Bilder aus Österreichs Städten. Ich war ja so viele Jahre dort.
Ich möchte euch, meine Freunde, dafür danken, dass ihr mich aufgefordert habt, meine Lebenserfahrungen aufzuschreiben, da ich zu denen gehöre, die durch das Regime von Pinochet das Exil ertragen mussten. Wenn ich etwas zu ausführlich geworden bin, so geschah es, weil es mich sehr angeregt hat, eurer Aufforderung nachzukommen. Es wäre mir noch viel mehr eingefallen, aber ich glaube, es ist schon genug für meinen Teil, da auch andere ihre Erlebnisse berichten werden. Wenn ihr mehr Geschichten hören wollt, dann sagt es mir und ich werde es mit Freude machen.
Abschließend möchte ich sagen, dass dieser Bericht, der mit meiner ganzen Liebe geschrieben ist, meinen Kindern Nelson, Ingrid, Juanita, Walter, Juan de Dios und Carlos, meinem Mann Nelson und auch euch, Sigrun und Herbert, meinen besten Freunden in Österreich, gewidmet ist.

.....

Anmerkung der HerausgeberInnen: Leider müssen wir diesem Bericht einen traurigen Nachsatz anfügen: Juana Marticorena ist am 9. Jänner 2002, wenige Wochen vor Erscheinen dieses Buches, in Santiago gestorben.

Mario Ramirez

Ich war sehr erfreut, den Vorschlag zu erhalten, über das Leben von uns Flüchtlingen in Österreich, unser Leben davor in Chile und über alle Erfahrungen, die uns geprägt haben, zu berichten. Ich muss mir nun die nötige Zeit nehmen, um die Erinnerungen zusammenzutragen und Ihnen zu übermitteln. Ich mache das unter der Bedingung des Datenschutzes. Es ist eine wissenschaftliche Aufgabe, die gesamten Informationen zu sammeln, sie zu analysieren und zu bewerten. Ich stimme mit Ihnen darin überein, dass die persönlichen Zeugnisse eine reichhaltige und unverzichtbare Quelle für jene sind, die die historische Wahrheit kennen lernen wollen, wichtig für die Gegenwart und die Zukunft Chiles und Österreichs.
Meine Geschichte beginnt im Jahre 1944 in Chile, in Quitratuhé, im Bezirk Pitrufquén in der Provinz Temuco. Mein Großvater hatte eine zahlreiche Nachkommenschaft. Er war sehr wohlhabend, hauptsächlich durch Versteigerungen und ähnliche Geschäfte, da verdiente er mehr als durch seinen Beruf als Notar. Er hatte seine Berufslaufbahn als leitender Beamter in der Gemeindeverwaltung begonnen. Nach seinem Tod fand ich in seinem Archiv Akten der Ortspolizei, in denen über Kommunisten und »andere Subversive« spekuliert wurde. Mit meinen 14 Jahren verstand ich nicht wirklich, wovon hier die Rede war, aber dennoch war das der Anfang meines Interesses für diese Menschen, ich wollte wissen, warum sie verfolgt werden.
Mein Vater verwaltete den Grundbesitz meines Großvaters in Quitratuhé, er war jung und ledig. 1944 lernte er meine Mutter Luzmira kennen, die im Haushalt dieses Besitzes arbeitete. Natürlich gab es ein Verhältnis zwischen dem Patron und dem Dienstmädchen, das entsprach der patriarchalischen Mentalität der ländlichen Gebiete Chiles in den Vierzigerjahren. Mein Vater musste sich aber den Normen der Familie unterordnen und diese Schwangerschaft einfach ignorieren. Er ging nach Concepción, um Jus zu studieren, und lernte dort auch seine zukünftige Ehefrau kennen, mit der er vier Kinder bekam.
Nun schaltete sich meine Großmutter ein. Sie hatte zehn Kinder, drei Töchter und sieben Söhne, die alle schon älter als 18

waren. Sie kam nach Quitratuhé und nahm mich im Alter von zwei Jahren nach Pitrufquén mit. Sie begründete das damit, dass die meisten ihrer Kinder ja nicht mehr zu Hause waren, weil sie in Temuco oder Concepción studierten. Ich lernte die ländliche, patriarchalische Welt kennen, erfüllt von moralischen und religiösen Normen. Dementsprechend kam ich dann auch in eine Klosterschule. In dieser Schule war ich, ein richtiger Schlingel, mitten unter den Kindern aus reichen Familien, und ich fand bald heraus, in welcher Situation ich mich befand. Seit ich denken kann, war es mein Interesse, Situationen und Beziehungen zu analysieren. Ich wusste natürlich über meine Herkunft Bescheid, wenn es mir auch verboten war, über meine Mutter zu reden. Es war mir klar, dass ich aus dieser Situation das Bestmögliche machen musste. Die zwei Dienstmädchen, der Chauffeur und der Hausarbeiter Canete waren meine besten Freunde, sie wussten alles. Sie hatten kein leichtes Leben, sie arbeiteten für den Patron und mussten Hunger, Kälte und Regen ertragen.
Mit der Zeit entwickelte ich mich zum Einzelgänger und kümmerte mich als Kind um Sachen, die nicht meinem Alter entsprachen, wie es das Spielen gewesen wäre. Ich war wie ein kleiner Erwachsener. Unterstützung fand ich bei meinen Cousins, die jedes Wochenende heimkamen, und in der Bibliothek, die unglaubliche Schätze für mich bereithielt. Mein Großvater konnte nicht verstehen, woher ich all das wusste, was normalerweise den Erwachsenen vorbehalten war. Meine Großmutter war eine gutmütige Frau, sie widersprach nicht, sondern sie ordnete sich dem Befehlston ihres Mannes unter. Durch ihre Fürsprache erhielt ich Sicherheit und auch die Sachen, die ich brauchte. So hatte ich bei aller Widersprüchlichkeit eine Verbündete, die mir die notwendige emotionale Stabilität vermittelte.
Von meinem ersten Schuljahr an konnte ich mir selbst und dem Lehrer zeigen, dass das Lernen nicht so schwierig ist. Ich gewöhnte mich daran, dass sie mich für den Rädelsführer hielten, wenn irgendein Streich gespielt wurde. Bald hieß es, so könne es nicht weitergehen, denn in der Schule sei nicht nur das Lernen, sondern auch die Disziplin sehr wichtig. Die Lehrer waren nicht imstande, mich zu motivieren, für sie war ich ein undiszipliniertes Kind, das die Regeln nicht beachtete und sich für Sachen interessierte, die nichts mit der Schule zu tun

hatten. Mein Großvater brachte mich zu einem sehr komischen Arzt, der mir sehr viele Fragen stellte und mir sagte, ich solle einen Baum und ein Haus zeichnen. Nach Hause zurückgekehrt, gab es ein interessantes Gespräch, das ich mithören konnte. Mein Großvater berichtete, dass der Psychologe mich als sehr unruhiges, aber intelligentes Kind bezeichnete und dass mein Charakter das Problem sei. Dieses Wort verstand ich nicht, ich versuchte herauszufinden, was es bedeutet. Ich erhielt die Antwort, ich sei nicht ein Idiot wie viele andere, eine Erklärung, mit der ich nicht zufrieden war.

Zwei Ereignisse waren, so glaube ich, für meinen Weg in ein Leben mit vielen reichen Erfahrungen entscheidend. Da war einmal eine Lehrerin, die ich in der fünften Schulstufe hatte und die an meiner Zukunft interessiert war. Sie war ohne religiöses Bekenntnis und sehr liberal für jene Zeit. Sie stand der Radikalenbewegung nahe, sie gehörte zur Gruppe der Laizisten zur Zeit des Präsidenten Aguirre Cerda, die damals ganz neue Methoden im Unterricht einführten. Durch ihre Vermittlung konnte ich zwei Jahre überspringen und die Mittelschule mit 16 Jahren abschließen.

Beim anderen Ereignis war ich 13 Jahre alt. Wir lebten schon in der Hauptstadt Santiago, wohin mein Großvater aus gesundheitlichen Gründen übersiedelt war. Das Santiago der Fünfzigerjahre war für mich eine unbekannte Welt, die ich als brutal empfand. Immer wieder klopften Leute, die Essen oder Kleidung wollten, an die Tür meines Großvaters. Ich fragte immer wieder, warum diese Leute betteln müssen. Nach und nach wurde mir klar, wie die soziale Struktur einer Stadt wie Santiago aussieht. Eines Tages klopfte ein Mann an die Tür, der älter war als mein Großvater. Er war barfuß und hatte einen Umhang um die Schultern, er sagte: »Hast du ein Paar alte Schuhe für einen Bettler?« Ich ließ ihn ins Haus und gab ihm zu essen, obwohl das Dienstmädchen dagegen war, denn: »Der Patron wird zornig werden.« Mein Großvater hatte Dutzende Schuhe. Ich empfand diese Welt so ungerecht, so miserabel und geizig, dass ich ihm neue Schuhe meines Großvaters schenkte. Ich sagte mir, dass ich die Folgen aushalten werde, die ja nichts waren im Vergleich mit dem Drama, das ich vor Augen hatte.

Von diesem Augenblick an schwor ich mir, einen sozialen Beruf zu ergreifen, und ich dachte an die Politik dieses Senators

Allende, der von sozialer Gerechtigkeit und Revolution sprach. Niemals mehr habe ich so geweint wie damals. Ich empfand in tiefster Seele, dass es um das Sein und nicht um das Haben geht. Es war nicht das Weinen eines Kindes, sondern ein Aufschrei gegen die Ungerechtigkeit, der aus meinem sozialen Empfinden kam und nichts mit der Strafe zu tun hatte, die mich erwartete.

Die Radikalen waren jene Politiker, die in den Dreißiger- und Vierzigerjahren die endgültige Trennung von Kirche und Staat erreichten. Unter dem Slogan »Regieren heißt Erziehen« formten sie Generationen von Pädagogen, die die modernen Bildungskonzepte in die Praxis umsetzten und die soziale Dimension des Bildungsprozesses bewusst machten. In dieser vorrevolutionären Stimmung und der pädagogischen Erneuerungsbewegung entschied ich mich für den Lehrberuf und schließlich für die Sozialpolitik. Nicht ohne Schwierigkeiten mit der Familie, denn sie missbilligte seit Generationen Berufe, in denen Freidenker den Ton angeben.

Mit 14 Jahren verließ ich das Haus meines Großvaters, der noch im selben Jahr starb. Die Streitereien um das Erbe dauern bis heute. Mein Vater ist Rechtsanwalt und ging in den Sechzigerjahren als Militärrichter zur Polizei. Er befasste sich auch mit der Herausgabe von juristischen Publikationen. Er war Richter im Offiziersrang und das gab mir die Gelegenheit, mehrere Offiziere kennen zu lernen, die später, in den Siebzigerjahren, an den tragischen Ereignissen des Militärputsches und der Zeit danach aktiv beteiligt waren. Auch mein Vater ist Zeuge dieser Tragödie, die sein Leben und das meiner Brüder total veränderte.

Das Leben in Santiago, zuerst im Internat, dann im Studium und im Beruf, war nicht leicht, aber ich hatte dadurch Gelegenheit, mit der politischen Linken in Kontakt zu treten. 1970 arbeitete ich als Mittelschullehrer an mehreren Schulen in Santiago. Zugleich war ich bei der Jugendorganisation der Radikalen Partei tätig, die mich in meinem Bezirk als Kandidaten für die Funktion des Bezirksrates nominierte. Ich übte dieses Amt aber nur kurz aus, denn nach der Wahl Allendes zum Präsidenten Chiles wurde ich stellvertretender Regierungsbeauftragter für Quilicura im Norden von Santiago. Ich hatte viel zu tun, denn ich musste aus eigener Initiative Projekte vorantreiben. Der Ort war vor allem durch die Landwirtschaft geprägt, es gab kaum Industrie und eine sehr hohe Arbeitslosigkeit. Die Projekte zur Weiterentwicklung mussten organisiert, geplant und umgesetzt werden, dazu die allgemeine Verwaltungsarbeit in Kooperation mit der *Unidad Popular*. Bei der Umsetzung der Agrarreform zeigte sich von Anfang an die Unnachgiebigkeit der Großgrundbesitzer, sie boykottierten alle Reformen. Aber auch von unserer Seite gab es schwerwiegende Fehler. Der geringe Bildungsgrad (Analphabetismus) und der Mangel an qualifizierten Arbeitern auf unserer Seite waren eine große Hürde, um die Reformen der Volksregierung voranzutreiben.

Die Reaktion schlief nicht und sie arbeitete, unterstützt mit vielen Dollars, auf den Putsch hin. Unsere Gegner wussten genau, wie sie am besten zuschlagen konnten. In Stadt und Land wurde eine psychologische Terrorkampagne entfacht. Die Geschäfte hielten die Produkte des täglichen Bedarfs zurück. Die Faschisten und ihre Medien standen unter dem Kommando der USA. In dieser Situation des Terrors und der Unsicherheit fiel es ihnen nicht schwer, einen Staatsstreich zu organisieren, der schon seit 1972 vorbereitet wurde. Ich arbeitete täglich 14 Stunden, es gab kaum Zeit, meine Tochter Marlene zu sehen.

Auf der Beziehungsebene hatte ich immer Probleme, sei es durch die viele Arbeit oder durch meine Erfahrungen in der Kindheit. Wie auch immer, in dieser Zeit lebte ich praktisch alleine. 1973 lernte ich meine Frau kennen, die später nach Österreich kam und hier mehr als 14 Jahre ein Geschäft führte. Die erste Tochter aus dieser Ehe kam 1974 in Chile zur Welt, die zweite 1979 in Wien. Bei der späteren Trennung musste meine Frau aufgrund eines richterlichen Beschlusses die zwei Mädchen mir überlassen, die eine war sieben, die andere 13 Jahre alt.

Der Militärputsch überraschte mich bei meiner täglichen Arbeit. Ich war für eine Funktion im Generalsekretariat des Innenministeriums vorgesehen und arbeitete an einem Projekt des Ministeriums. Zwei Tage lang saß ich mit einigen Genossen zusammen, um die Situation zu analysieren und zu überlegen, was zu tun sei. Wir erfuhren, dass verschiedene Personen aus unserer Gemeinde verhaftet oder einfach verschleppt worden waren. Wir hörten am 11. und 12. September durch das Radio von den Maßnahmen der zukünftigen Regierung der

Generäle. Erst am 13. September war es wieder erlaubt, für einige Stunden auf die Straße zu gehen. Verkleidet fuhr ich mit einem Fahrrad von Quilicura nach Santiago zu anderen Mitgliedern unserer Partei. Ich erfuhr, dass unsere Organisation durch die Verhaftungen bereits sehr geschwächt war.

Am 16. September wurde ich bei einer Autokontrolle in der Nähe des Bahnhofes Mapocho durch eine Polizeistreife verhaftet. Zuerst wussten sie nicht, wer wir waren, nach drei Stunden entschieden sie sich, uns zu überstellen. Ein Offizier sagte mir, ich würde als Verantwortlicher meiner Gemeinde festgehalten. Bis zu diesem Zeitpunkt erlitt ich zwar keine Misshandlungen, aber durch ihre Fragen über Guerillas und Waffenverstecke und die Behauptung, meine Kameraden hätten schon alles zugegeben und ich würde vor ein Kriegsgericht gestellt, übten sie psychischen Terror aus. Schon an diesem Abend sah ich, wie die angeblich so christlichen und katholischen Militärs, die Verteidiger der Werte der freien Welt, die Gefangenen behandelten. Sie schossen über unsere Köpfe hinweg Gewehrsalven ab, sie simulierten eine Hinrichtung. Dann wurden wir voneinander getrennt, damit wir uns nicht gegenseitig unterstützen konnten, damit wir isoliert waren und das Gefühl hatten, ihnen völlig ausgeliefert zu sein.

Die Wachstube in Quilicura stand unter dem Kommando des Unteroffiziers Cárcamo. Bevor er die Verhafteten verhörte, schlug er sie. Er war die unumschränkte Autorität, dumm und arrogant. Er war ein Vasall der ehemaligen Großgrundbesitzer, die sich jetzt die Hände rieben, weil sie das Land, das sie durch die Agrarreform verloren hatten, nun wieder zurückbekommen würden. Von dort wurde ich nach Renca überstellt. Ich wusste nicht mehr, wie viele Tage ich schon verhaftet war, denn der Kerker war völlig dunkel und voll mit Exkrementen. An den Namen des Majors, der das Kommissariat von Renca leitete, kann ich mich nicht mehr erinnern. Ich sah, wie er Gefangene schlug und Jugendliche mit dem Revolver bedrohte. Ich schätze, dass sie täglich mehr als 300 Personen festnahmen, vor allem Studenten, Arbeiter, Gewerkschafter, Männer und Frauen, und praktisch alle Funktionäre der Parteien der *Unidad Popular*. Ich glaube, ich war ungefähr eine Woche dort. Um mich zum Reden zu bringen, rissen sie mir am rechten Fuß einen Zehennagel aus. Ich sollte den *Plan Z* verraten, der von ihnen selbst erfunden worden war. Meine Aussagen entsprachen der Wirklichkeit: »Ich habe keine Waffen, ich bin Zivilist und übe einen akademischen Beruf aus und ich weiß nichts über den angeblichen *Plan Z*.« Sie, vor allem der Hauptmann Acevedo, wollten unbedingt, dass ich eine Erklärung unterschreibe, die dann beim Kriegsgericht, das bald stattfinden würde, verwendet werden sollte. Es wurde mir klar, dass sie überhaupt nicht wussten, was sie mit den Leuten tun sollten. Die Mehrheit schickten sie ins Nationalstadion, ich aber kam zum 2. Militärgericht von Santiago. Ich wusste, was das bedeutete, und ich machte für mich ein Testament. Ich legte die Hoffnung auf ein besseres Chile in die Hände derer, die noch frei waren, in die zukünftigen Generationen, die sich gegen den Faschismus erheben werden.

Das 2. Militärgericht von Santiago befand sich auf der Plaza Bulnes, gegenüber der *Moneda*, im Untergeschoss der Generaldirektion der Polizei. Als Erstes verbanden sie uns die Augen, wir durften nicht sprechen und wir bekamen nicht einmal Wasser. Das dauerte vermutlich mehr als 24 Stunden. Mein Fuß war geschwollen, ich zitterte vor Kälte und hatte Fieber. Ungefähr eine Woche war ich in einer Einzelzelle. Das Verhör führte einer mit einer Kapuze, er hatte eine raue Stimme. Er war ein Sadist und verlor sehr rasch die Geduld. Eines Tages kam ein junger Leutnant, er führte mich aus der Zelle und brachte mich in einen Raum, in dem Medikamente und Verbandszeug waren. Sie gaben mir Wasser und einen Schlafsack und brachten mich in eine bessere Zelle, die Licht hatte. Ich glaube, es war in der dritten Woche, als ich zum Militärrichter gebracht wurde. Er sagte mir, ich sei eines Verbrechens angeklagt, das mit dem Tod durch Erschießen bestraft wird, und dass ich jeden Moment mit der Exekution rechnen müsse. Auf meine Frage, ob es einen Prozess geben wird, bei dem ich mich verteidigen kann, und ob ich einen Verteidiger haben werde, sagte er, dass das Kriegsgericht vermutlich in der nächsten Woche stattfinden werde. Ich erklärte, ich würde nichts unterschreiben, ich sei Zivilist und politischer Häftling.

Nach einigen Tagen wurde ich zu einem Unteroffizier geführt, er war ein ehemaliger Schüler von mir. Ich erinnere mich nicht an seinen Namen, ich weiß nur, dass er von der Luftwaffe war. Er beruhigte mich und versicherte mir, dass es auf jeden Fall ei-

nen Prozess unter der Leitung des Obersts Marín geben werde. Tatsächlich wurde ich zum Oberst Marín gebracht. Er war oft zu Besuch bei meinem Vater gewesen, sie kannten sich gut und waren Freunde. Er befahl der Wache, uns allein zu lassen. Zum ersten Mal trank ich Kaffee. Er sagte: »Sie haben dich ziemlich schlecht behandelt, es ist schwierig, dich aus dieser Situation herauszuholen, denn es gibt einen Strafantrag. Vielleicht wäre ein Kompromiss möglich, wenn du vorschlägst, das Land zu verlassen. Dein Vater ist in Antofagasta in derselben Situation wie ich und es ist für ihn sehr gefährlich, wenn du im Land bleibst. Ich weiß nicht, wie er im Falle einer Verurteilung reagieren würde. Daher ist es besser, du machst diesen Vorschlag an das Kriegsgericht. Du solltest das Dokument, das ich hier habe, unterschreiben, mehr kann ich nicht tun.« Ich bat den Oberst Marín um Bedenkzeit, weil ich im Land bleiben wollte. Darauf reagierte er sehr heftig, er fixierte mich von Auge zu Auge und sagte: »Glaubst du, du Idiot, dass du am Leben bleiben wirst, wenn ich dich morgen freilasse? Ich bin sicher, dass du verschwinden wirst, obwohl deine Familie sich bei mir nach dir erkundigte. Ich kann mich nicht weiter für dich verantwortlich machen und du musst wissen, dass dies auch ein Risiko für mich ist. Entweder du unterschreibst oder es gibt das Kriegsgericht, und sie geben dir eine Dosis Blei, und das war es dann.«
Damit endet das Kapitel Kriegsgericht, ich unterzeichnete das Papier, das meinen Vorschlag enthielt und worin keinerlei Erklärung einer Schuld enthalten war, ich akzeptierte es. Er teilte mir dann mit, dass er mich in das Gefängnis von Santiago überstellen wird, denn auf der Straße gebe es keine Sicherheit. Der Geheimdienst würde mich sofort entführen und niemanden, nicht einmal das Militärgericht, informieren. Ich hatte noch nie ein Gefängnis von innen gesehen, obwohl ein Onkel von mir der Generaldirektor der Gefängnisse im Süden des Landes war und ich ihn in Temuco oft besucht hatte. Die Zellen hatten kein Fenster und keine Frischluft, wo Platz für zwei Personen war, steckten sie acht bis zehn hinein. Es wurde nicht gefoltert, das Wachpersonal war weder fein noch intelligent, aber sie ließen uns in Ruhe.
Die Strafgefangenen waren von uns, den politischen Häftlingen, völlig getrennt, doch viele von ihnen solidarisierten sich mit uns und gaben uns, während der täglichen zwei Stunden,

die wir im Hof sein durften, etwas zum Essen. Ich sah dort viele Gefangene aus allen politischen Parteien, einige von ihnen stehen heute auf der Liste der *Verschwundenen,* wie z. B. ein kommunistischer Bezirksrat aus Maipú. Eines Tages im November bekam ich ein Paket mit frischer Wäsche und die Nachricht von meiner provisorischen Entlassung. Darin wurde hervorgehoben, dass ich jeden zweiten Tag unter der Bekanntgabe meines Aufenthaltsortes beim Militärgericht zur Unterschriftleistung zu erscheinen habe und dass ich das Land innerhalb von drei Monaten verlassen muss. Dieses Dokument war von Oberst Marín unterzeichnet. Drei Monate, um eine Reise ins Unbekannte vorzubereiten.

Ich ging zum *Vikariat der Solidarität,* denn ich hatte kein Geld, mein Besitz war weg und ich durfte nicht arbeiten. Durch die Hilfe des *Vikariates* bekam ich die notwendigen Reisedokumente und ein Flugticket, um das Land verlassen zu können. In der Zwischenzeit konnte ich durch die Solidarität einiger Lehrer im Liceo Hispano Chileno in der Straße Catedral als Lehrer arbeiten. Ende Dezember teilte mir der Direktor aber mit, dass Polizei und Schulbehörde ihm die Anordnung gegeben hatten, mich nicht weiter zu beschäftigen, ansonsten würde er selbst Schwierigkeiten bekommen.

Im Februar 1974 kam meine zweite Tochter zur Welt, ich konnte sie gerade noch sehen. Meine erste Tochter war sechs Jahre alt und sah mich ein einziges Mal, denn die Familie ihrer Mutter hielt zu den Militärs und war glücklich, dass ich fortgehen musste. Bis März 1974 lebte ich im Haus meiner Großmutter, die Witwe war. Weil ich bei ihr wohnte, wurde das Haus dreimal durchsucht, obwohl sie eine Bestätigung der Streitkräfte hatte, dass sie eine direkte Verwandte eines hohen Offiziers ist. Eines Tages im März bestieg ich ein Flugzeug der AVIANCA nach Argentinien.

Am Flugplatz Ezeiza in Buenos Aires begann für mich ein neuer Lebensabschnitt in Freiheit. Wir waren 150 Flüchtlinge, darunter 40 Kinder, aber irgendetwas war beim *Vikariat* schief gelaufen, denn niemand kümmerte sich um uns. Ich hatte im Flugzeug Kollegen getroffen, so z. B. Prof. O. von der Fakultät für Theaterwissenschaften der staatlichen Universität Chiles, wo ich ein zweijähriges Postgraduiertenstudium für Pädagogik gemacht hatte. Wir verbrachten eine Nacht am Flugplatz, am nächsten Tag organisierten wir uns und setzten uns mit dem Hochkommissar für Flüchtlingswesen, Herrn Haselmann, in Verbindung. Er versprach Busse zu schicken und die Leute mit Kindern nach San Miguel, die übrigen Erwachsenen in ein Lager in Buenos Aires zu bringen. Die Gruppe nominierte Prof. O. und mich zu erkunden, ob es eine Möglichkeit zu arbeiten oder zu studieren gäbe. Ich selbst inskribierte für das 7. Semester Psychologie, ich war sicher, in diesem Nachbarland Chiles zu bleiben. Es gab hier Flüchtlinge aus verschiedenen lateinamerikanischen Ländern, besonders aus Uruguay.

An der Universität von Buenos Aires lernte ich viele Intellektuelle kennen, so auch Prof. P. Alle rieten uns, die politische Situation genau zu beobachten, da man einen wachsenden Einfluss der Militärs feststellte. Perón war schon sehr alt und krank, es war klar, dass er nicht mehr lange leben und es wahrscheinlich einen unblutigen Militärputsch geben würde. So geschah es auch nach dem Tode Peróns. Seiner Frau Estelita fiel nichts Besseres ein, als die Macht den Militärs zu übergeben. Währenddessen hatte schon das Attentat auf General *Prats* und seine Frau stattgefunden. Es gab erschreckende Gerüchte über die Geheimpolizei. Mehrere Chilenen, unter ihnen der Chef des Ambulatoriums El Cortijo in Quilicura – an seinen Namen kann ich mich jetzt nicht erinnern –, wurden entführt und nach Chile gebracht. In dieser Situation beschloss unsere Gruppe, mit Herrn Haselmann und den Kirchen Kontakt aufzunehmen, um einen Plan zu entwickeln, wie wir in ein sicheres Land kommen könnten. Die Suche dauerte Monate, wir präsentierten unsere Listen bei fast allen Botschaften der europäischen Länder. Die Antwort war immer, zuerst müsse das Flüchtlingsproblem in den Botschaften in Chile selbst gelöst werden, dann könne man weitersehen. Nach einem tragischen Zwischenfall erklärte sich schließlich Rumänien bereit uns zu akzeptieren akzeptierte. Einer von uns war von der Polizei festgenommen und verprügelt worden und sie hatten ihm gedroht, dass wir alle bei nächster Gelegenheit nach Chile zurückgebracht würden. Kurz darauf kam die Polizei mit einem Haftbefehl zu mir. Glücklicherweise hatte ich einen Ausweis des Hochkommissariates, aus dem hervorging, dass ich für die Vereinten Nationen arbeite. Sie ließen mich in Freiheit – mit der bekannten Drohung.

.....

Mein Aufenthalt in Buenos Aires endete, als an der Universität Studentenunruhen ausbrachen und Panzer auffuhren. Im Februar 1975 bestiegen alle 150 Flüchtlinge ein Flugzeug nach Europa. Das Ziel war ein Land in Osteuropa, in Zürich war Zwischenlandung. Meine Frau und unsere Tochter blieben in Chile, ich hoffte auf die Möglichkeit, dass sie später nachkommen. Doch es war schwierig, den Kontakt zu halten, ich musste an andere Leute schreiben, um ihr keine Probleme zu machen. Ich wusste, dass alle meine Freunde und Mitarbeiter aus der Gemeindeverwaltung von Quilicura festgenommen oder zumindest über meinen Aufenthaltsort und meine Aktivitäten befragt worden waren. Es war daher nicht ratsam, ihnen direkt zu schreiben oder eine Verbindung aufzunehmen.
In Rumänien wurde ich nicht als Flüchtling anerkannt, aber ich hatte ein Stipendium für Romanistik an der dortigen Universität. Ich nützte die Zeit für das Studium und um das Land kennen zu lernen. Doch es gab keine Möglichkeit der persönlichen Weiterentwicklung und es wurde mir gesagt, ich solle überlegen, entweder nach Chile zurückzukehren oder in ein anderes Land zu gehen, um dort zu arbeiten. Da es auf lange Sicht keine Möglichkeit gab, hier Arbeit zu finden, fuhr ich nach Rom zu meinen Parteifreunden, die dort für die internationale Solidarität mit Chile arbeiteten, und ließ mich beraten. Das alles endete mit der Ankunft meiner Frau und unserer Tochter und der Vorbereitung der Reise nach Wien.
Durch die Vermittlung eines *Compañero* hatte ich 1977 die Möglichkeit, nach Wien zu kommen. Bei meiner Ankunft am Westbahnhof erwartete mich ein anderer *Compañero* und brachte mich in den 11. Bezirk, von dort ging es zum Innenministerium, zum Dolmetscher Helmut Langschwert, der mich in das Flüchtlingslager Traiskirchen schickte. Dort war ich praktisch 40 Tage im zweiten Stock in Quarantäne, denn sie mussten meine Identität überprüfen. Das war nicht angenehm, doch es gab die Aussicht, bald als politischer Flüchtling anerkannt zu werden, wodurch ich die Möglichkeit haben würde zu arbeiten und Geld zu sparen, um nach Chile zurückzukehren. Nach zwei Monaten kamen meine Frau und unsere Tochter aus Osteuropa, auch sie wurden nach Traiskirchen gebracht, in einen Raum mit einem rauen Holzboden, aber sie hatten Wasser und Essen.

Der magische Apfel

Marisol war drei Jahre alt und sprach nur Spanisch. Sie war lebhaft und verspielt und verstand nicht das Drama der Flüchtlinge, des Sich-Verlierens und des Wiederfindens, das Problem der Sprache und die vielen anderen Fragen. Bei der Ankunft meiner Frau und meiner Tochter in Traiskirchen brachte man uns ins Wachzimmer. Ein Polizist in grauer Uniform und mit vergoldeten Sternen auf den Achselklappen grüßte uns verächtlich und sagte etwas, was wir nicht verstanden, obwohl ich mich sehr bemühte zu verstehen, ich konnte nur seine Körpersprache interpretieren, die etwa sagte: »Was wollt ihr da, es gibt schon so viele hier, und wir wollen keine Kommunisten.« Das Wort Kommunisten ist international, das verstand ich. Bei der Anstrengung sich verständlich zu machen, sprengte sein dicker Bauch fast die Uniform mit den goldenen Knöpfen. »Schnell eure Namen, ich habe keine Zeit für euch.« Meine Tochter schaute umher und musste über den Polizisten lachen, für sie war das lustig, denn er gestikulierte wie ein wildes Tier in einem Käfig. Plötzlich sagte sie: »Ich möchte diesen Apfel, der dort auf dem Kasten liegt.« Die Situation änderte sich schlagartig. Der etwa 50 Jahre alte Polizist merkte, dass das Kind seinen Apfel möchte. Sie hatte Hunger, mit ihrem Weinen bestand sie darauf, den Apfel zu bekommen. Das war für den Polizisten eine Provokation. Er nahm den Apfel, biss wie ein Hai hinein und sagte: »Nichts für dich!« Und er sagte noch etwas, was möglicherweise seine Genugtuung ausdrückte, Macht über ein Kind zu haben, das seinen Apfel möchte und die Sicherheit seiner Ernährung bedroht. Danach wurden wir zu einem Beamten der Lagerleitung gebracht, der uns auf Englisch fragte, ob wir etwas brauchen. Ich bat um einen saftigen Apfel für die Kleine. Der Beamte war überrascht und sagte, es gibt genug zu essen für alle. Mein Wunsch wurde erfüllt. Dann brachte er uns in ein Zimmer, das zwar einen ungehobelten und schmutzigen Boden hatte, in dem wir aber alles Notwendige vorfanden. Ich hatte zum ersten Mal in Österreich die Genugtuung, dass Egoismus und Ungerechtigkeit überwunden wurden.

Meine Frau blieb nur kurze Zeit im Lager, da die medizinische Untersuchung ergab, dass sie an TBC litt. Sie kam nach Grimmenstein-Hochegg und blieb neun Monate dort. Ich war nun

.....

mit meiner Tochter alleine, ich betreute und umsorgte sie, wie es für ein dreijähriges Mädchen notwendig ist. Es war schwierig, daneben auch Deutsch zu lernen und in den umliegenden Weingärten zu arbeiten. Das war natürlich Schwarzarbeit. Es war eine harte Zeit, aber kompensiert durch die Garantie einer relativen Freiheit und durch die Sicherung des Lebensrechtes für uns drei. Österreich und die Vereinten Nationen garantierten uns das Recht, ohne Angst zu leben und neue Perspektiven zu haben. Alle Schwierigkeiten, mit denen wir konfrontiert waren, verlieren an Bedeutung, wenn man dagegenstellt, dass das Leben von Menschen gerettet wurde, die mit Sicherheit in Chile oder Argentinien umgekommen wären. Das Recht auf das Leben ist das wichtigste aller Menschenrechte für Flüchtlinge. Mit Schrecken sehe ich, dass im Laufe der letzten zehn Jahre in Österreich und in ganz Europa die politischen Rechte vom ursprünglichen Konzept der Menschenrechte und der Charta der Vereinten Nationen immer mehr abweichen, von einem Dokument, das alle Länder unterzeichnet haben. Das Schlimmste ist, dass sie das Grundrecht des Flüchtlings, sein Leben zu retten, nicht mehr anerkennen wollen.

Lernen ohne Mühe?

In Traiskirchen stellte sich bald heraus, wer von uns das Flüchtlingsdasein in erster Linie als Rettung von Menschenleben verstand, und wer nur immer mehr und Besseres von der österreichischen Regierung erwartete. Unter den Lateinamerikanern gab es drei Gruppen von Emigranten, die sich nach sozialen und psychologischen Gesichtspunkten unterschieden. Da waren jene, die wussten, dass es in erster Linie darum geht, Menschenleben, die in Chile in Gefahr waren, zu retten. Man konnte von uns eine gewisse Integration erwarten, das Erlernen der Sprache und die Bereitschaft zu arbeiten, um uns und unsere Familien zu erhalten. Ich mache hier keinen Unterschied zwischen den Intellektuellen und den Flüchtlingen aus der Arbeiterklasse, denn in beiden sozialen Schichten gab es die eine und die andere Einstellung.
Die zweite Gruppe bestand aus Kritikern, die die Bedingungen akzeptierten, jedoch nicht bereit waren, jegliche Arbeit anzunehmen. Sie sagten, hier gäbe es nur Ausbeuter, das System

brauche nur Leute, die die grobe Arbeit machen. Darin hatten sie zwar Recht, doch es blieb der Eindruck, dass sie nichts tun wollten und nur auf bessere Zeiten hofften.
Die dritte Gruppe waren die Entmündigten. Sie erwarteten eine schöne Wohnung, guten Lohn und Sicherheiten. Bei fast allen Gesprächen gingen ihre Vorschläge in diese Richtung. Bei dieser Gruppe, die etwas größer war als die beiden anderen, galt es eine Bewusstseinsbildung zu erreichen und sie zu einer positiven Einstellung zu bringen. Doch es zeigte sich, dass dies praktisch unmöglich war. Es taten sich jene hervor, die nicht als politische Flüchtlinge im eigentlichen Sinn bezeichnet werden können. Durch sie entstand ein negatives Bild der Lateinamerikaner. Man muss auch sagen, dass die Beamten des Innenministeriums sehr wenig über die Eigenart und die Kultur der lateinamerikanischen Völker wussten. Vor allem nichts über ihr Verständnis von Disziplin und ihre Mentalität im Umgang mit Autoritäten.
Die Österreicher haben aus historischen Gründen ein Problem mit Autoritäten. Das äußert sich z. B. im Verhalten gegenüber Hierarchien und Titeln, eine Haltung der unkritischen Unterwerfung. Der Status quo wird ohne Diskussion wie ein Naturrecht anerkannt. Aus diesen unterschiedlichen Zugängen ergab sich eine Reihe von Problemen und viele meiner Landsleute verwechselten dies einfach mit Rassismus.
Von den drei Gruppen unterschieden sich jene, die meinten, die ihnen gestellte Herausforderung ohne persönliche Anstrengung bewältigen zu können. Sie meinten z. B., dass eine Sprache ohne Anstrengung erlernt werden könne. Das Buch »Deutsch in 30 Tagen ohne Mühe« machte die Runde und viele blieben jahrelang bei dieser Ansicht. Der Schlüssel für die Integration in ein Land, das sich so stark von Chile unterscheidet, ist die Sprache. Das sagte ich in allen Sitzungen, wir ersuchten um Deutschkurse und um Unterstützung für jene, die an der Universität studieren wollten. Ich erlernte Deutsch nicht in 30 Tagen, denn das ist unrealistisch, wenn man es ernst nimmt. Ich erlernte es aber in den neun Monaten meines Aufenthaltes in Traiskirchen und praktisch ohne Lehrer, da ich meine Tochter nicht alleine oder mit fremden Leuten lassen konnte.

Die erste Arbeitserfahrung

Da wir den ersehnten Flüchtlingspass noch nicht hatten – er ließ etwa drei Monate auf sich warten –, konnten wir keine legale Arbeit ausüben. Die Landwirte und Unternehmer aus der Umgebung freuten sich über unsere billige Arbeitskraft, für die sie keine Steuern zahlten und dadurch ihre Gewinne beträchtlich erhöhen konnten. Um fünf Uhr früh mussten wir im Lager hinter der Mauer warten und wurden dann in Lastwägen zum Arbeitsplatz gebracht. Die Betreuung der kleinen Kinder, die zurückblieben, wurde organisiert. Nur sieben von den rund hundert, die wir waren, nahmen an dieser Arbeit teil. Sie war schwer, wir mussten die Weintrauben abschneiden und in einen Behälter werfen, der am Rücken weggetragen wurde. Nach acht Stunden Arbeit war man todmüde. Manche arbeiteten bis in die Nacht hinein, das war unmenschlich, doch sie benötigten das Geld. Es gab eine große Konkurrenz mit den Flüchtlingen aus dem Osten, aber es freute mich zu sehen, dass einige Rumänen gegen die unmenschlichen Arbeitsbedingungen und die geringe Entlohnung protestierten. So verging die Zeit im Lager. Sooft ich von der Lagerleitung etwas brauchte, bereitete ich meine Frage in Deutsch gut vor, was die Beamten überraschte.

Mödling – Vorderbrühl

Das Leben als Flüchtling im eigentlichen Sinn begann in der Vorderbrühl, wo es mir im Vergleich zu Traiskirchen wie im Paradies vorkam. Vor allem freute uns, dass es hier keine Gendarmerie gab, nur zivile Beamte, die sich um unser Schicksal kümmerten. Besonders gern denke ich an Herrn Stadler, er ist heute sicher schon in Pension, denn 1978 war er etwa 50 Jahre alt. Das Leben im Flüchtlingsheim, das uns anfangs wie ein Hotel vorkam, war durch die Rivalitäten und die Disziplinlosigkeit nicht leicht. Alle verlangten, als Erste eine Wohnung zu bekommen, das war verständlich, denn es gab Leute, die schon zwei Jahre oder länger auf eine Wohnung warteten. Es wiederholte sich das Phänomen von Traiskirchen und meine These bestätigte sich, dass oft unmögliche Forderungen gestellt wurden, anstatt an der schrittweisen Verbesserung der Situation zu arbeiten.

Vorderbrühl war ein großer Schritt zur Normalität, zur Möglichkeit Arbeit zu finden und die Sprache zu erlernen, da es im Haus Kurse gab. Natürlich konnten wir im Berufsleben nicht erwarten, leitende Funktionen zu übernehmen oder als Akademiker zu arbeiten, solange wir nicht integriert waren, aber wir hatten einmal die notwendigen Dokumente und die Chance, eine Arbeit zu bekommen. Der wichtigste Leitspruch der positiv eingestellten Gruppe war: »Brot, Arbeit und Integration«.
Ich wurde in einem kleinen Feinmechanikerbetrieb in Mödling als Hilfsarbeiter angestellt. Ich musste für alles da sein, angefangen von der Reinigung der Maschinen und der Werkstatt. Ich bekam damals 4.000 Schilling monatlich für eine Vierzigstundenwoche, was nicht viel war, aber ausreichend, um das Essen im Flüchtlingsheim zu bezahlen, und es blieb auch etwas für die Freizeit und um Bücher zu kaufen, was immer mein Hobby war.

Die Arbeit der »Gastarbeiter«

Ich lernte erstmals eine neue menschliche Kategorie, ein neues wirtschaftliches und soziales Wesen kennen, den »Gastarbeiter«. Es war keine Überraschung, dass in diesem kleinen Betrieb 70 % dieser Gruppe angehörten. Zwischen den etwa 35 Jugoslawen und Türken gab es dauernd psychische und emotionale Spannungen, eine Konkurrenz, um den Arbeitsplatz nicht zu verlieren. Aus diesem Grund waren einige sehr unterwürfig und ertrugen alle Beschimpfungen und verächtlichen Bemerkungen von Seiten der Vorgesetzten, die vermutlich Österreicher waren. In diesem unfreundlichen Arbeitsklima musste man acht Stunden stehend durchhalten. Es gab nur eine Pause von einer halben Stunde, um zu essen, da konnten wir uns neben die Maschinen hinsetzen.
Wie überall gab es gute und schlechte Vorgesetzte. Ich hatte das Glück, einen guten zu haben, der andere war ein Neurotiker, der keine schwarzen Haare sehen konnte. Für ihn waren wir alle »Unterentwickelte«. Mein Chef stand kurz vor der Pension und er hatte vermutlich deshalb mehr Toleranz und Geduld, um etwas zu erklären. Bald sagte er mir, dass ich nicht mehr putzen muss, sondern eine automatische Maschine bedienen soll, die Schrauben und Muttern erzeugte. Er lehrte mich, die

Maschine zu programmieren und sprach nicht im Infinitiv mit mir, wie ich es sonst täglich hörte. In acht Monaten erlernte ich den Umgang mit allen Maschinen und ich war in der Lage, ganz normal in der Fabrik zu arbeiten. Doch hatte diese Arbeit für mich keine Zukunft, und aufgrund meines Alters war es nicht möglich, eine höhere Qualifizierung zu erreichen. Meine Einstellung zum Leben war es, nicht auf dieser Stufe zu bleiben, daher kehrte ich der Kategorie der Gastarbeiter den Rücken. Diese WirtschaftsemigrantInnen, die einen großen Teil des Bruttonationalproduktes erarbeiten, ernten auf fast allen Gebieten des sozialen und wirtschaftlichen Lebens als Dank Verachtung und Diskriminierung, wie ich aus eigener Erfahrung weiß.

Wien

Vor meiner Ankunft in Österreich waren meine Vorstellungen über Geschichte, Geographie und Politik dieses interessanten europäischen Landes ziemlich romantisch. In den Mittelschulen Chiles unterrichten wir die Geschichte Europas, reden wir über das österreichisch-ungarische Kaiserreich, die Geographie der Alpen, die Menschen und ihre Bräuche, aber auch über die Kriege und die dunklen Seiten, über die Beziehungen der europäischen Völker und über die nationalen und rassistischen Theorien, die zum Holocaust führten. Nun hörte ich, wie Prof. Ringel über die österreichische Seele sagte, dass in Bezug auf die jüngste Vergangenheit die psychische Verdrängung vorherrscht keine bewusste Aufklärung. Ohne Erkenntnis der historischen Schuld gibt es für ein Volk aber keine geistige Freiheit. Das gleiche Phänomen gibt es heute in Chile. Die führenden Klassen Chiles haben Interesse, an der Macht zu bleiben, sie verhindern einen psychischen, sozialen und historischen Prozess, in dem ihre Rolle in den jüngsten Vorkommnissen geklärt würde. Dabei soll nicht eine kollektive Schuld ausgesprochen werden, sondern es soll ein Prozess gegen die Verfälschung der Tatsachen, die für so viele ChilenInnen den Tod, das Exil oder die Verschleppung brachten, eröffnet werden. Eine aktuelle Parallelität, wenn auch mit verschiedenen Ursachen. Meine Aufgabe ist es daher, hier wie dort aufklärend zu wirken, und ich habe mich darauf vorbereitet.

In Wien fand der Kongress statt, der die Befreiung von Napoleon brachte. Das wiederholt der Geschichtsunterricht Jahr für Jahr, in Chile und hier. Doch das wahre Motiv wird nicht ausgesprochen. Die drei Worte (Freiheit, Gleichheit und Brüderlichkeit) und der Kodex der Bürgerrechte waren viel gefährlicher als die Person Napoleons. Die Elite des blauen Blutes musste daher zusammenkommen, um sich dieser »Barbarei« entgegenzustellen. Das Jahr 1919 präsentierte in der Gestalt der sozialistischen Bewegung in Österreich und in ganz Europa die Rechnung.

Wien ist in erster Linie von diesen Eliten geprägt. Die sozialen Errungenschaften der Sozialisten sieht man auf den ersten Blick und mit aller Deutlichkeit. Sie waren aber kein Geschenk, sondern sie wurden nur durch den Kampf um die Verbesserung der Arbeitsrechte, der persönlichen Rechte, der Wohnungssituation, der sozialen Rechte, der Familienrechte und der Menschenrechte insgesamt erreicht. Die drei Worte und der Rechtskodex fanden im demokratischen Sozialismus des 20. Jahrhunderts den besten Ausdruck. Wien sah die faschistischen Horden, die alle, die Widerstand leisteten, mit Tod und Zerstörung bedrohten. In der Nachkriegszeit wurde Wien auf der Grundlage der sozialistischen Ideen wieder aufgebaut, die heute in den Fabriken, Schulen und in den Menschen selbst ihren Ausdruck finden. Diese Menschen sind die Abkömmlinge vieler europäischer und außereuropäischer Völker. Der Faschismus konnte seine Ziele nicht erreichen, doch schon eine oberflächliche Betrachtung lässt eine latente Anfälligkeit für diese unglückliche Politik erkennen. Leider wird das nicht mit dem nötigen Mut und der nötigen Energie bekämpft und die Reaktion sieht mit Genugtuung die Möglichkeit, in das Bewusstsein des Volkes mit Theorien und Aktionen einzutreten, die an die unheilvollen Jahre des Aufstiegs des Faschismus erinnern. Wieder eine Parallele mit Chile.

Eine andere unqualifizierte Arbeit

Nach dem Verlassen der Fabrik in Mödling hatte ich durch einen chilenischen Freund die Chance, bei Simmering-Graz-Pauker im 11. Bezirk eine Arbeit als Bewacher und Reiniger der Garderoben zu bekommen. Eine unqualifizierte Arbeit, aber mit der Möglichkeit, später anderes zu machen. Im Jahr 1978 mussten wir für unsere Tochter einen Kindergarten finden. Ich musste nun jeden Tag um fünf Uhr früh nach Wien fahren. Ich verdiente jetzt das Doppelte, das war mit ein Grund, die täglichen Fahrten auf mich zu nehmen. Meine Frau fand als Bedienerin Arbeit. Sie verdiente nur die Hälfte meines Lohnes, sie arbeitete bei einer jener berüchtigten Firmen, die Personal verleihen und einen Hungerlohn zahlen.

In der Garderobe hatte ich einen spanischen Kollegen, der schon viele Jahre in Wien wohnte. Er erzählte mir viel, ich aber sprach wenig über meine Vergangenheit, weil ich vorsichtig war. Erst später erfuhr ich, dass er Mauthausen überlebt hat. Ich bemerkte, dass die Kollegen über das, was in Chile geschehen war, gut informiert waren. Ich verbrachte Monate in der Garderobe. Dann gab mein Freund seine Arbeit als betriebsinterner Bote auf und schlug mir vor, ihn zu ersetzen. Mit einem Moped musste ich Briefe und Geld von einem Büro zum anderen bringen. Dabei machte mir der Winter zu schaffen, denn diese Kälte war ich nicht gewohnt.

Der Betriebsarzt von Simmering-Graz-Pauker war Dr. Steyrer. Bei mehreren Gesprächen informierte er sich über meine Ausbildung und riet mir, mich in der Personalabteilung der Gemeinde Wien vorzustellen. Er gab mir den Rat, als Stationsgehilfe anzufangen und ich könnte dann das Diplom für Gesundheits- und Krankenpflege erwerben, was nur bis zum Alter von 45 Jahren möglich ist. Durch seine Vermittlung wurde ich Stationsgehilfe im Pflegeheim Lainz. So fand meine unqualifizierte Arbeit 1979 nach einem Jahr ein Ende. In dieser Zeit wurde uns eine Wohnung in der Dietrichgasse zugewiesen, die wir sofort annahmen. Die Wohnung hatte weder eine Heizung noch ordentliche Fenster, aber ich sagte mir, man kann alles machen.

Eine idealistische Hoffnung

Die Arbeit als Stationsgehilfe war am Anfang ziemlich schwierig. Teilweise war daran das Verhalten vieler Hilfskräfte schuld, die Gastarbeiterinnen waren und einen großen Teil des Personals im Gesundheitsdienst stellten. Die Chefin war nicht besser als manche Vorgesetzte in der Fabrik in Mödling. Sie hatte keine Führungsqualitäten, sie intrigierte und traf ihre Entscheidungen nach den Informationen, die ihr die Hilfskräfte zutrugen, die am meisten Einfluss hatten und die größten Intriganten waren. Wir waren diesen Leuten ausgeliefert, sie machten, was ihnen passte. Es war für mich keine Überraschung, als ich vom Skandal in Lainz hörte, denn das Modell war überall dasselbe: Es beruhte auf einer völlig hierarchischen Struktur – nach unten treten und nach oben buckeln und danken –, die mehr dem Militär als einem Pflegeheim für alte Menschen entsprach. Für Menschlichkeit im Umgang mit alten Menschen war immer weniger Zeit, da es an diplomiertem Personal mangelte. Wir Hilfskräfte mussten einen sechsmonatigen Kurs machen, der nicht das Niveau eines vergleichbaren Kurses in Chile erreichte. Im Jahre 1980 konnte ich diesen Kurs mit Auszeichnung abschließen, wodurch ich das erwünschte Zeugnis als Stationsgehilfe bekam.

Inzwischen hatte ich auch an der Universität inskribiert, um meine pädagogischen Studien zu nostrifizieren, obwohl ich wenig Chancen hatte, auf diesem Gebiet zu arbeiten. Ich bemühte mich, auch möglichst bald die österreichische Staatsbürgerschaft zu bekommen, denn diese war eine Voraussetzung für den Eintritt in die Krankenpflegerschule der Stadt Wien. Eine Hoffnung auf baldige Rückkehr nach Chile gab es nicht. Eine weitere Voraussetzung für das Diplom war es, drei Jahre als Stationsgehilfe zu arbeiten und eine gute Qualifikation zu bekommen. Das war schwierig, weil es dafür keine Normen gab und man der Willkür der Chefin ausgesetzt war, die nicht über ausreichende Kenntnisse der Personalbeurteilung verfügte. Es gab damals in Wien einen Stillstand bei der Ausbildung der KrankenpflegerInnen. Obwohl es in den Krankenhäusern eine von der Medizin und Verwaltung unabhängige Leitung des Pflegepersonals gab, so waren es doch die Ärzte, die das letzte Wort hatten und die wie die »weißen Götter« behandelt wurden. Ich sah deutlich, dass ich mir durch Studium und den Erwerb des Diploms die nötigen Instrumente aneignen musste, um bei einer zukünftigen Reform des Systems mitwirken können. Eine Reform, die nach dem Skandal in Lainz begann.

Im Jahre 1986 wurde ich in die Krankenpflegerschule des Kaiser-Franz-Josef-Spitals aufgenommen. Ich bekam das Gehalt eines Stationsgehilfen, was für meinen Unterhalt und den meiner zwei Töchter sehr knapp war. Ein Jahr später trennte ich mich definitiv von meiner Frau, die ein kleines Geschäft betrieben hatte. Im Jahre 1989 beendete ich mein Studium mit Auszeichnung. Damit endete die Zeit, in der ich darauf warten musste, auf dem sozialem Gebiet etwas leisten zu können, und es eröffnete sich mir die Möglichkeit einer qualifizierten Arbeit und der Teilnahme an den zukünftigen Reformen, die notwendig waren, um in der Geriatrie und Krankenpflege menschlichere Bedingungen zu schaffen. Mit dieser Motivation bereitete ich mich vor, um zu sehen, wo ich mich am besten einbringen kann. Es war klar, dass ich meine Zukunft jetzt und in diesem Land gestalten musste.

Ein neuer Schritt der Entwicklung

Bei meiner Rückkehr in das Geriatriezentrum am Wienerwald (GZW, ehemals Pflegeheim Lainz) gab es radikale Veränderungen. Sowohl der Primar als auch die Oberschwester suchten einen kritischen Mitarbeiter, der sich nicht mit einfachen Erklärungen zufrieden gab. Das Jahr 1989 brachte für mich zwei bedeutende Ereignisse, erstens, dass ich etwas Konkretes erreicht hatte, und zweitens, dass meine Tochter Marlene aus Chile kam. (Damit mussten meine drei Kinder und ich von einem Gehalt leben, das war kein Paradies). Sie begann sofort mit dem Studium an der Wiener Universität. Die beiden anderen Töchter war in der Schule, die eine im letzten Jahr der Volksschule und die andere im Gymnasium. Wir mussten das Leben so organisieren, dass alle vier sich entwickeln und die Zukunft planen konnten. Ich erinnere mich, dass ich bei einer der vielen Diskussionen mit meinen Töchtern sagte: »Ihr habt zwei Nachteile und einen großen Vorteil. Das eine ist, dass ihr Frauen seid, und als Frauen müsst ihr immer noch besser sein. Ihr dürft nicht erwarten, dass die Männer euch verstehen und mit euch kooperieren, denn in dieser Gesellschaft dominieren Machismus und Patriarchat. Daher müsst ihr studieren und einen Beruf erlernen, der euch die notwendige Unabhängigkeit sichert, um euer Leben selbst zu gestalten. Das andere ist, dass ihr mit progressiven, mit linken Ideen aufgewachsen seid und aus einem anderen Land mit einer anderen Kultur kommt. Aber dieser Nachteil wird zu einer reichen Quelle des Wissens und zu einem großen Vorteil im Vergleich zu jenen, die keine anderen Realitäten kennen und nicht einmal über ihre eigene Nase hinausschauen.«

Ich hatte die Aufgabe der Erziehung und musste mich in meiner Arbeit bewähren. Ich wollte meinen Töchtern die Möglichkeit der persönlichen Entwicklung bieten, sie orientieren und eine moralische Autorität ausüben. Ich wusste, dass mit Verboten, Einschränkungen und Maßnahmen gegen ihre Freiheit wenig zu erreichen ist, sodass ich mit einer anderen Methode vorgehen musste, aber ohne bestimmte Rezepte, die ja auch keine Resultate bringen. Als Vater gab ich mir in den letzten Jahren Rechenschaft über die großen Gefahren für die Jugendlichen durch die Konsumgesellschaft. Das Diktat der mächtigen Industrie und die Propaganda derer, die die Massenmedien beherrschen, wollen die Einstellung und das Verhalten der Jugendlichen verändern, um sie zugunsten ihrer Gewinne in Richtung Kritiklosigkeit und Unterwerfung zu manipulieren. Wir haben dieses Thema oft besprochen und diskutiert, denn die Gefahr, fremden politischen Ideen zu verfallen, ist sehr groß. Wenn sie sich das eine oder andere kaufen wollten, weil es gerade Mode war, dann antwortete ich: »Schau, ein blöder Kerl sagt dir im Fernsehen, was du anziehen sollst, ein anderer, was du essen und trinken sollst, und der Blödeste sagt, was du denken sollst. Vielleicht singt er in englischer Sprache und bringt lauter Dummheiten. Warum willst du das nachmachen? Warum schaust du nicht auf deine Wirklichkeit und denkst nicht nach, was diese Leute von dir wollen? Sie haben eine unehrliche Absicht. Du musst du selbst sein und niemand anderer als du. Bleibe dir selbst treu, zieh an, was du willst und was dir gefällt und für dich gesund ist. Singe in deiner Sprache und denke an die Armen und an die vielen Probleme in dieser Welt. Dann wirst du die Sicherheit haben, dass niemand dich von deiner Art zu denken abbringen kann, nicht einmal der blöde Kerl, der dir sagt, was du denken sollst. Diese Gesellschaft will sich bis zum Tod unterhalten und vor lauter Unterhaltung verliert sie die humane Sichtweise, die Solidarität und den tiefen Sinn der menschlichen Werte. Es bleiben nichts als Aggression und irrationale Ideen über Rassen und Minderheiten. Das ist ein sehr gefährlicher Weg.«

Die mittlere Tochter machte die Matura und studierte Pädagogik. Derzeit arbeitet sie als Lehrerin und ist sehr glücklich in ihrem Beruf. Die Jüngste erreichte die Matura im vergangenen

Jahr und will das Studium für medizinisch-technische AssistentInnen beginnen. Die Älteste hat ihr Studium als Dolmetscherin nicht beendet. Eine Zeit lang war sie in Chile und wurde dort Designerin, doch die wirtschaftliche Situation zwang sie zur Rückkehr. Die zwei Jüngeren leben im dritten Bezirk in Gemeindewohnungen, die ältere Tochter lebt derzeit bei mir, denn als sie aus Chile zurückkam, hatte sie keine Wohnung mehr.

Ein neuer Horizont

Meine Töchter hatten nicht viel Verständnis für meinen Wunsch, eine neue Beziehung einzugehen. Ich hatte verschiedene Freundinnen, die alle von ihnen nicht akzeptiert wurden. Für mehrere Jahre musste ich die Vorstellung, mit jemandem zusammenzuleben, aufgeben, weil dadurch meine Erziehungsaufgabe gefährdet gewesen wäre. Ende 1990 lernte ich N. kennen, die als Stationsgehilfin im Geriatriezentrum am Wienerwald arbeitet. N. ist sehr zielstrebig und möchte so wie ich das Diplom erreichen. Meine *Compañera* schenkte mir ein liebes Mädchen, das schon drei Jahre alt ist und den Kindergarten an unserer Arbeitsstelle besucht. Sie hat gute Chancen für ihr Leben, weil ihr die reichen Erfahrungen vieler Jahre zur Verfügung stehen. Ich werde sie so erziehen wie meine anderen Töchter, die eine gute Beziehung zu ihr und zu uns haben. Sie hat von beiden Elternseiten eine große Familie, sie ist immer beschäftigt. Im Vorjahr waren wir in Chile, um meinen Vater zu besuchen. Wir erinnerten uns an die vergangenen Zeiten und er erzählte mir, dass der Oberst Marín gestorben ist. Das tat mir sehr Leid, ich hätte ihn gerne besucht. Die Geschichte meines Vaters ist lang und tragisch. Er erzählte mir von vielen Vorkommnissen während der Militärdiktatur. Er ist sehr enttäuscht, er kennt die Verbrechen von vielen Kameraden im Militär.

Mehr lernen und weniger wissen

Als ich 1990 ins Geriatriezentrum am Wienerwald kam, bewarb ich mich um den Posten des Stellvertreters des Abteilungschefs. Diese Funktion übte ich nur sechs Monate aus, weil ich an der Weiterbildungsschule des AKH einen einjährigen

Kurs belegte. Ein sehr umfangreiches Studium, der erste Versuch, diesen Beruf auf ein akademisches Niveau zu heben. Zurück im Geriatriezentrum bewarb ich mich um die Leitung einer Station auf einer internen Abteilung. Erstmals wurde bei der Auswahl für diese Leitungsfunktion methodisch vorgegangen. Die Bewerber mussten mit 15 Vertretern des Krankenanstaltenverbundes Gespräche führen und eine Prüfung ablegen. Ich erreichte den ersten Platz und übernahm meine Aufgabe im Pavillon 12 in der 9. Medizinischen Abteilung mit 43 Betten, 23 Pflegern, weiteren Hilfskräften und einem Arzt. Ich begann damit, eine Personalpolitik zu machen, die den Reformabsichten, die das Geriatriezentrum begonnen hatte, entsprach. Zwei Projekte wurden durchgeführt und hatten in ganz Wien Erfolg. Das erste bezog sich auf die Didaktik für Praktikanten im Pflegebereich. Eine Methode, die bisher noch bei keiner Ausbildungsstätte für die Pflege im Bereich der Geriatrie verwendet worden war. Das Projekt wurde analysiert und es wurden Aussagen über die Theorie der Pädagogik für die Studenten formuliert. Das Ergebnis liegt schriftlich vor und wurde im Wiener Rathaus und im Krankenanstaltenverbund präsentiert. In Kürze wird es als Lehrbuch im Springer Verlag publiziert werden.
Beim zweiten Projekt handelt es sich um die Integration der ausländischen Arbeitskräfte im Gesundheitsbereich. Es dient als Grundlage für das Personalmanagement und wurde mit einem Preis ausgezeichnet. Eine dritte Arbeit wurde 1997 publiziert. Sie bezieht sich auf das neue Gesetz über die Krankenpflege, in dem die Professionalisierung der Krankenpflege, die Anhebung auf ein akademisches Niveau und vor allem die definitive Trennung von Krankenpflege und Medizin besprochen wird. Aufgrund dieser Arbeiten wurde ich von verschiedenen Schulen, Geriatriezentren und Krankenhäusern zu Vorträgen eingeladen und ich konnte mit empirischen Daten über die erreichten Veränderungen berichten.
Im Geriatriezentrum unterrichte ich bei der innerbetrieblichen Fortbildung der KrankenpflegerInnen, insbesondere lehre ich Didaktik. Außerdem hielt ich an der Akademie des AKH einen Kurs für Führungskräfte in der Krankenpflege und einen über Qualitätsmanagement. Ich bin Moderator der ständigen Konferenz für die ausländischen MitarbeiterInnen im Krankenanstaltenverbund. Zusätzlich bin ich Qualitätsbeauftragter des Pa-

villons und nehme an den Bemühungen für die Verbesserung der Arbeit im GZW, wo rund 3000 Personen arbeiten, teil. Wenn es mir meine Gesundheit erlaubt, werde ich arbeiten, bis ich 65 Jahre alt bin. Nachher möchte ich auf die Universität gehen, ich bin sicher, noch viel lernen zu können. An der Universität Wien gibt es die Gesundheits- und Pflegeforschung als wissenschaftliches Studium. Das ist ein Versuch, die Krankenpflege auf ein akademisches Niveau anzuheben. Ich bin schon im dritten Semester und hoffe den Abschluss zu erreichen.
Viele Erinnerungen habe ich nicht niedergeschrieben und während des Schreibens sind mir noch viele andere Sachen eingefallen. Vielleicht gibt es einmal die Zeit, auch darüber zu berichten.

José Henríquez

Mein Name ist José Gualberto Henríquez López. Ich wurde am 20. Oktober 1929 in Gorbea in Chile geboren. Mein Vater hieß Daniel Henríquez, meine Mutter Orfelina López. Mein Vater war Facharbeiter für Landmaschinen und Sägewerke. Wir waren eine Familie von zehn Personen: die Eltern, sieben Söhne und eine Tochter, alle Geschwister leben noch. Auch meine Mutter, die heute 93 Jahre alt ist, lebt noch. Mein geliebter Vater Daniel starb 1982. Wir wuchsen in Loncoche, der Stadt der Copihues[1] und der Farne auf. Wir besuchten alle die öffentliche Schule von Loncoche. Damals fassten uns die Lehrer sehr hart an, sie bestraften uns, wenn wir eine Aufgabe nicht gemacht hatten. Auch zu Hause ging es streng her, wir mussten überall mitarbeiten, und es blieb uns keine Zeit zum Spielen.
Als ich 16 Jahre alt war, kam ich auf die technische Fachschule in Nueva Imperial, die ich später als Facharbeiter verließ. Meinen ersten Arbeitsplatz hatte ich in der Spinnerei Rayon Said in Quillota. Von 1951 bis 1955 arbeitete ich bei der Wartung der Maschinen. Von 1957 bis 1959 war mein Arbeitsplatz in Santiago bei FAME, einer Fabrik zur Herstellung von Kriegsmaterial. Danach war ich bis 1974 bei MADEMSA, einer großen Metallwarenfabrik in Santiago. Zuerst arbeitete ich als Dreher, dann schickten sie mich in eine Abteilung, in der eine Eisengießerei errichtet wurde. Ich übernahm den Aufbau der Halle, die Montage der Maschinen, der Schmelzöfen und der Laufbänder. Acht Jahre arbeitete ich als Facharbeiter, dann als Angestellter. Ich war für die Gießerei verantwortlich. Während der Regierung der *Unidad Popular* war ich Mitglied des Betriebskomitees von MADEMSA. Zur Zeit Allendes wurde die Firma durch den Staat verwaltet. Nach 1973 übernahmen sie die Militärs.
Zur Zeit des Präsidentschaftswahlkampfes für Dr. Salvador Allende, im Jahre 1969, lebten wir in unserer geliebten *Población* Brasilia in San Miguel. Wir hatten ein Komitee gebildet und wir arbeiteten gemeinsam mit den anderen Komitees, um die Menschen zu überzeugen für Allende zu stimmen. Wir gingen

1 Copihue: chilenische Nationalblume

von Tür zu Tür, in der Nacht klebten wir Plakate und malten das »V« für »Victoria« auf die Mauern. Oft trafen wir mit den Gruppen der anderen Kandidaten zusammen, wobei es manchmal zu Konflikten kam. Am 4. September 1970 wurde unser Kandidat zum Präsidenten gewählt. Das Volk erfüllte die Straßen, um den Sieg zu feiern.

Allende begann die 40 dem Volk versprochenen Maßnahmen umzusetzen. Einige will ich nennen: Da war z. B. die Verstaatlichung der Kupferminen, bei der feierlichen Beschlussfassung im Parlament war auch Kardinal Silva Henriquez dabei, dann die Agrarreform, die Verstaatlichung der Monopolbetriebe im Bereich der Textilproduktion und der Zementerzeugung sowie der Fabriken für Haushaltsmaschinen, Ferriloza und Fensa. Die politische Rechte verhinderte gemeinsam mit den Christdemokraten, dass Allende das dem Volk versprochene Programm ganz erfüllen konnte.

Am 11. September 1973 wurden um acht Uhr früh die ersten Befehle der Militärs bekannt gegeben. Ganz Chile war paralysiert. Es wurde uns befohlen, die Arbeitsplätze zu verlassen und nach Hause zu gehen. Um elf Uhr begann die Bombardierung des Regierungspalastes *Moneda*, wo unser Präsident, den unser Volk bis heute beweint, starb. Am 29. September wurden wir aufgefordert, an unsere Arbeitsplätze zurückzukehren, aber das war ein Täuschungsmanöver. Um 8 Uhr früh wurde ich an meinem Arbeitsplatz in der Fabrik MADEMSA in der Straße San Nicolás Nummer 630 verhaftet und auf das 12. Polizeikommissariat im Bezirk San Miguel gebracht. Ein Polizeioffizier fragte die Verhafteten nach ihrer Parteizugehörigkeit, mich fragte er, ob ich Kommunist sei. Wenig später kam ein Polizist und riet mir, ich solle das überall angeben, dann würde mir nichts geschehen. Noch nach 27 Jahren erinnere ich mich an diesen Ratschlag.

Um sieben Uhr abends wurden wir den Militärs übergeben. Wir mussten in einen Bus einsteigen, der von innen her mit 8 Millimeter dicken Stahlplatten ausgekleidet war. Die Militärs stiegen auf die Sitze und richteten die Gewehre auf uns. Wir lagen am Boden und hörten den Befehl, uns nicht zu rühren, auf jeden, der sich bewegt, würde geschossen: »Wir haben den Finger am Abzug und wir sind sehr nervös.« Niemand wusste, wohin wir gebracht werden. Sie fuhren zum Nationalstadion, das

als Gefangenenlager diente. Wir stiegen aus und mussten zwischen zwei Reihen von Polizisten, die uns ordinär beschimpften, hindurchgehen. Drinnen im Stadion mussten wir in Zweierreihen vor einem Offizier antreten, er fragte, ob jemand etwas verloren hätte. Ein Genosse aus der Schuhfabrik Gino sagte, dass ihm ein Polizist des Kommissariates 10.000 Pesos weggenommen habe. Der Offizier antwortete: »Komm, gehen wir das Geld suchen.« Wir mussten zwei Stunden mit im Nacken verschränkten Händen gegen eine Mauer gewandt stehen, bis der *Compañero* mit seinem Geld zurückkam. Durch die lange Zeit, in der wir die Arme hochhielten, spürte ich nichts mehr von meinen Händen und Fingern.
Danach wurden Schuhe und Kleider durchsucht. In einer meiner Taschen fanden sie einen Zettel mit der Nachricht an meine Frau Gladys, dass ich im 12. Kommissariat bin und gut behandelt werde. Der Offizier nahm den Zettel, las ihn und sagte, ich solle ihn gut aufheben und nicht verlieren. Also, um weiter zu berichten: Wir mussten zuerst die Bahn durchlaufen, die rund um das Fußballfeld angelegt ist, und kamen dann in die Kabine 7, die sich unter der Ehrentribüne befand. Am Sonntag gaben sie uns erstmals ein Frühstück, Mittagessen war um vier Uhr nachmittags und um sieben Uhr mussten wir in die Kabinen zurück, Nachtruhe war um zehn Uhr. Manche konnten schlafen, andere nicht, weil sie ständig alle Bilder vor Augen hatten und daran dachten, dass es am nächsten Morgen um sechs Uhr wieder losgeht: Duschen, Frühstück, hinauf auf die Tribünen. Um eine gewisse Ordnung zu halten, organisierten wir uns. Von sieben bis zehn Uhr abends konnten wir miteinander reden und wir versuchten unsere Situation mit Humor zu ertragen, obwohl wir nicht wussten, wann wir zu einem Verhör geholt werden.
Nach einigen Tagen musste ich mit zwei *Compañeros* für die Reinigung sorgen, der Boden wurde blitzsauber. Alle drei Tage konnten wir unsere Wäsche waschen, um Infektionen zu vermeiden. Ein Soldat brachte uns ein Desinfektionsmittel gegen die Läuse. Ein Leutnant riet uns, nach der Entlassung nicht zu viel zu essen. Er wusste, dass wir jetzt zu wenig bekamen. Als wir auf der Tribüne saßen, kam ein Mann mit einer Kapuze in Begleitung von drei Soldaten. Der Kapuzenträger sollte die politisch Verantwortlichen benennen. Er kannte alle Arbeiter des

Betriebs, aus allen drei Schichten. Wenn er auf einen hinwies, wurde dieser an einen geheimen Ort gebracht, um von ihm durch Folter Daten und weitere Namen herauszubringen. Im Stadion gab es ein Feldlazarett, wo die Gefolterten behandelt wurden.
Die Befragung der 30 Verhafteten von MADEMSA am 3. Oktober brachte kein Ergebnis, so wurde ein neues Verhör für den 5. Oktober um 14 Uhr angesetzt. Sie riefen uns namentlich auf und führten uns an der Hand vor, denn man hatte uns Decken über den Kopf geworfen und wir konnten nichts sehen. Als ich an die Reihe kam, lasen sie eine Liste von acht Gewerkschaftern von MADEMSA vor. Einige von ihnen waren Angestellte, andere Arbeiter. Ich sagte, dass ich niemanden aus dieser Liste kenne, darauf schlugen sie mich heftig. Nach jedem Schlag sagten sie, ich müsse sie doch kennen, da ich so viele Jahre in diesem Betrieb gearbeitet habe. Weil ich nicht schrie, sagten sie: »Du bist ein harter Kerl.« Vermutlich schlugen sie mit Gummiknüppeln, die Schläge waren sehr schmerzhaft. Aufgrund dieser Folterungen bekam ich eine Venenentzündung am rechten Bein. Plötzlich fragten sie mich, woher ich komme, und ich sagte, aus der Provinz Cautín. Für einen Moment waren alle still. Dann sagte der, der mich schlug: »Herr Leutnant, ich schlage diesen Menschen nicht mehr, er kommt aus meiner Provinz und dort haben die Leute keine Ahnung von Politik.« Sofort nahmen sie mir die Decke vom Kopf und ich sah, dass der, der mich geschlagen hatte, von der Luftwaffe war. Der Leutnant machte Notizen. Dann wurden wir von den Verhafteten aus der Schuhfabrik Gino, die noch nicht verhört worden waren, getrennt. Sie weinten, sie wussten nicht, was sie erwartet, und niemand konnte es ihnen sagen.
Am 4. Oktober übergab mir das Internationale Rote Kreuz ein Paket mit Schokolade, Keksen und Früchten, dazu auch Unterwäsche. Es war von meiner Frau, die an diesem Tag erfahren hatte, dass ich im Stadion bin, nachdem sie mich so lange gesucht hatte. Am Freitag, den 5. Oktober wurde ich nach 20 Tagen entlassen. 1.200 waren während meiner Zeit schon entlassen worden, aber es gab im Stadion noch immer viele Verhaftete und vor dem Stadion warteten mehr als 10.000 Menschen, die ihre Angehörigen suchten.
Ich nahm meine Arbeit bei MADEMSA wieder auf, aber am 31. Jänner 1975 wurde ich entlassen.

.....

Es begann eine neue Welle der Verfolgung, vor allem gegen jene, die früher im Nationalstadion gewesen waren. Ich musste daher fliehen, und die ganze Familie ging mit mir. Am 19. März 1975 kamen wir nach Argentinien. Wir blieben zwei Jahre in Argentinien, die letzten fünf Monate im Flüchtlingslager Fray Cayetano in Buenos Aires. CAREF, das nationale Flüchtlingskomitee der UNO in Argentinien, übergab uns schließlich gemäß der Genfer Konvention Flüchtlingspässe und die von der österreichischen Regierung ausgestellten Visa.
Am 13. Jänner 1977 flogen wir nach Wien, wo uns einige Vertreter des Flüchtlingslagers Traiskirchen erwarteten und in das Lager brachten. Am nächsten Tag wurden unsere Daten aufgenommen und wir bekamen einen Ausweis, der uns als Flüchtlinge identifizierte und mit dem wir das Lager verlassen und betreten durften. Nach zwei Monaten konnten einige von uns einen Kurs für Schweißer besuchen, der vom Innenministerium bezahlt wurde. Helmut Langschwert begleitete uns, der Kurs dauerte 40 Stunden. Dann brachte man mich zur Firma Simmering-Graz-Pauker in Floridsdorf, um einen Test zu machen. Ich wurde aufgenommen und begann dort zu arbeiten. Am Anfang war es sehr hart für mich, aber Julian Ricci half mir bei der Übersetzung und dabei, mich überhaupt bei der Arbeit zurechtzufinden. Ich blieb vier Jahre in diesem Betrieb, dann kam ich in den 11. Bezirk, dort half mir Manuel Morales. Er stellte mich den Chefs der Abteilung für Metallkonstruktionen vor. Insgesamt war ich sieben Jahre in dieser Firma. 1984 wurde ich im Rahmen einer Personalabbauaktion gekündigt. Ich wurde arbeitslos und konnte, weil ich nicht gesund war, nie mehr wieder eine Arbeit aufnehmen. Derzeit lebe ich von einer Mindestpension.
Wir lebten ein Jahr und vier Monate in Traiskirchen, dann wurden wir in die Vorderbrühl bei Mödling gebracht. Dort bekamen wir zwei Zimmer und wir fühlten uns nun viel besser, wir hatten mehr Freiheit und konnten ohne Kontrolle das Haus verlassen und wieder betreten. Der Mensch, der uns am nächsten stand, war Pater Quirino. Er lernte Spanisch, damit er sich mit den ChilenInnen verständigen konnte. Pater Quirino taufte viele chilenische Kinder und bereitete Mädchen und Buben auf die Erstkommunion und Firmung vor. Nach einem Jahr in der Vorderbrühl wurde uns eine Wohnung in Wien übergeben, seit 1985 leben wir in *Macondo* im 11. Bezirk.

.....

Gladys Henríquez

Mein Name ist Gladys Henríquez, ich wurde am 13. Mai 1937 in San Felipe in Chile geboren. Mein Vater hieß José, meine Mutter Luz Maria. Ich bin die Älteste von sechs Geschwistern. Ich hatte eine fröhliche und schöne Kindheit und Jugend. Meine Eltern waren sehr liebevoll und ich wurde nur selten bestraft. Und wenn, dann bestand die Strafe z. B. darin, dass ich an einem Wochenende zu Hause bleiben musste. Ich bemühte mich, das zu vermeiden, damit ich ins Kino gehen durfte oder einfach auf die Plaza, denn der Hauptplatz unserer Stadt war sehr schön und alle fühlten sich dort wohl.

So verging die Zeit, und plötzlich, als ich die Mittelschule beendet hatte, entdeckte ich, dass ich nun erwachsen war. Da meine Eltern sich trennten, konnte ich nicht mehr weiterstudieren und musste mir eine Arbeit suchen. Im Spital San Camilo de San Felipe begann ich mit einer Ausbildung als Hilfskrankenschwester, die neun Monate dauerte. Ich arbeitete drei Jahre in diesem Krankenhaus, danach kam ich in das Spital San Juan de Dios in Santiago. Dort blieb ich bis 1965, ich verließ diese Arbeit, nachdem wir in Argentinien geheiratet hatten. In Chile konnten wir nicht heiraten, weil mein Mann von seiner ersten Frau getrennt war und die Scheidung bis heute nicht durchgeführt ist.

Während des Wahlkampfes für Salvador Allende arbeitete ich in einem *Centro de Madres*, das Salomón Corvalán hieß, es war nach dem verstorbenen Mann der sozialistischen Senatorin Maria Elena Carrera benannt. Wir trafen uns regelmäßig und immer gab es ein Thema zu diskutieren. Diese Zusammenkünfte waren recht ansprechend, einige Mütter machen Stick- und Strickarbeiten. Fast jeden Monat machten wir eine Versteigerung, es gab drei Preise: einen Warenkorb, Likör und Handarbeiten.

Das *Centro de Madres* war in der *Población* Brasilia, wo ich auch in der Sozialistischen Partei mitarbeitete. Wir bemühten uns, mehr Stimmen für Allende zu gewinnen. Wir haben dieses Ziel erreicht, aber es war nicht leicht. Ich war damals mit meiner dritten Tochter, mit Angelica, schwanger. Am 3. September 1970 hatte ich starke Schmerzen und ging in die Entbindungs-

station. Ich blieb über Nacht, aber am nächsten Tag ging ich wieder nach Hause und zur Wahl. Meine Tochter Angelica kam am 11. September 1970 zur Welt, heute ist sie 30 Jahre alt und hat drei Töchter, mein Schwiegersohn ist Chilene.
Am 11. September 1973 war ich um acht Uhr früh bei der Bäckerei an der Kreuzung der Straßen Departamental und Vikuña Makena um Brot angestellt. Meine Kinder waren in der Obhut ihres Großvaters Daniel. Plötzlich hörten wir die Alarmsirenen der Feuerwehr, die immer lauter wurden. Wir waren sehr erschrocken und schauten uns gegenseitig an, wir fragten uns, was jetzt geschehen werde. Einige Frauen waren sehr besorgt, weil ihre Söhne beim Militär waren. »Mein Gott, was wird geschehen?«, sagten sie und weinten. Es ist sehr schmerzlich, sich an das alles zu erinnern, mehrmals musste ich solche Schrecken durchstehen.
Am 19. September wurde die *Población* Canadá durchsucht. Ich kam von einem Geschäft, und als ich nach Hause wollte, war der ganze Sektor, wo ich wohnte, abgesperrt. Ich wollte weitergehen, aber die Militärs riefen mir mit lauter Stimme zu, dass sie auf alle schießen, die nicht stehen bleiben. Ich fühlte mich machtlos, ich sagte nur, dass meine Kinder alleine sind. Sie antworteten, ich solle ruhig sein, den Kindern würde schon nichts geschehen. Ich weinte, weil ich noch so weit weg von meinem Haus war. An diesem Tag wurde unser Haus nicht durchsucht, weil sie gut vorbereitet waren und die Adressen aller Industriearbeiter, besonders der von MADEMSA, schon lange gesammelt hatten und sicher waren, meinen Mann an seinem Arbeitsplatz verhaften zu können.
Das geschah am 29. September um acht Uhr morgens, und mein Mann wurde mit 29 anderen in das 12. Kommissariat von San Miguel gebracht. Durch Arbeitskollegen erfuhr ich etwa um neun Uhr abends, dass er unter den 30 Verhafteten war. Ich machte mich zum Polizeikommissariat auf, aber dort sagten sie mir, sie wüssten nicht, wohin er gebracht worden sei. Sie wollten keine Verantwortung übernehmen und sagten einfach: »Wir wissen nichts.« Am nächsten Tag ging ich zeitig in der Früh zum Nationalstadion, aber auch dort bekam ich keine Auskunft. Am Montag sprach ich mit Familien, deren Söhne ebenfalls am Arbeitsplatz verhaftet worden waren und die man ins Stadion gebracht hatte. Ich ging daraufhin zum Verteidi-

.....

gungsministerium, wo eine sehr lange Menschenschlange angestellt war. Ich wollte die Daten meines Mannes angeben, den ich suchte. Sie sagten mir, um zu erfahren, wo er ist, müsste ich warten, bis die entsprechenden Listen erscheinen. Früher würden sie keinerlei Information hergeben.
So vergingen die Tage mit Suchen. Am Dienstag, den 2. Oktober, ging ich zum Gebäude Diego Portales, wo die Militärs ein wichtiges Zentrum eingerichtet hatten. Dort sagten sie mir, auf der anderen Straßenseite gäbe es ein Büro, wo man Auskunft bekomme. Und so war es. Es waren viele Leute angestellt, die alle dasselbe Problem wie ich hatten. Schließlich konnte ich mit einem Militär sprechen, der mir kaltschnäuzig sagte: »Haben Sie nicht die Zeitung gelesen, wo auf der ersten Seite steht, dass dieser Henriquez mit Kugeln durchlöchert wurde und tot ist? Gehen Sie ins Leichenhaus, dort werden Sie ihn finden. Die Frauen wissen ja nie, in welche Sachen ihre Männer verwickelt sind, es wird nichts Gutes gewesen sein.« Das wiederholte er ständig. Ich antwortete ihm, ich wüsste, dass mein Mann nichts Schlechtes getan habe, er müsse am Leben sein und ich sei sicher, dass ich ihn finden würde. Am Mittwoch, den 3. Oktober, wurde schließlich die Liste der 30 Verhafteten von MADEMSA bekannt gegeben, am selben Tag begann das Internationale Rote Kreuz seine Arbeit im Nationalstadion. Sie gaben uns Auskunft und konnten uns auch sagen, was die Gefangenen brauchten. Erlaubt waren nur Unterwäsche, Früchte, Schokolade und Kekse. Ein Paket durfte etwa zwei Kilo haben, aber Briefe waren nicht erlaubt. Ich fragte, wie es ihm geht, und die Frau sagte mir, die von MADEMSA werden am Donnerstag verhört. Nur das konnte ich mit ihr reden, schon wandte sie sich den Nächsten in der langen Schlange zu, es warteten Tausende vor dem Stadion.
So vergingen die Tage. Vormittags und nachmittags gab es jeweils einige Stunden, in denen man nachfragen konnte, aber durch das lange Anstellen brauchte ich den ganzen Tag und erhielt doch keine Antwort. Zum Glück kümmerte sich meine Schwägerin zu Hause um die Kinder. Ich war sehr nervös und konnte nicht schlafen. Eine Tante kam, um bei mir zu sein. In der Nacht des Erdbebens war mein Mann noch immer im Stadion. Es hatte stark gebebt und ich musste immer daran denken, wie es ihm geht, welchen Schrecken er gehabt haben wird.

.....

Endlich, nachdem ich so oft zum Stadion gegangen war, kam der Tag, wo ich bei meiner Rückkehr meinen Mann zu Hause antraf. Sie hatten ihn freigelassen. Natürlich musste er sich schon am nächsten Tag an seinem Arbeitsplatz melden.

Im Exil, mein Leben in Österreich

Da mein Mann weiteren Verfolgungen ausgesetzt war, flohen wir nach Argentinien und dann nach Österreich. Am 13. Jänner 1977 kamen wir auf dem Flughafen Wien an. Zwei Jahre lang waren wir in Argentinien, und nun mussten wir wieder warten, was mit uns geschieht. Stundenlang saßen wir am Flugplatz, bis um 9 Uhr abends endlich der Kleinbus kam, der uns nach Traiskirchen brachte. Wir waren zu sechst, wir zwei und unsere vier Kinder. Sie sagten uns, wir würden die Nacht in Traiskirchen verbringen.

Wir kamen also ins Lager und das Erste, was wir sahen, waren die Polizei und die Absperrungen. Es war, als ob wir in ein Konzentrationslager hineinkämen, wie ich das so oft in Filmen über den Zweiten Weltkrieg gesehen habe. Ich sah meine Kinder an und dachte in diesem Augenblick an alles, was durch den Putsch in Chile geschehen war, und dann in Argentinien, immer auf der Flucht, und auch jetzt werden wir unter Kontrolle stehen.

Wir mussten warten, während die Beamten die Ankunftsformalitäten erledigten. Sie schrieben, und wir betrachteten die Sachen im Zimmer: sechs Betten, sechs Spinde mit Decken und Bettwäsche und dazu ein schwarzer Blechnapf mit einem Löffel pro Person. Ich erinnerte mich, dass ich so etwas über die Behandlung der Gefangenen in Kriegsfilmen gesehen habe. Das hat mich sehr beeindruckt.

Sie hinterließen uns ein in italienischer Sprache geschriebenes Papier, das besagte, wir sollen uns am nächsten Tag um acht Uhr früh bei der Lagerleitung melden und unsere gesamten Dokumente übergeben. Nach einer halben Stunde kam eine Familie aus Uruguay zu uns herein, mit der wir in Argentinien im selben Flüchtlingslager gewesen waren. Das war eine große Freude für uns, nun waren wir nicht mehr allein. Wir umarmten uns und sie sagten, es ist sehr hart, wir sind so weit weg von unseren Familien.

Am nächsten Tag um acht Uhr früh ordneten sie an, dass wir alle zum Arzt gehen müssen: Bluntuntersuchung und Lungenröntgen, um zu sehen, ob jemand Tuberkulose hatte. Solche, die davon betroffen waren, wurden sofort in ein Sanatorium geschickt. Ich erinnere mich an drei *Compañeras*, die in drei verschiedene Sanatorien kamen. Sie konnten noch kein Wort Deutsch und sie erzählten uns später, dass es eine sehr harte Erfahrung war. Um sich mit den Ärzten und Schwestern verständigen zu können, standen sie unter Druck, ein bisschen Deutsch zu erlernen. Sie blieben ungefähr neun Monate in den Sanatorien, aber diese drei *Compañeras* konnten schließlich gesund zu ihrer Familie zurückkehren.
Nach der Untersuchung gingen wir an diesem Morgen ins Lager zurück und sie übergaben uns eine Karte, die uns berechtigte, das Lager zu betreten. Jeder hatte diese Karte, mit der er auch Frühstück und Mittagessen bekam, ebenso Bettwäsche, die alle zwei Wochen gewechselt wurde, und jeden Monat 240 Schilling, um Kaffee, Tee, Zucker und andere Kleinigkeiten zu kaufen.
Es kamen auch einige ÖsterreicherInnen, um uns zu besuchen, und sie brachten unseren Kindern Spielsachen und Süßigkeiten. Etwa zwanzig Tage nach meiner Ankunft in Österreich wurde mir schlecht und ich fiel in Ohnmacht. Der Ambulanzwagen von Traiskirchen brachte mich in das Krankenhaus Baden, wo ich zehn Tage blieb. Sie sagten, dass der Anfall auf all das zurückzuführen ist, was wir seit dem Putsch durchgemacht haben. Ich hatte ein Wörterbuch mit, um mich zu verständigen, ich konnte nur »Bitte« und »Danke« sagen. Im Spital wurde ich medizinisch bestens betreut und menschlich sehr gut behandelt.
Nach zwei Monaten konnte mein Mann einen Schweißerkurs machen, um eine Arbeit zu bekommen. Wir hatten auch die Gelegenheit, zweimal in der Woche im Lager einen Deutschkurs zu besuchen. Im Juli 1977 hätte ich die Möglichkeit gehabt, im Krankenhaus Mödling zu arbeiten, aber ich konnte meine Kinder nicht allein lassen. Im Lager waren sie nicht sicher, es gab viele Leute aus den Oststaaten und es entstand immer wieder Streit. Die Konflikte waren gefährlich und manche endeten mit Toten. Viele Probleme hatten mit Frauen zu tun, die heimlich der Prostitution nachgingen, in diesem Zusammenhang kam es zu Streit und Totschlag.

Unsere Zimmer wurden kontrolliert, ob sich fremde Leute im Lager aufhalten, ob solche in der Nacht dableiben, um hier zu schlafen. Wir schliefen im 2. Stock, im 4. Stock war die Quarantäneabteilung, wo sich jene befanden, die keine Dokumente hatten und die Grenze schwarz überschritten hatten. Einmal kam von dort einer zu unserem Fenster herab, um auf die Straße hinauszukommen. Er bat uns, doch das Fenster aufzumachen, er wolle auf die Straße. Unsere Nerven waren immer angespannt. Vor allem in der Nacht klopften sie immer wieder an unsere Tür und wollten Geld oder Alkohol. Unsere Kinder waren total verschreckt, wir öffneten die Tür nicht und gaben auch keine Antwort.

Im April 1978 wurde unsere jüngste Tochter im Lager von einem Mann angegriffen und ins Gesicht geschlagen. Ich weiß nicht, aus welchem Land er war. Er lief davon, aber die Lagerleitung nahm den Fall auf und daraufhin wurden wir in das Flüchtlingsheim Vorderbrühl bei Mödling überstellt.

Im Jahr 1979, wir wohnten im 11. Bezirk, hatte ich sehr nette österreichische Nachbarinnen, wir hatten nie irgendwelche Probleme. Ich hatte das Glück eine Nachbarin kennen zu lernen, die sehr liebevoll zu uns war, sie hörte gerne Spanisch und mithilfe eines Wörterbuches konnten wir uns verständigen. Im selben Jahr lernten wir auch eine praktische Ärztin kennen, die uns 18 Jahre lang behandelte. Wir wären bei ihr geblieben, aber wegen einer schweren Krankheit musste sie ihre Ordination schließen. Durch meinen Zahnarzt lernte ich auch andere Freundinnen und Freunde kennen: Ärzte, Soziologen und einen Theologen, die uns halfen, alle Probleme zu lösen: gesundheitliche, soziale oder psychische.

1986 machte ich über das Arbeitsamt einen Kurs, um mich als Aushilfskraft für den Schulwartdienst im Bundesrealgymnasium im 10. Bezirk bewerben zu können. Es war vorgesehen, die Vertretung für ein Jahr zu machen, für eine Frau, die nach der Geburt ihres Kindes in Karenz war. Doch diese Frau kam nicht mehr zurück, so dass ich in diesem Gymnasium als Schulwartin angestellt wurde. Von den Kolleginnen und Kollegen wurde ich sehr freundlich aufgenommen, meine Erfahrungen in dieser Arbeit waren sehr positiv, ich hatte niemals Probleme. Ich hatte einen Teil der Schule zu betreuen, in der Pause setzten wir uns zusammen, um den guten Kaffee zu trinken.

In den Sommerferien 1989 konnte ich zum ersten Mal nach Chile fliegen und meine geliebte Mutter, meine Geschwister und Familienangehörigen besuchen. Durch meine Arbeit konnte ich mir die Reise bezahlen. Ich hatte so große Sehnsucht, mein Land und meine Familie nach 14 Jahren wiederzusehen. 1994 reiste ich wieder nach Chile, weil meine Mutter schwer krank war. Sie hatte im Magen einen Tumor und die Ärzte gaben ihr nur mehr drei Monate. Ich freute mich, meine Mutter und meinen geliebten Sohn zu sehen, aber es ging ihm sehr schlecht.

Unserer Ehe entstammen vier Kinder: José, Daniela, Angelica und Mary-Luz. Mein Sohn José kam mit elf Jahren nach Österreich. Als Kind von Exilierten hatte er es nicht leicht, aber er bemühte sich vorwärts zu kommen. Er schloss die Hauptschule ab und machte den einjährigen Polytechnischen Lehrgang. Er bereitete sich auf die Aufnahmsprüfung für die HTL vor und wurde auch aufgenommen. Zwei Jahre war er an dieser Schule, er war interessiert und fleißig. Aber es kam dieser schwarze Tag, der für uns eine schreckliche Veränderung brachte. Er war nicht mehr der liebevolle Sohn, die Droge veränderte ihn total. Wir konnten uns mit ihm nicht mehr verstehen, er akzeptierte nichts mehr von uns, nahm keinen Rat an. Was haben wir nicht alles versucht, um ihm zu helfen, dass er seine Behandlung fortsetzt. Alles war vergebens, es war die Schuld der schon erwachsenen Verführer, die nach Wien gekommen waren. Ich sehe, dass diese Leute sich heute ihres Lebens erfreuen, während meinen Sohn das Unglück traf.

Er entschloss sich, nach Chile zurückzukehren. Er wusste nicht mehr, was er hier noch tun sollte. Am 29. November 1987 reiste er nach Chile, noch während des Militärregimes, was für ihn eine zusätzliche Belastung war. Eine Zeit lang war er in Chile in Behandlung, ich erreichte bei meinem Aufenthalt in Chile, dass er in das psychiatrische Krankenhaus aufgenommen wurde, wo er drei Monate lang blieb. Dann wollte er die Behandlung nicht mehr fortsetzen, er sagte: »Warum noch eine Therapie, ich fühle mich gut und brauche das nicht.« Er durchlitt viele negative Dinge, er hatte zwei Herzinfarkte. Sein Tod war die Folge eines Sturzes auf der Straße. Er starb am 28. März 1998 im Alter von 33 Jahren. Der Verlust eines Kindes ist für eine Mutter für immer sehr schmerzvoll.

Als ich 1994 nach Wien zurückflog, fühlte ich mich sehr schlecht. Ich erinnerte mich an jeden Augenblick, den ich mit meiner Mutter verbracht hatte, und fürchtete, sie nicht wiederzusehen. Das war ein sehr starkes Gefühl. In der Nacht vor der Abreise hatte sie gesagt: »Meine liebe Tochter, geh nicht fort, bleib bei mir!« Es war schwierig für mich, denn ich konnte nur während der Schulferien in Chile bleiben. Bei meiner Ankunft in Wien geschah etwas Unerwartetes: Ich musste noch am selben Tag wegen einer Thrombose und einer Lungenembolie ins Krankenhaus. Ich war zwei Wochen in der Rudolfstiftung, Gott sei Dank kam ich noch rechtzeitig. Nach einem Monat entdeckte ich, dass ich Hepatitis A und C habe. Durch eine entsprechende Diät konnte ich die Hepatitis A überwinden, aber die Hepatitis C habe ich noch immer. Seit sechs Jahren mache ich verschiedene Therapien, die letzte bestand darin, dass ich mir ein Jahr lang jeden zweiten Tag eine hohe Dosis eines starken Medikaments spritzen musste. Durch diese Behandlung verlor ich 15 Kilo, aber die Leber ist nun etwas besser. Jede Behandlung verlangt viel Geduld, und meine Nerven sind schon sehr verbraucht.

Am 23. März 1995 starb meine geliebte Mutter. Ich habe ein schlechtes Gewissen, denn ich hatte ihrer Bitte nicht entsprechen können. Vielleicht hätte mein Bleiben ihr Leben etwas verlängert. Aber das Schicksal wollte es so, sie hat viel gelitten, sie hatte große Schmerzen. Jetzt gehe ich auf meine Pension zu. Ich denke, dass man mit Geduld, Glauben und Vertrauen in Gott seinen Lebensweg gehen kann. Es war schwierig für mich, mich in diesem Land, das mein zweites Heimatland wurde, einzuleben. Aber die Zeit ist rasch vergangen. Meine drei Töchter gingen hier zur Schule, die zwei Jüngeren besuchten sogar schon den Kindergarten in Österreich. Alle beendeten ihre Ausbildung und stehen jetzt im Berufsleben.

Ich kann sagen, es ist jetzt sehr schön für uns, ich habe bis jetzt vier Enkelinnen und zwei Enkel. Wir Großeltern sind stolz auf sie – und auf ihre Eltern. Unsere Zeit in Österreich war keineswegs nur negativ, wir haben viele gute Tage gehabt. Hier kamen unsere Enkelkinder zur Welt und in irgendeiner Weise haben wir uns integriert und Wurzeln geschlagen in diesem Land, ohne es eigentlich bemerkt zu haben. Wenn wir wegfahren, vermissen wir dieses Land und wollen wieder zurückkehren. Was bedeutet das? – Es ist unser zweites Heimatland geworden.

.....

Jorge Fuentes
Mein Leben in Chile

Erinnerungen an die Kindheit und Jugendzeit

Ich kam am 24. Mai 1946 als zweiter Sohn des Ehepaares Jorge Enrique Fuentes Zuñiga und Agueda de las Malvinas Suazo Flores zur Welt. Meine Mutter war 20, mein Vater 27 Jahre alt. Ich wurde in der bescheidenen Wohnung meiner Eltern in La Legua, einem armen Viertel von Santiago, geboren. Mein Vater war Facharbeiter, er musste bei FAMAE, der Waffenfabrik und dem Arsenal des Heeres, Waffen kontrollieren und warten. Meine Mutter arbeitete in einer Schuhfabrik als Oberledernäherin.
Mit drei Monaten erkrankte ich an Keuchhusten, wodurch der rechte Lungenflügel für den Rest meines Lebens auf zwei Drittel seiner Kapazität reduziert wurde. Später erzählten mir meine Verwandten, dass ich bei den Hustenanfällen aus Nase und Mund, ja sogar aus Ohren und Augen blutete. Sie sagten mir, es sei ein Wunder, dass ich eine so schwere Krankheit überlebte und dass, abgesehen vom Schaden an der Lunge, keine schwereren Folgen zurückgeblieben sind als der Strabismus der Augen und eine extreme Kurzsichtigkeit.
Kurz nach meiner Geburt ging mein Vater als Waffenmeister zur Polizei. Einige Jahre später erkrankte er an Psoriasis und Rheumatismus, zwei chronischen Krankheiten, durch die er lange Perioden im Krankenhaus sein musste. Das war mit den Anforderungen seines Dienstes nicht vereinbar und so wurde er von der Polizei entlassen, daher musste meine Mutter wieder in die Schuhfabrik zurück. Zu Beginn des Jahres 1954 begleitete ich meine Mutter in das Krankenhaus José Joaquin Aguirre, um meinen Vater zu besuchen. Während des Besuches redeten sie darüber, ob es günstiger sei, mich in eine öffentliche oder private Schule einzuschreiben. Es handelte sich um eine Schule der Marianisten, die damals von italienischen Priestern geführt wurde. Die Entscheidung fiel zugunsten der katholischen Schule, denn die Eltern dachten, dass die Kinder in einer kirchlichen Schule besser und disziplinierter sind und mich nicht wegen meines Schielens auslachen würden. So fing ich also im März dieses Jahres mit der Grundschule an.

Zwei Monate später verließ meine Mutter unser Haus, meinen kranken, im Spital liegenden Vater und ihre vier Kinder. Die Großmutter väterlicherseits nahm sich unser an und sorgte bis fünf Tage vor ihrem Tod am 20. August 1956 für uns. Bis zum Ende dieses Jahres blieben wir unter der Obhut der einzigen Schwester unseres Vaters, deren Mann sie aber häufig misshandelte. Das gab jedes Mal ein großes Aufsehen, und immer wieder kam deswegen die Polizei zu uns. Um den Hausfrieden zu sichern, verlangte mein Vater von seiner Schwester und ihrer Familie, dass sie ausziehen.

1957 standen wir unter der Obhut eines jungen Ehepaars mit zwei kleinen Kindern. Er war Fleischhauer und wurde später mein Firmpate, sie die Firmpatin meiner jüngeren Schwester. Diese Frau kochte und wusch die Wäsche für meinen Vater und die vier Kinder, dafür konnte sie das Zimmer, das früher meine Tante hatte, bewohnen, ohne Miete zu zahlen. Dank des Berufes meines Paten hatten wir in diesem Jahr jeden Tag Rindfleisch auf dem Tisch. Das war wirklich ein Privileg, denn das Cortison und die anderen Medikamente, die mein Vater brauchte, verschlangen einen großen Teil seines geringen Einkommens. Doch so viel Glück konnte nicht ewig dauern. Zu Beginn des Jahres 1958 verließen uns mein Pate und seine Familie und mit ihnen war auch das Rindfleisch weg.

Von 1958 bis Mitte 1959 versorgte uns eine ältere Frau, die mit ihren zwei Söhnen, 22 und 24 Jahre alt, das nun freie Zimmer bewohnte. Die Bedingungen waren dieselben, sie kochte und wusch und musste keine Miete zahlen. Kurz nachdem sie zu uns gekommen war, wurde klar, dass die Frau alkoholkrank war, was dazu führte, dass sie oft die eingegangenen Verpflichtungen vergaß. Nicht selten wurde einfach nicht gekocht, und die schmutzige Wäsche häufte sich an. Wieder musste mein Vater eingreifen und beendete diese Situation. Von da an bis zur Jahresmitte 1961 lebte eine junge, unverheiratete Frau mit einem dreijährigen Mädchen bei uns. Sie war Schneiderin und konnte ihren Beruf in unserem Haus ausüben. Nach einer gewissen Zeit kamen aus dem Süden zwei ihrer Schwestern und ein Bruder, die alle in dem kleinen Zimmer wohnten. Mein Vater, dem es durch seine Krankheiten sehr schlecht ging, wagte es nicht, diese Situation zu beenden.

Aber die sieben Jahre von 1954, als uns unsere Mutter verließ, bis 1961 waren nicht nur durch den ständigen Wechsel der

Personen, die uns versorgten, geprägt. Schwerwiegender waren die Krankheiten meines Vaters zu dieser Zeit. Nachdem er bei Gericht die Erziehungsberechtigung für uns Kinder erhalten hatte, bekam mein Vater eine relativ leichte Arbeit bei MADEMSA, einer Fabrik, die Küchenherde, Waschmaschinen und Kühlschränke herstellt. Er arbeitete in der Abteilung für die Produktion von Schrauben. Im Alter von neun Jahren wurde ich die rechte Hand meines Vaters. Wenn seine Schmerzen unerträglich wurden, musste ich eine Krankenschwester suchen, damit sie ihm eine Spritze zur Beruhigung gab. Ich musste den Krankenwagen rufen, wenn sich die Krankheit verschlechterte und er ins Krankenhaus gebracht werden musste. Ich begleitete ihn zu den Kontrolluntersuchungen und er trug mir auf, bei der Arbeiterversicherung das Krankengeld für ihn zu holen. Es war auch meine Aufgabe, jeden Freitag nach der Schule einige Lebensmittel abzuholen, die uns von der Konsumgenossenschaft der Gewerkschaft der Fabrik MADEMSA auf Kredit gegeben wurden. Zusätzlich bekam mein kranker Vater von dieser Betriebsgewerkschaft eine kleine finanzielle Unterstützung.

Wenn es der Gesundheitszustand meines Vaters erlaubte, stand er jeden Tag, von Montag bis Freitag, um fünf Uhr früh auf, verband seine Füße und gestützt auf Krücke und Stock, ging er zum Bus, der ihn vom Norden Santiagos in den Süden der Stadt zu seinem Arbeitsplatz brachte. Dann saß er von sieben Uhr früh bis sechs Uhr abends vor einer Maschine und machte Rillen in die Schraubenköpfe. Trotz seiner Krankheit lehrte mich mein Vater durch sein Beispiel, dass die Armen sich in jenen Organisationen engagieren müssen, die das Los der Armen verbessern und würdiger gestalten wollen. Er war Mitglied der Gewerkschaft seiner Fabrik und gehörte der christdemokratischen Fraktion an. Zugleich war er im Sportverein unseres Viertels engagiert. Trotz seiner ideologischen Verbundenheit mit den Christdemokraten stimmte er zweimal für Joél Caceres, den sozialistischen Kandidaten für den Bezirksrat in San Miguel. Er tat dies aus Dankbarkeit für die Großzügigkeit des sozialistischen Geschäftsführers der Konsumgenossenschaft, der uns einen weitaus höheren Kredit einräumte, als durch das Gehalt meines Vaters gedeckt gewesen wäre. Ohne diese Hilfe wären die Tage ohne Essen bei uns zu Hause noch zahlreicher gewesen.

.....

Mitte Dezember 1960, ich hatte eben die Grundschule abgeschlossen, begleitete ich meinen Vater ein letztes Mal im Krankenwagen. Im Spital José Joaquin Aguirre wollten sie ihn nicht aufnehmen, sie sagten, es sei besser für ihn, zu Hause zu sterben. Als das die Schwester meines Vaters erfuhr, gelang es ihr, den Arzt Dr. Armas Cruz im Spital San Juan de Dios zu erreichen, der ihn schon früher erfolgreich behandelt hatte. Dieser Arzt ordnete an, ihn in sein Krankenhaus zu bringen. Es war kurz vor Weihnachten. Nach den Untersuchungen meinten die Ärzte, dass die Diagnose des anderen Spitals richtig war und mein Vater nur mehr wenige Tage zu leben hatte. Meine Tante und ich beschlossen nun, ihn abwechselnd Tag und Nacht zu betreuen. In der Nacht vom 2. zum 3. Jänner 1961 löste mich meine Tante um zehn Uhr nachts ab und ich sollte um sechs Uhr früh wieder da sein. In dieser Nacht konnte ich nicht schlafen, ich bat Gott, er möge die Leiden meines Vaters beenden, er solle die Krankheiten meines Vaters auf mich übertragen, denn ein Kind würde niemandem fehlen, während mein Vater uns vier Kindern sehr abgehen würde. Wer würde für uns arbeiten, waschen, kochen und bügeln? Jetzt begriff ich, dass wir den Menschen verlieren werden, der für uns Vater und Mutter zugleich war.
Als ich um sechs Uhr früh in das Krankenzimmer kam, waren die Matratzen aufgestellt. Das reichte mir, um zu verstehen, dass er uns für immer verlassen hatte. Eine Krankenschwester streichelte mir den Kopf und sagte, dass mein Vater zwanzig Minuten nach drei Uhr verstorben ist. Meine Tante ging nach nur zwei Stunden Schlaf zur Leichenbestattung der Fürsorge. Sie ließ mir ausrichten, dass sie zu uns nach Hause, in die Siedlung Juan Antonio Rios im Bezirk Renca kommen wird. Durch einen Nachbarn meiner Tante, der bei der öffentlichen Bestattung arbeitete, erhielten wir einen günstigen Preis für die einfachste Form des Begräbnisses. Ein Sarg aus Fichtenholz, nur zum Teil gehobelt, schwarz gestrichen, mit einer Glasscheibe, durch die wir das Gesicht unseres Vaters sehen konnten. Der Leichenwagen sollte nur von zwei Pferden gezogen werden, an vier oder sechs Pferde war nicht zu denken, so ein Luxus war nur für reiche Leute. Für die engere Familie war ein Auto vorgesehen. Um 14 Uhr trafen wir uns im Leichenhaus, ein Nachbar hatte meinen Vater bekleidet, dann brachten sie ihn zur Aufbahrung und Totenwache in unser Haus.

.....

Am nächsten Nachmittag formierte sich der Leichenzug in Richtung Zentralfriedhof. Hinter dem Leichenwagen fuhren im Auto meine Tante und wir vier Geschwister. Mehrere Nachbarn hatten vier Autos gemietet und luden auch Verwandte ein, die traditionsgemäß am Leichenzug teilnahmen. Am Friedhofstor erwarteten uns andere Nachbarn, die mit den öffentlichen Verkehrsmitteln hergekommen waren, und einige Arbeitskollegen, angeführt vom Gewerkschaftsvorsitzenden Patricio Galáz. Vor mir war nun auf dem Wagen der Sarg, bedeckt mit der Fahne der Christdemokratischen Partei, darüber ein Blumenkreuz. Vier Kränze hingen an den Ecken des Wagens, den zwei Totengräber zogen. Als ältester Sohn ging ich an der Spitze des Trauerzuges, an meiner Seite die Geschwister und die Tante. Hinter uns die Fahnen der Gewerkschaft und des Sportklubs »Católico Rios«. Dann folgten mehr als 50 Personen: Verwandte, Nachbarn und Arbeitskollegen. Vor der Nische 633 in der 17. Reihe wurden die Vorbereitungen für die Verabschiedung von den sterblichen Überresten meines geliebten Vaters getroffen. Der Vorsitzende des Clubs und Patricio Galáz, Vorsitzender der Betriebsgewerkschaft und der christdemokratischen Sektion, sprachen lobende Worte über jenen Menschen, der trotz seiner Krankheit die Pflichten als Vater erfüllt und auch die Mutter ersetzt hatte, ohne sein Engagement gegen die Ungerechtigkeit in der Gesellschaft und in der ganzen Welt zu vergessen. Eine Welt, von der er sich nun mit 42 Jahren verabschiedete.
Obwohl ich nichts von der Politik verstand, beschloss ich in diesem Augenblick, mich einmal in der Christdemokratischen Partei zu engagieren. Beim Friedhofstor sprach ich Herrn Galáz an und sagte ihm, dass ich nun der Mann in der Familie sei und ihn ersuche, mir zu helfen, bei MADEMSA eine Arbeit zu finden. Er antwortete mir, dass dies aufgrund meines Alters nicht möglich sei, aber in dreieinhalb Jahren, wenn ich 18 Jahre alt wäre, solle ich ihn kontaktieren, denn als Sohn eines verstorbenen Mitarbeiters hätte ich das Recht auf einen Arbeitsplatz. Danach flüsterte er mir ins Ohr: »Wir wissen, dass dein Vater bei den zwei letzten Wahlen für die Sozialisten gestimmt hat.« Bei diesen Worten fühlte ich mich schuldig, denn ich war ein Komplize dieser politischen Abweichung meines Vaters gewesen.

In den folgenden Monaten lief ich durch die Straßen Santiagos, um Arbeit zu suchen. Damit war meine Kindheit zu Ende und es begann eine Jugend, in der ich schon Verpflichtungen eines Erwachsenen übernehmen musste. Trotzdem will ich nicht den Eindruck erwecken, nicht auch die Freuden der Kinderzeit gekannt zu haben. Obwohl ich schneller als andere in das Leben der Erwachsenen eintreten musste, habe ich mich doch auch an den Spielen, wie sie damals unter den Kindern üblich waren, erfreut.

Meine Familie und unser Zuhause

In den ersten fünf Jahren meines Lebens führte unsere Familie ein Zigeunerleben. Mein Vater arbeitete bei der Polizei als Verantwortlicher für die Waffen und wurde sehr oft versetzt, nicht nur innerhalb von Santiago. Zuerst wohnten meine Eltern in einer Pension im Bezirk Matadero, dort hatten sie sich kennen gelernt und geheiratet. Dort ist auch meine ältere Schwester Kenia zur Welt gekommen. Danach übersiedelten sie in die Legua, im südlichen Teil Santiagos, wo ich geboren wurde. Innerhalb kurzer Zeit folgten vier weitere Wohnungswechsel, auch in Städte im Norden und Süden Chiles, danach die siebente und letzte Übersiedlung. Meine Mutter hatte ohne das Wissen meines Vaters um eine Sozialwohnung angesucht, und im Mai 1951, nach langer Wartezeit, konnte sie meinem staunenden Vater die Schlüssel in die Hand drücken. Die Wohnung lag in der Siedlung Juan Antonio Rios, im Bezirk Renca, im Norden Santiagos. Es war ein zweistöckiges Gebäude mit je fünf Wohnungen pro Stockwerk, die Treppe war außen am Gebäude angebracht. Die Wohnung war geräumig, ein Luxus gegenüber allen früheren. Hier blieb ich die nächsten 19 Jahre meines Lebens

Am 9. September 1968 heiratete ich Flor del Carmen Sepúlveda Rodriguez. Einige Monate lebten wir in der elterlichen Wohnung, doch bald kam es zu Konflikten. Wir wandten uns an unsere Tante Norma, die in der Siedlung José Maria Caro wohnte, und die erreichte, dass uns eine Nachbarin ein Zimmer, das in ihrem Hof gebaut worden war, vermietete. Es war eine Hütte aus Holzresten, der Boden aus Lehm und mit Dachpappe, so genannten Fonolitas, gedeckt. Der Wind blies durch

die Löcher in den Wänden. In meiner Firma bekam ich eine Menge Wellpappe, mit der ich die Löcher in den Wänden und am Dach zudeckte. Doch das reichte nicht, Regen und Kälte des Winters 1969 drangen herein und das Wasser tropfte durch die schon verbrauchten Fonolitas. In der Nacht stellten wir Plastikgeschirr und Blechbüchsen auf, um die Regentropfen einzufangen, über unser Bett hatten wir Plastik gespannt, um zu verhindern, dass wir von Kopf bis Fuß nass werden.
Zehn Monate hielten wir es in diesem Loch aus, Zimmer konnte man es nicht nennen. Es waren die schwierigsten, aber auch die glücklichsten Monate meines Lebens. Für ein Jahr kehrten wir zu meiner Familie zurück, und wenn das auch keine wunderbare Zeit war, so war es doch eine Zeit relativer Harmonie zwischen uns und den anderen Familienmitgliedern. Da wir Mitbewohner waren, nicht selbst Miete zahlen mussten und zuerst für die Hütte nur wenig bezahlt hatten, konnten wir das Geld zusammensparen, das wir brauchten, um das Ansuchen für eine Sozialwohnung zu stellen. Wir bekamen dann eine Wohnung in der Siedlung Davila im Bezirk San Miguel, im Süden der Stadt. Sie war mit 45 m^2 zwar relativ klein, aber sie gehörte uns. Das war nun unser Heim, bis ich Chile verlassen und ins Exil gehen musste.

Meine Geschwister

Kenia, geboren 1944, war die Älteste. Bei der Taufe konnten sie sich nicht auf einen Namen einigen, sie wurde daher auf Kenia Nancy Elsa getauft. Sie war noch nicht 20, als sie Juan Guerrero heiratete, der ein Motorrad hatte und ein großes Talent zum Malen, aber nicht geschäftstüchtig war. Sie haben zwei Kinder.
Meine Schwester Carmen wurde 1950 geboren, sie ist zwei Jahre jünger als ich. Sie heiratete einen Autospengler und sie haben vier Kinder. Im September 1977 wanderten sie nach Venezuela aus.
Der Jüngste ist Jaime Osmán, geboren 1951. Er war erst zweieinhalb Jahre alt, als uns unsere Mutter verließ. Er litt darunter nicht so stark, wie wir älteren Geschwister, aber letztlich war es für ihn doch sehr gravierend. Er war der Liebling unseres Vaters und er verstand es, dieses Privileg zu nützen. In seiner Ehe

hatte er zwei Kinder, wovon das jüngere leider bald nach der Geburt starb. Mit seiner jetzigen Lebensgefährtin hat er ebenfalls zwei Kinder.

Das Internat war das gemeinsame Schicksal meiner Geschwister. Der »Consejo de Defensa del Niño« (Rat zur Verteidigung des Kindes) war eine der Einrichtungen, die sporadisch unserer Familie halfen. Durch diese Organisation erreichte mein Vater, dass Kenia und Carmen in einem Internat in Malloco, etwa 40 Kilometer von Santiago entfernt, unterkamen, wo es auch eine Siedlung von Deutschen gab. Am Sonntag konnten wir sie besuchen. Wenn es die Gesundheit meines Vaters erlaubte, dann fuhren wir beide, wenn nicht, musste ich allein fahren, wobei ich immer sehr nervös war. Denn ich hatte Angst, die richtige Bushaltestelle zu verpassen und dann kein Geld für die Rückfahrt zu haben. Auch Jaime war in einem Internat, aber er hatte das Glück, dass es in Santiago war. Ich musste ihn jeden Freitag abholen und Sonntag abends wieder hinbringen. Die Erinnerung, dass in diesem von Japanern finanzierten Internat die Kinder nicht mit ihrem Namen, sondern mit einer Nummer gerufen wurden, schmerzt mich noch heute. Wenn ich ihn am Freitag abholte, dann musste ich mich an einen Lehrer wenden und ihn ersuchen, er solle die Nummer 107 rufen. Der rief dann mit lauter Stimme: »Nummer 107 wird abgeholt.« Der Ruf wurde von den Kindern laut wiederholt und hallte von den Wänden des Hofes wider.

Ich weiß nicht, warum es mir erspart blieb, auch ins Internat zu kommen. Vielleicht wollte mein Vater verhindern, dass ich unter Kindern leben muss, die sich über mein Schielen und meine Kurzsichtigkeit lustig machen, oder vielleicht wollte er, dass ich bei ihm bleibe und bei allem helfe, was er aufgrund seiner schwachen Gesundheit nicht machen konnte. Vermutlich trugen beide Motive dazu bei, dass ich nicht ins Internat musste, und manches Mal fühle ich mich schuldig, dieses Privileg gehabt zu haben.

Schule und LehrerInnen

Das Kolleg »Establecimientos Educacionales Santa Teresa del Niño Jesús« war die einzige Schule, die ich in meinem Leben besuchte. Alles andere lernte ich durch meine Familie, durch

Freunde und durch Bücher, die ich als Autodidakt immer wieder zu Rate zog. Diese Schule im Bezirk Conchali wurden von italienischen Priestern, die dem Marianenorden angehörten, geleitet. Ich hatte sechs Lehrerinnen und zwei Lehrer, die meisten waren Laien, die sich streng an die Vorgaben der katholischen Erziehung hielten. Wir mussten jeden Sonntag die Messe besuchen, entweder in der Kirche unserer Schule oder in einer der umliegenden Pfarren. Der Besuch wurde durch das Abstempeln einer Karte kontrolliert. Diese musste am nächsten Tag vorgezeigt werden. Wenn jemand nicht bei der Messe war, musste er nach Hause gehen, und die Eltern wurden vorgeladen, um sie darauf hinzuweisen, dass es nicht angeht, das Kind in eine katholische Schule zu schicken, aber nicht darauf zu achten, dass es seine Sonntagspflicht erfüllt. Nachdem ich sechs Jahre lang unter Zwang zur Sonntagsmesse gegangen war, hatte ich beim Verlassen der Schule die Absicht, für den Rest meines Lebens nicht mehr in die Kirche zu gehen.
Ich möchte nun einige meiner LehrerInnen vorstellen und meine Schulzeit beschreiben. Als mich meine Mutter am ersten Schultag begleitete, ersuchte sie einen Priester, er möge auf mich achten, denn ich sei sehr introvertiert und schüchtern. Außerdem sei ich kurzsichtig und daher sollte ich einen Platz in der Nähe der Tafel bekommen. Als die Glocke läutete, brachte mich der Priester in die Klasse zum Fräulein Victoria und überbrachte die Wünsche meiner Mutter. Fräulein Victoria war etwa 60 Jahre alt, und wir wunderten uns, warum wir sie Fräulein nennen mussten. Sie erklärte uns, dass eine Frau, die nie geheiratet hat, wie in ihrem Fall, ein Fräulein bleibt, bis sie eben heiratet oder stirbt. Danach zeigte sie uns ein Lineal, etwa 50 Zentimeter, lang, und sagte, sie könne sehr gut zielen. Sie brauche gar nicht vom Pult aufzustehen, um uns zu bestrafen, wenn wir nicht ordentlich sind oder nicht aufpassen, wenn sie etwas erklärt.
Ich blieb in diesem Jahr nur zwei Monate in der Schule. Denn als meine Mutter uns verließ, hatte mein Vater Angst, unsere Mutter könnte meine Schwester Kenia und mich aus der Schule entführen, und so nahm er uns aus der Schule heraus. Im nächsten Jahr, ich musste nochmals in der ersten Klasse beginnen, hatte ich wieder das Fräulein Victoria, die ihre Warnung wiederholte. Meine Lehrerin im zweiten Jahr war das Fräulein

Rosalia Verdugo. Sie war streng und bis heute glaube ich, dass Menschen mit dem Namen Verdugo (Henker) bewusst oder unbewusst dazu neigen, sich ihrem Namen gemäß zu benehmen. Im dritten Schuljahr war der Bruder Lorenzo mein Lehrer, er war derjenige, den meine Mutter damals angesprochen hatte. Er ging immer mit gesenktem Kopf und kreuzte die Hände unter der Soutane. Aber wenn ein Kind in seiner Nähe war, hellte sich sein Gesicht auf und er nahm seine Hände aus der Soutane, um dem Kind liebevoll über den Kopf zu streichen. Mitte 1957 musste ich zwei Monate im Krankenhaus San Juan de Dios bleiben, ich hatte einen Leistenbruch, der dem Chirurgen Kopfzerbrechen machte. Bruder Lorenzo besuchte mich jede Woche und blieb oft den ganzen Nachmittag, um mit mir den Stoff durchzugehen, den er in der Vorwoche den anderen beigebracht hatte. Diese Methode war so effizient, dass ich am Jahresende der Klassenbeste war und er mir sagte, ich brauche nicht in die vierte Klasse gehen, sondern könne gleich in die fünfte aufsteigen. Meinen Vater erfüllte das mit großer Freude, er umarmte mich und nannte mich bei einem Kosenamen, den er nur gebrauchte, wenn er mir seine Liebe ganz besonders zeigen wollte.

In der fünften Klasse erlebte ich die unangenehme Überraschung, dass wieder Rosalia Verdugo meine Lehrerin war. Sie war allerdings einige Monate wegen der Geburt eines Kindes in Karenz und wurde vom Fräulein Cintia vertreten. Diese war sehr jung und hübsch. Ihre Stimme war für mich wie eine Liebkosung, aber ich vergaß dabei darauf zu achten, was sie sagte. Am Ende des Schuljahres war es der inzwischen zurückgekehrten Lehrerin Verdugo, die mich mehrmals sehr ungerecht behandelt hatte, ein Genuss, mir ein Zeugnis zu geben, das mich zum Wiederholen der Klasse verpflichtete. Schwester Crucificado war meine nächste Lehrerin. Ich war nicht der Beste, aber der Aufstieg war schon gesichert, als es im Oktober, nur eineinhalb Monate vor Schulschluss, zum Konflikt kam. Ich hatte zwei Tage gefehlt und brachte dafür eine Entschuldigung. Sie nahm diese aber nicht zur Kenntnis, und ich sollte zur Strafe den Hof kehren. Ich weigerte mich zwar nicht, den Hof zu kehren, sagte aber, dass ich keine Strafe annehme. Sie zog mich an den Ohren und brachte mich so zum Direktor. Wegen Frechheit wurde ich von der Schule verwiesen. Mein Vater be-

schimpfte mich, er sehe mich schon als Schubkarrenfahrer. Weil ich nicht in die Schule zurück durfte, ließ er mich die letzten Wochen des Schuljahres zu Hause und sagte, im März, zu Beginn des neuen Schuljahres, würden wir weitersehen.
Als das nächste Schuljahr begann, bat mein Vater meine Tante Norma, sie möge mich zum Kolleg Santa Teresa begleiten, um ein Zeugnis zu bekommen, damit ich in eine andere Schule gehen könne. Doch zu meiner Überraschung sagten sie uns, ich sei gar nicht ausgeschlossen worden. Weil ich aber die letzten Wochen gefehlt hatte, müsse ich die fünfte Klasse wiederholen. Bis heute weiß ich nicht, wieso sie plötzlich ihre Meinung geändert hatten. Dann kam die nächste angenehme Überraschung, mein Lehrer war wieder Bruder Lorenzo, doch er verstand nicht, dass ich nun zum dritten Mal die fünfte Klasse machen sollte, da er mich weder für dumm noch für faul hielt. Ich erzählte ihm meine Geschichte, und er sprach mit der Lehrerin der sechsten Klasse, mit Maria Verdugo, einer Schwester von Rosalia Verdugo. Sie hatte aber bereits an die 120 Kinder in der Klasse und weigerte sich, noch ein Kind dazuzunehmen. Bruder Lorenzo sagte, ihre Klasse würde geteilt werden, was tatsächlich geschah. Ich kam aufgrund einer zufälligen Auszählung in die neue sechste Klasse und bekam Herrn Emiliano Concha als neuen Lehrer. In den wichtigen Gegenständen musste ich Prüfungen nachholen, die ich alle bestand.
Herr Concha war immer sehr gut angezogen und sagte uns zu Beginn, wir seien keine Kinder mehr, sondern Jugendliche, und der Anstand gebiete es, dass wir uns hier in der Schule gegenseitig mit »Señor« anredeten. Er rief uns alle mit unseren Familiennamen und setzte »Señor« davor. Wir antworteten »Presente, Señor Concha« (Hier bin ich, Herr Concha). In unserer Familie hatten wir nicht genügend Geld, um Schulhefte zu kaufen, ganz zu schweigen von Büchern. Ich hatte nur ein dickes Heft, das ich für alle Gegenstände benützte. Obwohl ich kein Geschichtsbuch hatte und auch kein eigenes Heft, habe ich bei einer Geschichtsprüfung so gut abgeschnitten, dass der Lehrer meinte, ich hätte abgeschrieben. Er unterzog mich einer strengen mündlichen Prüfung, die ich gut bestand, worauf er mich ganz besonders lobte, weil ich auch ohne Hilfsmittel so viel wusste. Damals war es nicht üblich, zum Abschluss der Pflichtschule eine Feier zu veranstalten, er aber machte eine. Er

ermahnte uns, nie mit dem Lernen aufzuhören, und es wäre für ihn die größte Freude, wenn er uns im Alter begegnen und hören würde, dass wir es zu etwas gebracht hätten: »Wenn ich zum Beispiel Herrn Pizarro treffe und er sagt, er war im Jahre 1960 mein Schüler, jetzt ist er Buchhalter, er hat Frau und Kinder und ist sehr glücklich, und er mir als altem Mann über die Straße hilft und ich glauben kann, dass ich einen Beitrag für sein Glück leisten konnte, dann ist das für mich die größte Freude.« Wir sollten keine Angst vor dem langen Weg haben, der vor uns liege, auch die kommenden Jahre würden rasch vergehen. Ich hörte das alles mit derselben Rührung wie meine Schulkameraden, aber mit dem Gefühl, dass diese Worte nicht für mich bestimmt sind. Mein Vater lag im Krankenhaus und die Ärzte sagten, er würde nicht mehr lange leben.

Arbeitssuche

Nach dem Begräbnis meines Vaters sagte mir eine Tante, dass ich beim Geschäft ihres Sohnes vorbeischauen solle, ich könnte dort aushelfen und ein wenig Geld verdienen, um meine Geschwister zu unterstützen. Ich ging also zu meinem Cousin und machte vormittags Reinigungsarbeiten und bediente das Telefon. Er gab mir ein paar Geldscheine dafür. Eines Tages schalt er mich, weil mich jemand Zigaretten rauchen gesehen hatte. Er würde mir nichts mehr zahlen, wenn ihm das nochmals berichtet würde. Ich meinte, er habe überhaupt kein Recht, mir Vorhaltungen zu machen, lieber wollte ich für irgendeinen Fremden arbeiten, auch wenn ich weniger bekomme. Ich wollte mich von diesem blöden Kerl nicht demütigen lassen.
Jeden Sonntag kaufte ich nun die Zeitung »El Mercurio«, um die Stellenangebote zu lesen. Jeden Montag stellte ich mich dann bei vielen Geschäften und Betrieben vor, aber es war frustrierend: Entweder fehlte mir die nötige Erfahrung oder die Kraft, um schwere Arbeit zu machen. Als ich zu Fuß durch die Straßen lief, schaute ich auch in alle Auslagen und auf die Tore der Fabriken, ob irgendwo eine Arbeit angeboten wurde. Knapp vor meinem fünfzehnten Geburtstag entdeckte ich in einem Geschäft der Straße San Pablo einen Zettel, auf dem stand: »Wir suchen einen Jungen für Reinigung und Botengänge.« Es war ein Geschäft für Damenmoden, ich trat ein. Der

Besitzer ließ mich gar nicht ausreden, er sagte: »Der Posten gehört Ihnen«, und drückte mir einen Besen in die Hand. Ich erledigte neben den Reinigungsarbeiten einige Botengänge. Tags darauf, es war ein Samstag, gab mir der Chef Geld für die zwei Tage und sagte, in Zukunft würde ich wöchentlich bezahlt. Eine Schneiderin des Geschäftes sagte mir aber, dass dieser Chef immer wieder einen Konflikt mit den Botenjungen provozierte und sie dann ohne Bezahlung wegschickte. Sie riet mir also, mir eine andere Arbeit zu suchen, wenn ich nicht in Kauf nehmen wolle, gratis zu arbeiten.

Ich kaufte wieder den »Mercurio« und zeichnete die Anzeige einer Strickwarenfabrik an. Ich ging hin und erhielt die Arbeit, blieb aber nur eine Woche, obwohl mich dort ein siebzehnjähriges Mädchen faszinierte. Mein Freund Hernán arbeitete als Liftboy im Zentrum und hatte erfahren, dass eine Baufirma im selben Haus dringend einen Buben für Botengänge und Reinigung suchte. Ich wurde aufgenommen und musste nach dem Kehren der Büros Dokumente und Pläne zwischen unserem Büro und dem Zentralbüro hin- und hertragen, Geld auf die Bank bringen oder dem Chef zur Mittagszeit ein Sandwich holen. Einer der Chefs war ein pensionierter Offizier, der sich auf seine Reisen nach Europa und seine Weltkenntnis viel einbildete. Ein älterer Kollege gab mir immer wieder wichtige Aufgaben und spornte mich an, mich weiterzubilden. Auf seinen Rat hin machte ich in einer Abendschule einen Maschinschreibkurs.

Familie

Nach dem Tod meines Vaters betreute uns Tante Norma, sie lebte aber noch nicht bei uns. Sie hatte fünf Kinder, das jüngste war erst einige Monate alt. Als sie wegen einer Operation der Krampfadern ins Spital musste, blieb meine Schwester Kenia bei ihren Kindern. Nach einigen Tagen kam Kenia gelaufen und sagte, dass das kleine Mädchen gestorben sei. Die Verwandten beschlossen, das Kind aufzubahren und zu begraben und es erst nachher ihrer Mutter zu sagen. Ich war anderer Meinung und lief zum Krankenhaus. Ich erklärte den Schwestern, was geschehen war. Tante Norma war noch nicht operiert, ich sagte ihr, dass es dem Baby schlecht gehe und sie nach

Hause kommen müsse. Sie gaben ihr ein Beruhigungsmittel und dann gingen wir, aber ich hatte nicht den Mut, ihr die ganze Wahrheit zu sagen. Als sie dann in ihrem Haus den weißen Sarg und ihr Kind darin sah, brach sie zusammen. Die Verwandten beschimpften mich, dass ich die Tante verständigt hatte, aber sie nahm mich in Schutz, sie hat mir immer viel Liebe entgegengebracht. Nach diesem traurigen Ereignis übersiedelte Tante Norma ganz zu uns.

Im Juni 1961, als ich eines Tages von der Arbeit heimkam, hörte ich im Zimmer nebenan meine Tante unter Tränen rufen: »Jetzt sind es meine Kinder, denn ich habe für sie gesorgt, als sie es am notwendigsten brauchten, du aber hast sie verlassen und dich nicht um sie gekümmert.« Ich hörte die Stimme meiner Mutter, die ihre Rechte als Mutter einforderte. Schließlich trat ich ein, und da saßen meine Mutter und meine Schwester Kenia auf der einen, Tante Norma auf der anderen Seite. Ich verhielt mich sehr ablehnend gegenüber meiner Mutter, ich meinte, wir wären nun schon groß und bräuchten sie nicht, wir hätten ja die Tante. Unsere Mutter beteuerte, dass man uns viele Lügen über sie erzählt hätte. Wir diskutierten lange, dann begleiteten wir sie zum Bus. Es stellte sich heraus, dass es Kenia war, die sie vom Tod unseres Vaters informiert und sie geholt hatte. Die abendlichen Besuche wiederholten sich einige Male, bis meine Mutter einfach bei uns einzog, mit dem Argument, dass wir diese Wohnung nur hätten, weil sie sich darum bemüht hatte.

Die Mutter versuchte mit allen Mitteln, meine Zuneigung zu erringen. Sie schlug mir vor, mich in die Mittelschule einzuschreiben, aber ich wollte lieber Geld verdienen. Dann machte sie eine Anzahlung für ein Fahrrad und lud uns öfters zu einem Imbiss ein, wenn wir sie von der Fabrik abholten. Eines Tages im Dezember eröffnete sie mir, dass Malvinita, die sie immer als ihr Patenkind ausgegeben hatte, ihre Tochter ist, und sie wollte, dass sie bei uns einzieht, schließlich sei sie unsere Schwester. Ich war empört und lief aus dem Haus, ich heulte vor Wut. Ich wusste nicht, wo ich herumrannte, aber plötzlich stand ich vor meiner alten Schule und da fragte ich nach Bruder Lorenzo. Er erkannte mich sofort und lud mich ein, ihm zu erzählen, was mit mir los ist. Dann sagte er: »Ich verstehe deinen Zorn, es schmerzt dich, dass deine Mutter dir Lügen erzählte. Aber es steht dir nicht zu, über deine Eltern zu urteilen, und dieses Mädchen ist, ob du es willst oder nicht, deine Schwester. Sie kann doch nichts für die Irrtümer der Erwachsenen. Geh heim und sag, du möchtest sie sehen, wenn du sie erst siehst, dann wirst du dich besser fühlen, vielleicht magst du sie sogar.«

Am nächsten Sonntag fuhren wir alle nach San Bernardo und besuchten eine Familie, bei der Malvina die letzten Monate gelebt hatte. Malvina war vorbereitet worden, sie sang mit lieblicher Stimme einige Lieder und gewann unsere Zuneigung. Am Abend kehrten wir mit unserer neuen Schwester gemeinsam in unsere Wohnung zurück und feierten dann miteinander als eine Familie Weihnachten und Neujahr.

Im Februar 1962 besuchte ich meinen Onkel Chito in Talca. Ich hatte zwei Wochen Urlaub bekommen und machte erstmals allein eine Reise, 250 km in den Süden, ein Abenteuer. Allerdings war es nicht gerade ein Ferienaufenthalt, denn mein Onkel vertrat die Meinung, das Brot, das ein Mann isst, müsse er sich verdienen. Er versorgte mich reichlich mit Arbeit in Haus und Garten. Einmal schickte er mich mit einem Auftrag ins Zentrum der Stadt und dort war eben eine Kundgebung von Landarbeitern. Sie streikten und forderten, dass endlich eine Landreform durchgeführt wird. »Die Erde für die, die sie bearbeiten«, war ihre Losung. Es waren Landarbeiter von einer Hacienda der Kirche. Es waren einige Tausend Leute beisammen, der Redner kritisierte die Regierung Alessandri, die nur behauptet, eine Landreform zu machen, um Geld von der »Allianz für den Fortschritt« zu bekommen. Das war ein Programm, mit dem der Präsident der USA, John Kennedy, dem Einfluss der kubanischen Revolution in Lateinamerika entgegenwirken wollte.

Mitten in der Rede ergriff jemand das Mikrophon und kündigte an, dass der Senator Salvador Allende kommt. Bald sah man ihn, er ging durch die Menge und gab allen die Hand, die ihn erreichten. Auch ich konnte ihm die Hand geben, aber das beeindruckte mich nicht sonderlich, war es doch mein Vorsatz, nicht mit den Sozialisten, sondern mit den Christdemokraten zu arbeiten. Dann sprach Pater José Maria, ein in dieser Region sehr bekannter Priester. Er verlangte von den kirchlichen und politischen Autoritäten, dass sie die Forderungen der Landarbeiter erfüllen sollen, keine Regierung habe das bisher getan, obwohl schon alle Parteien an der Macht gewesen seien. Allende betonte dann in seiner Rede, dass zur Zeit des Präsidenten Aguirre Cerda den Sozialisten die Mehrheit im Parlament fehlte, um entsprechende Reformen zu machen. Die Regierung von Aguirre Cerda habe aber sehr viele Reformen zugunsten der breiten Mehrheit gemacht, und nun gelte es, politisch so stark zu werden, dass eine echte Landreform möglich wird.

Bei der Rückkehr zu meiner Familie wurde ich mit der Absicht meiner Mutter konfrontiert, einen um 15 Jahre jüngeren Mann zu heiraten. Ich war strikt dagegen, aber schließlich gab ich nach, nicht ohne dem künftigen Ehemann meiner Mutter deutlich zu sagen, dass ich ihn weder als Vater ansehen werde, noch dass er sich das Recht herausnehmen könne, meinen jüngeren Geschwistern Anordnungen zu erteilen. Mit der Zeit änderte ich meine Haltung zu ihm. Wir wurden gute Freunde, ich bewunderte ihn sogar ein wenig, weil er so viele Bücher hatte, die er mir borgte, und viel mehr wusste als ich. In vielen Dingen konnte ich ihn um Rat fragen.

Aufgrund meines Aufenthaltes in Talca verlor ich meine Arbeit, konnte aber bald meinen leider an Tuberkulose erkrankten Freund als Liftboy vertreten. Meine nächsten Jobs waren wieder Reinigungsarbeiten und zwischen acht und elf Uhr Botengänge bei einem Juwelier. Ich musste meinen Chef oder seine Frau begleiten, wenn sie aus einer Wechselstube vier oder fünf Säcke abholten, jeder mit fünf Barren Gold zu je einem Kilo schwer, und in das Münzamt brachten. Von zwölf bis drei Uhr arbeitete ich bei einem Rechtsanwalt, der viele christdemokratische Gewerkschaften vertrat. Es war meine Aufgabe, den Arbeitsgerichten ergänzende Aktenstücke für seine Klienten zu überbringen und zu notieren, welche Aktenstücke von der Gegenseite präsentiert wurden.

In der Mittagszeit kaufte ich einmal ein Los der Lotterie. Meine Mutter, die vergessen hatte, ein Los zu kaufen, wollte es mir schon abkaufen, aber ich behielt es. Und tatsächlich, ich hatte das unwahrscheinliche Glück, 50.000 Pesos zu gewinnen, mehr als ich in einigen Monaten bei beiden Arbeiten verdienen konnte. Ich kaufte mir etwas zum Anziehen, Bücher und meine erste Armbanduhr. Jeden Abend ging ich ins Kino, bis das Geld verbraucht war, aber seither spiele ich jede Woche in der Lotterie.

Zu Jahresbeginn 1963 verlor ich beide Arbeiten: Das Juwelierehepaar verreiste für einige Monate und der Rechtsanwalt stellte Praktikanten ein, die Jus studiert hatten. Ich war wieder auf Arbeitssuche. Ende Februar fand ich Aufnahme in einer Bekleidungsfirma, die eine Fabrik und zwei Geschäfte hatte. Ich half bei den verschiedenen Arbeiten mit, musste bei säumigen KundInnen die fälligen Raten eintreiben, half bei der Auslagengestaltung und machte meine ersten Erfahrungen als Verkäufer. Weil ich einmal mit einer Näherin ein paar Minuten tanzte, wollte mich der Filialleiter entlassen. Er schickte mich zum Chef in das Hauptgeschäft, doch der entließ mich nicht, sondern wollte mich behalten und versprach mir gute Aufstiegschancen, wenn ich den Filialleiter im Auge behalte, weil er vermutete, dass ihn dieser betrüge. Dieser Spionageauftrag war nicht nach meinem Geschmack, ich lehnte ab und ging.
Einen Monat später begann ich als Verkäufer für eine Firma, die auf der Basis alter Fotos Ölgemälde anfertigte. Ich ging von Tür zu Tür und musste aus den Hausfrauen herausbringen, welches Bild aus der Sammlung der Familienfotos sie am liebsten hatten. Ich ersuchte sie dann, mir das Foto zu borgen, weil es in Öl nachgemalt und ausgestellt werden sollte. Beim Weggehen musste ich sagen, dass sie als Dank für diese Kooperation die Möglichkeit hätten, an einem Preisausschreiben teilzunehmen und 6.000 Pesos zu gewinnen. Dafür war eine Unterschrift zu leisten, die die Kundinnen in Wahrheit dazu verpflichtete, das Ölbild zu kaufen. Ich war mir bewusst, dass das nicht korrekt war, aber die Leute bekamen ja schließlich ein Ölbild, Kunst hat eben ihren Preis, dachte ich. Für diese Rechtfertigung wurde mir aber gegen Jahresende der Boden entzogen, als ich sah, wie die Bilder produziert wurden. Die so genannten Künstler, schwere Alkoholiker, machten vergrößerte Fotokopien von den Familienfotos und kolorierten die Bilder nach den von mir gelieferten Angaben. Ich verlangte, mir die Adressen meiner Kundinnen zu geben, um sie über den Betrug aufzuklären. Das wurde mir verweigert, es seien ja Kundinnen der Firma und nicht meine, ich hätte Provision bezogen und könne nun gehen, weil ich für die anderen Mitarbeiter ein schlechtes Beispiel gäbe.
Anfang 1964 war nicht nur ich arbeitslos, sondern auch der Mann meiner Mutter. Meine Mutter und meine Schwester Ke-

nia mussten allein das Familieneinkommen bestreiten. Erst im April erfuhr ich, dass die Firma Maderas Ralco, die größte Holzhandelsfirma unseres Landes, eine Hilfskraft suchte. Die Firma war von einem Spanier gegründet worden und machte einen sagenhaften Aufstieg, weil sie es geschickt verstand, der indianischen Bevölkerung im Süden ihre Wälder wegzunehmen. Das Hauptbüro befand sich in der Nähe des alten internationalen Flughafens. Meine Aufgabe war die Verwaltung der Büromaterialien, und obwohl das eigentlich eine Angestelltentätigkeit war, wurde ich, weil das für die Firma günstiger war, als Arbeiter geführt. In den ersten Tagen, ich kannte noch kaum jemanden, wollte ein Herr eigenmächtig Büromaterial mitnehmen; ich ersuchte ihn, mein Büro zu verlassen. Bald stellte sich heraus, dass es der Personalchef gewesen war, doch er bestrafte mich nicht, sondern meinte, ich hätte nur meine Pflicht getan und solle so weitermachen. In den folgenden Jahren fasste ich in der Firma immer besser Fuß, ich errang das Vertrauen meiner Vorgesetzten und erhielt für meine Pünktlichkeit eine Prämie in Form eines ganzen Monatslohns.

Politisches Engagement bei der Christdemokratischen Partei (DC)

Schon Ende 1963 standen die Kandidaten für die Präsidentschaftswahl des kommenden Jahres fest. Julio Durán für die Radikale Partei, Salvador Allende für die Koalition der Sozialisten und Kommunisten und Eduardo Frei für die Christdemokraten. Die konservativen Parteien unterstützten ursprünglich Durán, schwenkten dann aber zu Frei, als sie befürchteten, dass Allende die Wahlen gewinnen könnte. Ich hatte schon immer den Vorsatz, mich bei der Christdemokratischen Partei zu engagieren und ging nun zur Parteizentrale, um Propagandamaterial zu holen, mit dem ich unser Haus schmückte. Als zwei junge Leute vorbeikamen, einer hieß Antonio und war der Erste aus unserer Siedlung, der ein Hochschulstudium machte, um meine Mutter und ihren Mann um die Unterzeichnung einer Unterstützungserklärung für Frei zu ersuchen, erfuhr ich von einer Sitzung der Partei in unserem Viertel und ging dorthin, obwohl eigentlich mein Stiefvater eingeladen gewesen war.

.....

Mich hielten sie noch für viel zu jung, ich war 18, sah aber wie 15 aus. Ich begann in der Jugendorganisation mitzuarbeiten, mir wurden kleine Aufgaben übertragen und ich fühlte mich wichtig. In der Garage eines der Bessergestellten unseres Viertels hatten wir ein Lokal für die Wahlpropaganda eingerichtet. Wir übertrugen mit Lautsprechern Musik von Schallplatten, die damals modern waren, und dazwischen griff ich zum Mikrophon, um die Menschen zu motivieren, für Frei zu stimmen.
Antonio, der Vorsitzende der Jugendorganisation im Bezirk, schlug mich noch während des Wahlkampfes als seinen Nachfolger vor. Als solcher hatte ich die Ehre beim Empfang unseres Kandidaten Eduardo Frei im Haus des Garagenbesitzers dabei zu sein und Frei die Hand zu schütteln. Der Höhepunkt des Wahlkampfes war der »Marsch für das junge Vaterland«. Die Kolonnen kamen aus dem ganzen Land nach Santiago, aus dem extremen Norden ebenso wie aus dem tiefen Süden. Frei gab uns das Gefühl, die Hoffnung einer großen Nation zu sein, die Generation, die dazu bestimmt ist, die erste »Revolution in Freiheit« zu realisieren, die die Welt zu sehen bekam. Als die Lautsprecher ankündigten, dass nun auch die Kolonnen der konservativen Parteien zu uns stoßen würden, fragten sich nur die Erfahrenen unserer Gruppe, was der Preis für ihre Unterstützung sein werde.
Wir junge Menschen setzten damals große Hoffnungen in die Christdemokratische Partei (DC) und in Eduardo Frei, der 1964 die Präsidentschaftswahlen gewonnen hatte. Doch wir sahen, dass die sozialen Reformen nicht so schnell realisiert wurden, wie wir das erwartet hatten. Zunächst war dies durch das Kräfteverhältnis im Parlament erklärbar, denn die DC hatte keine Mehrheit und war daher immer von der Zustimmung anderer Parteien abhängig. Die linken Parteien verweigerten die Zustimmung zu den Reformen, weil die DC ihrer Ansicht nach eine populistische Partei war und die Verhältnisse nicht wirklich verändern wollte, und die rechten Parteien, die Frei bei der Wahl unterstützt hatten, waren grundsätzlich gegen soziale Reformen eingestellt. Bei den Parlamentswahlen im nächsten Jahr erreichte die DC im Abgeordnetenhaus, allerdings nicht im Senat, die absolute Mehrheit. Nun hofften wir, dass endlich etwas weitergeht.
In der DC bildeten sich drei Tendenzen heraus: »El Oficialismo« – also jene, die die offizielle Linie der Partei und des Präsi-

denten unterstützten, dann gab es die »Rebeldes« – die massive Kritik übten, und schließlich jene, die einen Mittelweg suchten und als dritte Gruppe einfach »Los Terceristas« genannt wurden. Ich gehörte zur letzten Gruppe, die immerhin erreichte, dass Rafael Gumucio zum Parteivorsitzenden gewählt wurde. Doch bald nach diesem Erfolg gab es einen außerordentlichen Kongress. Frei setzte Patricio Aylwin als neuen Vorsitzenden durch und hatte damit die Partei wieder unter seiner Kontrolle. Daraufhin spalteten sich die Rebeldes ab und gründeten die linkschristliche Partei *MAPU*. Wir Terceristas sagten, wir bleiben in der Partei und wollen dafür kämpfen, dass die Grundsätze der katholischen Soziallehre umgesetzt werden, und wir erreichten, dass Radomiro Tomic 1970 als Kandidat für die Präsidentschaft aufgestellt wurde. Er ging mit einem Programm in den Wahlkampf, das dem Allendes und seiner *Unidad Popular* sehr ähnlich war. Beide traten z. B. für die Verstaatlichung der Kupferminen ein, die im nordamerikanischen Besitz waren. Tomic wurde bei der Wahl nach Allende und Alessandri nur Dritter, doch er unterstützte sofort Allende und setzte in seiner Partei durch, dass die DC im Parlament für Allende stimmte. Da keiner der Kandidaten die absolute Mehrheit erreicht hatte, war eine Bestätigung im Parlament notwendig. Doch die DC änderte bald ihre Haltung. 1971 gab es einige Nachwahlen und dabei kam es zu Wahlbündnissen zwischen der DC und der rechten Nationalpartei. Das führte zum Bruch mit uns Terceristas und wir gründeten daraufhin die *Izquierda Cristiana* (Linkschristen), die sich ebenso wie schon früher die *MAPU* der Koalition der *Unidad Popular* Allendes anschloss.

Als Gewerkschafter bei Maderas Ralco

1970 wurde ich in dieser Firma, in der ich nun schon sechs Jahre arbeitete, Sekretär der Angestelltengewerkschaft. Unsere Firma hatte im ganzen Land Betriebe, so auch mehrere im Süden. 1971 besetzten die Arbeiter der Betriebe in Concepción und Arauco das Werksgelände, um die Verstaatlichung durchzusetzen, weil sie sich davon menschlichere Arbeitsbedingungen erhofften. Die Firmenleitung in Santiago appellierte nun an uns Gewerkschaftsführer, eine Erklärung abzugeben, die diese Besetzung verurteilt. Wir Gewerkschafter sagten, wir müssten mit

unseren Kollegen im Süden reden, bevor wir entscheiden, ob wir für oder gegen die Besetzung auftreten. So fuhren wir noch in der Nacht per Bus nach Concepción, etwa 500 Kilometer südlich von Santiago. Wir kamen zum besetzten Betrieb. Wachen waren aufgestellt, die uns erst nach einer Diskussion unter den Besetzern Zutritt gewährten. Die Arbeiter des Betriebes im Süden berichteten uns von den schrecklichen Arbeitsbedingungen beim Holzfällen und beim Holztransport und sahen nur in der Verstaatlichung einen Weg, um diese Lage zu verbessern.
Bei der Rückfahrt berieten wir, wie wir uns nun verhalten sollten. Es war klar, dass die Gewerkschaft der Arbeiter die Besetzer im Süden unterstützen werde, doch bei den Angestellten, die eher konservativ eingestellt waren, war die Situation offen. Werden sie sich mit den Kollegen im Süden solidarisieren oder nicht? Einer der Angestellten und ich erklärten zwar sofort, dass wir auf der Seite der Besetzer stehen, doch wir machten uns Sorgen, ob diese Position bei der Versammlung der Angestellten die Mehrheit finden würde.
In Santiago angekommen, beriefen wir zwei Versammlungen ein, eine für die Arbeiter, eine für die Angestellten. Wir erklärten den Angestellten die Situation der Arbeiter im Süden, ohne eine Empfehlung für die Abstimmung zu geben. Der Oberbuchhalter, der ebenfalls dabei war und der mich in das Angestelltenverhältnis gebracht hatte, forderte mich auf, doch endlich zu sagen, was ich für eine Haltung einnehme, und so sprach ich es aus: »Ich unterstütze die Arbeiter im Süden.« Daraufhin bekannte auch er sich nachdrücklich zu dieser Meinung. Sein Wort war entscheidend, mit knapper Mehrheit gewannen wir die Abstimmung. Nun wurde ich beauftragt, zur Versammlung der Arbeiter zu gehen und von unserem Abstimmungsergebnis zu berichten. Die Arbeiter hatten bereits abgestimmt, sie waren mit großer Mehrheit für die Unterstützung der Besetzer, es gab nur vier Gegenstimmen.
Nun mussten wir handeln. Zuerst wurden die Fabrikstore geschlossen, und dann gingen wir zu den zwei Geschäftsführern, die gerade anwesend waren, und teilten ihnen mit, dass der Betrieb besetzt sei. Sie könnten jederzeit hinausgehen, dürften aber nicht wieder hereinkommen. Wir informierten die Polizei von unserem Vorgehen. Als diese mit einem der Chefs telefonieren wollte, ließ ich ihn nur in Gegenwart von uns allen re-

den. Ich gebe zu, dass es für mich eine Genugtuung war, diesem Chef jetzt Anordnungen zu erteilen. Er hatte mich mehrmals schlecht behandelt. Ich bin stark kurzsichtig, und als ich einmal dringend eine neue Brille brauchte, die alte war zerbrochen, bat ich ihn um einen Vorschuss. Er verweigerte mir nicht nur den Vorschuss, sondern er stieß mich einfach weg, als ich meine Bitte mehrmals wiederholte.
Wir blieben mehrere Tage und Nächte in der Fabrik. Es war Winter, und obwohl es in Santiago praktisch nie schneit, fiel in dieser Nacht Schnee. Plötzlich hörten wir einmal in der Nacht eine Explosion. Wir dachten an Sabotage und riefen die Polizei an. Diese klärte uns auf, dass durch den starken Schneefall überall Fabrikshallen einstürzten, wir hatten das für eine Explosion gehalten. Die Besetzung dauerte zwei Wochen, dann ernannte die Regierung Mariano Pola, einen unabhängigen Marxisten, zum staatlichen Inspektor. Die alten Eigentümer behielten aber ihre Positionen als Geschäftsführer.
Gegen Ende des Jahres standen die Lohnverhandlungen an. Wir wollten ja alle, dass der Betrieb verstaatlicht wird, aber die Regierung war dagegen. Die Firma rechnete uns vor, dass sie Verluste hat, es könne daher keine Lohnerhöhungen geben. Später kamen wir darauf, dass die Firma bei einem Holzlieferanten zu stark überhöhten Preisen einkaufte und dass dieser Lieferant niemand anderer war als unser Chef. Damit wir dem Ziel der Verstaatlichung näher kommen, riet uns der Verwalter, drei der fünf Vorstandsposten der Firma zu fordern, was die Entmachtung der Eigentümer bedeutet hätte. Das wurde natürlich abgelehnt. Das war im Dezember. Nachdem die Verhandlungen bis März kein Ergebnis gebracht hatten, streikten wir. Das für solche Fälle vorgesehene Schiedsgericht erklärte unsere Forderung für illegal, was zu einer neuerlichen Besetzung des Betriebes führte. Nun bahnte sich als Lösung an, dass der Staat den Eigentümern die Firma abkauft. Es gab endlose Verhandlungen zwischen den Eigentümern und dem *Comité Forestal* der Regierung. Wir standen mit dem Staatssekretär des Arbeitsministeriums, der uns unterstützte, in Verbindung. Durch die Besetzung seines Büros kam es endlich zum Kauf eines Teils der Firma. Die alten Eigentümer behielten aber mehrere Abteilungen, z. B. die für die Konstruktionen.

.....

Der Betrieb wurde nun von einem staatlichen Verwalter geleitet, ich wurde provisorischer Verantwortlicher für die Produktion. Die Firma machte Gewinn. Mit der Zeit wurden aber in unserer Firma die Differenzen zwischen Kommunisten und Sozialisten immer belastender. Es gab eine Intrige der Kommunisten gegen mich, so dass ich es vorzog, meine Führungsposition wieder aufzugeben. Ich schloss mich in dieser Zeit auch formell der *Izquierda Cristiana* an.

Der Tag des Militärputsches – unvergessliche Traurigkeit

Der Wecker schien mit noch mehr Aufdringlichkeit zu läuten als sonst. Halb im Schlaf rieb ich mir die Augen, richtete mich am Bettrand auf. Ich betrachtete meine Tochter Gaby, die im Nebenbett, am Bauch liegend, schlief. Vor zehn Tagen hatten wir ihren ersten Geburtstag gefeiert. Zugleich dachte ich an meine Frau Carmen, die zwei Tage zuvor ins Spital gekommen war. Ich sollte ihr an diesem Dienstag, den 11. September, einige Sachen, um die sie mich gebeten hatte, ins Spital bringen. Zum Glück hatte mir der Betrieb zwei Tage freigegeben, also gab es diesbezüglich keine Probleme. Ich ging in die Küche, um die Babyflasche für meine Prinzessin vorzubereiten, dann weckte ich sie mit Küssen auf ihre Stirn. Während ich ihr die Windeln wechselte, dachte ich, dass die Babys mit besonderer Begeisterung in die Windeln machen, wenn es der Vater ist, der ihnen den Hintern reinigen muss. Ich richtete das Flascherl mit dem Polster und sie umfasste es mit beiden Händchen. Schnell und nervös machte ich meine Toilette und nahm in der Küche stehend mein Frühstück ein. Ich zog Gaby mit den besten Sachen an, und mit ihr in der einen und den Sachen für Carmen in der anderen Hand verließ ich die Wohnung. Ich läutete bei der Tür gegenüber, unsere Nachbarin Eliana öffnete. Ich war so in meine Angelegenheiten vertieft, dass ich im ersten Augenblick nicht den Schrecken in ihrem Gesicht bemerkte.
»Guten Tag, Nachbarin«, begrüßte ich sie, »ich möchte Ihnen unser Mädchen anvertrauen, da ich ins Spital muss, um meiner Frau diese Sachen zu bringen.«
»Um Gottes willen, Nachbar, wie können Sie jetzt fortgehen, wissen Sie nicht, was los ist, haben Sie nicht Radio gehört?«

»Nein, ich hab keine Ahnung, momentan habe ich für nichts anderes Zeit als für meine Frau und meine Tochter.«
»Was ich Ihnen sage, ist sehr ernst: Die Militärs machen einen Staatsstreich.«
»Aber, Frau Eliana, machen Sie sich keine Sorgen, wenn ein paar verrückte Militärs die Regierung stürzen wollen, werden sie es mit den Leuten zu tun bekommen. Oder erinnern Sie sich nicht, wie es mit dem Putschversuch vor ein paar Monaten war?«
»Doch, aber jetzt ist es was anderes, Don Jorge, mein Mann musste gestern abends in die Kaserne, niemals sah ich ihn so nervös, er gab auf keine meiner Fragen eine Antwort. Er sagte nur, ich solle ja nicht das Haus verlassen und auf keinen Fall versuchen, mich mit ihm in Verbindung zu setzen.«
Ich wusste, dass ihr Mann bei den Bodentruppen der Luftwaffe war. Ich sagte: »Beruhigen Sie sich, Sie werden sehen, wenn ich vom Spital zurückkomme, wird sich schon alles geklärt haben. Entschuldigen Sie mich, ich muss nun gehen. Die Kleine ist gewickelt und hat getrunken, hoffentlich macht sie Ihnen keine Scherereien.«
»Sagen Sie das nicht, Sie wissen ja, Ihre Tochter ist unser großer Schatz, wir passen gerne auf sie auf. Gehen Sie nur und geben Sie Acht, liebe Grüße an Ihre Frau und baldige Besserung.«
Rasch lief ich zur etwa 200 Meter entfernten Busstation. Aus den Geschäften hörte ich Marschmusik und ein Händler rief triumphierend aus: »Wir haben eine *Militärjunta*, es leben die Militärs, jetzt können sich die lausigen *Rotos* schleichen!« Mit einem Sprung erreichte ich noch den Bus, der schon in Fahrt war. Der Fahrer erklärte mir, er fahre nur bis zur Alameda, sein Bus werde eingezogen. Das mache mir nichts, war meine Antwort, da ich nur bis zum Spital Barros Luco wolle. Ich war überrascht, wie leer die Straßen waren, dennoch wollte ich nicht glauben, dass der Aufruhr die geringste Chance habe. Denn trotz allem, Chile hatte eine demokratische Tradition, die, von einigen kurzen Ausnahmen abgesehen, schon 150 Jahre alt war. Und außerdem, die große Mehrheit unserer glorreichen Streitkräfte respektierte doch unsere demokratischen Institutionen.
Als ich zum Spital kam, sah ich, dass das Personal die Eisentore blockierte und informierte, dass aufgrund der schwerwiegenden

.....

Ereignisse Besuche untersagt seien. Ich lief von einem Tor zum anderen, in der Hoffnung, doch irgendwo hineinzukommen. Plötzlich hörte ich einen Mann sagen, er müsse hinein, da seine Frau ein Kind bekommen habe, heute solle sie entlassen werden und er bringe die Wäsche für das Kind. Man ließ ihn eintreten. Ich ging zu einem anderen Tor und gab denselben Grund an und erreichte mein Ziel. Als ich in den Pavillon von Carmen kam, sah ich, dass mein Erfolg nur relativ war, denn sie war schon in Straßenkleidung und wollte eben aufbrechen. Sie sagte, dass alle Patientinnen, die sich auf den Füßen halten konnten, entlassen wurden. Ich versuchte von einem Arzt oder einer Krankenschwester den Grund zu erfahren, aber vergeblich. Das Chaos war allgemein und niemand konnte irgendeine Auskunft geben.
Aufgrund der Schwäche von Carmen gingen wir langsam durch die inneren Höfe des Spitals und verließen es in Richtung Gran Avenida. Hier verkehrten kaum Fahrzeuge, und die wenigen, die es gab, fuhren mit großer Geschwindigkeit. Es schien, dass die Leute ohne Ziel umherliefen und dass alle Panik erfasst hatte. Wir hatten uns schon damit abgefunden, die acht Kilometer bis zu unserem Haus zu Fuß zu gehen, als ein Privatauto anhielt und der Fahrer uns anbot, uns mitzunehmen. Mit uns zwängten sich zumindest sechs oder sieben weitere Personen in das Auto, der Protest des guten Samariters war nutzlos, niemand war bereit, das Fahrzeug, das uns die Vorsehung geschickt hatte, wieder zu verlassen.
Zwei Drittel unseres Weges legten wir im Auto zurück, das letzte Drittel mussten wir gehen. Beim Überqueren der Straße Ochagavia, der Verbindung der Panamericana-Süd mit dem Zentrum, kontrollierten Polizisten in Kampfuniform alle Fahrzeuge und schossen mit ihren Maschinengewehren sporadisch in die Luft. Auch wenn sie uns nicht beachteten, so erinnerten sie uns mit ihren Helmen – normalerweise trugen sie Mützen – und der schweren Bewaffnung an Filme aus dem Zweiten Weltkrieg und an die Soldaten der Nazis, was uns kalte Schauer über den Rücken jagte.
Es war etwa elf Uhr vormittags, als wir unsere Wohnung erreichten. Carmen legte sich sofort nieder. Frau Eliana kam mit unserer Tochter in ihren Armen herein, übergab sie Carmen, und mit Tränen in den Augen forderte sie uns auf, den Fernse-

her einzuschalten. Sie sagte, dass jetzt eben die Streitkräfte den Regierungspalast *La Moneda* bombardierten. Sie war zutiefst um das Schicksal ihres Mannes besorgt. Wir folgten ihrer Aufforderung und wir erlahmten vor Schreck, als wir am Schirm sahen, dass der Regierungspalast von Panzern und Soldaten in Kriegsausrüstung umgeben war, eingetaucht in Rauch und Flammen, die aus dem Dach und den Fenstern kamen. Der Lärm der Hocker-Hunter-Kampfflieger und die Explosionen der Raketen drangen durch das Fernsehen an unser Ohr, und etwas verzögert und abgeschwächt hörten wir es dann auch von draußen.

Ich bedankte mich bei unserer Nachbarin für ihre Hilfe, bemühte mich, sie zu beruhigen und begleitete sie zu ihrer Wohnung. Dann überlegte ich gemeinsam mit Carmen, was wohl in meinem Betrieb vor sich gehe. Ob die Militärs sich unseres Betriebes bemächtigt haben? Ob meine *Compañeros*, die Angestellten und Arbeiter Widerstand leisten? Sterben sie vielleicht gerade jetzt unter den Kugeln der Verräter, während ich bequem von zu Hause aus die Ereignisse verfolge? War es meine Pflicht, bei meiner kranken Frau und bei meiner Tochter zu bleiben, oder müsste ich nicht als Gewerkschaftsfunktionär und Mitglied der linkschristlichen Partei rasch in den Betrieb gehen, um mich meinen *Compañeros* anzuschließen und ihr Schicksal zu teilen? Das alles sprach ich laut aus, womöglich in der Hoffnung, dass meine Frau mir die Entscheidung abnimmt, die nur ich selbst treffen konnte. Carmen weinte und wollte, dass ich sie und die Kleine nicht allein lasse, aber zugleich versicherte sie mir, sie würde mich verstehen, wenn ich ginge.

Im Fernsehen brachten sie einen Befehl der Militärs nach dem anderen. Es war offensichtlich, dass diese Anordnungen schon lange vorbereitet waren. Diese Texte und Instruktionen zeichneten sich durch eine hohe Präzision aus, das war weder spontan noch improvisiert. »Die Militärs und die Ordnungskräfte haben die Regierung abgesetzt und die Macht im Staate übernommen«, hieß es. Und: »Die Bevölkerung wird aufgefordert, ihre Häuser nicht zu verlassen!« – »Im ganzen Land wird der interne Kriegszustand ausgerufen!« – »Männern ist es verboten, lange Haare zu tragen und den Frauen Hosen!« – »Folgende Personen müssen sich bei den Militärbehörden stellen ...« Es folgten endlose Listen, die Minister der Regierung Allendes, die Parlamentarier der Regierungsparteien, Funktionäre der Gewerkschaften und der Volksorganisationen, Priester und Laienführer der Basisgemeinden. Alle BürgerInnen wurden aufgefordert, den Verbleib der Gesuchten zu melden, wer dies nicht tue, würde wegen Komplizenschaft verhaftet.

Ich versuchte, irgendeine linke Radiostation hereinzubekommen, ich hoffte, weniger deprimierende Nachrichten zu hören. Vergeblich, denn alle der Regierung nahe stehenden Sender waren bereits bombardiert. Um etwa 13 Uhr kam die tragische Nachricht, Präsident Salvador Allende habe in seinem Büro im Regierungspalast Selbstmord begangen. Ich konnte mich nicht zurückhalten und schrie: »Verdammte Lügner, niemals begeht Allende Selbstmord. Entweder er ist im Kampf gefallen, oder die Verräter haben ihn ermordet. Sie sind nicht nur Mörder, sondern auch Lügner.« Meine Frau schaute mich voller Verzweiflung an, sie war durch die Krankheit erschöpft und durch die Tragweite der Ereignisse verwirrt. Dann ein neuer Befehl aus dem Radio: »Im ganzen Land wird ab sofort bis auf Widerruf die Ausgangssperre verhängt. Alle Soldaten und Polizisten haben den Befehl, ohne Warnung auf alle zu schießen, die auf öffentlichen Wegen angetroffen werden.« Damit waren meine Überlegungen, ob ich zu meinem Arbeitsplatz gehen soll beendet. Es würde weder meinen Kameraden noch meiner Familie nützen, wenn ich auf der Straße erschossen werde und niemand dafür zur Rechenschaft gezogen wird. Ich fühlte mich beschämt und bedauerte zutiefst, keinen Militärdienst gemacht zu haben. Ich bedauerte, dass sich die Parteien der *Unidad Popular* nicht auf eine solche Situation vorbereitet hatten, was vielleicht die Basis in die Lage versetzt hätte, die Regierung und unseren *Compañero Presidente* zu verteidigen.

Um 21 Uhr verkündigten die vier Verrätergeneräle über alle Radio- und Fernsehstationen in ganz Chile, dass die »Aktion des Militärs«, wie sie das Blutbad nannten, das sie anrichteten, »unabwendbar war, um unsere christlich-abendländische Gesellschaft zu verteidigen, um das Krebsgeschwür des Marxismus mit den Wurzeln auszureißen und unser Vaterland aus den Fängen des internationalen Kommunismus zu befreien«. Ist es möglich, dass die Offiziere nicht wussten, dass ein großer Teil der Wähler der *Unidad Popular* Christen waren? Wussten sie etwa nicht, dass nur ein Viertel der Anhänger der Regierung und nur 12 % von allen Wählern und Wählerinnen Kommunisten waren? Natürlich wussten sie das, aber sie wollten ihre wirklichen Gründe verbergen. Sie handelten, um die Interessen der Reichen unseres Landes zu verteidigen, die zugleich die verlängerten Arme der internationalen Konzerne sind, deren Interessen durch unsere Regierung stark betroffen waren. So z. B. durch die Verstaatlichung der Kupferminen, die unser größter nationaler Reichtum sind.

In jener Nacht fand ich keinen Schlaf. Die Unsicherheit, was in den kommenden Tagen sein würde, war übergroß. Nur eines schien mir sicher: Es wird der Augenblick kommen, wo sie mich suchen werden. Zuerst verfolgten sie die führenden Politiker, bei jenen, die auf den langen schwarzen Listen weiter unten standen, ließen sie sich noch Zeit. Sie hatten diese Listen mit der Hilfe von politischen Gegnern und von Menschen, die aus verschiedenen, oft belangslosen Gründen enttäuscht waren, zusammengestellt.

Die schlaflosen Nächte hielten lange an, und wenn sie auch im Laufe der Jahre weniger wurden, so ist es doch seither so, dass ich kaum jemals mehr einen Wecker brauche, um zu erwachen, denn der ruhige, entspannte Schlaf hat mich an jenem 11. September 1973 für immer verlassen.

Verhaftung

Nach dem Putsch war jede Gewerkschaftstätigkeit verboten, aber ich konnte in unserer Firma weiterarbeiten. Das Militär hatte den Betrieb besetzt, es hatte keinen Widerstand gegeben. Am Tag nach dem Putsch fragte ich den staatlichen Verwalter, welche Instruktionen es nun gebe, um Widerstand zu leisten. Er sagte nichts und vertröstete mich auf den nächsten Tag. Doch da war er schon in der französischen Botschaft und suchte um Asyl an. Die ganze Linke war nach dem Putsch schlagartig verschwunden.

Wir bekamen einen neuen Verwalter, er war schon lange als Angestellter im Betrieb. Im Jänner 1974 wurde ich verhaftet. Ich war als Verkäufer tätig, als drei Personen eintraten, die ich für Kunden hielt. Es waren aber Polizisten, die zum Chef wollten. Nach einer Stunde wurde ich mit vier weiteren Kollegen ins Chefbüro gerufen. Ein anderer, der auch auf ihrer Liste stand, war an diesem Tag nicht im Betrieb, er blieb unbehelligt. Wir wurden auf der Stelle verhaftet, mussten uns an die Wand stellen und wurden durchsucht. Ich konnte den Chef noch bitten, meine Familie zu benachrichtigen, und konnte meine Wertsachen bei ihm hinterlegen. Dann mussten wir so hinausgehen, dass niemand bemerken konnte, dass wir verhaftet waren. Draußen wurden wir in Jeeps gesteckt und zum zuständigen Kommissariat gebracht. Dort trafen wir auf einen Korporal, dem wir einmal gratis eine Kiste angefertigt hatten. Er tat so, als würde er uns nicht wiedererkennen. Aber immerhin sagte er, er wird uns eine Zelle geben, die nicht so total verdreckt ist, wie die anderen, weil er uns einen Gefallen machen wolle. Alle fünf wurden wir hineingesteckt, es gab kein Licht, wir saßen in der Dunkelheit am Boden und fragten uns, wer uns angezeigt haben könnte. Die Polizisten hatten uns beschuldigt, gefährliche Extremisten zu sein, warum? Wir redeten lange miteinander, vor allem über die Zeit der *Unidad Popular*, dann machten wir ein Ratespiel, um die Zeit zu vertreiben. Es war sehr kalt, ich hatte nur ein kurzärmeliges Hemd an. Wir ermüdeten schließlich und versuchten auf dem kalten Boden zu schlafen.

Plötzlich hörten wir draußen Geschrei. Die Zellentür wurde aufgerissen und ein Polizist brachte einen Betrunkenen herein. Ein Kollege und ich mussten in eine andere Zelle, dort wurde uns klar, wie gut unsere erste Zelle gewesen ist. Diese war mit Exkrementen total verdreckt, aber auch die übrigen drei hatten es nicht besser, weil der Betrunkene alles anspie und verschmutzte. Vor Kälte konnten wir kaum schlafen. Im Morgengrauen holten sie uns heraus und führten uns in den Hof. Der uns bekannte Polizist war inzwischen abgelöst worden. Jetzt standen wir vor einem großen, dicken Korporal und seinem Vorgesetzten, der klein und dünn war. Sie übergaben mir eine Jacke und eine Thermosflasche mit Tee, Sachen, die meine Frau gebracht hatte.

Dann kam die Befragung, zuerst im Hof. Sie wollten alle persönlichen Daten und unsere politischen Aktivitäten wissen. Zwei von uns waren Mitglieder der Kommunistischen Partei, ein Kollege und ich waren von der *Izquierda Cristiana*, und der Fünfte war Mitglied der Studentenbewegung des *MIR*. Sie frag-

ten mich nach meiner Parteimitgliedschaft, und ich sagte, ich wäre bis vor einigen Monaten bei den Christdemokraten gewesen und wäre jetzt Sympathisant, aber nicht Mitglied der *Izquierda Cristiana*. Jeder von uns leugnete seine Parteimitgliedschaft, aber wir hatten den Eindruck, dass sie ohnehin alles wussten.
Einer von uns, er war Kommunist, wurde in einen Raum am Ende des Hofes gebracht. Plötzlich hörten wir, wie sie auf ihn einschlugen und wie er schrie. Es schnürte uns den Magen zusammen. Wir konnten den Tee nicht weitertrinken, wir schütteten ihn aus. Hunger und Durst waren uns vergangen, obwohl wir schon länger als einen Tag nichts gegessen und getrunken hatten. Blutig geschlagen kam unser Kollege heraus, und sie brachten ihn in die Zelle zurück. Nun kam der zweite Kommunist an die Reihe, wiederum Schläge und Schreie. Nach ihm holten sie mich. Sie führten mich in den schmalen Raum, an dessen Ende ein Eisenbett ohne Matratze stand. Daneben war ein großer Akku mit zwei Kabeln, eines war am Bettgestell angeschlossen, das andere hing daneben. Ich musste mich so hinstellen, dass meine Kniekehlen das Eisenbett berührten. Sie stellten mir dieselben Fragen wie im Hof und ich gab dieselben Antworten.
Sie wussten, dass ich vor dem Putsch im Betrieb Propaganda der *Izquierda Cristiana* verteilt hatte, und fragten mich, woher ich das Material hatte. Wir hatten uns vorher in der Zelle ausgemacht, dass wir nur Namen von Personen nennen, von denen wir wissen, dass sie tot sind oder in einer Botschaft Asyl gefunden haben. Daher sagte ich, ich hätte das Material vom Sohn des früheren Präsidentschaftskandidaten Tomic erhalten. »Ah, von Juan Cristobal, von dem Sie sagen, wir hätten ihn umgebracht, doch er studiert in England«, antworteten sie. Ich beteuerte, nur das zu wissen, was das Fernsehen gebracht hatte, nämlich, dass er in England gestorben sei. Doch zugleich wurde mir nun klar, dass ein älterer Angestellter unserer Firma mich bei der Polizei erwähnt haben musste. Denn als er im Betrieb die Nachricht vom Tod Juan Cristobals in England verkündete, den ich einige Wochen vorher noch gesehen hatte, konnte ich mich nicht zurückhalten und schrie ihn an: »Das ist eine Lüge, sie haben ihn hier getötet!« Bei jeder Frage, die mir der Leutnant stellte, tat der Korporal so, als wollte er mir einen

Tritt geben, doch ich wurde nicht geschlagen. Auch die beiden anderen Kollegen, die nach mir befragt wurden, kamen ohne Schläge davon.
Nach einigen Tagen wurden wir mit einem offenen Kleinlaster zum Militärgericht gebracht. Auf der Ladefläche war in einer Ecke ein Sessel an die Kabine angebunden. Ich setzte mich darauf und sagte zu den anderen, ihr müsst euch auf den Boden setzen. »Du Trottel, der Sitz ist für mich«, schrie mich der Polizist an. Das Militärgericht war im Kellergeschoss des Verteidigungsministeriums untergebracht. Bei unserer Ankunft ergab sich eine kuriose Situation. Die Polizisten aus dem Führerhaus und der, der uns bewachte, stiegen aus und begannen zu beratschlagen, wie sie beim Eintritt ins Ministerium die Waffen zu tragen hätten. Seitlich oder vorne? Sie befürchteten, Arrest zu bekommen, wenn sie einen Fehler machten. Bei ihrer Diskussion hatten sie total auf uns vergessen. Wären wir wirklich gefährliche Extremisten gewesen, so hätten wir ihnen bei dieser Gelegenheit die Waffen abnehmen und zu flüchten versuchen können.
Sie brachten uns schließlich in das Gebäude hinein, und wir mussten auf den Militärrichter warten. Es war zehn Uhr morgens. Seit Tagen hatten wir nichts gegessen. Um fünf Uhr nachmittags hieß es, der Militärrichter habe keine Zeit. Daraufhin überstellten sie uns in das Gefängnis von Santiago. Dort wurden wir wie Verbrecher registriert und fotografiert. Wir fragten uns, was uns hier bevorstehen werde, wir hatten Angst vor der Gefängnismafia, doch die politischen Gefangenen wurden in einem eigenen Trakt untergebracht. Mit einem meiner Kollegen kam ich in die Zelle 6 im Trakt Nummer 5. Es war ein Raum von zwei mal drei Metern, drei Gefangene waren schon da. Für uns fünf gab es vier Liegeplätze, aber ohne Matratzen. Einige Tage schlief ich am Boden, der war wenigstens eben. Von denen, die schon hier waren, wurden wir sehr kameradschaftlich empfangen, sie gaben uns Tee und Brot und informierten uns, wie man hier am besten durchkommt. Einer von ihnen war ein junger Präsenzdiener, der nach dem Putsch aus privaten Gründen desertiert war. Ein anderer war schon im Nationalstadion gefangen gewesen. Der ganze Trakt war voll mit politischen Gefangenen, meist waren zehn in einer Zelle, insgesamt waren wir etwa 600, die aus politischen Gründen hier eingesperrt waren.

.....

Die politischen Gefangenen eines jeden Traktes hatten ein Komitee gewählt, um gemeinsam Forderungen durchzusetzen. Ein Wachebeamter war im Umgang mit uns sehr zynisch, ein anderer sehr human. Er sagte, er müsse hier seine Arbeit machen, wolle uns aber so weit wie möglich entgegenkommen. Ich war vom Jänner bis zum 23. April 1974 im Gefängnis. Einer der traurigsten Augenblicke war der, als wir vom Tod des früheren Innenministers José Toha erfuhren. Er war auf der Insel Dawson, im kalten Süden, schlimmstens misshandelt worden und nahm sich dann selbst das Leben. Ein polnischer Priester hielt öfters eine Messe und sagte in seiner Predigt, der Militärputsch wäre das Beste für Chile gewesen. In einem anderen Teil des Gefängnisses waren 170 Soldaten der Luftwaffe eingesperrt, mit ihnen General Bachelet, der schwer herzkrank war. Als er wieder einen Infarkt erlitt, wurde er nicht medizinisch versorgt. Ein ebenfalls gefangener Arzt der Luftwaffe konnte ihm ohne Geräte und Medikamente nicht helfen, er starb. Das war für uns ein sehr trauriges Ereignis. Am nächsten Tag brachte eine Zeitung eine kleine Notiz über seinen Tod und behauptete, dass er trotz sofortiger ärztlicher Betreuung gestorben sei.
Ich hatte das Glück, dass ich nicht gefoltert wurde. Das Essen war schlecht, aber es war erlaubt, dass mir meine Frau Carmen Essen brachte. Das teilten wir uns, und dann kam wieder Essen durch die Angehörigen der anderen Gefangenen. Meine Frau hatte erst eine Woche nach der Einlieferung ins Gefängnis herausgefunden, wo ich war. Im Kommissariat erhielt sie keine Auskunft, wohin wir gebracht worden waren. Als wir eine Woche nach der Einlieferung wieder zum Militärgericht gebracht werden sollten – es kam aber wieder zu keiner Einvernahme –, stand sie mit vielen anderen, die ihre Angehörigen suchten, vor dem Gefängnistor. Als wir durch den Polizeikordon hindurch zum Auto gehen mussten, erkannte sie mich und rief mir zu. Dann gelang es uns sogar, uns durch das Fenstergitter des Autos kurz mit den Fingern zu berühren. Einige Mitgefangene riefen ihr Telefonnummern zu, damit sie ihre Angehörigen verständige.
Am 23. April, an meinem Namenstag, standen ich und meine Kollegen aus dem Betrieb endlich vor dem Militärrichter. Er entließ uns, weil kein Grund zu einer Anklage vorlag, der Ver-

dacht auf extremistische Tätigkeiten wurde fallen gelassen. Wir mussten unterschreiben, dass wir anständig behandelt wurden, und er wies uns darauf hin, dass wir nach der Entlassung beobachtet würden, wir sollten uns hüten. Dann ging es zurück ins Gefangenenhaus, um die Formalitäten zu erledigen, da aber schon Dienstschluss war, mussten wir noch eine Nacht bleiben. Am nächsten Morgen konnten wir unter dem Applaus der anderen endlich das Gefängnis verlassen. Draußen wurde ich von meiner Mutter und von Carmen erwartet, und als ich heimkam, freuten sich alle Nachbarn mit uns.

Ein Leben in Unsicherheit

Nach dem Gefängnis konnte ich wieder an meinen Arbeitsplatz bei Maderas Ralco zurück. Die Firma war so anständig gewesen, unseren Familien die Gehälter auch während der Gefangenschaft zu bezahlen, das war eine Ausnahme. Meine Frau hatte durch die vielen Wege für mich und die Hilfsleistungen hohe Ausgaben gehabt. Die Situation im Betrieb war aber schwierig, denn nun wurde von den alten Eigentümern behauptet, sie hätten zur Zeit der *Unidad Popular* wichtige Teilbereiche des Betriebes, wie das Zentralbüro und die Lastwägen, nicht an den Staat verkauft. Das forderten sie nun mit Erfolg zurück, und wir mussten ausziehen und an einem neuen Platz weitermachen, aber alles lief auf die Liquidation hinaus. Es gab ziemlich großen Druck, selbst zu kündigen, ich blieb bis Jänner 1975 und ging dann weg. Eine Zeit lang war ich arbeitslos. Dann ergab sich die Möglichkeit, Produkte einer kleinen Druckerei, die der Taufpate meiner Tochter aufgemacht hatte, zu verkaufen. Das war aber keine Anstellung und ich verdiente sehr wenig dabei. Dieser Freund hatte auch ein kleines Geschäft für Getränke und um mein Einkommen etwas zu verbessern, übergab er mir die Verantwortung für diesen kleinen Laden. Doch nach einem Jahr musste er das Geschäft verkaufen, um die Druckerei weiterführen zu können.

Ich suchte überall nach Arbeit, endlich hatte ich wieder eine Chance: Ein Schwager arbeitete bei der Zeitung der Regierung, und durch ihn bekam ich die Möglichkeit, mich als Praktikant bei dieser Zeitung zu bewerben. Einen Monat lang musste ich ohne Bezahlung Übungen machen, um mich im Offsetsystem einzuarbeiten. Mit einer Empfehlung vom Pfarrer erreichte ich dann, dass ich zu den dreien gehörte, die schließlich aus einer großen Anzahl von Bewerbern aufgenommen wurden. Ich arbeitete als Schreibkraft, das Gehalt war sehr gering. Carmen besserte das Familieneinkommen durch einen kleinen Handel auf, sie kaufte in Mendoza in Argentinien Textilwaren ein, brachte sie mit dem Bus nach Chile und konnte sie hier mit Gewinn verkaufen. Fast ein Jahr lang arbeitete ich bei dieser Zeitung, ich musste auch an Samstagen und Sonntagen arbeiten, es gab keinen einzigen freien Tag und oftmals Nachtschicht. Als nun meine Tochter Gaby Geburtstag hatte, bat ich, diesen Sonntag daheim bleiben zu dürfen. Auch das wurde abgelehnt, aber ich ging an diesem Tag einfach nicht zur Arbeit. Am nächsten Tag wurde ich zum Generaldirektor geschickt, der mich nicht nur strengstens verwarnte, sondern mich auch unterschreiben ließ, dass ich bei dem geringsten Verstoß sofort entlassen würde. Inoffiziell fügte er hinzu: »Wir wissen, wer Sie sind, ich empfehle Ihnen, innerhalb der nächsten drei Monate selbst zu gehen. Wir wissen, dass Sie bei der *Unidad Popular* und bei der Gewerkschaft waren und dann ins Gefängnis mussten.«

Diese Warnung und die vielen anonymen Anrufe, die ich nun bekam, machten mir Angst, neuerdings verhaftet zu werden. Einmal am Abend, ich sah fern, läutete es an der Tür. Draußen standen vier Soldaten der Luftwaffe mit Maschinenpistolen. Auf meine Frage, was sie wollten, lachten sie mich aus und meinten, sie hätten sich in der Tür geirrt. Sie gingen dann zur Tür des Luftwaffensoldaten, der neben uns wohnte und übergaben ihm Lebensmittel. Dieser Soldat war nach dem Putsch noch ganz nett gewesen, dann aber provozierte er uns. Ich wollte diesen Nervenkrieg nicht mehr länger ertragen und schrieb an Freunde aus der *Izquierda Cristiana*, die in Europa, Kanada oder Australien im Exil waren. Einen Brief schrieb ich an Jorge Ferrada, der in Österreich lebte. Er war unter der Bedingung, ins Exil zu gehen, aus der Gefangenschaft entlassen worden. Als er sich damals in Santiago aufgehalten hatte, um seine Ausreiseformalitäten bei der österreichischen Botschaft zu erledigen, hatte ich ihm geholfen. Er antwortete als Erster und meinte, es sei sicher ein Risiko, aber ich solle versuchen, in Österreich Asyl zu bekommen. Ich solle alle Papiere über meine Festnahme und den Aufenthalt im Gefängnis mitnehmen. Ende September 1977 entschieden wir uns für diesen Weg. Ich ging zu einer Radiostation, um durchsagen zu lassen, dass wir den ganzen Hausrat verkauften. Als ich eine Dreiviertelstunde später heimkam, hatte meine Frau schon alles verkauft, und der Käufer hatte bereits alles auf einen Lastwagen verladen. Viel haben wir nicht eingenommen, aber es reichte für die Anzahlung des Flugtickets. Für den Rest nahm meine Mutter einen Kredit auf. Dafür brauchte sie zwei Bürgen, die ich schließlich auftreiben konnte. Der eine war mein Trauzeuge, der andere ein Freund aus der Zeit der *Izquierda Cristiana.* Wir vermieteten unsere Wohnung und mit diesem Geld konnte meine Mutter die Raten für den Kredit bezahlen. Das bedeutete allerdings, dass meine Frau und meine Tochter zu ihren Verwandten nach Chillán, einer Stadt im Süden, ziehen mussten.

Der Weg in die Fremde

Am 12. November 1977 flog ich ab, es sollte ein Flug mit der Air France sein, da es aber irgendein Problem gab, flog ich mit der peruanischen Linie bis Buenos Aires. Ich war total verunsichert, ich dachte, nun komme ich in ein mir völlig fremdes Land, habe keine Ahnung von der Sprache. Und wenn ich kein Asyl bekomme, was dann? Wir haben alles verkauft. In Buenos Aires mussten wir auf die Air France warten, wir bekamen ein Abendessen, aber ich brachte nichts hinunter. Endlich um ein Uhr nachts ging es weiter, über Dakar nach Paris, wo mir ein Professor, der von Santiago weg neben mir gesessen war, beim Umsteigen half. Doch in Paris gab es keinen Anschluss mehr nach Wien, so wurde ich durch seine Hilfe ins Hotel Holiday Inn gebracht. Das war ein Luxus, wie ich ihn bisher nur aus Filmen kannte.

Am nächsten Tag, am 14. November, ging es weiter nach Wien, und als ich ankam, war Jorge Ferrada nicht am Flughafen in Schwechat, denn er hatte mich ja schon am Vortag erwartet und war noch die ganze Nacht am Flughafen geblieben. Ich hatte die Adresse von Jorge und nahm ein Taxi, mein Koffer war noch nicht angekommen. Jorge lebte damals im Flüchtlingsheim in der Vorderbrühl bei Mödling. Ich wusste nicht, dass es so weit ist, und glaubte schon, der Taxifahrer macht un-

nötige Umwege, um mehr kassieren zu können. Jorge zahlte dann 380,- Schilling für mich. Die erste Nacht konnte ich im Heim bleiben, dann war ich bei Guillermo Pino, bei einem anderen Parteifreund, der schon eine kleine Wohnung hatte. Nach einer Woche brachte er mich zur Fremdenpolizei. Er ging nicht mit hinein, ich sollte nur sagen, dass ich um Asyl ansuche. Nach zwei Stunden Warten wurde ich mit einem Gefangenenwagen nach Traiskirchen in die Quarantäneabteilung gebracht.
Nach zwölf Tagen gab es eine Einvernahme mit Übersetzerin und ich übergab meine Dokumente. Ich bekam eine Lagerkarte und kam in ein Zimmer mit anderen Chilenen, die ohne Familie da waren. Ich musste drei Monate in Traiskirchen bleiben, von Dezember bis März. Ich wollte unbedingt in die Vorderbrühl kommen, denn Traiskirchen war kaum zu ertragen. Ich schrieb an Carmen, ich sei in einer Heilstätte, ich wollte ihr nicht mitteilen, dass ich in einem Lager bin. In Traiskirchen waren sehr viele Flüchtlinge aus den Oststaaten, aber das waren nicht politisch verfolgte Menschen, sondern sie waren hierher gekommen, weil sie an einem höheren Konsum interessiert waren. Das Auto war für sie das wichtigste Thema. Ungefähr 1.500 Flüchtlinge waren in Traiskirchen untergebracht, es gab eine organisierte Prostitution und kriminelle Gruppen, die sich mit Messern und Ketten bekriegten. Es gab immer wieder Verwundete und auch Tote. Die Polizei hielt sich aus diesen Konflikten heraus, scherte sich nicht darum. Einmal sah ich, dass ein Polizist eine Rumänin, die ihn um etwas ersucht hatte, einfach wegstieß, sodass sie zu Boden fiel.
Bei der medizinischen Untersuchung stellte sich heraus, dass ich Narben in der Lunge habe, die von einer TBC herrühren, die drei Jahre davor übergangen worden war. Das war die Zeit meines Gefängnisaufenthaltes. Ich wollte, dass meine Familie so rasch wie möglich nachkommt, aber zugleich sorgte ich mich, wie meine Familie Traiskirchen ertragen würde. Im Februar 1978 bekam ich politisches Asyl, dadurch war es möglich, die Familie durch *ICEM* nachkommen zu lassen, und es war auch ein Platz für uns im Flüchtlingsheim in der Vorderbrühl frei geworden. Als meine Frau und meine Tochter am 19. April ankamen und sahen, dass sie in einem Flüchtlingsheim wohnen mussten und auch alle Untersuchungen in Traiskirchen zu absolvieren hatten, waren sie dennoch sehr ent-

täuscht. Die neue Situation war für Carmen ein richtiger Schock.
Von April an konnte ich mit zwei anderen Chilenen im Stadtgartenamt der Gemeinde Wien arbeiten. Das bedeutete aber zugleich, dass die Essensgutscheine im Flüchtlingsheim gestrichen wurden. Mit zwei anderen Chilenen, einer von uns konnte schon etwas Deutsch, legten wir im Donaupark beim Donauturm einen Weg an. Noch heute zeige ich diesen Weg her, wenn ich Besuch aus Chile bekomme. Nun konnten wir uns ein kleines Radio kaufen. Diese Arbeit dauerte bis Dezember, dann brauchten sie uns nicht mehr. Ich hatte mich entschlossen, gründlich Deutsch zu lernen, bevor ich wieder eine Arbeit suche, weil ich wusste, dass ich sonst überhaupt keine Chancen hatte. Ich besuchte daher an der Wiener Universität auf eigene Kosten einen Deutschkurs für Ausländer. Die Sprachkurse in Traiskirchen und der Vorderbrühl waren unzureichend, und außerdem war ich am Abend einfach viel zu müde, um nach der schweren Arbeit und dem langen Weg mit Bus und Straßenbahn noch etwas aufnehmen zu können. Ich musste um fünf Uhr früh aufstehen, um rechtzeitig zur Arbeit zu kommen.

Mein Leben in Österreich

Im August 1979 begann ich bei der Fa. Friedmann, wo schon viele Chilenen arbeiteten. Ich war bei der elektronischen Montage beschäftigt, aber diese Arbeit war für meine Augen zu schwierig, daher musste ich nach einem halben Jahr aufgeben und ging dann als Anstreicher zu einer Metallwarenfabrik, eine Arbeit, die ich nach drei Monaten wegen der giftigen Gase beendete. Ende 1980, wir wohnten noch immer in der Vorderbrühl, übernahm ich einen Job beim Metro-Markt, ich arbeitete im Tiefkühlhaus, eine Arbeit, die die Österreicher nicht machen wollten. 1981 wechselte ich in die Filiale in Langenzersdorf.
Inzwischen hatte man uns eine Wohnung in der ehemaligen Artilleriekaserne in Kaiserebersdorf in Simmering, in *Macondo,* angeboten, die wir aber ablehnten. Carmen wurde 1980 im Rückgrat operiert, und es wäre für sie unmöglich gewesen, bis in den zweiten Stock hinaufzugehen. Sie lag zur Operation im orthopädischen Spital, wo wir sie besuchten. Unsere Tochter

Gaby vergaß dabei einmal in der Straßenbahn bei der Endstation ein Sackerl mit Münzen. Ich wollte es noch rasch herausholen, doch da fuhr die Straßenbahn mit mir ab und Gaby blieb allein zurück. Erst bei der nächsten Station konnte ich aussteigen und ich lief, so rasch ich konnte, zu meiner Tochter. Gaby war von Menschen umringt, die meinten, sie wäre verlassen worden. Am nächsten Tag fuhren wir denselben Weg und, es ist kaum zu glauben, wir fanden das Sackerl mit den Münzen wieder.

Ein weiterer Grund, die Wohnung in Simmering nicht zu nehmen, war, dass wir nicht wieder unter lauter Chilenen wohnen wollten, wir wollten heraus aus dem Ghetto. Wir bekamen schließlich eine ebenerdige Wohnung in der so genannten Ungarnsiedlung in Floridsdorf. Die Ungarn wunderten sich, als wir sie nach der nächsten Kirche fragten, denn für sie waren alle, die aus Chile kamen, Kommunisten. Wir hatten keine Vorurteile gegen sie, auch sie waren Menschen, die ihr Land verlassen mussten. Wir schlossen bald recht gute Freundschaften mit unseren Nachbarn und halfen zusammen, als es darum ging, unsere kleinen Häuser und die Wohnungen, in die wir schon viel investiert hatten, vor dem Abbruch zu retten und kaufen zu können. Die Häuser waren auf einem Grundstück der Gemeinde Wien von der UNO errichtet und der Volkshilfe zur Verwaltung übergeben worden. Die Volkshilfe hatte ihrerseits eine Hausverwaltung beauftragt, die die Häuser abreißen wollte. Schließlich kam es zu einer Versammlung mit dem Generalsekretär der Volkshilfe und dem damaligen Vizebürgermeister Busek. Mit seiner Hilfe konnten wir uns durchsetzen und 1992 die Wohnungen bzw. Häuser kaufen. Aber erst einige Jahre später war es uns möglich, unser Haus etwas zu vergrößern, damit wir endlich genug Platz hatten.

Nachdem wir nun in Floridsdorf wohnten, ersuchte ich beim Metro-Markt um eine Versetzung in die Filiale in Langenzersdorf. Ich blieb dort bis Mai 1984. Sie wollten mir mein Gehalt kürzen, weil ich jetzt in der Nahrungsmittelabteilung und nicht mehr im Tiefkühlhaus arbeitete. Damit war ich nicht einverstanden, ich ließ mich daher abfinden und mit diesem Geld machte ich meine erste Reise zurück nach Chile. Ich hatte dreimal in Chile um die Rückkehrerlaubnis angesucht und war jedes Mal abgewiesen worden. Es wäre gefährlich gewesen, ohne

diese Erlaubnis nach Chile zu reisen, aber jetzt hatte ich sie bekommen. Ich wollte ja unbedingt wieder in Chile leben, aber Carmen hatte große Angst und es war auch klar, dass wir uns in Chile die notwendige medizinische Versorgung meiner Frau nicht leisten können. So kamen wir überein, dass ich einmal zur Erkundigung nach Chile fliege. Ich blieb fünf Wochen aus und erlebte in dieser Zeit ein starkes Erdbeben.
Die Opposition in Chile hatte damals eine breite Protestbewegung gegen die Diktatur zustande gebracht. Ich wollte unbedingt dabei sein, aber als ich ankam, war diese Bewegung schon wieder weitgehend unterdrückt worden und ich erlebte Chile so, wie ich es 1977 verlassen hatte: keine Chance auf ein Ende der Diktatur. Diese Einschätzung bewog uns, in Österreich zu bleiben, unsere Wohnung in Chile zu verkaufen und um die österreichische Staatsbürgerschaft anzusuchen, die wir 1986 erhielten. Es war notwendig, zu einer Entscheidung zu kommen, ob wir in Chile oder in Österreich leben wollen. Das ständige Warten, ob wir nicht doch einmal nach Chile zurückgehen können, sollte ein Ende haben.
Ich war einige Zeit arbeitslos, dann fand ich einen Job in einer Druckerei, die vor allem für die Volkspartei arbeitete. Ich blieb vier Jahre, von 1985 bis 1989. Ich musste viele Überstunden machen, die schlechter bezahlt wurden als die Normalstunden. Oft musste ich auch am Wochenende arbeiten, wenn z. B. eine Unterlage, die Vizekanzler Mock an einem Montag bei seiner Pressekonferenz brauchte, fertig werden musste. 1989 lernte ich einen Austro-Chilenen kennen, der Reinigungsgeräte verkaufte und mir anbot, diese Geräte in Kommission zu vertreiben. Das war eine zusätzliche Arbeit, ich hatte Erfolg und wollte daher in der Druckerei keine Überstunden mehr machen oder nur, wenn sie ordentlich bezahlt werden, worauf mich der Chef kündigte. Ab September 1990 arbeitete ich in der Druckerei Elbemühl, es war ein sehr harter Job. Weil ich beim Verkauf der Reinigungsgeräte sehr erfolgreich war, machte ich das nach einigen Monaten zu meiner Hauptbeschäftigung. Doch 1992 wurde diese Firma umstrukturiert, und meine Mitarbeit war nicht mehr gefragt.
1993 begann ich als Verkäufer bei der Möbelfirma Lutz in der Hütteldorfer Straße. Ich war in der Kleinmöbelabteilung und hatte gute Verkaufserfolge, von den neun Angestellten in mei-

ner Abteilung war ich der Drittbeste. Ich hatte die Absicht, in dieser Firma zu bleiben. 1996 kaufte eine Dame mehrere Möbelstücke und bei der Auslieferung stellte sich heraus, dass ein Stück, nämlich ein Fernsehtisch, nicht lagernd war, obwohl er im Computer aufschien. Damit dieses Geschäft nicht platzt, bot ich an, dieses Tischchen aus der Filiale in Floridsdorf selbst abzuholen und ihr direkt ins Haus zu liefern. Als ich nun dieses Möbelstück abholte, stürzte ich aufgrund meiner schlechten Augen und der Blendung durch die Sonne über eine Rampe und brach mir das Fersenbein und das Sprunggelenk. Zufällig war der Chef meiner Filiale Zeuge dieses Unfalls. Ich kam ins Donauspital und hatte mehrere Monate einen Gips, und danach folgte eine lange Therapie. Als ich schon ohne Stöcke gehen konnte, wollte ich wieder in die Filiale im 15. Bezirk zurück. Ich stellte mir vor, es wäre möglich, mit den Kollegen übereinzukommen, dass sie mir schwere Arbeit abnehmen und ich dafür die Reklamationen behandle, die keiner gerne macht. Inzwischen hatte aber eine Frau die Filialleitung übernommen, und sie wollte mich erst arbeiten lassen, wenn ich ganz geheilt bin. Das Spital empfahl mir, bei Klosterneuburg eine achtwöchige Rehabilitation zu machen, was zunächst abgelehnt wurde, weil die Firma keine Meldung über den Arbeitsunfall gemacht hatte. Das hat die Firma dann nach neun Monaten nachgeholt, zugleich aber wurde ich gekündigt. Ich weigerte mich die Kündigung zu unterschreiben und ging zur Arbeiterkammer. Dort wurde ich erst dann mit Aufmerksamkeit behandelt, als die Abgeordnete Bruni Fuchs von der SPÖ für mich intervenierte.
Nun ging die Sache zum Arbeitsgericht, der Vertreter der Arbeiterkammer machte mir wenig Hoffnung. Die Filialleiterin leugnete, dass es ein Arbeitsunfall war, sie behauptete, es wäre ein Autounfall gewesen. Ich sagte, dass der frühere Filialleiter und die Abteilungsleiterin zufällig Zeugen des Unfalls waren. Das war ausschlaggebend, und so kam es zu einem Vergleich. Gegen die Zahlung von 70.000 Schilling, des ausständigen Urlaubsgeldes und der Abfertigung nahm ich die Kündigung an. Ab September 1997 war ich arbeitslos, seit November 1998 habe ich eine Anstellung als Hausarbeiter bei der Wiener Volksbildung in der Volkshochschule Donaustadt.
Meine Frau Carmen hatte mehrere Operationen am Rückgrat. Seit 1989 arbeitet sie als Krankenschwester, und nur dadurch

war es möglich, unser Haus zu erweitern. Unsere Tochter Gaby machte mit guten Noten die Matura, fing zuerst das Medizinstudium an, entschied sich dann aber für die Ausbildung als Volksschullehrerin und wird im Juni 2001 ihren Abschluss machen.

Wir haben immer versucht, uns politisch für Chile zu engagieren. Bei der chilenischen Tanzgruppe Caleuche machte ich schon in der Vorderbrühl mit. Carmen nahm 1978, knapp nach ihrer Ankunft, an einem Hungerstreik im *Porrhaus* teil, den die chilenischen Flüchtlinge in Solidarität mit den Familienangehörigen der *Verschwundenen* in Chile durchführten. Ich arbeitete bei der Chile-Solidaritätsfront mit, seit 1980 sind wir beide bei der Gruppe Christen für Chile, wo wir mehrere Jahre die Versandarbeit für das Informationsblatt machten. 1995 wurde ich zum Vorsitzenden dieser Gruppe gewählt. Eine Zeit lang war ich auch der Vorsitzende der *Izquierda Cristiana* in Österreich und weiters für die Zusammenarbeit aller in Österreich vertretenen Parteien der *Unidad Popular* verantwortlich. Als es in der Sozialistischen Partei Chiles zur Spaltung kam, bedeutete das das Ende der *Unidad Popular* in Österreich und wir schufen Chile Democrático als neuen Dachverband. Nach dem Ende der Diktatur in Chile wurde die Österreichisch-Chilenische Gesellschaft gegründet, an deren Zustandekommen ich aktiv beteiligt war und wo ich noch immer mitarbeite.

Ich war in meinem bisherigen Leben bei vielen Vereinen und Organisationen, die mich eigentlich alle positiv beeinflusst haben. Ich möchte diesen Bericht nicht abschließen, ohne zu erwähnen, dass ich dankbar dafür bin, dass ich bei so vielen Gruppen mitarbeiten konnte. In meiner Jugend war ich bei drei Sportvereinen aktiv, dann bei pfarrlichen Jugendorganisationen und Ehegruppen, nicht nur in Chile, sondern auch bei den Trinitariern in Mödling. In Chile war ich bei einer Gruppe im Stadtteil Renca, die sich »Spanisch-Chilenisches Kulturzentrum« nannte; dem entspricht in etwa jetzt meine Mitarbeit bei der »Österreichisch-Chilenischen Freundschaftsgesellschaft«.

In meiner Arbeit war ich fast immer Mitglied der entsprechenden Gewerkschaft. In Chile war es zuerst die Gewerkschaft der Arbeiter von Maderas Ralco im Betrieb in Maipú, dann die Angestelltengewerkschaft desselben Unternehmens, in der die Angestellten aller Betriebsstätten (Iquique, Antofagasta, Santiago, Concepción, Valdivia, Corral u. a.) organisiert waren. In Österreich trat ich schon an meinem ersten Arbeitsplatz der Gewerkschaft bei und bin bis heute Mitglied. In einer Druckerei, wo ich vier Jahre lang arbeitete, gab es keinen Betriebsrat und da zahlte ich meine Gewerkschaftsbeiträge direkt ein. Politisch war ich zuerst von 1964 bis 1971 bei der Christdemokratischen Partei Chiles, dann bis 1991 bei der *Izquierda Cristiana*, bis sich diese 1991 in die Sozialistische Partei Chiles integrierte, deren Mitglied ich nun bin.

Ich freue mich, dass ich bei all diesen Gruppen und Organisationen einen bescheidenen Beitrag leisten konnte. Zugleich muss ich zugeben, dass ich für die Zukunft Träume habe, die ich noch verwirklichen möchte. In Kürze werde ich eine kleine Pension (etwa 130 Dollar monatlich) aus Chile beziehen, die die nie ausbezahlte Abfertigung ersetzt. Wenn ich es erlebe, auch in Österreich eine Pension zu bekommen, so möchte ich nach Chile zurückgehen und mich kommunalen Aufgaben widmen. Vielleicht werde ich in einer armen Gemeinde Gemeinderat oder gar Bürgermeister, nun, träumen ist ja erlaubt. Und wenn dieser Traum nicht in Erfüllung geht, so möchte ich mein Leben als Pensionist zum Teil in Chile und zum Teil in Österreich verbringen. In meinen zwei Heimatländern, die beide große Vorzüge, aber auch Fehler haben und die das Schicksal mir bestimmt hat.

Ich bin dankbar, dass ich an dieser Dokumentation mitwirken kann. Ich halte das für eine wichtige Initiative. Dankbar bin ich meiner Frau Carmen und meiner Tochter Gabriele, die die Geduld hatten, einen Familienvater zu ertragen, der durch seine Teilnahme an so vielen Aktivitäten oft zu wenig Zeit für seine Familie hatte. Aktivitäten, die keine materiellen Vorteile brachten und nicht immer das Gefühl eines großen Erfolges, die aber sehr viel zu meiner Selbstverwirklichung beitrugen. Ich schließe diesen Bericht in Dankbarkeit gegenüber meinen Familienangehörigen, Freunden und Freundinnen und *Compañeros* und *Compañeras*, die für dieselben Ideale kämpfen, und ich hoffe, dass mein bescheidener Lebensbericht dazu beiträgt, dass die Erinnerung an die Ereignisse in Chile nicht verloren geht.

.....

Luis Olivares

Erinnerungen an meine Kindheit

Meine ersten Erinnerungen sind die an meinen Großvater mütterlicherseits. Er war ein Mann, der viel wagte. Er arbeitete in den Salpeter- und Kupferminen im Norden Chiles, in einer Region mit vielen Konflikten, wo die Arbeiter- und Gewerkschaftsbewegung entstand, die für die Verbesserung der Lebensbedingungen kämpfte. Die Bezahlung in den Minen erfolgte in Wertmarken, die nur in den Geschäften der Minenbesitzer eingelöst werden konnten. Sie verloren an Wert, wenn die Preise der Lebensmittel stiegen. Es gab Proteste, Demonstrationen, Aufstände, die blutig niedergeschlagen wurden. Wie durch ein Wunder kam mein Großvater mit dem Leben davon, um darüber zu berichten, als er zur Familie zurückkehrte. Er brachte ein wenig Geld für den Lebensunterhalt der Familie mit und seine Geschichten, die er uns erzählte. Er starb durch den Biss eines tollwütigen Hundes, als ich vier Jahre alt war. Danach musste unsere Familie Cabildo, den Ort unserer Herkunft, verlassen, und wir gingen weiter in den Süden, nach Viña del Mar. Ein Teil der Familie war schon vorausgegangen, die verwitwete Großmutter und die Übrigen folgten nach.

Erinnerungen an Schule und Lehrer

Als ich zur Schule kam, beeindruckte mich am meisten, dass ich von nun an immer ein Frühstück bekam, Milch und ein Stück Brot. Die armen Kinder erhielten in einem Speisesaal auch ein Mittagessen und im Winter manchmal warme Kleidung. Natürlich stellte sich die Frage, woher das alles kam und wer es bezahlte. Die Frente Popular war damals, im Jahre 1938, an die Regierung gekommen. Präsident war Pedro Aguirre Cerda, »der große, vorbildliche Lehrer«, wie ihn sein Gesundheitsminister, der spätere Präsident Chiles, Salvador Allende Gossens, nannte. Beide wollten die Ernährung der Kinder, die Zukunft des Landes verbessern, die medizinische Versorgung ausbauen und die Krankheiten bekämpfen.

.....

Unter den Lehrern gab es noch teilweise die Meinung, dass nur mit Prügeln erzogen werden kann: Schläge mit dem Lederriemen, mit Stock und Lineal auf Füße oder Hände, niederknien in der Mitte des Schulhofes oder mit dem Gesicht zur Wand stehen. Später kamen fortschrittlichere Lehrer, die die Schüler menschlicher behandelten. Präsident Aguirre Cerda sagte: »Regieren heißt Erziehen«, und diesen Gedanken setzten die neuen Lehrer in der Schule um.

Berufsausbildung, Arbeit und Kollegen

Ich konnte nach den sechs Jahren Grundschule nicht in der Sekundarschule weiterlernen, weil sich das meine Mutter nicht leisten konnte. Ich musste anfangen zu arbeiten, denn ich hatte mehrere jüngere Geschwister, der Wunsch nach Weiterbildung musste zurückgestellt werden. In einem Geschäft wurde ich als Hilfskraft eingestellt. Ich hatte eine Arbeitszeit von halb acht Uhr früh bis halb neun Uhr abends, während andere Kinder Fußball spielten oder sich sonst wie unterhielten. Schon früher, noch während meiner Schulzeit, musste ich in den Villen der reichen Leute die Gärten gießen, um meiner Mutter zu helfen, die für fremde Leute die Wäsche wusch, um uns durchzubringen. Dann arbeitete ich als Lehrling bei einem Tapezierer. Ich hatte Erfolg, und von nun an ging es aufwärts, allerdings mit einer Unterbrechung. Ich war in einem Betrieb, wo Transformatoren erzeugt wurden. Der Chef war paradoxerweise ein Österreicher, exzentrisch und ziemlich brutal. Er warf mich hinaus, weil ich »zu viel herumschaute«.
Danach musste ich mich zum Militärdienst melden, doch wurde ich mit Rücksicht auf meine kranke Mutter zurückgestellt und ohne Ausbildung der Reserve zugeteilt. 20 Jahre arbeitete ich in einer Textilfirma in Viña del Mar, wo ich so viel lernte wie an einer Universität. Ich begann als einfacher Maschinenreiniger und brachte es bis zum Kontrollor der Qualität und zum Buchhalter. Das war mein letzter Arbeitsplatz in Chile, ich konnte bei dieser Arbeit sehr viele Kollegen kennen lernen. Es war eine Firma mit drei Betriebsstätten und 2300 Mitarbeitern, Arbeitern und Angestellten. Bei den Technikern und leitenden Angestellten gab es neben den vielen Chilenen auch Leute aus Großbritannien, Italien, Tschechien, Weißrussland, Spanien,

Frankreich usw. Ich war während der Zeit der konservativen Regierungen Zeuge von zahlreichen Arbeitsniederlegungen und Streiks. Es waren Streiks, die entweder aufgrund unserer Solidarität mit anderen Gewerkschaften und nach einer Aufforderung der Gewerkschaftszentrale *CUT* stattfanden oder die im Rahmen der jährlichen Gehalts- und Lohnverhandlungen in unserem eigenen Betrieb entstanden. Die Gewerkschaft der Arbeiter unseres Betriebes war durch die hohe Mitgliederzahl stärker und kämpferischer als die Gewerkschaft der Angestellten, zu der ich in der letzten Zeit gehörte und wo es viel weniger Mitglieder gab.

Der Militärputsch und seine Folgen

1973, schon Monate vor dem Putsch, spürten wir, dass etwas Schwerwiegendes geschehen wird. Jeden Tag sahen wir, dass Hubschrauber der Kriegsmarine über unserer Fabrik flogen. Man sagte, dass die Admiräle Carvajal, Merino und andere in die Hauptstadt fliegen, um sich mit den Spitzen des Heeres zu treffen. Unsere Vermutungen wurden durch ein weiteres Ereignis verstärkt. General Gustavo Leigh übernahm den Oberbefehl der Luftwaffe und hielt dabei eine Drohrede gegen die Regierung Allende. In der Marineschule Salinas in Viña del Mar wurden Gruppen der rechtsextremen Bewegung *Patria y Libertad* militärisch trainiert und marschierten dann provozierend durch die Stadt.
Am Tag des Militärputsches konnte man nur am frühen Morgen noch zum Arbeitsplatz kommen, nach sieben Uhr patrouillierten überall Soldaten, sie sperrten alle Straßen ab und drohten zu schießen. Der Großteil unserer Belegschaft war politisch links orientiert. Unser Betrieb wurde von bewaffneten Marinesoldaten besetzt, alle Arbeiter wurden in Fahrzeuge gesteckt und weggebracht. Die einen in die Sportstadien, andere auf Schiffe, wovon manche schon alt waren und nicht mehr im Gebrauch standen. Dann kamen die Verhöre und eine lange Reihe von Misshandlungen. Die Gefangenen lagen mit dem Gesicht zum Boden, die Soldaten traten auf ihnen herum. Jene, die politisch oder gewerkschaftlich engagiert waren, wurden einige Tage später in das Gefangenenlager Pisagua gebracht, weit im Norden in der Wüste Atacama. Manche wurden monate-

lang verhört, viele verloren ihren Arbeitsplatz. Ich selbst war bei denen, die ins Stadion gebracht wurden, es gelang mir aber durch die Hilfe eines Militärs, mit dem ich verwandt war, nach einem Tag freizukommen. Unsere Firma war kurz vor dem Putsch verstaatlicht worden, nun übernahm ein Korvettenkapitän die Verwaltung des Betriebes.
Unser Wohnviertel lag zwischen einer Kaserne und einer Militärschule. Die Militärs besetzten unser Viertel und durchsuchten alle Häuser, um alle politischen Gegner des Militärregimes festzunehmen. Ich erhielt einen vertraulichen Hinweis, dass ich das Land verlassen soll. Mein Schwager war in derselben Situation. Er war Mitglied der Kommunistischen Partei und Delegierter der Dockarbeiter von Valparaiso und lebte im Untergrund. 1975 ergab sich die Möglichkeit, mit einer Gruppe von argentinischen Touristen auszureisen. Wir gaben vor in Mendoza, in Argentinien, an einem Weinlesefest teilnehmen zu wollen. Landsleute, die schon früher nach Mendoza gekommen waren, empfingen uns. Wir mussten am Fußboden schlafen, aber glücklicherweise war Sommer. Ich nahm jede nur mögliche Arbeit an, wie bei der Tomatenernte, bei der Weinlese oder am Bau, ohne davon etwas zu verstehen. Alles nur kurzfristige Beschäftigungen, ich musste ständig improvisieren.
Nochmals zurück zur Zeit vor dem Militärputsch. Schon in den Sechzigerjahren gab es im Land eine starke Politisierung und Polarisierung zwischen der Rechten und der Linken. Den Problemen, Interessen und Idealen der Arbeiter entsprechend musste ich meinen Platz finden. Die Rechte fühlte sich in ihren Interessen bedroht, sie organisierte und finanzierte extremistische Gruppen, die Sabotageakte ausführten. Unter den Linken gab es Gruppen, die den Veränderungsprozess rascher vorantreiben und die hergebrachten politischen Strukturen zerschlagen wollten. Andere wollten in einer geplanten Form die Entwicklungsschritte, die innerhalb der Verfassung und der demokratischen Gesetze möglich waren, beschleunigen.

Mein Leben in Argentinien

Ich musste sechs Monate warten, bis meine Familie nachkam, denn es war Winter und der Schnee verhinderte den Autoverkehr über die Anden. Aus der versprochenen Wohnung wurde

nichts. Wir mussten in einem noch im Bau befindlichen Haus wohnen, es gab keine Türen und Fenster, kein Wasser und kein Klo. Die Kochmöglichkeit war sehr dürftig: ein Petroleumkocher mit einer Flamme, eine Teekanne von der Müllhalde, ein Teller für alle. Wir tranken aus Joghurtbechern, aber wir waren beisammen, und gemeinsam wollten wir kämpfen, um voranzukommen.
In einer Weinkellerei bekam ich eine befristete Arbeit. Ich konnte nun Lebensmittel einkaufen, aber die Wohnsituation war nach wie vor kritisch, es blieb beim Versprechen, etwas Besseres zu bekommen. Unser Problem war, dass unser Aufenthalt nicht legalisiert war und die Chilenen als Kommunisten und Gauner verschrien waren. Wenn irgendwo etwas gestohlen worden war, beschuldigten die Zeitungen von Mendoza immer wieder die Chilenen.
Die Situation in Argentinien wurde unter der Regierung von Isabel Perón immer schwieriger. Ich erreichte, dass uns das Ökumenische Komitee half, ein Ausreisevisum zu erhalten. Wir meldeten uns für drei Länder an: Venezuela, Australien und Kanada. Irgendjemand gab uns einige Adressen in Europa, meine Frau schrieb mehrere Briefe und aus Bochum in Deutschland erhielten wir den Rat, an die österreichische Botschaft in Buenos Aires zu schreiben. Wir erhielten eine negative Antwort, denn zu dieser Zeit gab Österreich Chilenen, die nach Argentinien geflüchtet waren, keine Visa.
Ich musste in unserem Nachbarland einen weiteren Militärputsch miterleben. Warum? Um heute diese Zeilen, diesen Bericht zu schreiben? Auch ich hätte leicht in Argentinien zu den *Verschwundenen* gehören können. Da war die *Operación Condor,* es gab die Einrichtungen der Militärs, ich weiß, wann und wo die Verbrechen geschahen, wer es tat. Da waren die Hausdurchsuchungen in den Hotels, in denen Flüchtlinge lebten, um sie herauszuholen und sie von den Agenten der beiden Diktaturen zu foltern. Eines Tages, als ich das Büro des Ökumenischen Komitees für Flüchtlinge betrat, das in einer evangelischen Pfarre untergebracht war, schaute ich auf die Tafeln und sah ein Telegramm, in dem unsere Namen genannt wurden. Ich glaubte zu träumen, ich konnte es gar nicht glauben, was ich da las. Ich rief den Mann an der Pforte, und er bestätigte das, was da geschrieben stand. Von unbeschreiblichem Glück überwältigt, brach ich in Tränen aus.

.....

Es war Anfang September 1976, wir mussten unsere Abreise nach Buenos Aires organisieren, um dort die nötigen Unterlagen für das österreichische Visum zu bekommen, denn wir hatten keine chilenischen Pässe. Nach fast zwei Monaten konnten wir mit einem argentinischen Flüchtlingskonventionspass ausreisen. In dieser Wartezeit lernten wir verschiedene schreckliche Unterkünfte kennen, die vor dem Zugriff der argentinischen Diktatur nicht geschützt waren. Obwohl wir schon Visa für Österreich hatten, waren wir sinnlosen Verhören ausgesetzt. Ich möchte hier nicht unerwähnt lassen, wie es dazu kam, dass wir diese Visa erhielten, und welche Menschen sich dafür engagierten. Frau Gundel Stangier aus Bochum, die uns geraten hatte, uns an die österreichische Botschaft zu wenden, traf bei einer Konferenz von Chile-Solidaritätsgruppen aus mehreren Ländern Herbert Berger aus Wien. Sie erzählte ihm von unserer Situation als Flüchtlinge in Argentinien und ersuchte ihn, bei der Regierung Kreisky für uns um Visa anzusuchen, und er hatte Erfolg. Als Familienvater und im Namen von uns allen möchte ich ausdrücklich unseren Dank und unsere Anerkennung aussprechen, dass wir aus den Händen der verhassten Diktaturen, die unsere Länder beherrschten, befreit wurden.

Unsere ersten Eindrücke in einem fremden Land

Am 27. Oktober 1976 verließen wir Ezeiza, den Flughafen von Buenos Aires. Wir waren 21 Personen, Kinder und Erwachsene, Argentinier, Uruguayer und Chilenen. Es war zum ersten Mal, dass wir in ein Flugzeug einstiegen. Es war eine DC 10 der Lufthansa. Zwischenlandungen in São Paulo, Rio und im Morgengrauen in Dakar, Senegal. Dann München und Frankfurt, wo uns Leute erwarteten, die uns beim Umsteigen in das Flugzeug nach Wien halfen. Wir kamen in der Nacht an, es war Herbst, dunkel, grau und kalt. Einige Landsleute, die schon länger da waren, erwarteten uns, ebenso Beamte, die uns zu einem Bus brachten. Da möchte ich eine Anekdote einfügen: Irrtümlich stiegen auch Fluggäste aus dem Irak in den Bus ein, die schließlich mit etwas Englisch überzeugt werden konnten, wieder auszusteigen. Sie fragten uns, woher wir kommen, und als wir es ihnen sagten, erzählten sie uns, dass die Witwe des ermordeten Präsidenten Allende, Frau Hortensia Bussi, Bagdad

besucht hatte, wo sie über die Diktatur in Chile informiert und um Solidarität ersucht hatte.
Traiskirchen: Als wir dort ankamen, hatten wir den Eindruck, in ein Konzentrationslager aus der Zeit des Nationalsozialismus zu kommen. Gendarmen mit langen Mänteln, endlose Gänge, dunkle Höfe, kaum eine Beleuchtung. Die Stimmung unter den neu Angekommenen war sehr gedrückt. Die Müdigkeit, das Unbekannte, die Traurigkeit, unseren Kontinent, unsere Herkunftsländer, den Bereich unserer Sprache und noch vieles andere verlassen zu haben, bedrückte uns, wie man sich leicht vorstellen kann. Für einige Familien war das zu viel, sie brachen in Tränen aus, sie fühlten sich betrogen, da sie an so einen Ort gebracht wurden.
Nach einiger Zeit sahen wir es anders, wir hatten mehr Überblick, und unsere Stimmung verbesserte sich. Unser Leben in Argentinien, wo wir mit wenig Geld und unter primitiven Umständen improvisieren mussten, kam uns nun zugute. Das war für uns eine Erfahrung, bei der wir viel gelernt hatten und wodurch wir mehr Mut hatten, unser Leben in Österreich neu zu beginnen. Einige Landsleute, die Wochen vor uns angekommen waren, zeigten uns, wie im Lager die Betten gemacht werden müssen, sie informierten uns, wie die Mahlzeiten und der Empfang der Lebensmittel und die Waschmöglichkeiten organisiert sind.

Das Leben in Österreich als politischer Flüchtling

Eine Integration unserer Familie, wenn man darunter die Integration in das soziale Leben versteht, Freundschaften, die Zugehörigkeit zu einem Club oder zu irgendeinem Verein, hat kaum stattgefunden. Besser war es im Bereich der Arbeit, wo es darum ging, die Aufgaben und die eingegangenen Verpflichtungen mit Aufmerksamkeit und Konzentration zu erfüllen. Ich arbeitete in mehreren Druckereien und kam dann, durch die Hilfe von Herrn Bazant, in die Volkshochschule in Liesing. Auch meine Frau fand in einer Druckerei Arbeit. Wichtig war unser gemeinsames Leben als Familie. Wir haben zwei Töchter und einen Sohn. Die ältere Tochter ist in Chile verheiratet und schenkte uns ein Enkelkind, das leider so weit weg ist.
In den ersten Jahren engagierten wir uns intensiv beim Aufbau der Solidarität mit Chile. Wir baten um Solidarität, wir forder-

ten sie. Wir suchten Unterstützung, um die Diktatur in unserem Land zu stürzen, um die Demokratie wiederherzustellen.
Seit wir hier sind, bemühen wir uns, das zu erfüllen, was man in Österreich von uns erwartet, zugleich aber wollen wir unsere Werte, unsere Identität und Kultur bewahren. Wir respektieren, schätzen und bewundern die Schönheit Österreichs, unserer zweiten Heimat. Wir sind diesem Land, das uns aufgenommen hat, wo wir in Ruhe leben können und sicher sind, dankbar. Wir konnten ein neues Leben anfangen. Nach zehn Jahren erhielten wir aufgrund unseres Ansuchens die Staatsbürgerschaft. Wir schworen, die österreichische Verfassung und die Gesetze des Landes zu beachten, und wir haben das Privileg, an der Wahl der Regierungsautoritäten teilzunehmen.
Es ist schwierig, in einer anderen Kultur zu leben, da gibt es andere, unterschiedliche Schwingungen. Wir glauben, dass wir in einigen Sachen und Verhaltensweisen sensibler sind, dass wir intuitiver sind und mehr Wärme und Leidenschaft in unseren Herzen haben. Vielleicht hängt das mit den schrecklichen Erfahrungen der beiden Weltkriege zusammen, die die Europäer durchmachen mussten, vielleicht haben die ständigen Konflikte aufgrund der vielen verschiedenen Völker und Sprachen bewirkt, dass die Menschen hier nicht so warmherzig sind.
Wir glauben, dass die, die unser Land kennen oder in Chile gelebt haben, unsere Art, unsere Mentalität, unseren Charakter und unser Wesen besser verstehen. Wir sind ein bisschen rebellisch, wir wollen keine Ungerechtigkeit akzeptieren, keine Unterdrückung, keine Einschränkung der Freiheit in irgendeiner Form.

Bilanz der in Europa gelebten Jahre und Zukunftsperspektiven

Wir glauben, dass das in Österreich zugebrachte Leben für uns nützlich war. Wir konnten Erfahrungen sammeln und können nun besser Vergleiche zwischen Lateinamerika und anderen Ländern der Welt anstellen. Wir lernten viele Menschen und ihre Kultur kennen und haben jetzt mehr Verständnis für ihr Verhalten und ihre Motivation. Aus nächster Nähe erlebten wir wichtige Veränderungen in Europa: den Fall der Mauer in Berlin, die Wiedervereinigung Deutschlands, die Auflösung der

Sowjetunion und des Warschauer Paktes, den Wechsel des Wahlsystems in den osteuropäischen Ländern wie Ungarn, Polen, Rumänien und anderen. Ebenso den Golfkrieg und den Krieg im Kosovo.
Wir haben als Familie entschieden, hier zu bleiben. Eine Rückkehr ist im Moment nicht ratsam, obwohl eine Tochter von uns in Chile lebt und ein kleines Mädchen hat, das fast schon ein Jahr alt ist. Bei unseren Besuchen in Chile, um unsere Verwandten zu sehen, wird uns klar, wie schwierig es ist, dort von neuem anzufangen und uns dort zu integrieren. Es gibt eine neue Generation mit einem sehr freien Lebensstil, mit anderen Werten. Die alten Werte sind fast vergessen. Eine andere Überlegung ist die der Sicherheit, sei es die persönliche oder die Sicherheit der Gesundheitsversorgung.
Derzeit haben wir für die Zukunft keine besonderen Pläne. Wichtig ist es, in irgendeiner Weise aktiv zu bleiben oder sich darum zu bemühen. Aus Altersgründen bin ich seit neun Monaten in Pension, und meine Frau steht knapp davor. Die Kinder haben ihren Arbeitsplatz. Natürlich haben wir jetzt ein geringeres Einkommen, aber wir müssen lernen, damit zu leben. Ich bin Diabetiker und versuche bezüglich der Diät und der Medikamente Disziplin zu halten; es ist wichtig, einigermaßen gesund zu bleiben.
Ich glaube, dass mein Bericht nichts Außergewöhnliches ist, aber ich schrieb ihn mit der größtmöglichen Aufmerksamkeit und Wahrhaftigkeit. Viele Erlebnisse und Situationen habe ich nicht beschrieben, vielleicht, weil sie zu alltäglich sind oder weil ich nicht weiß, wie ich darüber schreiben soll. Es war eine Herausforderung, über das zu schreiben, was so viele Jahre verborgen war.

Ana Careño

Die schrecklichsten Tage meines Lebens

Ich gebe Zeugnis von dem, was meinem Mann und meinem Sohn in der Nacht des 11. August 1974 um halb drei Uhr früh geschah. Sechs mit Maschinengewehren bewaffnete Männer betraten unser Haus. Alles ging ganz schnell. Sie fragten mich und meinen Mann, ob er José P. sei. »Ja«, sagte mein Mann, »das bin ich.« Sie wollten ihn abführen, aber einer von ihnen fragte noch nach dem Zimmer von Juan, er müsse auch mit. Mein Sohn konnte sich noch anziehen, aber mein Mann musste halbnackt mitgehen. Er flüsterte mir zu, ich solle keine Einwände machen, sonst würden sie auch mich mitnehmen. Zu der Zeit, als sie aus dem Haus geführt wurden, hatte es weniger als acht Grad, das ist für Chile sehr kalt. Sie wurden in einen neuen Kleinlastwagen hineingestoßen, sie warfen ihnen Dekken über die Köpfe und schlugen sie mit Drahtseilen.
Von diesem Moment an begann der Wahnsinn. Vier Jahre lang suchte ich meinen Mann und meinen Sohn. Die Frau des früheren Vorsitzenden unserer *Población*, der ebenfalls festgenommen worden war, gab mir den Rat, mit unserem Pfarrer zu reden. Dieser gab mir die Adresse einer Institution, wo ich dann alles, was in unserem Haus geschehen war, erzählte. Überall fragte ich nach meinem Mann und meinem Sohn, aber jedes Mal bekam ich die Antwort, sie seien nicht hier, nicht in diesem Gefängnis, nicht in diesem Kommissariat. Dann ging ich mit einer Frau, die dasselbe Problem hatte, zum *Vikariat der Solidarität*. Wir bekamen die Hilfe von Rechtsanwälten, und so hatte ich nun eine bessere Unterstützung bei der Suche nach meinen Angehörigen.
Die Monate vergingen, ich besuchte verschiedene Haftanstalten wie *Tres Alamos*, die *Villa Grimaldi* und andere Folterzentren. Ich möchte erzählen, was mir in der *Villa Grimaldi* passierte, denn nur durch die Hilfe Gottes konnte ich mich retten. Es war ein düsterer Morgen, als ich einen Kleinbus, den man in Chile »Liebre« (Hase) nennt, bestieg. Er brachte mich in die Nähe des Folterzentrums. Ich stieg bei der angegebenen Haltestelle aus und fragte einige Buben, die dort herumliefen: »Wisst ihr, wo die

Militärs die Gefangenen hinbringen?« Sofort zeigten sie mir den Weg und sagten, dass viele Leute hierher gebracht werden. Ich ging ziemlich weit den Berghang hinauf, bis ich schließlich zu einem hohen und starken Gitter kam. Sehr eingeschüchtert ging ich auf ein Tor zu, es war aus Metall. Ich trat näher, da kam ein Soldat und ich fragte ihn, ob mein Mann oder mein Sohn hier seien. Er antwortete mir mit einer Unverschämtheit: »Wenn dir dein Mann abgeht, dann können wir dich hier sehr glücklich machen.« Er sagte noch weitere Schweinereien: »Wenn dich mein Feldwebel sieht, dann holt er dich hinein. Schon viele Frauen suchten hier ihre Männer, und dann waren sie schwanger.« Viele Frauen wurden von diesen Schindern, die damals Chile regierten, vergewaltigt. Ich ging den Weg, den ich gekommen war, zurück, da erschrak ich furchtbar. Sie ließen große deutsche Schäferhunde auf mich los, sie verfolgten mich. Ich lief, aber der Weg schien endlos. Ich lief und lief, plötzlich wurden die Hunde, die mir nachliefen, durch ein großes Gitter, das sich schloss, aufgehalten, so konnten sie mich nicht weiter verfolgen.

Als ich wieder in den Kleinbus einstieg und mich niedersetzte, schüttelte es mich und ich zitterte stark am ganzen Körper. Zu Hause angekommen, konnte ich mich noch immer nicht beruhigen, ich hatte einen starken Schüttelfrost. Meine Kinder fragten, wie es mir ergangen sei. »Es war alles vergeblich«, antwortete ich. Ich musste zwei Tage im Bett bleiben und konnte nicht arbeiten, weil ich mich sehr schlecht fühlte. Der Pfarrer besuchte mich, und ich erzählte ihm, was vorgefallen war. Er sagte: »Meine Tochter, du hast dein Leben riskiert, geh nicht wieder hin!« Ich wusste, warum ich zu diesem schrecklichen Ort gegangen bin.

Ich begann wieder wie früher dreimal in der Woche das *Vikariat* zu besuchen, denn dort wurden immer die Namen derer bekannt gegeben, die in Gefängnissen ausfindig gemacht wurden. Als ich einmal von dort zurückkam, sagte meine Tochter: »Schau, Mutter, draußen an der Ecke steht ein Mann, der mit dir sprechen möchte.« Als ich meinen Getränkeladen aufsperrte und sauber machte, kam ein großer, starker Mann herein, der auf seinem Gesicht einen Verband trug, wodurch ich ihn nicht richtig erkennen konnte. Er sagte, er käme von meinem Mann. Dieser sei krank, weil er sich einige Sachen nicht kaufen könne. Ich fragte nach meinem Sohn, aber er sagte, es gehe nur um meinen Mann und dieser brauche Geld. Ich antwortete ihm mit starken Ausdrücken, wie sie in Chile üblich sind, dass ich mich durch ihn so beschissen fühle, wie die Stange, auf der die Hühner im Stall sitzen, und dass ich die ganze Brut zum Teufel wünsche. Ich gab ihm kein Geld, ich sagte, ich könnte ihm Zigaretten, Tee, Zucker und andere Sachen schicken, aber kein Geld, weil ich keines habe. Er meinte, ich könnte doch mit anderen Betroffenen reden und etwas sammeln, um es den Gefangenen zu schicken. Ich sagte, dass ich niemanden kenne, der mit der Polizei zu tun hat. Ich werde ihm auch keine Adressen geben, weil ich keine habe. Ich wusste wirklich nichts. Schließlich riet er mir, ich solle wieder zu dem Gefängnis gehen, wo ich vor zwei Monaten gewesen bin.

Es ging mir sehr schlecht, ich konnte nicht schlafen. Ich schlief nur, wenn ich getrunken hatte. Zwei meiner Söhne mussten wegen des Schicksals ihres Vaters in psychologische Behandlung gehen. Ich habe noch einen anderen Sohn, der Leo heißt. Er war schon großjährig und hat sich politisch betätigt. Ich wusste, dass ihm jeden Moment etwas zustoßen könnte, aber sie haben ihn nicht erwischt. Juan jedoch, der erst 14 Jahre alt war, war verhaftet worden und ist verschwunden. Er war so großmütig wie sein Vater. Leo ging gleich nach dem Militärputsch ins Asyl und sie schickten ihn nach Österreich. Es war ihm gelungen, sich vor allem, was uns geschah, zu schützen. Wir wussten nicht, wo er war.

Ich verkaufte das Geschäft meines Mannes und machte nochmals einen *Recurso de Amparo* für meinen Mann und meinen Sohn. Es gab bestimmte Gerüchte; da bezahlte ich jemanden, der damals die Möglichkeit hatte, in die Archive der Regierung Einsicht zu nehmen. Nach einiger Zeit erhielt ich die Antwort, mein Sohn Leo sei in Österreich (was später vom Roten Kreuz bestätigt wurde) und mein Mann und mein Sohn Juan seien freigelassen, aber dann von hinten, wie auf der Flucht, erschossen worden. So etwas geschah oft. Es sei um den 12. Oktober 1974 geschehen, nur wenige Monate nach ihrer Festnahme. Sie verhinderten, dass wir zu einer Klarheit gelangten. Ich suchte in vielen Kasernen und auch in den Irrenhäusern. Dort sah ich die traurigsten Sachen meines Lebens. Männer, Jugendliche und Frauen, die nicht Herr über sich selbst waren.

Ich erinnere mich an etwas, was auch vielen anderen Frauen geschehen ist. Wir standen in einer Schlange angestellt, um Ver-

haftete, die ich selbst nicht kannte, zu besuchen. Ich hatte Fotos meiner Lieben in der Hand und ich fragte die Gefangenen, ob jemand sie kennt. Durch diese Kontakte wussten viele Leute von unserem Schicksal. Wir standen beisammen und warteten auf den Einlass, als uns zu unserer Überraschung der Strahl eines Wasserwerfers traf. Der ist so stark, dass er dich umdreht oder niederwirft. Wir waren alle nass und schmutzig, aber wir ließen uns nicht entmutigen und gingen trotzdem hinein, um unsere Angehörigen zu suchen. Ich traf einen Freund meines Sohnes Juan, der oft bei uns zu Besuch gewesen war. Er befand sich in einem sehr schlechten Zustand, ich gab ihm Zigaretten und andere Sachen, auch er zählt heute zu den *Verschwundenen*. Dieser Bursche sagte mir, dass mein Mann und Juan in diesem Gefängnis gewesen waren. Er hatte durch ein kleines Loch in seiner Augenbinde gesehen, wie die Wärter einige Leute mit verbundenen Augen in den Gefängnishof gebracht hatten, und er erinnerte sich, dass mein Mann dabei war. Die *DINA* spielte die Marseillaise und als die Musik zu Ende war, rief mein Mann »Viva el Partido Comunista, mierda!« (Es lebe die Kommunistische Partei, verdammt!) Als mein Mann schrie, riefen andere Stimmen: »In das Loch mit ihm!« Dort ging es ihm noch schlechter, seine Schreie waren nicht mehr zu hören.
Von anderer Seite hörte ich etwas über Juan. Mädchen aus seiner Schulklasse, aus dem Lyzeum 6 von Conchali, die ebenfalls festgenommen wurden, hatten gesehen, dass mein Sohn mit elektrischem Strom an Penis und Anus gefoltert wurde. Diese Mädchen wurden dann in den Norden Chiles, in ein Wüstengebiet gebracht und dort ausgesetzt. Durch die Hilfe verschiedener Leute gelang es ihnen schließlich nach Santiago zurückzukommen. Sie erzählten, dass die Folterer meinem Sohn auch Brandwunden mit Zigaretten zufügten, sie wollten aus ihm einen Verräter machen, er sollte andere *Compañeros* verraten. Nachdem einige verhaftet worden waren, warfen mir deren Mütter vor, mein Sohn sei ein Verräter.
Vier Jahre lang habe ich überall gesucht, aber es war vergeblich. Dann kam ich nach Österreich, um meine beiden anderen Söhne zu schützen. Die Ankunft in diesem Land war sehr traurig für mich. Wir wurden nicht gut aufgenommen, wir erhielten keinerlei Hilfe, ich musste alles alleine durchstehen. Mir wurde kein Deutschkurs ermöglicht. Nur durch meine Arbeit

konnte ich einen privaten Deutschkurs für meine Söhne bezahlen. Mein Ziel war es, zu arbeiten. Nur einmal bekam ich einen Kleidergutschein für meine Söhne, für eine Jacke und eine Hose. Das kam mir sehr gelegen, denn das Gewand, mit dem wir aus Chile gekommen waren, war für das Klima hier nicht geeignet. Durch eine andere Organisation bekam ich ebenfalls einen Gutschein, mit dem ich einen Tisch, drei Sessel und einen Kleiderschrank kaufte. Vorher hatten wir auf einer Kiste gegessen. Mit diesem Gutschein musste ich in einem bestimmten Geschäft kaufen und nicht dort, wo es billiger gewesen wäre.
Gut, das war es, jetzt ist es vorüber. Heute habe ich eine Pension und aufgrund eines neuen Weges ein ruhigeres Leben. Ein Weg, der mir durch meine Kenntnis der Bibel und dank der Zeugen Jehovas seelische Sicherheit gibt.

Anmerkung der HerausgeberInnen: Die Verfasserin dieses Berichtes erzählte uns noch viele Details aus ihrem Leben. Mit ihrem Einverständnis möchten wir ihren schriftlichen Bericht noch etwas ergänzen:
Frau Careño war das älteste Kind einer großen Familie. Schon sehr früh musste sie die Obsorge über ihre Geschwister übernehmen, sie blieb mit ihnen allein, wenn die Mutter zur Arbeit gehen musste. Auch wenn die Kinder krank waren, war sie für deren Pflege verantwortlich. Ihre Schulbildung konnte sie unter diesen Umständen nicht abschließen.
Mit 14 Jahren heiratete sie und bekam sieben Kinder. Zwei leben heute in Österreich, ein Sohn, der gleich nach dem Putsch in der österreichischen Botschaft um Asyl ansuchte, ging mit seiner Familie wieder nach Chile zurück. Mit ihrem Mann führte sie ein kleines Geschäft in einer *Población* von Santiago, in dem sie Getränke und Schulartikel verkaufte.
Als sie nach Österreich kam, sollte sie mit den zwei kleinen Kindern im Lager Traiskirchen in einem Raum untergebracht werden, wo schon drei Männer schliefen. Sie weigerte sich, in diesem Raum zu bleiben, daraufhin ließ man sie unterschreiben, dass sie durch diese Weigerung auf jede Unterstützung verzichte.
Frau Careño arbeitete in Wien als Putzfrau und Näherin. Nach zwölf Jahren Aufenthalt in Österreich bekam sie die Staatsbürgerschaft und war dadurch in der Lage, wieder eine Reise nach Chile zu wagen. Ein Bruder, der als Arzt in Schweden lebt, unterstützte sie dabei.

Eduardo Avendaño

Ich wurde am 6. 3. 1931 in Tomé, Provinz Concepción, geboren. Ich kam in einem Haus zur Welt, das der chilenischen Eisenbahn gehörte, fünf Meter neben dem Bahndamm. Mein Vater war Lokomotivführer, ich war die Nummer 12 in einer Familie von 14 Geschwistern, sechs leben noch. Mein Vater starb mit 43 Jahren an einem Magengeschwür und von da an begann für uns eine Zeit der Not, die nie zu enden schien. Sechs meiner Geschwister waren damals in der Grundschule, ich selbst war beim Tod des Vaters sechs Jahre alt. Da der Vater in Concepción, in der Straße Anibal Pinto, ein Haus gekauft hatte, war es möglich, dass die Familie beisammen blieb. Das Haus gehört heute noch unserer Familie. Lokomotivführer war damals etwa so viel wie heute Flugzeugpilot. Ich als Lehrer habe es nie zu einem eigenen Haus gebracht.
Die ersten Jahre meiner Kindheit waren von vielen Entbehrungen geprägt. Ich gehörte zu jenen Kindern, die barfuß in die Schule gingen, da meine Mutter kein Geld hatte, um uns Buben Schuhe zu kaufen. Nur die Mädchen unserer Familie hatten dieses Privileg. Aus diesem Grund erinnere ich mich mit Freude daran, dass Präsident Pedro Aguirre Cerda, er war selbst Lehrer gewesen und gehörte der Radikalen Partei an, an alle barfüßigen Kinder Chiles Schuhe verteilen ließ. Es waren meine ersten Schuhe, meine eigenen, nicht die meiner größeren Geschwister. Während der sechs Grundschuljahre hatte ich nie Probleme. Obwohl ich in meiner Klasse der Jüngste und Kleinste war, hatte ich die besten Noten. So war es möglich, die Aufnahmsprüfung für die Lehrerbildungsanstalt in Chillán zu machen. Die Studenten mit den besten Lernerfolgen bekamen von der Regierung ein Stipendium. Da ich unter 547 Bewerbern den 23. Platz erreichte, bekam ich das Stipendium.
Zur Zeit, als in Europa der Zweite Weltkrieg zu Ende ging, begann ich meine Ausbildung zum Lehrer, ein Beruf, der mich mein ganzes Leben begeisterte. Im November 1949, mit 19 Jahren, hatte ich das Ziel, Lehrer zu werden, erreicht. Während des Studiums hatte ich einige Probleme. Ich wurde beispielsweise wegen meines Protestes gegen das »Gesetz zur Verteidigung der Demokratie« zeitweilig aus dem Lehrgang ausgeschlossen. Dieses Gesetz wurde von Präsident Gabriel Gonzales

Videla erlassen und richtete sich gegen die Kommunistische Partei, aber im Grund gegen alle Linken. Oder als ich protestierte, als sich die Regierung Chiles weigerte, Adolf Hitler den Krieg zu erklären, denn erst im Februar 1945 brach Chile die diplomatischen Beziehungen zu Deutschland ab. Noch heute gibt es viele Nazis in Chile.

Ich war nicht einmal 20 Jahre alt, als ich meinen ersten Posten als Lehrer antrat, ich erinnere mich genau, es war der 1. März 1950. Ich leitete in Yumbel eine Landschule. Yumbel ist aufgrund des wundertätigen heiligen Sebastian ein sehr bekannter Ort in Chile, aber doch verlassen und arm. Erst nach 45 Jahren kam ich wieder in dieses Dorf zurück, begleitet von meinen Freunden Maribel und Peter Zahradnik, die mich in Chile besuchten. Sie waren sprachlos. Ich machte alles in diesem Dorf: Ich war der Leiter der einzigen Schule, ich war auch der »Arzt«, denn ich war der einzige, der Injektionen geben konnte, ich war Richter für Fälle bis zu einem Streitwert von vier Dollar, und schließlich war ich Familienvater. In Yumbel heiratete ich und hier kam mein erster Sohn zur Welt. Es war eine sehr glückliche Zeit für mich.

Nach sechs Jahren wurde ich nach Valparaiso versetzt. Ich wurde Direktor einer großen Schule mit 500 Schülern und zehn Lehrern. Zugleich stürzte ich mich in die politische Arbeit, und ich kandidierte als Mitglied der Sozialistischen Partei für den Gemeinderat von Casablanca. Aber ich wurde nicht gewählt und entdeckte, dass es für mich leichter ist, anderen zum Wahlerfolg zu verhelfen, als selbst gewählt zu werden. In dieser Zeit kam meine Tochter zur Welt. Nach 14 Jahren im Lehrberuf wurde mir vorgeschlagen, das Höhere Institut für Pädagogik zu besuchen, um mich als Direktor für Schulen mit mehr als 1000 Schülern zu graduieren. Das war 1964. Danach leitete ich die enorm große Landwirtschaftsschule von Valparaiso, mit 2000 Schülern und 50 Lehrkräften.

Das Leben in Chile war damals von vielen Hoffnungen getragen. Die Situation der Menschen verbesserte sich in dem Maße, als die politische Macht von der Rechten zur Linken überging. Früher hatten wir Präsidenten von der Konservativen Partei, später dann kamen sie von der Liberalen, der Radikalen und der Christdemokratischen Partei. Schließlich kam der September 1970, als zum ersten Mal ein Kandidat der Sozialisten, Salvador Allende, die Präsidentschaftswahl gewann. Allende war Arzt, er war intelligent und charismatisch, in seiner Hartnäckigkeit hatte er bereits dreimal kandidiert. Er war ein ausgezeichneter Redner und hatte klare Vorstellungen. Er wurde mit einer relativen Mehrheit gewählt und danach vom Kongress bestätigt. Mit Allende begann die erfreulichste politische Periode des Landes, mit wichtigen Reformen, wie es sie nie zuvor gab. Es war die Zeit der Regierung der *Unidad Popular*, angeführt durch den ersten, vom Volk gewählten sozialistischen Präsidenten. Ich hatte Allende schon bei den drei vorausgegangenen Wahlkämpfen unterstützt. Nun begann für mich die arbeitsreichste Zeit meines Lebens. In den drei Jahren der Regierung der *Unidad Popular* hatte ich nicht einen Augenblick Zeit, um mich auszuruhen. Jeden Sonntag ging ich in Begleitung von Lehrern und Lehrerinnen in die *Poblaciones*: Wir reinigten mit den *Pobladores* die Ambulanzstationen, wir sprachen mit den Menschen über ihre täglichen Probleme, wir brachten kranke Kinder ins Spital, wir berieten Hausfrauen in Rechtsfragen usw. Alles ehrenamtlich, nicht einmal unsere Ausgaben für Essen, Nächtigung oder Benzin ließen wir uns ersetzen. Es war eine unermüdliche Arbeit, ohne Pause, eine große Begeisterung. Viele nahmen an diesen Arbeiten teil, es waren dieselben, die dann später von den Militärs und den Agenten der Rechten verhaftet und gefoltert wurden.

Der Militärputsch

In Valparaiso hat der Militärputsch eigentlich niemanden überrascht. Seit einiger Zeit sahen wir, dass Polizisten und Marinesoldaten Schießübungen absolvierten. Sie beobachteten ständig die Funktionäre der Regierungsparteien. Rechtsgerichtete Eltern von Schülern machten gezielt Schwierigkeiten in der Schule, in den Wohnvierteln und wo immer sie konnten. Am Morgen des 11. September 1973 wollte ich zu einer dringenden Sitzung aller Schuldirektoren im Büro des Provinzverantwortlichen für die Schulen eilen, konnte aber nicht mehr dahin gelangen, da die Marinesoldaten allen, die ins Stadtzentrum wollten, mit schussbereiten Maschinengewehren den Weg versperrten. Um halb neun konnte niemand mehr vom Cerro Alegre, wo ich wohnte, in die Stadt hinuntergehen. Die Stadt war besetzt. Ich ging zurück und drehte das Radio auf. Ich konnte nicht glauben, was ich hörte: Allende war ermordet worden, die

führenden Politiker eingesperrt, und sie sagten, dass auf alle geschossen werde, die nach Beginn der Ausgangssperre auf der Straße sind. Ein Schüler von mir, José Aranda, 14 Jahre alt, wurde von einem Marinesoldaten durch einen Kopfschuss getötet, als er aus der Tür seines Hauses auf die Straße hinaussah. Das geschah am 14. September 1973 um 19 Uhr, an der Ecke der Straßen Colón und Argentina in Valparaiso.
Die in Valparaiso gefangenen Politiker wurden auf das Schulschiff La Esmeralda gebracht, ein wunderschönes Segelschiff mit vier Masten, ein Geschenk Deutschlands. Andere kamen auf das Handelsschiff Maipo. Ich empfand mit den Gefangenen großes Mitleid, ohne zu ahnen, dass ich am 24. September um viertel zehn Uhr im Büro meiner Schule verhaftet werden würde. In Handschellen brachten sie mich und andere zum Regiment der Marineinfanterie in Viña del Mar. Ich erinnere mich genau, denn es war der 17. Geburtstag meines Sohnes. Auf Befehl des Leutnants Adolfo Lagnahier wurde ich gefoltert. Ich wurde von sechs Soldaten mit den Füßen getreten und dann mit Stromstößen gefoltert, was mir schwere Herzprobleme verursachte. Das erschreckte sie, nun ließen sie von mir ab und warfen mich nackt wie einen alten Fetzen in den Kerker. Ich konnte die Wut, mit der mir unbekannte Personen auf mich einschlugen, überhaupt nicht verstehen, auch sie kannten mich nicht. Die Begründung für die Prügel war unglaublich: Sie beschuldigten mich, in meiner Schule Geld gestohlen zu haben, Lehrerinnen und Schülerinnen vergewaltigt, die Schüler politisch verhetzt und eine Guerillaschule errichtet zu haben. Weiters der Sabotage und dass ich Waffen und Munition gesammelt und im Keller der Schule versteckt habe. Sie redeten aber nicht davon, dass wir an unserer Schule jedes Jahr am 21. Mai, am Tag, der dem Ruhm unserer Marine gewidmet ist, zur Ehre der Marine große Aufmärsche veranstalteten. Wie ich später erfuhr, war die Liste der Beschuldigungen gegen mich exakt identisch mit den Vorwürfen, die gegen alle Lehrer aus der Sozialistischen Partei vorgebracht wurde.

Gefangener auf der Lebu

Nach drei Tagen ohne Essen wurde ich auf das Handelsschiff Lebu gebracht, das am Ende der Mole des Hafens von Valparaiso lag. Ich musste in einen Lagerraum hinab, es war ein Uhr nachts. Ich erinnere mich genau an die Stunde. Es war kalt, riesige Scheinwerfer waren eingeschaltet und der Empfang durch die Wachen war brutal. Der scheußliche Gestank des Lagerraumes ist mir bis heute in Erinnerung. Ich musste die rutschige Eisenleiter an der Schiffswand hinuntersteigen, und dann ließ mich irgendjemand auf dem kalten Metallboden des Schiffes zurück. Nur wenige Stunden konnte ich schlafen, um sechs Uhr erscholl der Weckruf. Alle mussten aufstehen und die Nationalhymne singen. Dann warteten wir auf das einzige Essen des Tages: Nudeln, alt und stinkend, die ohne Salz und ohne Öl halb gekocht waren. Es war klar, sie wollten uns bis zum Skelett abmagern lassen, wie die Nazis das mit ihren Gefangenen gemacht hatten. Dieses Schiff war wohl das grausamste und schrecklichste Gefangenenlager, nirgendwo anders wurde so viel gehungert. Ein ekelerregender Gestank von Urin und Exkrementen erfüllte den Lagerraum, der als Kerker verwendet wurde. Die drei Fässer, die für die Notdurft der 300 Gefangenen vorhanden waren, gingen über, Urin und Exkremente überall. Aber Gestank und Hunger waren nichts im Vergleich zu der Folter, der wir in diesem furchtbaren Gefängnis ausgeliefert waren. Jede Nacht um ein Uhr riefen die Soldaten verschiedene Gefangene, brachten sie nach oben in die Kabine und folterten sie schwer. Um fünf Uhr früh kamen sie blutig und blau geschlagen zurück. Sie mussten mit einem Kran herabgelassen werden, weil sie nicht mehr fähig waren, ihre Füße zu bewegen. Einer dieser *Compañeros* war Leopoldo Luna, 25 Jahre alt, Mitglied der *MAPU,* sie beschuldigten ihn der Infiltration bei der Marine, er konnte infolge der ständigen Schläge mit dem Gummiknüppel fast die ganzen drei Monate, die wir auf dem Schiff waren, nur am Boden liegen. Viele andere erlitten brutale Prügel und eine entwürdigende und obszöne Behandlung: Ratten in den After, simulierte Vergewaltigung mit einem Besenstiel (das geschah zum Beispiel einem *Compañero*, der damals der Vorsitzende der Vereinigung der Taxifahrer von Viña del Mar war, an dessen Name ich mich aber nicht mehr erinnere), Gesicht und Körper wurden mit Exkrementen beschmiert und tagelang nicht entfernt, elektrische Schläge an Penis und After usw. Am grausamsten wurde in diesen drei Monaten ein junger Professor der Universität Santa Maria von Valparaiso ge-

foltert. Er wurde beschuldigt, ein Freund von Mitgliedern des *MIR* zu sein. Er wurde bis zur Erschöpfung gefoltert, damit er Mitglieder des *MIR* nenne, aber er verriet sie nicht, obwohl er sie persönlich kannte. Er hieß Marcelo Dougnac, er war dann in Schweden, ich weiß nicht, ob er noch dort ist oder nach Chile zurückkehrte.
In Erinnerung an diesen Professor schrieb ich eine Erzählung mit dem Titel »Esta noche sarpa el Lebu« (In dieser Nacht sticht die Lebu in See), die ich einmal in einem Wiener Café vorlas. Sie ist Teil eines von mir geschriebenen Buches, das ich vermutlich nie publizieren werde. Auch jetzt kann es uns noch leicht passieren, dass wir ins Gefängnis kommen, wenn wir ein Buch gegen die Militärs veröffentlichen. Mitglieder der Parteien, die jetzt in der Regierung sind, dürfen das nicht tun, ohne von ihrer Partei dazu die Erlaubnis zu haben. Es wurden schon viele derartige Bücher geschrieben, aber die Autoren mussten sich rasch aus der Öffentlichkeit zurückziehen und untertauchen.
Im November wurde die Situation auf der Lebu etwas leichter. Die Folterungen in den Kabinen über uns wurden seltener. Sie gaben uns schmutzige und zerrissene Matratzen, die uns wie ein Luxus vorkamen. Zur gleichen Zeit ereignete sich ein Flugzeugunfall der Marine, bei dem viele Offiziere der Marine starben. Später erfuhren wir, dass in diesem Flugzeug eine Gruppe von Folterern war, auf dem Weg nach Pisagua im Norden Chiles, wo es ebenfalls Hunderte politische Gefangene gab. Die Matratzen bekamen wir aufgrund des starken Druckes des Internationalen Roten Kreuzes, das auch durchsetzte, dass wir zweimal täglich Essen erhielten: Nudeln am Morgen und Nudeln am Abend, schlechter Geruch und schlechter Geschmack blieben unverändert erhalten. Das Schiff wurde einmal auch vom Repräsentanten des *UNHCR* in Chile, Herrn Kosak, besucht. Es war sehr bewegend für mich, ihn 1989 in Wien wiederzusehen.
Nochmals zu meinem Buch: Im ersten Teil berichtet es über das Leben auf diesem Schiff, die Parteiarbeit im Untergrund und das Exil in Wien. Doch das Interessanteste ist sicherlich die Identifikation der Wachsoldaten und der Folterer sowie die Namen von sechs ermordeten Gefangenen. Es waren einfache Leute vom Lande, sie wurden aber nicht auf dem Schiff ermordet, sondern im Regiment von Quillota, wohin sie kurz vor dem Abwracken des Schiffes gebracht wurden. In diesem Buch

wird auch der gegenwärtige Oberkommandierende der Marine, Admiral Aranzibia, der Lüge überführt, da er kürzlich behauptete, bei der Marine sei niemals gefoltert worden.

In der zweiten Dezemberwoche sagten sie uns, dass wir die Lebu verlassen werden. Einige würden in das Konzentrationslager *Chacabuco*, ein aufgelassenes Salpeterbergwerk in der Wüste bei Antofagasta, gebracht, andere in das Gefängnis von Valparaiso, und der Rest würde frei gehen. Es war ein Lotteriespiel, niemand wusste, was ihm wirklich bevorsteht, die Zuordnung zu der einen oder anderen Gruppe konnte Leben oder Tod bedeuten. Das Schiff hatte drei Lagerräume mit Gefangenen, in den Kabinen oben waren die Frauen. Im Lagerraum Nummer 2 waren Gefangene, die als die gefährlichsten eingestuft wurden, warum, weiß ich nicht. Bei ihnen waren auch zwei spanische Priester der Pfarre Jesus der Arbeiter aus Viña del Mar. Einer von ihnen war fast 80 Jahre alt. In meinem Lagerraum (Nummer 3) waren die »Geheimen«, solche, die nach Ansicht der Militärs in Zukunft durch die Arbeit im Untergrund gefährlich werden könnten. Da war auch der spanische Priester Francisco Puig, Pfarrer der schon erwähnten Pfarre Jesus der Arbeiter, weiters Bürgermeister der verschiedenen Orte aus der Umgebung von Valparaiso, Gemeinderäte, Rechtsanwälte der Dachorganisation der Bierbrauer und der Ford-Fabrik in Casablanca und Direktoren diverser staatlicher Einrichtungen. Aber auch Mittelschüler, alle in ihrer Schuluniform und noch sehr jung. Einer von ihnen, er war 14 Jahre alt, mit zerrissener und blutgetränkter Schulkleidung, hatte eine große Wunde in der Kopfhaut, die nicht behandelt oder verbunden wurde. Bevor wir im Dezember das Schiff verließen, wurde er auf Deck geholt und erstmals behandelt, da war uns klar, dass er freigehen wird.

Wir stellten viele Vermutungen an, wer von uns die Freiheit erlangen und wer in das Konzentrationslager im Norden geschickt werden wird. Dann aber stellte sich heraus, dass alle, deren Familiennamen mit den Buchstaben A bis I begannen, freigehen, alle, deren Namen mit J bis R begannen, ins KZ nach *Chacabuco* kommen und alle mit den Buchstaben S bis Z in das Gefängnis von Valparaiso. Das war die kluge, unparteiische und einfache Lösung im Sinne der Gerechtigkeit der Marine. Für uns aber wurde damit klar, dass niemand, den sie gefangen hielten, eine wirkliche Schuld hatte, und dass sie daher dieses

verrückte Lotteriespiel inszenierten. Sie konnten ja auch keine Rechtfertigung für den Militärputsch vorbringen. In den ersten Tagen sprachen sie viel über den *Plan Z*, später über einen »Plan Leopardo«, aber schließlich redeten sie nicht mehr darüber. Nur wenn sie einen von uns foltern wollten, schrien die Marinesoldaten: »Verdammter Marxist, erzähl uns über den Plan Albatros, über den Plan Schildkröte, über den Plan Raupe!« Sehr witzig, aber die Verletzungen und Narben, die sie uns durch die Gummiknüppel zufügten, waren alles andere als witzig.
Knapp vor Weihnachten hörten wir das Gerücht, dass die Lebu aus der Bucht geholt werden wird, um sie nach Japan zu verkaufen. Um drei Uhr früh begannen sie die ersten Gruppen von Gefangenen auf Deck zu führen. Ich wurde zur Militärakademie gebracht und dort sagten sie mir, da ich ein ungefährlicher Lehrer sei, würde ich freigelassen. Zuerst musste ich noch ein Papier unterzeichnen, in dem ich mich verpflichtete, keinerlei politische Tätigkeit auszuüben. Während der drei Monate der Haft hatten sie mich immer wieder verhört und es gab kein Vergehen, für das sie mich hätten einsperren können. Ich ging also frei und bei der Entlassung erwähnte niemand mehr die alten Vorwürfe bezüglich der Vergewaltigungen, des Diebstahls, der versteckten Waffen oder der Teilnahme an dem von ihnen erfundenen *Plan Z*.

Wieder in Freiheit

Als ich nach Hause kam, erlebte ich eine bedrückende Überraschung: Alle hatten gedacht, ich sei tot. Erst jetzt verstand ich, dass sie nach meiner Entführung nichts mehr von mir gehört hatten. Ich war einfach verschwunden, die ganze Zeit war ich eine Geisel, aber nun war der Alptraum vorbei. Am Tag nach meiner Freilassung kam meine Mutter aus Concepción, sie war besorgt, weil ich ihr nicht geschrieben hatte. Weil es für mich notwendig war, mich zu bewegen – denn die drei Monate, in denen ich in einem engen Raum eingesperrt war, hatten aus mir fast einen Invaliden gemacht –, ging ich mit meiner Mutter auf den Hügeln von Valparaiso spazieren. Es war sehr komisch, als mir meine Mutter dabei ein Geheimnis anvertraute. Sie sagte: »Ich träumte wiederholt, dass du an einem Ort, wo es viel Wasser gibt, eingesperrt bist.« Um ihr keine Sorgen zu machen,

sie war schon über 70 Jahre alt, beteuerte ich, nie eingesperrt gewesen zu sein. Doch sie bemerkte sofort, dass ich log, sie kannte mich besser als alle anderen, und so erzählte ich ihr in allen Einzelheiten das traurigste Erlebnis, das man haben kann: von den eigenen Landsleuten gefoltert zu werden. Immer sagte ich, wären unsere Gefängniswärter Bolivianer gewesen, sie hätten uns nicht so barbarisch gefoltert wie diese Chilenen. Chilenen in Uniform, die den Auftrag haben, uns vor jeder äußeren und inneren Gefahr zu schützen.
Am Tag nach meiner Entlassung ging ich zur Schulbehörde und erfuhr, dass alle abgesetzt und viele gefangen waren. Ich könne wieder als einfacher Lehrer, aber nie mehr als Direktor arbeiten. Ich wurde mit halbem Gehalt einer kleinen Schule zugeteilt, wo mich alle Lehrer mit großem Misstrauen behandelten. Das dauerte aber nur so lange, bis sie mich besser kannten. Ich konnte in eine größere Schule wechseln und dann sogar an der 2. Mittelschule von Valparaiso unterrichten. Meine persönliche Situation verbesserte sich. Ich war daher sehr zuversichtlich und überlegte nicht zweimal, als die Vorsitzende meiner Partei, die im Untergrund weitermachte, mich zum Mitglied der regionalen Leitung der Sozialistischen Partei in Valparaiso ernannte, obwohl die vorherige Leitung verhaftet worden war und bis heute verschwunden ist.

Im Untergrund

Aktiv im Untergrund zu arbeiten, ist sehr aufregend. Es ist, wie wenn man täglich auf der Schneide eines Rasiermessers umhergeht, man weiß nicht, ob man wieder nach Hause kommt und ruhig schlafen kann. In diesem sehr besonderen Abschnitt meines Lebens lernte ich die Menschen kennen, wie sie wirklich sind: die Feiglinge, die Tapferen, die Uninteressierten. Eine meiner ersten Aufgaben war es, die Zeitung unserer Partei, sie hieß »Unidad y Lucha« (Einheit und Kampf), die aus Santiago kam, entgegenzunehmen und sie in der Hafenstadt zu verteilen. Meine letzte Aufgabe, zwei Jahre später, war es, eine Gruppe von *Compañeros* zu empfangen, die Flugblätter zur Unterstützung des Streiks der Arbeiter in der Kupfermine El Teniente mitbrachten. Um eine größere Aufmerksamkeit für die Flugblätter zu bekommen, brachten sie auch Böller mit. Ich erinne-

re mich sehr gut an den Tag dieser Aktion, es war der 13. Mai 1981, derselbe Tag, an dem der Papst im Vatikan durch den Türken Ali Agca angeschossen wurde. Durch eine schlechte Handhabung explodierte ein Böller auf der Brust des einen *Compañeros* und verletzte ihn schwer. Auch seine Begleiterin wurde übel zugerichtet, eine Chilenin, die dann ebenfalls nach Wien kam.
Nach diesem Vorfall waren der Geheimdienst von Santiago, eine Spezialgruppe der Geheimpolizei Valparaisos und der Geheimdienst der Marine alarmiert. Wir gingen dennoch, wie gewohnt, zu unserer Arbeit, ich in meine Schule, um keinen Verdacht zu erwecken. Wir wussten aber, dass sie uns auf der Spur waren, denn auf den Flugblättern, die die *Compañera* bei sich hatte, zeichnete die Sozialistische Partei verantwortlich. Am 30. Mai wurde die Festnahme aller Verdächtigen angeordnet, fast alle wurden an ihrem Arbeitsplatz festgenommen. Auf mich aber warteten sie vergeblich vor dem Tor der 2. Mittelschule, sie fanden mich auch nicht im Haus meines Sohnes, wo ich normalerweise übernachtete, und nicht in der Schule der »Compania Cordillera«. Aufgrund eines Hinweises meiner Frau hatte ich Valparaiso mit Schallgeschwindigkeit verlassen und war in einem zwielichtigen Viertel von Santiago untergetaucht. Der Erfolg meiner Flucht vor den Fängen des Geheimdienstes ist darauf zurückzuführen, dass ich die Anordnungen der Partei, in diesem Falle ein so genanntes Sicherheitshaus oder andere festgelegte Schlupfwinkel zu benützen, nicht befolgte.

Auf dem Weg ins Exil

Ich lebte fünf Wochen lang in einem zwei mal zwei Meter großen Raum und aß nur um ein Uhr nachts, um zu vermeiden, dass ich von den anderen Bewohnern des Hauses bemerkt würde. Schließlich erhielt ich eine Nachricht von der Partei: Ich solle in Begleitung von zwei *Compañeros* zur österreichischen Botschaft gehen und um Asyl ansuchen. Wir kamen dort zu zweit an, der Dritte war nicht gekommen. Nach vielem Hin und Her bekamen wir Asyl. Der Aufenthalt in den Räumen der Botschaft war wie die Rückkehr zum Leben. Geduldig warteten wir viele Wochen auf das Visum und Ende August konnten wir der Macht, die sich die Diktatur anmaßte, in Richtung Wien entkommen.

.....

Ich möchte hier meine große und aufrichtige Dankbarkeit gegenüber Walter Lichem, dem österreichischen Botschafter, ausdrücken, der uns vom ersten Augenblick an mit viel Verstand, Unparteilichkeit und Sorgfalt als Flüchtlinge betreute. Vom Personal der Botschaft wurden wir hilfsbereit und aufmerksam behandelt. Als wir zum Flughafen Pudahuel gebracht wurden, hat man uns bestens beschützt. Die Tage in der Botschaft sind für mich unvergesslich.

Unsere Ankunft in Wien

Erstmals in meinem Leben bestieg ich ein Flugzeug, erstmals verließ ich mein Land. Nach Wien zu kommen, bedeutete für mich etwas Außerordentliches. Ich wusste einiges über Österreich, so zum Beispiel, dass es eine sozialistische Regierung hat. Vor allem aber war mir Bruno Kreisky bekannt, ich hatte mehrmals etwas über ihn gelesen, als ich eine Arbeit über die Antifaschisten in Europa schrieb.
Ich lebte zehn Jahre in Wien und meine Erinnerungen an diese Zeit sind sehr positiv. Ich wurde gut aufgenommen, ich hatte zu essen und konnte nach meinen Vorstellungen arbeiten. Ich lernte viele europäische Städte kennen, was mir als Tourist nicht möglich gewesen wäre. Was ich in diesen Tagen, als ich in Wien war, wirklich erlebte und fühlte, schrieb ich in einem Bericht nieder, der ebenfalls nicht veröffentlicht wurde und Teil des erwähnten Buches ist. Er ist in der Form eines Briefes an mein Enkelkind geschrieben, das in diesen Tagen zur Welt kam und dem ich erzähle, wie das Land ist, in dem ich lebe, da ich nicht in mein Vaterland zurückkehren kann. Während meines Aufenthaltes in Wien verwendete ich den Großteil meiner Zeit dafür, Wienern und Wienerinnen, die nach Lateinamerika, vor allem nach Kuba, reisen wollten, Spanischunterricht zu geben. Ich machte diese Arbeit im Österreichischen Entwicklungsdienst in Mödling und bei der Österreichisch-Kubanischen Gesellschaft. In beiden Organisationen habe ich wirkliche Freunde und Freundinnen gefunden, die mich jetzt hier in Chile besuchten. Ich erinnere mich an Dieter Schrage und seine Frau Margit, die vor vier Jahren hier bei mir in Penco waren, gemeinsam mit Andreas Suer. Auch Markus Taschler besuchte mich. Dieter ist Kurator des Museums moderner Kunst in

Wien, und als er in Concepción war, wurde er vom Radio und von chilenischen Zeitungen interviewt. Meine besten Freunde aber waren Maribel und Peter Zahradnik. Immer denke ich an sie, aber ich bin sehr undankbar, weil ich ihnen nie geschrieben habe.

Die Rückkehr nach Chile

Nur wenige Tage vor den Präsidentschaftswahlen des Jahres 1989 kehrte ich in mein Land zurück. Mit dem Wahlsieg von Patricio Aylwin ging sowohl Pinochet als auch die verhasste Militärdiktatur unter. Am Anfang war es sehr schwierig, mich wieder zurechtzufinden. Als ich nach Chile zurück kommte, war meine Mutter nicht mehr am Leben, zwei Jahre davor war sie gestorben. Ein Bruder war bei einem Unfall ums Leben gekommen, ebenso waren ein Schwager von mir, der mein bester Freund war, und eine liebe Cousine gestorben. Das war alles sehr schmerzlich, aber ich habe eine sehr solidarische Familie. Sie erwarteten nicht von mir, dass ich viel Geld mitbringe, ich hatte weniger Geld als zuvor. Ich wollte auch nicht warten, bis die Unterstützung der österreichischen Regierung für die Rückkehrer angelaufen war. Meine ungeheure Freude über den Wahlsieg von Aylwin hatte keinen Preis und noch so viel Geld hätte mich nicht bewegen können, bis zum März 1990 zu warten.
Ich richtete mein Leben in Concepción, der Stadt meiner Herkunft, ein. Anfangs arbeitete ich in einer privaten Einrichtung zur Ausbildung von Jugendlichen, wobei mir meine Freundin Adriana Reusch sehr half, dann schuf ich eine eigene Ausbildungsstätte und schließlich erhielt ich eine Gnadenpension des chilenischen Staates. Derzeit gebe ich einigen Buben Geigen- und einem Mädchen Saxophonunterricht, andere bereite ich für ihre Prüfung zur Aufnahme an der Universität vor, alles gratis. Außerdem engagiere ich mich für den Präsidentschaftskandidaten meiner Partei, Ricardo Lagos, damit er der nächste Präsident Chiles wird. Wie man sieht, beschäftige ich mich mit vielen Dingen, es wird mir nie langweilig.
Ich grüße euch und denke mit großer Zuneigung zurück, ein Chilene, der Österreich und seine Menschen nie vergessen wird.

.....

Dante Notari

Es war im vorvergangenen Jahrhundert, als ein Emigrant aus Spanien eine peruanische Indiofrau in der Küstenzone von Ilo im Süden von Peru, nahe an der Grenze zu Chile, eroberte. Es entstand eine neue Familie, ein Beitrag zur demographischen Explosion in Peru und zur Vermischung der »Rassen«. Sie brachten drei Buben und zwei Mädchen zur Welt. Was mit ihnen geschah, bleibt im Dunkel der Zeit verborgen, weil es niemanden gab, der die Familienchronik aufzeichnete. Ich konnte nur die Spur von Doña Francisca Manriquez (ihren indianischen Familienname habe ich nie erfahren), meiner Urgroßmutter, verfolgen. Sie geriet in das Netz eines anderen spanischen Emigranten, mit dem sie zwei Kinder hatte.

Wenn man von meiner Urgroßmutter Doña Francisca erzählt, kann man die Vergangenheit der Familie ein wenig darstellen. Es wird berichtet, dass sie der schlechten Behandlung durch den Spanier überdrüssig geworden war und von Peru nach Chile flüchtete. Ihren Sohn Juan führte sie an der Hand und ihre Tochter Felia trug sie im Leib. Sie ging nach Iquique, wo sie ihre Tochter zur Welt brachte. Um sich ihren Lebensunterhalt zu verdienen, durchwanderte sie mit den Kindern am Rücken die Pampa[1] und arbeitete als Hausiererin. Sie verkaufte Wasser, Stoff, Zwirn, Knöpfe und andere Artikel. Durch ihren Kontakt mit den Arbeitern in den Salpeterminen wurde sie eine Kämpferin für soziale Gerechtigkeit. Mit der Gitarre in der Hand erzählte sie den Arbeitern, was in den anderen Minen vor sich ging. Mit der Zeit verbot ihr die Polizei der Minenbesitzer den Zutritt zu den Baracken der Arbeiter und mehr als einmal musste sie die Nacht in einer Zelle verbringen, weil sie als *Maximalista* angesehen wurde. Als sie erfuhr, dass aufgrund eines Befehls aus Santiago die Polizei Jagd auf verschiedene *Maximalisten* machte und dass ihr Name auf der Liste stand, kehrte sie 1925 nach Peru zurück, um keine Schwierigkeiten zu bekommen. Sie starb im Alter von etwa 100 Jahren bei Verwandten in Lima, sie war nie wieder nach Chile zurückgekehrt. Juan, ihr Sohn, war 1950, knapp nach-

1 Pampa: Bezeichnung für die große Wüste im Norden Chiles, in der es viele Salpeterminen gibt

dem er Vorsitzender der Gewerkschaft der Minenarbeiter geworden war, bei einem Grubenunglück verstorben.

Ihre Tochter Felia, meine Großmutter, heiratete in Iquique Antonio Santos, einen jungen Spanier aus der Provinz Galizien, der in Amerika sein Glück machen wollte, er war völlig mittellos. Sie hatten drei Kinder: Antonia Santos Fernandez, meine Mutter, Pilar und Alejandro. Mein Großvater hatte unternehmungslustige Verwandte, die kurz nach dem Ende des Krieges von 1879 zwischen Chile, Peru und Bolivien nach Chile gekommen waren und die in Antofagasta eine Reihe von Geschäften eröffneten, denen sie den Namen »Gato Negro« (Schwarze Katze) gaben. Das waren Kaufläden, in denen angefangen von Nadeln bis hin zu Maultieren alles, was Minenarbeiter brauchen, verkauft wurde. Sie hatten natürlich auch eine Bäckerei, die wie viele andere »Paloma« (Taube) hieß. Diese Geschäfte gibt es noch immer, wenn auch in Händen von Nachkommen anderer spanischer Einwanderer. Meine Großmutter nahm, dem Vorbild ihrer Mutter entsprechend, Kontakt mit sozialistischen Gruppen auf, die in geheimen Treffen die Schriften von Santiago Arcos und Francisco Bilbao, zweier junger spanischer Dichter, lasen. Mein Großvater Antonio entschloss sich, sein Glück in Santiago zu suchen, und übersiedelte mit seiner Familie in die Hauptstadt. Das war in den Dreißigerjahren. In Chile hatte die Anarchie ihren Höhepunkt erreicht, Präsidenten kamen und gingen. 1932 wurde die »República Socialista« ausgerufen, durch die Straßen defilierten Organisationen verschiedener sozialistischer Tendenzen, unter ihnen die Acción Mujeres Socialistas (AMS). In der ersten Reihe meine Großmutter und ihre Töchter: Antonia, meine Mutter, und Pilar. Die sozialistische Republik wurde gestürzt, die Regierung verbannt.

Ein Jahr später vereinigten sich die verschiedenen sozialistischen Organisationen und schufen die Sozialistische Partei Chiles. Meine Großmutter war als Repräsentantin der sozialistischen Frauen Gründungsmitglied. In Europa gewannen in dieser Zeit die Faschisten an Stärke, und in Chile kämpften die sozialistischen Jugendlichen gegen den Faschismus der Kreolen[1]. Später, es ist eine Ironie der Geschichte, traten sie gegen den Pakt zwischen Molotow und Ribbentrop auf, dagegen, dass

1 Kreolen: Bezeichnung für die Nachkommen der Spanier

Faschisten und Kommunisten gemeinsame Sache gegen die Sozialisten machten. Doña Felia Fernandez starb 1992 im Alter von 92 Jahren in Santiago. Von meinem Großvater weiß ich nur, dass er mit dem revolutionären Engagement meiner Großmutter nicht einverstanden war. Er starb in den Vierzigerjahren, nachdem er nochmals geheiratet hatte.
Meine Mutter Antonia Santos lernte in der sozialistischen Jugend Augusto Notari kennen und heiratete ihn. Er stammte aus einer italienischen Einwandererfamilie Meine Mutter war Textilarbeiterin, und mein Vater arbeitete, wie die meisten italienischen Einwanderer, in einer Druckerei. Sie hatten zwei Kinder, Augusto und mich. Mein Vater war ein aktiver Revolutionär und sowohl bei den Druckereiarbeitern als auch im Wohnviertel ein wichtiger Funktionär. Aufgrund politischer Differenzen kam es zu einem Konflikt mit dem damaligen Vorsitzenden der Sozialistischen Jugend, Raúl Ampuero Diaz. Mein Vater entfernte sich von der Partei und gründete in Chile mit einigen anderen die trotzkistische *Vierte Internationale.* 1944 wurde er von der politischen Polizei verhaftet, er musste nach Argentinien flüchten, wo er eine andere Frau kennen lernte, mit der er sechs oder sieben Jahre später zurückkehrte. Er starb im Juni 1974, während ich schon im Exil war. Er hatte eine Werbefirma mit Fotolabor aufgemacht, die ziemlich gut ging. Eines Tages kam die Soldateska in seinen Betrieb, um mich und meinen Bruder zu suchen. Sie meinten, wir wären heimlich nach Chile zurückgekehrt. Sie zerstörten alle Geräte, den ganzen Betrieb und durch einen Kolbenschlag auf seine Brust zersprang sein Herz.
Meine Mutter hatte ein zweites Mal geheiratet. Ihr zweiter Mann hieß Francisco Melo, kam aus Portugal und war ebenfalls ein Sozialist. Aus dieser Ehe stammen zwei Kinder: Francisco und Antonio. Mein Stiefvater war ein guter und intelligenter Mensch, aber er war eine schwache Persönlichkeit und fühlte sich durch das starke Temperament meiner Mutter und ihrer ganzen Familie in die Enge gedrängt. Aufgrund politischer Meinungsverschiedenheiten (bei der Präsidentschaftswahl 1952 war die Sozialistische Partei gespalten, meine Mutter und ihre Familie unterstützten Salvador Allende, mein Stiefvater aber Ibañez) wurde die Situation unerträglich, und er packte seine Koffer. 1959 trafen wir uns wieder in der 5. Sektion des

Zentrums von Santiago, wo er einer der Funktionäre war. Im Mai 1974 wurde er hinter der Bahnstation von Renca tot aufgefunden. Man hat ihn bestialisch niedergeschlagen und in den Nacken geschossen. Er wollte nicht ins Exil gehen.
Meine Mutter war in ihrer Jugend eine aktive Kämpferin für die Revolution und den chilenischen Sozialismus. Sie hatte in der Partei mehrmals mittlere Positionen inne und war in der Textilgewerkschaft tätig. Trotz vieler Schwierigkeiten verstand sie es immer, sowohl ihre politischen als auch ihre familiären Verpflichtungen zu erfüllen. Sie war eine selbstlose Mutter und eine selbstlose Kämpferin für soziale Gerechtigkeit. Ihre Schulbildung musste sie schon mit der vierten Klasse Grundschule beenden, aber als unermüdliche Leserin konnte sie aus eigenen Kräften den Mangel an Schulbildung ausgleichen. Überall, wo sie wohnte, engagierte sie sich in der Partei, in den Bezirken Conchali, Nuñoa, La Reina, Quinta Normal, Santiago-Zentrum und schließlich in Barrancas (heute Pudahuel). Sie kandidierte für den Bezirksrat von Barrancas und verfehlte nur um drei Stimmen ein Mandat. Während der Regierung der *Unidad Popular* war sie stellvertretende Regierungsbeauftragte für Barrancas. Wenige Tage nach dem Putsch wurde sie festgenommen und in das Kulturzentrum von Barrancas gebracht. Dank der Intervention eines Polizeioffiziers, der verfassungsgemäß handelte, wurde sie nach Hause gebracht und unter Hausarrest gestellt. Sie weigerte sich, ins Exil zu gehen. Damit aber ihre Söhne das Land verlassen, log sie und ließ uns glauben, sie werde uns nachfolgen, was sie aber nicht tat. Im Juni 1974 wurde sie wieder festgenommen, gefoltert und ins Gefängnis gebracht, ohne in den Listen der Gefangenen aufzuscheinen. Schließlich wurde sie vor das Tor des Frauengefängnisses geworfen und dort von Nonnen aufgefunden. Dank der Hilfe des *Compañero* Berger und der Regierung Kreisky konnte ihr Aufenthaltsort festgestellt und sie nach Österreich gebracht werden. Hier lebte sie bis 1992. Sie kehrte nach Chile zurück, um ihre Mutter in den letzten Monaten ihres Lebens zu pflegen. Sie blieb im Bezirk Pudahuel, wo sie immer gekämpft hat. Die Partei und die Leute in ihrem Bezirk haben ihren revolutionären Kampf sehr geschätzt, und auch heute noch, mit 79 Jahren, interessiert es sie, mit der neuen Generation der Sozialisten zu diskutieren.

.....

Meine Brüder

Augusto, mein älterer Bruder, wurde 1938 geboren und wurde ein aktives Mitglied der Sozialistischen Partei. Er begann als Druckereiarbeiter und war schließlich für die Computer der Technischen Universität in Santiago zuständig. Nach dem Putsch wurde er verfolgt, er ging nach Deutschland ins Exil. Eben als er sich auf die Rückkehr nach Chile vorbereitete, starb er.
Francisco war Studentenführer und auch bei der Partei. Er war Dichter und Revolutionär. Er stand in Kontakt mit den *Tupamaros* in Uruguay und der *ERP* in Argentinien. 1967 wollte er sich Che Guevara in Bolivien anschließen, doch an der peruanisch-bolivianischen Grenze erreichte ihn die Todesnachricht von Che. 1970 arbeitete er im Künstlerkomitee bei der Wahlkampagne für Allende mit. Im März 1973, also noch vor dem Putsch, wurde er von einem Kommando von *Patria y Libertad* in seiner Wohnung ermordet. Für sein Gedicht »Uvas para Cuba« (Weintrauben für Kuba) hatte er einen Preis vom Institut Casa de las Americas in Havanna bekommen.
Auch Marco Antonio war ein aktives Mitglied der sozialistischen Jugend. Er war in ein Bombenattentat verwickelt, bei dem ein Polizist starb. Er wurde zu 20 Jahren Gefängnis verurteilt, während der Zeit der *Unidad Popular* amnestiert und 1974 nochmals wegen seiner Vergangenheit für kurze Zeit eingesperrt. Er ging in den Widerstand und musste nochmals ins Gefängnis, 1993 ging er frei und lebt seither mit unserer Mutter zusammen.

Mein Leben

Ich kam 1942 zur Welt. Wie schon aus dem Gesagten hervorgeht, komme ich aus einer armen Familie, in der es immer zu wenig Geld gab, die aber der Sache des Volkes zutiefst verbunden war. Aus Geldmangel konnten weder mein älterer Bruder noch ich die mittlere Schulbildung abschließen, wir mussten arbeiten gehen. Dadurch trugen wir dazu bei, dass die beiden Jüngeren, die Zwillinge waren, die Mittelschule beenden konnten.
Meine politische Prägung erhielt ich im Viertel Reina Maria in Conchali, ein Viertel mit rauen Sitten, ein typischer Arbeiterbezirk, wo die politischen Versammlungen von den italieni-

schen und spanischen Anarchisten dominiert wurden. Das Haus meiner Großmutter war eines der meistbesuchten, wo auch manchmal Führer der Sozialistischen Partei auftauchten, wie Salvador Allende, Raúl Ampuero, Aniceto Rodriguez, um nur einige zu nennen. Es war die Zeit, in der diese Leute die Partei aufbauten und mit ihrem Beispiel die Mitglieder der Basis motivierten.

Als meine Mutter 1948 zum zweiten Mal heiratete, übersiedelten wir in den Bezirk Nuñoa, wo mein Stiefvater in einer Textilfabrik als Buchhalter arbeitete. Mein älterer Bruder und ich begannen dort die Grundschule, es war eine Privatschule mit Englisch als Unterrichtssprache. Ich war kein Wunderkind, aber doch sehr aufgeweckt, und mit der Hilfe meiner Mutter konnte ich schon mit fünf Jahren lesen, sodass ich gleich mit der 2. Klasse anfangen konnte. Ich blieb bis zur 5. Klasse.

1950 gab es den »Krieg der 20 Centavos«, weil der Fahrpreis für den öffentlichen Verkehr erhöht wurde. Ich sah, wie die Studenten sich auf der Straße der berittenen Polizei, die mit Säbeln und Lanzen bewaffnet war, entgegenstellten. Die Studenten streuten Kugeln auf die Straße und gossen Seifenwasser aus, wodurch die Pferde ausrutschten und die Polizisten zu Boden fielen.

Als mein Stiefvater die Koffer packte und meine Mutter mit vier Kindern sitzen ließ, mussten wir das schöne Haus in Nuñoa verlassen und für einige Monate nach Conchali zurückkehren; danach übersiedelten wir in den Bezirk Quinta Normal in die *Población* Barea. Hier gab es viel Gewalt und eine hohe Kriminalitätsrate. Meine Mutter eröffnete einen kleinen Laden und verkaufte Brot, gebratenen Fisch, Sopaipillas[1], Churros[2], Getränke und Bier. In einer Schule der Fundación Matte beendete ich die Grundschule. Durch die politische Aktivität meiner Mutter waren wir in der Nachbarschaft gut angesehen, dennoch musste ich hin und wieder meine Fäuste gebrauchen, um mich gegen tätliche Angriffe und Spott zu verteidigen.

Nach der Grundschule wurde ich zu einer Tante nach Antofagasta geschickt, um dort im Lyzeum San Luis, einer der besten Schulen des Landes, die Mittelschule zu machen. Der Direktor

1 Sopaipillas: In Fett gebackene Fladen aus Kürbisteig

2 Churros: In Fett gebackenes Gebäck

war damals der Schriftsteller Andrés Sabella. Aufgrund meines aufbrausenden Charakters war es aber mit diesem Projekt bald vorbei. Der Mann meiner Tante wollte klarstellen, dass er der Herr im Haus ist und er anschafft. Er hatte die blöde Idee, die Hand gegen mich zu erheben, er erhielt meine Antwort durch einen Faustschlag auf seine Nase, was nicht nur seinen Zorn steigerte, sondern auch seine misshandelte Nase stark bluten ließ. Daraufhin lief ich zur Landstraße und fuhr per Anhalter zurück nach Santiago. Mit Glück und großem Hunger kam ich fünf Tage später an, sogar noch vor dem Telegramm meiner Tante. Telefon hatten wir keines. Als meine Mutter die Geschichte hörte, schrie sie »Um Himmels willen!«, aber meine jüngeren Geschwister bogen sich vor Lachen. Mein älterer Bruder schimpfte über den Onkel, und die Mutter sagte schließlich, dass ich völlig falsch gehandelt hätte, aber der Onkel hätte es auch verdient.

Nun schickte mich meine Mutter in die katholische Schule San José. Ich war ein guter Schüler und hatte gute Noten. Aber wieder war es mein Charakter! Im Dezember, knapp vor den Prüfungen und dem Jahresabschluss, kam es zur Katastrophe. Wir waren angestellt, um die Schule zu verlassen. Ich hatte meine Schultasche am Boden, zwischen meinen Füßen. Der Direktor, ein Yankee-Priester, beschimpfte mich. Er nannte mich einen Kretin und vieles mehr. Je mehr er mich beschimpfte, desto größer wurde sein Zorn, bis er mir schließlich mit seinem ledernen Rosenkranz ins Gesicht schlug. Was ich ihm dann alles sagte, kann ich nicht niederschreiben. Das Ergebnis war, dass ich »wegen unmoralischen Verhaltens« von der Schule gewiesen wurde. Scheiße, ich verlor damit ein ganzes Schuljahr. Als mich meine Mutter mit den Striemen im Gesicht heimkommen sah, lief sie in die Schule und las dem Pater gründlich die Leviten. Ihren Buben durfte niemand angreifen!

In einer kleinen Privatschule ging es weiter, ich machte die erste und zweite Klasse Mittelschule in einem Jahr und hatte einen guten Notendurchschnitt. Dann war ich Schüler im Lycée Francés, doch als die vierte Klasse der Mittelschule anfing, war unsere wirtschaftliche Situation so unhaltbar geworden, dass es meine letzte war und ich als Hilfsarbeiter auf den Bau gehen musste. Da ich die Pläne leicht lesen und gut rechnen konnte, schickte mich die Firma in das Zementwerk Melón nach La

Calera, um mich dort in der Granulometrie auszubilden. Kurz nachdem ich aus La Calera zurückgekehrt war und meine Arbeit zur Kontrolle der Qualität des Betons aufgenommen hatte, kam – wie das Leben halt so spielt – ein neuer Arbeiter zu uns. Ein sonderbarer Kerl, mit feinen Händen und einer Sprache, die nicht zu einem Bauarbeiter passte. Ein feines Bürschchen, das mit der Scheibtruhe fuhr, aber ein Revolutionär war, wie sich herausstellte. Er hieß Francisco Encina – aber das ist ein anderes Kapitel. In diesem Betrieb arbeitete ich von 1958 bis 1964.

Obwohl ich in eine Familie von Revolutionären hineingeboren war, interessierte ich mich nicht viel für Politik. Mein Entschluss, mich politisch zu engagieren, hängt mit den Ereignissen des 2. April 1957 zusammen. Damals war ich in der dritten Klasse des Lycée Francés in Santiago. Präsident Chiles war der ehemalige Diktator Carlos Ibañez del Campo, der allerdings in dieser seiner zweiten Regierungsperiode mit einer überwältigenden Mehrheit demokratisch gewählt worden war. Die sozialen Spannungen waren unerträglich, und die Preiserhöhungen für den öffentlichen Verkehr zusammen mit der Aufhebung der Ermäßigung für Studierende brachten das Fass zum Überlaufen. Studenten und Arbeiter gingen auf die Straße. Der Vorsitzende der Studentenvereinigung der Universidad de Chile war der Medizinstudent Victor Barberis Yori, Mitglied der Radikalen Partei. Der Streik begann in Concepción und Valparaiso, wo er von der Polizei brutal unterdrückt wurde. Das veranlasste die Hochschüler in Santiago, ebenfalls auf die Straße zu gehen. Am 29. März schoss die Polizei beim Eingang des Lokals der Studentenvereinigung auf die Demonstranten, wobei die christdemokratische Studentenvertreterin Alicia Ramirez getötet wurde. Die Studierenden des ganzen Landes traten in einen unbefristeten Streik.

Das Begräbnis fand am 2. April in Valparaiso statt. Der Zusammenstoß mit der Polizei war brutal. An jenem 2. April 1957 starben in den Straßen Santiagos mehr als 100 Studenten und Studentinnen, unter ihnen zwei Mitschüler aus meinem Lyzeum, wenige Meter von mir entfernt. Die Unruhen dauerten drei Tage. Schließlich rückte das Militär aus und – welche Ironie – stellte sich auf unsere Seite. Das Militär schützte uns vor den Polizisten, die sich in ihre Kasernen zurückziehen mussten. Dieser 2. April 1957 war für das politische Spektrum Chiles sehr wichtig. Die kommunistische Jugend spaltete sich, einige gingen zu den Trotzkisten, andere zur Sozialistischen Partei, viele schlossen sich den Maoisten an. Die Jugend der Radikalen Partei erlitt dasselbe Schicksal, hier ging die Mehrheit zur Sozialistischen Partei (Victor Barbieris, Jorge Arrate, Ricardo Lagos u. a.), andere radikalisierten die christdemokratische Jugend. Auf der Gegenseite vereinigten sich die Nazis des Von Pfeiffer und die Organisationen des *Opus Dei (Fiducia und Dios, Patria y Familia)* zu einer gemeinsamen Bewegung.

Nach diesen Tagen im April nahm ich verschiedene Kontakte auf, ich ging zu Treffen von befreundeten Studenten und nahm an Sitzungen der sozialistischen Jugend teil, trat aber erst im Juli 1957 dieser Organisation bei. Meine erste Aufgabe war es, in einigen Bezirken Santiagos, vor allem in denen mit ländlichem Charakter, Jugendgruppen der Partei zu organisieren. Bald wurden mir Aufgaben der mittleren Ebene übertragen. Mitte 1958 gab ich mein Studium auf und begann im Baugewerbe zu arbeiten, wo ich Betriebskomitees organisierte. Zugleich machte ich beim Präsidentschaftswahlkampf mit. Die Zusammenstöße auf der Straße mit den rechtsgerichteten Gruppen, die Alessandri unterstützten, waren meine Feuertaufe. Allende verlor diese Wahl nur sehr knapp.

Nun schloss ich mich den Linkssozialisten an, einer Gruppe in der Partei, die die bewaffnete Revolution propagierte und Hilfe zur Unterstützung der Bärtigen der Sierra Maestra[1] in Kuba organisierte. Das geschah mit der stillschweigenden Zustimmung der Gesamtpartei und bei offener Kritik der Kommunisten. Der Sieg der kubanischen Revolution, die Botschaft Che Guevaras und die ungerechte soziale Situation in Lateinamerika radikalisierten uns immer mehr. »Unica Solución – la Revolución« (Die einzige Lösung ist die Revolution), war unser Leitspruch. Wir wurden zu Aktivisten der Revolution. Der Populismus des Präsidenten Frei und der Christdemokratischen Partei begünstigten unsere Arbeit. Bei der Besetzung von Brachland, von Großgrundbesitz, Fabriken und Baustellen bildete sich eine Allianz von Fabriksarbeitern, Landarbeitern und Stu-

1 Bärtige der Sierra Maestra: die von Fidel Castro geführte Guerillagruppe, die vom gebirgigen Osten Kubas, der Sierra Maestra, ausgehend den Befreiungskampf aufnahm

denten heraus. In diesen Jahren wurde die Alternative »Patria o Muerte« (Vaterland oder Tod) artikuliert, und wir riefen: »Venceremos!« (Wir werden siegen!). Wir wollten für Menschenwürde, für Solidarität und für eine bessere Gesellschaft kämpfen. Aber es gab in der Partei eine Spaltung, wir standen auf der einen Seite, Allende auf der anderen.

Im Jahre 1960 setzte ich mein Studium fort und bereitete mich auf die Prüfungen für die 4., 5. und 6. Klasse der Mittelschule vor. Im März 1961 legte ich im Unterrichtsministerium die Prüfungen ab. Ich erreichte in allen Fächern gute Durchschnittsnoten. Dann trat ich im selben Jahr in die Lehrerbildungsanstalt Faustino Sarmiento ein, die ich im Dezember 1962 als Volksschullehrer verließ. Im März 1963 machte ich an der Technischen Universität das Bakkalaureat, 1964 begann ich in Abendkursen mit dem Studium der Pädagogik an derselben Universität, doch da für mich die Revolution vor der Tür stand, schloss ich mein Studium nicht ab, der Tag hatte nur 24 Stunden.

Ich nahm aktiv an den Protesten gegen die Niederwerfung des ungarischen Aufstandes im Jahre 1956 und gegen den Einmarsch der Sowjets 1968 in Prag teil. Später, schon in Österreich, protestierte ich gegen die Intervention der Sowjetunion in Afghanistan. Ich marschierte viele Kilometer in den Demonstrationen für Kuba, für Vietnam, für Santo Domingo, für Brasilien etc. Unsere revolutionäre Solidarität galt immer den Unterdrückten, egal, wer der Unterdrücker war.

1964, nach der Niederlage bei den Präsidentschaftswahlen, schlossen sich verschiedene revolutionäre Gruppen (Maoisten, Trotzkisten und Leute aus der Sozialistischen, Kommunistischen und Radikalen Partei) zusammen und gründeten den *MIR*.

Für kurze Zeit zog ich mich von der Politik zurück. Ich arbeitete einige Jahre als Lehrer, 1967 bekam ich eine Anstellung im Finanzministerium und zwar im Schatzamt. Zwei Jahre lang hatte ich mich nicht politisch betätigt. 1968 heiratete ich. 1969 wurde ich zum Vorsitzenden der Verbandes der Angestellten des Schatzamtes gewählt. 1970 stellten wir gewisse Forderungen an den Finanzminister der christdemokratischen Regierung, Andrés Zaldivar. Die Gespräche über unsere Forderungen wurden schließlich mit dem Präsidenten Frei Montalva selbst geführt. Wir drohten mit Streik und gewannen diese Auseinandersetzung.

.....

Wir waren 1967 in den Bezirk Barrancas übersiedelt. Meine Mutter, mein älterer Bruder und ich widmeten uns dem Aufbau der Partei in diesem Bezirk, und schon nach wenigen Monaten, bei den Gemeinderatswahlen von 1968, wurden wir in die Bezirksvertretung gewählt. Bei den darauf folgenden Parlamentswahlen konnte unsere Partei den zweiten Platz erreichen. Durch das gute Ergebnis in unserem Bezirk wurden *Carlos Altamirano*, der spätere Generalsekretär der Partei, als Senator und Laura Allende als Abgeordnete gewählt.
Dann kam die Präsidentschaftswahl 1970, der Wahlkampf war sehr hart. Wir organisierten Gruppen von Familien, die keine Wohnung hatten, Landarbeiter und Leute aus den Armenvierteln. Beim regionalen Parteitag von Santiago-Nord wurde mein Bruder zum Vorsitzenden und ich zum Verantwortlichen für die Basisbewegungen gewählt. Zugleich war ich für die Unterstützung der Brigade *Elmo Catalán* zuständig.
Wir gewannen diese Wahl, Allende wurde Präsident.
Im April 1972 wurde ich Opfer eines Attentates von *Patria y Libertad*. Mein rechter Lungenflügel ist seither nur mehr halb funktionsfähig. Meine Mutter wurde zur stellvertretenden Regierungsbeauftragten für den Bezirk Barrancas ernannt, sie war das Ziel mehrerer Attentate. Im März 1973 wurde mein jüngerer Bruder Francisco in seiner Wohnung in der Straße Vicuña Mackenna ermordet, wie schon oben erwähnt.
Im Juni 1973, während des Aufstands des Militärs, der als das *Tanquetazo* bekannt wurde, schoss jemand aus dem Fenster meines Büros im Schatzamt und tötete einen Offizier des Heeres. Obwohl ich an diesem Tag nicht im Büro war, wurde ich nach dem Putsch dafür verantwortlich gemacht und diese Tat meinen sonstigen »Delikten« hinzugezählt. Nach dem *Tanquetazo* war uns klar, dass es nur mehr eine Sache von Tagen ist, bis das Militär putscht, und so war es auch.
Die *Unidad Popular* war eine Allianz, die viele politische Strömungen vereinigte, und daher sehr erfolgreich bei der Wahl. Aber sie war kein effizientes Instrument, um zu regieren, noch weniger, um sich gegen einen Militärputsch zu verteidigen. Die starken Widersprüche innerhalb der *Unidad Popular* und sogar innerhalb der einzelnen Parteien, die diese Koalition bildeten, verhinderten, zusammen mit den Aktionen jener Gruppen, die noch weiter links standen, eine kohärente und wirksame poli-

tisch-militärische Taktik. Die wirklichen Ursachen des Militärputsches dürfen aber nicht in den Fehlern der *Unidad Popular* oder des *MIR* gesehen werden. Der Militärputsch war eine Konsequenz des Kalten Krieges, des nordamerikanischen Imperialismus und des weltweiten Kapitalismus. Die Konspiration gegen Allende entstand durch das Zusammenwirken der geopolitischen Absichten der USA und der Kapitalinteressen der US-amerikanischen und europäischen Firmen, privater und halbstaatlicher. Es genügt, die Geheimdokumente der *ITT* oder den Bericht der Kennedy-Kommission an den Senat der USA zu lesen, um zu sehen, dass an der Seite der nordamerikanischen Firmen auch deutsche, österreichische, französische, englische und andere standen.

In meiner Arbeit im Schatzamt hatte ich die Verantwortung für die Organisation der Steuereintreibung im Rahmen der Agrarreform, insbesondere beim so genannten »Plan Cautín«, übernommen. Eine Untersuchung hatte ergeben, dass 90 % der Steuerschuldner nur einen Anteil von 10 % an der Steuerschuld hatten, während 10 % der Schuldner für 90 % der Schulden verantwortlich waren. Als dann der damalige Schatzmeister der Republik, Enrique Allendes de la Cuadra, in Concepción sagte: »Wir werden sie dort treffen, wo es ihnen am meisten weh tut, nämlich beim Geldbeutel«, entschlossen wir uns, unsere Anstrengungen auf die Einbringung jener 90 % der Schuld zu konzentrieren, für die nur eine kleine Gruppe von in- und ausländischen Besitzern verantwortlich war.

Parallel zu meiner Berufstätigkeit musste ich meine Aufgaben als Vorsitzender des Verbandes der Angestellten der Schatzkammer erfüllen. Das war ein großer Widerspruch, sollte ich die Regierung, den Arbeitgeber oder die Angestellten verteidigen? 1972 legte ich nach einem Spitalsaufenthalt meine Funktion als Gewerkschaftsvorsitzender wegen moralischer Unvereinbarkeit zurück und widmete mich voll meinem Beruf als Angestellter des Schatzamtes und der Partei.

Es kam der Putsch, Dienstag, der 11. September 1973.

Um 5 Uhr morgens läutete in meiner Wohnung das Telefon, ich war eben von einer sehr aufregenden Sitzung nach Hause gekommen. Ein Offizier der Kriegsmarine rief an und ersuchte mich, ich solle die Sozialistische Partei und den Präsidenten verständigen, dass das Marinegeschwader das Manöver *Unitas*

.....

verlassen hatte und nach Valparaiso zurückkehrte, was bedeutete, dass der Putsch losging. Wir informierten das Zentralkomitee und Tomas Moro, die Residenz des Präsidenten. Das Chaos war perfekt. Ich ging zum Schatzamt in der Straße Teatinos 28, praktisch gegenüber der *Moneda*. Es war ein großes Durcheinander, die Schießerei begann und Militärflugzeuge überflogen Santiago. Das Heer hatte unter anderem bereits den mitten in der Stadt liegenden Hügel Santa Lucia besetzt (über den der Dichter Nicolas Guillen sagte, er sei in der Nacht so sündig wie unschuldig am Tag) und hielt dort Gefangene fest.
»Alea iacta est« – ich sah, die Würfel waren gefallen. Ich zögerte. Sollte ich in die *Moneda* gehen oder in meinen Bezirk? Ich entschied mich für Letzteres, um dort das Unmögliche zu organisieren, den Widerstand. Aber alles brach zusammen. Es blieb die Aufgabe, zu verhindern, dass sich die Partei und andere Bewegungen auflösten, zu versuchen zusammenzubleiben, und dann, wenn das Erste vorbei ist, die Basis für eine Organisation aufzubauen, die der Diktatur durch Waffen und Massenbewegung Widerstand leistet. – Aber es war unmöglich.
Ich wurde überall gesucht. Die Marine hatte das Schatzamt übernommen, und daher suchte mich die Marine. Der Geheimdienst des Heeres hatte mich schon lange beschattet, insbesondere nach den Besetzungen der Gemeindeämter in Maipú, Barrancas und Renca, daher suchte mich das Heer, aber auch die Polizei und ihr Geheimdienst suchten mich. Am 1. November flüchteten wir in die österreichische Botschaft: Miguel Angel Cespedes Navarrete (Pablo), Victor Reyes, Bartolomé Tobar Guzman (Rocco) und ich, Hugo Notari Santos, genannt Dante. Österreich, was ist das?
Am 23. Dezember reisten wir Richtung Wien ab. Wir sollten ein Land mit dem romantischen Namen »Austria« kennen lernen, aber dieses Wort wurde gegen das Wort »Ös-ter-reich« ausgewechselt, was so hart klingt wie das Auftreten mit Stöckelschuhen. Am 24. Dezember kamen wir in Wien an. Niemand erwartete uns. Wir kamen in eine Stadt, die weiß war vom schönen und kalten Schnee. In den Straßen nur ein paar alte Leute, ein ungeheuer großer Friedhof und Hunderte von schwarzen Vögeln. (Einige sagten, dass diese Vögel im Herbst aus dem kommunistischen Paradies davonfliegen, andere meinten, sie flüchten vor dem Kapitalismus nach Moskau, wenn der

Frühling kommt.) Wir kamen in ein Hotel, dank einiger Hinweise fanden wir am Abend dorthin, wo die anderen *Compañeros* und *Compañeras* waren. Sie feierten sehr traurige Weihnachten. Für uns war es noch trauriger. Die einzigen Kinder, die kein Weihnachtsgeschenk erhielten, waren unsere, weil wir gerade erst angekommen waren.
Vom 2. Jänner an arbeiteten Tito Reyes und ich für die Kronen Zeitung. Tito verkaufte die Zeitung am Abend an einer Ecke des Gürtels und ich in der Nähe der Ringstraße. Im Februar bekamen wir in der Maschinenfabrik Alex Friedmann eine geregelte Arbeit. Es ist schwierig zu arbeiten, ohne die Sprache zu beherrschen, aber mit dem guten Willen der Meister und durch unsere Kombinationsgabe fanden wir uns zurecht. Nach zwei Jahren ging ich zu Simmering-Graz-Pauker und machte dort den internen Botendienst. Dann war ich bei der Fa. Koreska. Ich hatte Nachtschicht und einen Vorgesetzten, der ein Ausländerfeind und außerdem ein Kommunistenfresser war. Nach zwei Wochen ging ich und nahm eine Arbeit bei einer Importfirma für Autoersatzteile an.
An den Abenden gab ich an verschiedenen Volkshochschulen Spanischunterricht, zuerst in Margareten, dann im 22., 9. und 11. Bezirk. Wegen meines Temperaments wurde ich nach einem Jahr arbeitslos. Da ich in Österreich keine Arbeit hatte, ging ich für einige Monate in die Schweiz, nach Genf. Als ich zurückkehrte, fand ich beim Danubia-Verlag Arbeit, einem Verlag der Arbeiterzeitung. Erst nach einem Jahr erfuhr ich, dass der Verlag der SPÖ gehörte. Dieser Betrieb ging in Konkurs, und Danubia wurde samt den ArbeiterInnen an Lechner & Sohn verkauft. Ich kündigte, denn das Klima gefiel mir nicht, und wenn mir etwas nicht passt, dann gehe ich.
Ich begann im Künstlerhaus als Kassier zu arbeiten. Das war eine sehr interessante Arbeit und ich könnte ein Buch über die Psychologie des »Homo austriacus« schreiben. Dort arbeitete ich 15 Jahre lang, machte die unterschiedlichsten Dinge und lernte mehr als auf der Universität. Vor allem aber war es die erste Gelegenheit Deutsch zu lernen, denn hier redete praktisch niemand in diesem primitiven und ordinären Dialekt. In Hinblick auf die Arbeit und die Stabilität waren es die besten Jahre in diesem Land. Dann starb der Chef, es kam ein neuer, und: Dante auf die Straße. Das war 1993. Erst sieben Jahre später

fand ich wieder eine dauerhafte Arbeit mit einer akzeptablen Bezahlung. In diesen sieben Jahren arbeitete ich einmal da und einmal dort, alles legal. Immer konnte ich mir den Lebensunterhalt verdienen, denn sich mit Gelegenheitsarbeiten durchzuschlagen, ist uns Chilenen gegeben. Heute arbeite ich in der Stiftung Essl und hoffe, dort bis zu meiner Pensionierung bleiben zu können.
Ich schulde niemandem etwas, nicht der SPÖ, nicht Österreich, nicht den ÖsterreicherInnen. Ich korrigiere, ich schulde einer Person etwas, dank der meine Mutter in Chile das Gefängnis verlassen konnte und nach Wien kam. Ich meine den Cura[1] Herbert Berger. Meine Frau und ich haben alle Arbeitsplätze ohne politische Hilfe bekommen. Ebenso meine Söhne Harry und Andrés. Wir haben gearbeitet und unsere Steuern bezahlt, und durch unsere Arbeit haben wir an der Entwicklung dieses Landes mitgewirkt. Wir sind quitt.
Es waren 26 Jahre, in denen das Leben viele Höhen und Tiefen brachte. Politisches Engagement zugunsten Chiles, gegen die Diktatur, antifaschistisches Engagement in Österreich, nicht nur für Österreich, aktive Solidarität mit Nicaragua, El Salvador und Kuba. Zusammenarbeit mit anderen AusländerInnengruppen, denn wenn du auch Papiere hast, die dich als Neu-Österreicher ausweisen: Tschusch bleibt Tschusch. Mitbegründen der Österreichisch-Chilenischen Freundschaftsgesellschaft, Mitbegründen des österreichischen EU-Migrantenforums mit Türken, Afghanen, Persern, Kurden, Afrikanern, Lateinamerikanern, mit Kroaten, Serben, islamischen Bosniern und Romas aus dem Burgenland.
Es ist richtig, dass es uns Chilenen bezüglich des österreichischen Rassismus relativ gut geht, aber das ist ein sehr langes Thema, und man müsste viel Zeit haben, um darüber zu reden und um Erfahrungen, nicht bloß Anekdoten, auszutauschen. Unsere Söhne wuchsen heran, sie heirateten Österreicherinnen und schenkten uns Enkelkinder.
In Chile gibt es keine Revolution mehr. Wir sind da geblieben, mit dem Wunsch zu gehen. Meine Frau und ich haben uns nicht integriert. Wir haben keine österreichischen Freunde und Freundinnen. Das ist nicht die Schuld Österreichs oder der Österreicher, aber auch nicht unsere.

1 Cura: freundschaftliche Bezeichnung für einen katholischen Priester

Maria Teresa Gallardo

Ich bin Maria Teresa, ich kam vor mehr als einem halben Jahrhundert in einer verregneten Hafenstadt im Süden Chiles, 1.000 Kilometer von Santiago entfernt, zur Welt. Ich wuchs in einer Mittelstandsfamilie ohne größere finanzielle Probleme auf. Ich verlebte in dieser Stadt eine ruhige Kindheit und Jugendzeit. Mit 18 Jahren ging ich nach Temúco, eine Stadt, die etwa 400 Kilometer nördlich von meinem Heimatort Puerto Montt liegt, wo ich auf der Universität Sozialarbeit studierte. In dieser Zeit begann ich mich durch den Kontakt mit der Studentenbewegung für die soziale und politische Situation meines Landes zu interessieren, insbesondere als ich jenen kennen lernte, der dann mein Mann wurde und von dem ich jetzt geschieden bin. Er war der Grund, warum ich mein Land verlassen musste.

Ich heiratete im September 1970. Mein Mann war ein bekanntes Mitglied der Sozialistischen Partei und hatte während der Regierung Allende in unserer Region wichtige politische Funktionen inne. Ich war zwar auch in der Sozialistischen Partei, doch widmete ich mich vor allem meiner beruflichen Arbeit und den zwei Töchtern.

In den ersten drei Jahren unserer Ehe, bis zum Militärputsch, verlief unser Familienleben relativ ruhig. Schon einige Monate vor dem Putsch waren wir beunruhigt und hatten Angst. Wir befürchteten, dass etwas Schwerwiegendes kommen werde. Die politische Lage war sehr angespannt, die Rechtsparteien boykottierten mit der Unterstützung der USA die Regierung Allende. Die Situation wurde von Tag zu Tag unerträglicher, aber nie dachten wir, dass etwas so Grauenhaftes wie der Militärputsch stattfinden würde. Ich glaube, wir vertrauten bis zum 11. September 1973, einem Tag, der das Leben vieler Chilenen und Chileninnen, auch meiner Familie, gänzlich veränderte, zu sehr auf die demokratische Tradition des chilenischen Militärs.

An jenem Dienstag gingen wir wie immer zur Arbeit. Ich war Sozialarbeiterin für das Personal der Stadtwerke und mein Mann war Regionalbeauftragter der Agrarreform. Wir hatten keine Ahnung, was in Santiago los war. Als ich ins Zentrum von Puerto Montt kam, sah ich, dass das Gebäude der Regionalverwaltung, in dem mein Arbeitsplatz war, von Militär umstellt war. Zuerst dachte ich, dass die *Momios* das Gebäude der Regionalverwaltung besetzen wollten und die Militärs es beschützten. Doch als ich eintreten wollte, verweigerten sie mir den Zutritt und sagten, dass ein *Pronunciamiento Militar* stattgefunden habe, ich solle nach Hause gehen und auf weitere Anweisungen warten. Das ganze Zentrum der Stadt war von Soldaten umgeben, die Menschen konnten sich nicht mehr frei bewegen. Ohne zu ahnen, wie schwerwiegend die Ereignisse waren, ging ich in das nahe gelegene Haus meiner Mutter, um aus Radio und Fernsehen zu erfahren, was wirklich los war. Die Medien berichteten, dass das Militär in Santiago den Regierungspalast besetzte und vom Präsidenten verlangt hatte, sich zu ergeben. Ich dachte zuerst, dies sei ein Putschversuch eines Teils des Heeres und dass sich die Mehrheit der Militärs aufgrund ihrer demokratischen Tradition dem Aufstand widersetzen und den Präsidenten der Republik verteidigen werde. In den nächsten Stunden, als Radio und Fernsehen die Verlautbarungen der Militärs brachten, erkannte ich nach und nach die Tragweite der Ereignisse und ging schließlich nach Hause.

Nach diesem Tag wurde in meinem Leben alles anders. Mein Mann wurde nach wenigen Tagen verhaftet und war zwei Jahre im Gefängnis. Ich musste allein für meine zwei kleinen Mädchen und für seine Mutter sorgen, außerdem für eine Schwester und einen Neffen meines Mannes, die vor dem Putsch wirtschaftlich von ihm abhängig waren. Unsere finanzielle Situation wurde von Tag zu Tag schlimmer, da mein Gehalt nur für den halben Monat reichte. Den Rest des Monats lebten wir von der finanziellen Unterstützung meiner Eltern. Dennoch muss ich sagen, dass meine Situation nicht die schlimmste war, denn ich konnte wenigstens meine Arbeit behalten. Bis heute frage ich mich, wieso sie mich nicht hinauswarfen. Bei den Besuchen im Gefängnis lernte ich Familienangehörige anderer Gefangener kennen und sah, dass einige dieser Familien nicht einmal etwas zum Essen hatten. Wir beschlossen uns mit Hilfe des *Comité por la Paz* zu organisieren, um uns gegenseitig zu helfen. Es waren sehr schwierige Jahre, es schien keinen Ausweg und keine Hoffnung zu geben, wir lebten nur für unsere gefangenen Angehörigen. Wir Frauen kamen Tag für Tag in der Mittagspause oder nach der Arbeit vor dem Gefängnis zusammen, um unsere Lieben wenigstens von weitem im Hof des Gefängnisses

oder an den Fenstern zu sehen. Bezüglich der Prozesse wussten wir nichts, sie wurden äußerst langsam durchgeführt.
Nach zwei Jahren Haft wurde mein Ex-Mann vor das Militärgericht gestellt und in erster Instanz zu zwei Jahren Gefängnis verurteilt. Da er schon zwei Jahre Haft hinter sich hatte, wurde er bis zur Bestätigung des Urteils durch den Militärkommandanten bedingt entlassen. Zwecks Unterschriftsleistung musste er sich jede Woche beim Militärgericht melden. Einige Wochen ging alles gut, doch mein Mann nahm wieder Kontakt mit *Compañeros* der Sozialistischen Partei auf, die nicht verhaftet worden waren und denen es gelungen war, sich im Untergrund zu organisieren. Diese *Compañeros* hatten mit chilenischen Gruppen in Argentinien Kontakt. Unglücklicherweise wurde ein Brief, in dem mein Mann erwähnt wurde, vom Geheimdienst abgefangen. Das bedeutete für ihn, dass er sofort in den Untergrund gehen musste, er wurde wieder gesucht. Zum Glück hatte er das rechtzeitig erfahren und schaffte es, Puerto Montt zu verlassen. Mit der Absicht, aus Chile zu flüchten, ging er nach Santiago. Dort blieb er einige Monate versteckt, er wurde vom *Vikariat der Solidarität* unterstützt und mit falschen Dokumenten von Chile nach Argentinien gebracht.
Aus Buenos Aires, wo er unter dem Schutz des UN-Hochkommissars für Flüchtlingswesen stand, schrieb er uns, dass wir zu ihm kommen sollten. Das war Ende 1975. Wir wollten in Buenos Aires bleiben, bis sich die Situation in Chile wieder änderte, doch leider mussten wir, da das Militär in Argentinien ebenfalls putschte, auch dieses Land verlassen. Die Flüchtlinge aus Chile waren nicht mehr sicher. In dieser Zeit wurden viele entführt und sie verschwanden spurlos. Das ging so weit, dass die Hotels, in denen chilenische Flüchtlinge untergebracht waren, durch die Polizei bewacht werden mussten. Die UN-Flüchtlingsorganisation unternahm alles, um in den verschiedenen Ländern der Welt Plätze zu bekommen, damit die Chileflüchtlinge außer Landes gebracht werden konnten. Woche für Woche fragten wir nach, ob wir für irgendein Land, gleich welches, ein Visum bekommen hätten. Endlich, Mitte 1976, kam die ersehnte Antwort: Österreich gewährt uns Asyl. Österreich? Was wussten wir von diesem fernen Land? Praktisch nichts oder nur sehr wenig, nämlich: Man spricht dort Deutsch, es ist kalt und es ist das Land von Sisi und der blauen Donau.

.....

Am 22. Oktober 1976 landeten wir mit zwei kleinen Mädchen, vier und fünf Jahre alt, am Flughafen Schwechat. Ich war im achten Monat schwanger. Beamte des Innenministeriums erwarteten uns und brachten uns sofort in das Flüchtlingslager Traiskirchen. Unser erster Eindruck war äußerst negativ. Wir waren auf der Flucht vor den Militärs und als wir dort die Polizei sahen, kehrten Angst und Beklemmung zurück. Wir konnten uns erst beruhigen, als wir im Lager mit anderen chilenischen und uruguayischen Familien zusammentrafen. Zuerst also dieser negative Eindruck, dann aber fühlten wir uns nach und nach sicherer. Es war ein herrliches Gefühl, ohne Angst, verfolgt zu werden, durch die Straßen gehen zu können. Wir waren acht Monate in Traiskirchen, dann brachte man uns in die Vorderbrühl. Das war eine sehr positive Veränderung, dort war es im Vergleich zu den düsteren Gebäuden von Traiskirchen sehr schön. Ende 1977 bekamen wir schließlich vom Innenministerium eine Wohnung, in der ich heute noch lebe. Einmal in Wien, mussten wir wieder versuchen, ein normales Leben zu führen, was nicht leicht war.
Wir hatten unser ganzes Leben zurückgelassen, in unserer Existenz hatte sich eine Klammer aufgetan und wir wussten nicht, wann wir sie schließen können. Wir mussten versuchen, unser Leben zu normalisieren. Es war notwendig, die Sprache zu lernen und zu verstehen, wie dieses Land organisiert ist. Alles war sehr schwierig und manchmal fragten wir uns, ob das überhaupt sinnvoll ist, da wir doch nur vorübergehend da sein und bald in unsere Heimat zurückkehren würden – aber wann? Vielleicht schon im nächsten Jahr?
Aber die Jahre vergingen und in unserer Heimat kam die erhoffte Veränderung nicht zustande. Viele Jahre hindurch lebten wir in der Erwartung, nach Chile zurückgehen zu können. Dadurch war die Integration sehr schwierig. Natürlich war es schon wegen der Kinder notwendig, die Sprache zu lernen, um ihnen bei den Schulaufgaben zu helfen, um mit Lehrerinnen und Ärzten reden zu können. Aber die fixe Idee der Rückkehr war in unserem Leben ständig präsent.
Anfang 1989, nach 14 Jahren Exil, konnte ich endlich in meine Heimat fahren. Es würde nicht die endgültige Rückkehr sein, aber es war wunderbar daran zu denken, wieder meine Familie zu sehen, meine Eltern, meine Geschwister, wieder durch die

Straßen meiner Stadt zu gehen, etwas, wovon ich 14 Jahre lang geträumt hatte. Doch schon auf der Reise wurde mir klar, dass vieles nicht so wie früher sein wird, die Gefühle, die ich erwartet hatte, wenn ich wieder in Chile sein werde, waren nicht so, wie ich sie mir vorgestellt hatte. Ich fühlte ein großes Misstrauen gegen alle, ich konnte mich mit den Menschen nicht identifizieren, ich fühlte mich fremd. Die Freundinnen und Freunde von früher gab es nicht mehr, oder sie hatten sich sehr verändert. Nur mit meiner Familie war es möglich, das Vergangene wieder ins Gedächtnis zu rufen, und nur bei ihnen fühlte ich mich zu Hause. Nach einem Monat kehrte ich nach Wien zurück mit der großen Frage: Wo ist mein Platz? Ich glaube, dass ich erst ab dem Augenblick, da ich mich entschied, in Österreich zu bleiben, anfing, mich integriert zu fühlen.
Es war allerdings keine völlig freie Entscheidung, weil ich sie in Hinblick auf meine Töchter traf. Mein damaliger Mann, dem es nie gelang, sich in Österreich wohl zu fühlen, ging, sobald es ihm erlaubt war, nach Chile zurück. Das war 1990. Unser Plan war, dass ich ihm ein Jahr später mit den drei Mädchen nachkommen soll, weil ich die Matura der zwei älteren abwarten wollte, damit sie in Chile gleich an die Universität gehen können. Doch als der Zeitpunkt kam, lehnten sie sich auf und teilten mir ihre Entscheidung mit, dass sie nicht nach Chile gehen werden. Sie machten mir außerdem den Vorwurf, dass wir sie über die Rückkehr nie um ihre Meinung gefragt hatten. Sie sagten mir, dass für sie Chile ein weit entferntes Land mit einer schrecklichen Geschichte sei und dass ihr Platz hier sei, wo sie ihre Freunde und Freundinnen und ihr Leben haben. Ich dachte über die Argumente meiner Töchter nach und entschied, dass ich nicht das Recht habe, ihnen dieselbe Erfahrung zuzumuten, die ich gemacht habe, nämlich in die Fremde gehen zu müssen. Andererseits hatte sich die Beziehung zu meinem Mann schon so verändert, dass diese kein Grund mehr für eine Rückkehr war.
Ich kann sagen, dass ich meine Entscheidung von damals nicht bereue, ich bin mit meinem Leben zufrieden und ich habe das Glück, dass ich mich integrieren konnte. Ich habe die Sprache erlernt, und nachdem ich die verschiedensten Arbeiten verrichtet hatte, angefangen von der Küchenarbeit in einem Spital über Putzfrau, Betreuerin von Kindern bis zur Hilfsarbeiterin

in einer Druckerei und einer Video-Fabrik, erreichte ich schließlich die Nostrifikation meines Diploms als Sozialarbeiterin und konnte meinen Beruf in einer Beratungsstelle für Lateinamerikanerinnen ausüben. Ich glaube, dass eine Arbeit, die den eigenen Fähigkeiten entspricht, ein sehr wichtiges Element für die Integration ist ...

Auch meine Töchter kamen voran: Sie studierten, sind Akademikerinnen und haben Arbeit. Auch wenn sie nicht in der Lage sind zu sagen, welches Land ihr Heimatland ist, so betonten sie doch wiederholt, dass ihnen dies kein Identitätsproblem verursacht. Das meinen sie vielleicht auch deswegen, weil sie glücklicherweise nie diskriminiert wurden.

Juan Correa

Ich beginne meinen Bericht mit unseren Erlebnissen während der kurzen Zeit der Regierung von Salvador Allende, dem demokratisch gewählten Präsidenten Chiles. Unsere Aktivitäten müssen vor dem Hintergrund der sozialen und politischen Entwicklung der chilenischen Gesellschaft gesehen werden. Meine Frau und ich hatten uns sowohl an der Universität von Concepción, wo wir studierten, als auch dort, wo wir wohnten, politisch engagiert. Die BewohnerInnen eines Viertels hatten die Möglichkeit, sich in einer *Junta de Vecinos* zu organisieren, um durch gemeinsames Arbeiten bestimmte Verbesserungen zu erreichen, wie z. B. dafür einzutreten, dass ein Gesundheitsposten errichtet wird, um die medizinische Versorgung allen zugänglich zu machen. Diese *Juntas de Vecinos* arbeiteten mit der Regierung zusammen. Dadurch konnte das soziale Reformangebot der Regierung an der Basis umgesetzt werden, konnten die Möglichkeiten, die sich durch die Politik Allendes eröffneten, tatsächlich genützt werden. Als Mitglied der Sozialistischen Partei engagierte ich mich außerdem in der Studentenschaft meiner Fakultät, wo auch meine Frau aktiv war.

Das also waren unsere politischen Aktivitäten, die in keiner Weise eine Aggression gegen die bis dahin herrschende Oberschicht darstellten, noch weniger einen Angriff auf den Rechtsstaat, wie die Militärs dann behaupteten, um ihren Putsch vom September 1973 zu rechtfertigen. Sofort nach dem Putsch wurde die Bevölkerung eingeschüchtert und es wurde von ihr verlangt, Namen der aktiven Mitglieder der Parteien der *Unidad Popular* zu nennen. Wenn sich jemand weigerte, eine derartige Aussage zu machen, erlitt er dieselben Strafen wie die Gesuchten. Durch diese Repressionsmethode fielen nicht nur die Funktionäre der Regierung Allendes und der Linksparteien in die Hände von Polizei und Militär, sondern auch alle Sympathisanten der gestürzten Regierung. Auch wir wurden von der Polizei für einige Tage festgenommen und physisch und psychisch gefoltert. Dann ließen sie uns frei, um zu beobachten, ob wir uns mit anderen trafen, damit sie auch diese festnehmen konnten. Einige unserer Bekannten wurden auf diese Weise verhaftet. Unsere Verfolger wollten, dass auch wir ihnen als Kö-

der dienten. Aber wir kannten ihre Absicht. Sie sperrten uns dreimal ein und ließen uns immer wieder frei. Glücklicherweise kamen wir mit unserem Leben davon, aber nach der dritten Freilassung war uns klar, dass wir unsere Provinz verlassen mussten. Wir versuchten in der Hauptstadt, in Santiago, unterzutauchen. Auch in Santiago war es gefährlich, weil die Militärs immer wieder breit angelegte Razzien durchführten. So suchten wir nach einer Möglichkeit, das Land zu verlassen, wir fürchteten, dass uns die Verfolgung bald wieder einholen würde.
Nach einiger Zeit – es kam uns sehr lange vor – gelang es uns, in Santiago auf offener Straße Freunde zu treffen, die wir ersuchten, uns beim Verlassen des Landes zu helfen. Sie übergaben uns einige Adressen und nach telefonischer Kontaktaufnahme konnten wir mit den Leuten zusammenkommen, die das machten. Wir befanden uns damit in der Obhut einer Gruppe, die Pater Raphael Marotto organisiert hatte. In ihr arbeiteten Priester und Nonnen, sie halfen jenen, die verzweifelt nach einem Weg suchten, Chile zu verlassen. Wieder mussten wir einige Wochen warten, weil diese Gruppe erst durch ihre eigenen Kontakte die Notwendigkeit und Dringlichkeit unserer Flucht überprüfte, dann aber kamen wir durch ihre Hilfe im November 1973 eines Nachts in die Residenz der österreichischen Botschaft. Glücklicherweise hatte die österreichische Regierung ihren Botschafter[1] abberufen und einen Geschäftsträger entsandt, der alle, die in der Residenz und im Botschaftsbüro Asyl gesucht hatten, unterstützte. In der Residenz, in der Straße Alcántara im *Barrio Alto*, befand sich schon eine große Gruppe von Flüchtlingen. Wir mussten uns nun darauf einrichten, für einige Zeit auf engstem Raum zusammenzuleben. Wir hatten kaum eine Möglichkeit, uns zu bewegen. Das Leben in der Botschaft hinterließ einige Spuren, vor allem in den persönlichen Beziehungen, denn wir waren unter sehr ungünstigen Umständen untergebracht. Das betraf die hygienischen Bedingungen und vor allem den Platzmangel. Wir wussten nicht, wie lange wir in der Botschaft bleiben werden, auch der österreichische Geschäftsträger konnte es nicht sagen. Unsere Ausreise hing davon ab, ob und wann die chilenischen Behör-

1 Siehe dazu S. 271

den die Erlaubnis dazu gaben. Wir waren mehr als zwei Monate in der Botschaft, es war für uns eine lange Zeit.

Der erste Winter in Wien

An einem Februarnachmittag, mitten im österreichischen Winter, kamen wir auf dem Flughafen Wien an. Es war kalt und es fiel etwas Schnee. Wir kamen hierher aus einem Land, das in Chaos und Terror versunken war. Wir hatten unsere Heimat nicht freiwillig verlassen. Ich hatte eben mein Studium als Journalist abgeschlossen, meine Frau konnte den Abschluss nicht mehr erreichen. Wir hatten uns, wie das in der Zeit der *Unidad Popular* häufig der Fall war, als Werkstudenten durchgeschlagen. Wir wollten in Chile bleiben, aber die Umstände zwangen uns zur Flucht. Wir waren verfolgt worden, nur weil wir Mitglieder der Sozialistischen Partei Chiles, der Partei des Präsidenten Allende, waren und beim Aufbau einer gerechteren Gesellschaft mitarbeiteten. Wir wollten eine Gesellschaft, die nicht wie früher und wie das heute wieder der Fall ist, von Ungerechtigkeit geprägt ist.
Wir waren erst seit zwei Jahren verheiratet und hatten noch keine Kinder, als wir in Wien ankamen. Am Flughafen wurden wir von einigen österreichischen Freunden erwartet, einige waren auch in Chile gewesen, andere nicht, aber alle waren solidarisch mit uns und bereit uns zu helfen. Wir kamen in eine uns unbekannte Welt, eine Welt, die wir uns nicht vorstellen konnten und die uns jede Menge Überraschungen, gute und schlechte, bescherte. Gemäß den Anordnungen der Flüchtlingsbehörde wurden wir zu unserem vorläufigen Aufenthaltsort gebracht. Es war eine Herberge in der Nähe des Stadtzentrums, wo Paare ohne Kinder untergebracht wurden. Die Paare mit Kindern kamen in ein Heim am Stadtrand.
Bei unserer Ankunft in der Herberge wurden wir von einer großen Gruppe von *Compañeros* und *Compañeras* begrüßt. Nicht alle waren Chilenen, es waren auch andere Lateinamerikaner dabei, die wir zwar nie gesehen hatten, die aber auch aus Chile vor den terroristischen Verfolgungen des Diktators Pinochet und seiner Handlanger geflüchtet waren. Sie hatten wie wir in Chile die Tage des Schreckens erlebt. In Wien atmeten wir nun die Luft der Freiheit und der Kälte, die Kälte der Alpen

und des Nordatlantiks. Langsam kehrten wir nach der langen Flucht vor den Militärs und den schwierigen Lebensbedingungen in der Botschaft in die Realität zurück. Die ersten Stunden in Österreich waren Stunden der Freude und der Trauer: Freude, weil wir Chile verlassen konnten, ohne dass uns persönlich allzu viel geschehen war, Trauer über die Umstände, unter denen wir das Land verlassen mussten, und dass wir nicht die Möglichkeit hatten, uns von unseren Familien zu verabschieden. Wir konnten unsere Verwandten nur durch die Glaswände des Flughafens ein letztes Mal sehen.
Noch waren wir uns der Tragweite der Tatsache, dass wir unsere Heimat verlassen hatten müssen, nicht voll bewusst. Es war uns noch nicht klar, welche weit reichenden Veränderungen durch das neue Land, die andere Gesellschaft und die andere Lebensform auf uns zukamen. Eines unserer ersten Probleme in der neuen Stadt war die Kälte, die wir wie einen Schock empfanden. Von der Reise her waren wir noch wie benommen, noch war uns nicht bewusst, wie schwierig es sein würde, uns zu verständigen, da wir nicht die geringste Ahnung von der Sprache hatten. Ohne Kenntnis der Sprache sind aber die großen Unterschiede in der Lebensweise gar nicht zu erfassen. Erst nach und nach begriffen wir die Realität, in der wir nun lebten. Die ersten Eindrücke waren verblüffend. Die Tatsache, dass wir aus einem unterentwickelten Land kamen, dessen Wirtschaft in der letzten Zeit der Regierung Allendes vor allem auf das Überleben ausgerichtet war, und dass wir nun unvermittelt in eine Konsumgesellschaft gerieten, wenn auch nicht auf demselben Niveau wie in anderen kapitalistischen Ländern, bedeutete für uns eine grundlegende Veränderung in unserem Konsumverhalten. Wenn wir auch nicht über die Mittel verfügten, um den Konsumwettlauf mitzumachen, so faszinierte es uns dennoch, durch die Mariahilfer Straße zu schlendern und die Auslagen zu betrachten, obwohl das alles noch lange für uns unerreichbar blieb.
Nach drei Wochen in Wien und praktisch noch ohne Sprachkenntnisse mussten wir uns um Arbeit umsehen. Meine Frau war schwanger und ein Beamter des Innenministeriums riet uns, eine Beschäftigung zu suchen, um eine Krankenversicherung zu haben. So kam meine Frau als Stationsgehilfin in ein Wiener Krankenhaus, gemeinsam mit anderen Chileninnen

und Lateinamerikanerinnen. Ich konnte als Absolvent einer chilenischen Universität durch ein Übereinkommen zwischen dem Flüchtlingsbüro des Innenministeriums und der Universität Wien einen Deutschkurs besuchen, um die Sprache zu erlernen und eine qualifizierte Arbeit zu bekommen. Doch schließlich kam ich in dasselbe Krankenhaus, wo schon meine Frau arbeitete.

Neun Monate nach unserer Ankunft in Österreich wurde uns eine Tochter geschenkt, die uns viel Freude, aber auch neue Verpflichtungen brachte. Da niemand einen Kurs macht, um die Aufgaben als Vater und Mutter zu erlernen – im Allgemeinen lernt man das durch seine nächsten Angehörigen, die waren aber weit weg –, erlebten wir mit der Ankunft der Kleinen viele Wechselfälle, denen wir oft nicht gewachsen waren. Wir lebten damals wie Zigeuner, da wir fast jeden Monat unseren Wohnort wechselten, bis uns das Innenministerium eine kleine Wohnung in *Macondo* im 11. Bezirk zuteilte. *Macondo* ist ja allen Lateinamerikanern und ihren österreichischen Freunden bestens bekannt.

Nach einem Jahr Karenz nahm meine Frau ihre Arbeit wieder auf und brachte die Kleine jeden Morgen um halb sieben in eine Kinderkrippe und holte sie um 16 Uhr wieder ab. Ob Schnee oder Kälte, sie musste mit der Kleinen von der Zinnergasse in Simmering bis in den 13. Bezirk zum Krankenhaus Lainz fahren. Zuerst mit dem Autobus, dann mit der Schnellbahn und schließlich mit der Straßenbahn, wobei sie einmal unterbrechen musste, um das Kind in die Krippe zu bringen. Täglich, von Montag bis Freitag, standen wir um fünf Uhr auf. Wir fragten uns oft, was das für ein Leben ist. Wir mussten viele Opfer bringen und Herausforderungen bestehen, was uns dank unserer Jugend gelang. Heute würden wir das nicht mehr bewältigen.

Das war eine traurige und harte Zeit in Wien. Wir hatten unser Leben gerettet und wir waren frei, aber das war mit großen Opfern verbunden. Noch heute leiden wir unter vielen Frustrationen, woran nicht die Gesellschaft, in der wir leben, schuld ist, sondern der Umstand, dass die Hoffnungen, die wir als junge Menschen in unserer Heimat hatten, durch Pinochet zerstört wurden. Aber das Leben geht weiter. Wir haben nur das eine Kind, es wuchs heran und kam zur Schule. Die Wohnung in

Macondo wurde uns zu klein und außerdem war *Macondo* zum Ghetto der Chilenen in Wien geworden. Die Beziehungen wurden immer schwieriger, vielleicht hofften alle, so wie wir, dass das Militärregime in Chile nur von kurzer Dauer sein wird, wie das bei anderen Militärregierungen in Lateinamerika der Fall war, aber es gab kein Licht am Ende des Tunnels.

Obwohl wir in die Wohnung in der alten Kaserne in *Macondo* viel Geld investiert hatten, war eine wirkliche Sanierung hoffnungslos. Das österreichische Gesetz gab den politischen Flüchtlingen die Möglichkeit, schon nach einem Aufenthalt von fünf Jahren die Staatsbürgerschaft zu beantragen, zum Unterschied von den Gastarbeitern, die zehn Jahre warten müssen. Wir entschieden uns, die österreichische Staatsbürgerschaft anzunehmen, denn es war der einzig mögliche Weg, um aus der Kaserne herauszukommen und uns für eine gesunde Gemeindewohnung anzumelden. Damit begann für uns eine neue Etappe. Alles wurde leichter und unsere familiären Beziehungen, die durch die Enge schon gelitten hatten, kamen wieder ins Gleichgewicht.

Als ich in den Achtzigerjahren arbeitslos wurde, entschloss ich mich, das Studium der Wirtschaftswissenschaften, das ich in Chile schon begonnen hatte, wieder aufzunehmen, obwohl mir viele chilenische Freunde davon abrieten und ich Schwierigkeiten mit der Sprache hatte. Aber noch mit 35 Jahren wollte ich meinen Lebenstraum, ein Wirtschaftsstudium abzuschließen, nicht aufgeben. Meine Frau absolvierte einen Kurs für den Krankenpflegerinnenfachdienst und konnte nun als diplomierte Krankenschwester arbeiten.

Ab Mitte der Achtzigerjahre veröffentlichte das Regime in Chile Listen von Personen, die nach Chile zurückkehren oder das Land besuchen durften. Meine Freude war riesengroß, als auch der Name meiner Frau aufschien. Gemeinsam mit unserer Tochter Isi reiste sie nach Santiago, um unsere Familien zu besuchen. Unser Kind kannte das Land seiner Eltern nicht, und abgesehen von der Großmutter, die einmal in Österreich zu Besuch war, kannte sie niemanden aus unseren Familien, keine Cousins, keine Onkel und Tanten. Ich selbst konnte 1987, ein Jahr später, auf Besuch nach Chile fliegen und meine Brüder wiedersehen, die noch Kinder waren, als ich weggegangen bin. Es war für mich eine große Freude, diese Reise machen zu kön-

nen, fast 14 Jahre waren vergangen, bevor ich wieder zu meinen Wurzeln zurückkehren konnte.
Ich bin sicher, dass sich alle, die nun wie ich diese Reise machen konnten, in dem Land, in dem sie geboren wurden, fremd fühlten. Meiner Tochter war es völlig unbekannt, aber im Moment war das alles nicht wichtig, ich dachte nur, darüber werde ich mit meiner Familie später einmal reden. Dann eröffnete das Militärregime für gewisse Personen die Möglichkeit einer sicheren Rückkehr. Nun gab es vieles zu organisieren, aber manches war nicht zu bewältigen. Wir hatten den Wunsch, mit unserer Familie zu leben, und wir dachten, wir könnten nun auch einen Beitrag für die Veränderung in Chile leisten. In Wien wurden wir schon nervös und ungeduldig. Wir entschieden, dass zuerst unsere Tochter und ihre Großmutter, die gerade bei uns in Wien war, abreisen sollten. Wir selbst würden bald nachkommen. Wir waren voller Illusionen und hatten keine Ahnung, wie schwierig es sein würde, in unserem Land wieder Fuß zu fassen. Als wir Chile verließen, hatten wir eine Wohnung aufgegeben. Mein Bruder hatte mit Hilfe eines befreundeten Anwaltes verhindert, dass sie in die Hände der Anhänger der Diktatur fiel, und diese Wohnung konnten wir nun wieder beziehen. Ein Problem aber war, dass meine Frau nicht mehr so gesund war wie früher, sie litt an einer chronischen Krankheit, deren Behandlung in Chile nur den Reichen möglich ist. Sie hätte sich privat behandeln lassen müssen, nicht so wie in Österreich, wo diese Behandlung bis heute durch die Sozialversicherung ermöglicht wird.
Obwohl nun eine »demokratische« Regierung im Amt war, war auch 1990 die Situation schwierig. Unsere Angehörigen waren durch die hoffnungslosen Jahre der Militärdiktatur erschöpft, es blieb ein Meer von Frustrationen und Enttäuschungen. Wir versuchten in Chile sofort eine Arbeit zu finden, aber erfolglos. Schließlich begannen wir mit einem kleinen Geschäft, aber es war nicht leicht, denn wir mussten mit den Großkaufhäusern konkurrieren. In einem Land, wo »el crédito de consumo«[1] für die meisten Leute die wichtigste Einkaufsform darstellt, ist es sehr schwierig, im Wettkampf mit den großen Kaufhäusern zu

1 Crédito de consumo: eine Art Kundenkarte für bargeldloses Einkaufen, die Geschäfte buchen direkt vom Konto des Einkäufers ab

bestehen. Nachdem wir uns monatelang bemüht hatten, mussten wir das Geschäft wieder aufgeben. Meine Frau war auch durch die teuren Medikamente, die sie brauchte, sehr belastet. Sie war enttäuscht und so fasste sie gemeinsam mit mir und unserer kleinen Tochter den Entschluss, wieder nach Wien zurückzugehen. Einige Monate später konnte sie wieder in einem Krankenhaus der Gemeinde Wien arbeiten. Ich blieb mit meiner Tochter in Chile, wo sie die Mittelschule beendete. 1995 ging sie zurück nach Wien, um hier an der Universität ein Studium zu beginnen. Ein Jahr später folgte ich ihr mit der Absicht, mich in Wien für meine zweite und hoffentlich definitive Rückkehr in meine Heimat vorzubereiten. Ich konnte hier das Studium an der Universität für Wirtschaftswissenschaften mit dem Doktorat abschließen und arbeite derzeit an einem Forschungsprojekt mit.
Inzwischen sind 26 Jahre seit meiner ersten Ausreise aus Chile vergangen. Wir haben immer gewusst, wem wir in Österreich vertrauen können, auch wenn wir uns hier nie so glücklich fühlten, wie in unserem eigenen Land, weil es einfach sehr unterschiedliche Lebensweisen gibt. Wir sind den Österreichern und allen Freunden, die uns während der langen Jahre mit ihrer Solidarität begleiteten, sehr dankbar. Eine Solidarität, die sich sowohl auf die Chilenen in Österreich als auch auf die Menschen in Chile selbst bezog. Zuerst war es der Kampf gegen die Diktatur, dann wollten wir beim Demokratisierungsversuch der chilenischen Gesellschaft mitarbeiten, und schließlich ging es darum, den Tyrannen der Gerechtigkeit zuzuführen, damit in Zukunft die Menschenrechte respektiert werden.
Zum Abschluss möchte ich einen spanischen Schriftsteller, der zur Zeit Francos im Exil lebte, zitieren. Er schreibt in einem seiner Bücher: »Es gibt für einen Menschen keine größere Strafe als das Exil.« Das haben wir und alle unsere Freunde erlebt.

José Contreras

Mein Name ist José Contreras Valenzuela. Ich wurde am 21. November 1940 in Concepción, einer Stadt 500 Kilometer südlich von Santiago, geboren. Meine Ausbildung machte ich in Concepción und Chillan, ich erlernte den Beruf eines Buchhalters. Ich arbeitete zuerst in einem Buchhaltungsbüro, dann in einer Versicherungsgesellschaft namens KAPPES. Im Mai 1968 begann ich in der Verwaltung der staatlichen Sozialversicherung zu arbeiten, die im regionalen Krankenhaus von Concepción untergebracht war. Der Chef war Dr. Jorge Peña Delgado, auch Mitglied der Sozialistischen Partei. Dort blieb ich bis zum Militärputsch, danach wurde ich durch ein Dekret der Zentralstelle der Nationalen Sozialversicherung, das am 13. Dezember 1973 vom Generaldirektor Dr. Darwin Arriagada unterschrieben worden war und vom Rechnungshof am 10. Jänner 1974 bestätigt wurde, entlassen. Sie warfen mich einfach hinaus.

In meiner Jugend engagierte ich mich als Vertreter der Interessen der Studenten. Zuerst war ich im Lyzeum Emilio Molina in Concepción Vorsitzender der Schülervertretung, 1960 übernahm ich in Chillán die Verantwortung über die Finanzen der Studentenvereinigung der Provinz Ñuble und dann war ich in Concepción als Generalsekretär der Studentenvereinigung der Fachrichtungen Handel und Technik aktiv.

Ich war in der 9. Region (heute ist es die 8.), sie umfasst die Provinzen Concepción, Ñuble, Arauco und Bio-Bio, politisch und gewerkschaftlich engagiert. Ich war auf der zonalen und regionalen Ebene Funktionär der Gesundheitsbediensteten (FENATS) und Funktionär des gewerkschaftlichen Dachverbandes Central Unica de Trabajadores *(CUT)* in Concepción. Politisch arbeitete ich immer in der Sozialistischen Partei Chiles. Ich war in der Provinz von Concepción für Organisation und Gewerkschaftsarbeit zuständig.

Bis zum Militärputsch war meine familiäre Situation ausgezeichnet. Meine Frau lernte ich 1961 als Studentin der Handelsakademie von Concepción kennen. Ich war Mitglied bei der Sozialistischen, sie bei der Kommunistischen Partei, wir hatten aber deswegen keine Probleme. Im Wahlkampf für Salvador Allende arbeiteten wir gemeinsam, bei den Parlamentswahlen arbeitete sie für ihre und ich für meine Partei.

Nach dem Militärputsch

Am 17. September 1973 wurde ich von einem gemischten Kommando von Militär und Polizei festgenommen und zur Geheimdienstzentrale in Concepción gebracht. Nach sieben Tagen wurde ich wieder freigelassen, nachdem zwei Geheimdienstbeamte meine Erklärungen aufgenommen hatten. Ich war glücklich, dass ich während dieser Verhaftung nicht gefoltert worden war, aber als ich zur Tür hinausging, erwarteten mich Polizisten des 4. Kommissariates von Concepción, wohin ich in einem geschlossenen Wagen gebracht wurde. Ich möchte mich nicht mehr an die Folterungen, die ich erlitt, erinnern, ich weiß auch nicht mehr, wie lange ich dort war. Ich erinnere mich nur, dass ich schließlich zum Artillerieregiment und dann in das regionale Fußballstadion, wo das Infanterieregiment Nr. 6, *Chacabuco*, die Kontrolle hatte, überstellt wurde. Dann wieder zurück ins Kommissariat, und im Dezember wurde ich neuerdings ins Stadion gebracht. Bis zum 24. Dezember war ich mit einer kleinen Gruppe zusammen, dann kamen wir zu den übrigen Gefangenen des Stadions.
Am 18. Jänner 1974 wurden wir, 40 politische Funktionäre und Gewerkschaftsführer, mit einem Militärflugzeug (Hercules) nach Antofagasta geflogen und von dort mit Bussen in das Konzentrationslager *Chacabuco*, in die ehemalige Salpetermine Inglesa, überstellt. Am 16. Oktober 1974 schloss die *Militärjunta* das Lager *Chacabuco*. Ein Teil der Gefangenen wurde in das Lager Puchuncavi gebracht, die anderen in das Lager Ritoque. Beide Lager unterstanden den Marineinfanteristen. Ich war in Puchuncavi. Dem Lagerarzt, der nur die schwersten Fälle untersuchte, machte ich den Vorschlag, für die politischen Gefangenen ein kleines Ambulatorium zu organisieren. Wir hatten schon in *Chacabuco* ein solches gemeinsam mit den Ärzten und mit Unterstützung des Roten Kreuzes organisiert, wodurch Medikamente und Verbandszeug hereinkamen. Ich berichtete ihm, dass in diesem Ambulatorium auch Militärs betreut wurden. Die Soldaten, die auf den Wachtürmen in der Nacht Dienst machten, schliefen manchmal ein, und wenn sich

dann ein Schuss löste, gab es Verletzte und sogar Tote. Der Arzt versprach mir eine Antwort, die schließlich positiv ausfiel. Von da an waren wir etwas beruhigter, denn viele Genossen wurden nun betreut, sie bekamen die entsprechenden Medikamente und die für sie notwendige Ernährung. Das Wichtigste war wohl, dass von da an die Kranken Milch und mehr Nahrungsmittel bekamen und sie die harten Arbeiten im Lager nicht mehr machen mussten.
Die Nächte von Puchuncavi waren entsetzlich, niemand hätte für das Leben irgendeines Gefangenen einen Kreuzer gegeben. Die Marineinfanteristen beherrschten die Nacht. Anfangs schliefen wir, doch dann lernten wir, den Schlaf zu überwinden. Wir waren wach und warteten darauf, dass die Infanteristen um ein, zwei oder drei Uhr in der Nacht in unsere Baracke eindrangen, uns herausholten, ohne uns ankleiden zu lassen, und uns rund um das Lager jagten. Sie waren hinter uns her, sie prügelten jeden, der zu langsam war oder vor lauter Müdigkeit hinfiel, mit dem Gewehrkolben. Das dauerte mehrere Stunden. Kaum waren wir dann in den Betten, ging es wieder los, manchmal zwei- oder dreimal in einer Nacht: Schläge mit den Kolben, Laufen durch Wasser und Sand. Um acht Uhr früh mussten wir zum Appell, oft konnte mehr als die Hälfte nicht aufstehen, die wurden dann vor unseren Augen bestraft. Ich weiß nicht, wie oft es mich traf. Positiv war nur, dass wir, wenn wir zum Ambulatorium gehen durften, von der Arbeit befreit waren und versorgt wurden. Aber jede Nacht fragten wir uns, werden sie kommen? Wir waren ihnen ausgeliefert.
Am 16. November 1974 brachten sie uns, die Gefangenen von Ritoque und Puchuncavi, in das Lager *Tres Alamos* in Santiago. Wir waren etwa 200 Personen. Pinochet kündigte über das Fernsehen an, dass wir die Freiheit bekämen, wenn wir bereit wären, das Land zu verlassen. Das erfuhren wir in *Tres Alamos* und unsere Gruppe wurde dadurch sehr bekannt. Auch mein Name schien in dieser Liste auf. Nach wenigen Tagen kamen Vertreter des Internationalen Roten Kreuzes und sprachen mit uns. Sie sagten uns, dass jeder entscheiden könne, ob er das Angebot der Freilassung unter der Bedingung, das Land zu verlassen, annehmen oder ablehnen wolle. Ich lehnte ab und alle, die sich so entschieden, mussten ein entsprechendes Dokument unterschreiben.
Das Lager wurde von der Polizei bewacht. Der Kommandant hieß Conrado Pacheco und man sollte ihn wegen seines Vorge-

hens uns gegenüber nicht vergessen, wegen der Methoden, die er anwendete, wie er uns demütigte und uns die Menschenwürde nehmen wollte. Wir mussten die Grünanlagen rund um das Lager säubern und pflegen und die Straßen kehren, ständig bewacht von einem großen Aufgebot von Polizisten, die jeden schlugen, der etwas ausruhen wollte, oder ihrer Ansicht nach zu wenig arbeitete. Ich verweigerte jede Arbeit, die sie mir auftrugen, oder die eine persönliche Dienstleistung für sie war, und wurde deshalb bestraft. Ich machte nur die Arbeit, die für die Gefangenen notwendig war, wie die Reinigung unserer Toiletten und des kleinen Hofes, den wir hatten. Sie sperrten mich in einen Keller, einen Raum von 1,30 mal 2 Metern, aber mir standen nur 40 cm zu, denn der andere Platz wurde von offenen Benzin- und Ölfässern eingenommen. Tag und Nacht bekam ich nichts zu essen, manchmal ließen sie mich vormittags heraufkommen, wenn eine Delegation des Roten Kreuzes oder von Amnesty International da war. Dabei traf ich meine Kameraden, ich wurde wieder in den Keller gesperrt, aber meine Kameraden informierten Amnesty, und daher holten sie mich dann heraus. Pacheco sagte, wenn ich seine Befehle nicht befolge, dann werde ich in der Nacht in den Keller gebracht und morgens um sieben Uhr herausgelassen.

Eine andere Schikane war, dass er oft die Besucher nicht zu uns ließ. Nur je eine Person durfte einen Gefangenen besuchen, und es gab auch keine Ausnahme, wenn manche Besucher von sehr weit her kamen. Man konnte dem Besucher nicht die Hände reichen, nur miteinander reden. Zu Weihnachten 1975 ließ er überhaupt keine Besucher zu uns, er ließ uns in die Zellen einsperren. Unsere Familienangehörigen riefen draußen, dass sie uns sehen wollten, doch es war nichts zu machen. Es wurde nur erreicht, dass unsere Angehörigen uns einen Teil der Lebensmittel, die sie uns trotz eigener Entbehrungen mit viel Liebe aus allen Teilen des Landes gebracht hatten, übergeben konnten.

Am 5. August 1975 wurden ich und die Genossen Mena und Velastin verständigt, dass wir unsere Sachen nehmen und uns melden sollen, denn wir würden nach Österreich ausgewiesen. Es war eine enorm große Operation, die sie für uns drei inszenierten. Wir drei fuhren in einem geschlossenen Militärwagen mit sieben mit Maschinengewehren bewaffneten Soldaten, vo-

.....

ran ein Patrouillewagen, dann das Auto des UN-Hochkommissars, ein Militärjeep, dann unser Auto, danach ein anderer Jeep und am Schluss ein weiterer Militärlastwagen mit zehn Soldaten. Und über uns ein Militärflugzeug, das alles überwachte. So kamen wir zum Flughafen, überall Militär und Polizei, sie brachten uns ins Flughafengebäude, von Hunderten Soldaten bewacht. Der Vertreter des *UNHCR*, Dr. Kosac, diskutierte mit einem Offizier und versuchte ihm klarzumachen, dass seine Aufgabe nun zu Ende und er selbst ab jetzt für uns zuständig sei. Der Offizier gab sich nicht zufrieden und ging noch über die Kontrolle hinaus mit, gab Befehle und schrie herum. Schließlich zogen sich die Soldaten zurück und wir konnten nach Österreich abfliegen, wo wir am 6. August 1975 ankamen.

In Österreich fühlte ich mich wie ein kleines Kind. Ich hatte Angst, auf die Straße zu gehen, ich hatte Angst, von den Autos überfahren zu werden. Von den Genossen, die in der Vorderbrühl waren, wurden wir herzlich empfangen, sie waren sehr solidarisch und sich bewusst, woher wir kamen. Sie fragten uns, was wir benötigten, ob wir ärztliche Betreuung brauchten. Sie waren bereit, uns alles zu geben und alle Probleme zu lösen. Ich bat wegen der erlittenen Folterungen um ärztliche Betreuung. Ich kam in das Krankenhaus Lainz, wo ich gründlich untersucht wurde. Anschließend bekam ich zwei Monate lang eine Behandlung und dank der guten Technik kann ich sagen, dass ich wiederhergestellt bin.

Es war meine Frau in Chile, mit der ich elf Jahre verheiratet war und drei Kinder hatte, die mich den Militärs übergeben hatte. Das schrieb sie mir in einem Brief nach Österreich, und sie sagt, sie bereue nichts, sondern bedauere, dass ich nicht tot sei wie die anderen Marxisten.

Österreich ist nun mein zweites Vaterland, ich lernte es lieben und seine Leute verstehen. Ich habe nun wieder eine Familie, wir haben Vertrauen zueinander. Zuvor vertraute ich niemandem, ich verdächtigte alle, dass sie mir Schaden zufügen und das bisschen Liebe, das mir geblieben war, nehmen wollten. Meine jetzige Frau versteht, was mir geschehen ist, sie half mir ganz stark, meine seelische Krise zu überwinden.

Maria Martinez

In der Schule lernt man für's Leben

Ich kam 1952 in Concepción zur Welt. Mein Vater war Vertreter einer Schokoladewarenfabrik, er trennte sich von meiner Mutter, als ich 15 Jahre alt war.
Ich hatte nie eine wirklich gute Beziehung zu ihm. Meine Mutter stammte aus einer gutbürgerlichen Familie, ihre Mutter war das Oberhaupt der Großfamilie. Sie war Direktorin der Grundschule, die ich besuchte. Einige meiner Tanten waren an derselben Schule Lehrerinnen. Ich ging nicht gern zur Schule, denn sie war langweilig und mit vielen mir sinnlos erscheinenden Pflichten verbunden.
Noch bevor ich die Grundschule beendete, übersiedelten wir nach Valparaiso, dann nach Santiago, wo ich mit dem Gymnasium anfing. An dieser Schule war ich gerne. Bereits in der ersten Klasse wurde ich zur Klassensprecherin gewählt. Im vierten Jahr kam es dann allerdings zu einem heftigen Konflikt mit der Direktorin, die einen zu »links« eingestellten Lehrer entlassen wollte. Wir setzten uns für den Lehrer ein und streikten, was damals – Ende der Sechzigerjahre – nicht unüblich war, denn die Schülerinnen waren bereits sehr politisiert. Fazit war, dass ich gemeinsam mit den anderen Klassensprecherinnen aus der Schule geschmissen wurde. Für den weiteren Schulbesuch blieb dann nur mehr eine Klosterschule übrig. Das war eine ziemliche Umstellung, denn die Schülerinnen waren meist »Töchter aus gutem Haus«. Es herrschte ein strenges Regiment, auf Disziplin wurde großer Wert gelegt. Weil ich öfter Schule schwänzte und außerdem die Gottesdienste nicht besuchte, wurde mein Vater oft vorgeladen. Er hoffte, dass ich dort lernen würde, mich unterzuordnen und mich wie eine »Señorita« zu benehmen. In den ersten Winterferien, die ich bei meiner Großmutter verbrachte, beschloss ich, einfach bei ihr in Concepción zu bleiben.
Das war schließlich der Auslöser für die Trennung meiner Eltern. Meine Mutter und meine um ein Jahr jüngere Schwester zogen daraufhin auch in das Haus meiner Großmutter. Das Gymnasium, das ich in Concepción besuchte, war eine Ver-

suchsschule für die gemeinsame Ausbildung von Burschen und Mädchen mit einem hohen Anteil von Kindern aus armen Familien. Obwohl die Schule ganz neu war, gab es große Mängel in der Ausstattung. In meinem zweiten Jahr wurde ich Schulsprecherin, und mein erstes Anliegen war, die Missstände aufzuzeigen und zu versuchen, diese zu lösen. Zum Beispiel konnten wir einführen, dass die Jugendlichen aus den Armenvierteln in der Schule ein Frühstück bekamen, denn es kam nicht selten vor, dass Mitschülerinnen vor Hunger ohnmächtig wurden. Weiters wurde ein Erste-Hilfe-Zimmer eingerichtet, denn es gab mehrere Kolleginnen mit Epilepsie. Wir verschönerten den Schulhof mit Blumen und Sträuchern. Es war eine schöne und aufregende Zeit für mich. Allende war schon Präsident, die Gesellschaft begann sich zu polarisieren – in Rechte und Linke. Demonstrationen und Streiks prägten das Straßenbild. Wir Schüler waren zu der Zeit bereits organisiert und reagierten auf jede politische Regung. Ein wichtiges Erlebnis waren für mich die freiwilligen Hilfseinsätze während der Sommerferien auf dem Land. Ich habe ganz konkret etwas tun können, und ich habe zum ersten Mal wirklich erfahren, was es heißt, nicht genug zu essen zu haben oder auch am Boden schlafen zu müssen.

Während meiner Zeit als Schulsprecherin in Concepción lernte ich viele Leute vom *MIR* kennen und sympathisierte mit ihren Ideen und Ansätzen. Erst auf der Universität, an der ich Soziologie studierte, um Sozialarbeiterin zu werden, entschloss ich mich, dem *MIR* beizutreten. Niemand hat davon gewusst, nicht einmal meine Familie. Meine Mutter stand damals der Radikalen Partei nahe und meine Cousins, die bei uns wohnten, gehörten verschiedenen linken Parteien an.

Der *MIR* hatte zwei Organisationsebenen: die eine mit den Mitgliedern, die öffentlich bei den Versammlungen und den Demonstrationen auftraten, und die andere mit Mitgliedern, die im Hintergrund arbeiteten. Ich gehörte der letzteren an, war in der Regionalleitung und führte ein Doppelleben. Nach außen war ich ein lebensfrohes, junges Mädchen mit besten Verbindungen zur »guten Gesellschaft«. Daneben arbeitete ich in der Informations- und Kommunikationsstelle des *MIR*. Schon damals hatte ich ein ausgezeichnetes Personengedächtnis, was bei dieser Arbeit sehr hilfreich war.

Das Leben unter der Diktatur

Der Tag des Putsches bedeutete den Anfang vom Ende der Normalität, auch wenn das an diesem Tag für mich noch nicht so klar war. Für uns war das keine Überraschung. Schon zwei Tage vorher wussten wir, dass die Militärs putschen werden. Wir waren alarmiert und verbrachten deshalb die Nacht in einer Sicherheitswohnung.

Der Morgen des 11. September 1973 versprach einen schönen Frühlingstag. Als wir das Radio einschalteten, hörten wir nur Militärmusik, viele Stationen sendeten überhaupt nichts. Ich machte mich auf den Heimweg. Militär und Polizei waren allgegenwärtig. Niemand wusste genau, was passiert war, es gab nur Gerüchte und Vermutungen.

Zu Hause herrschte das Chaos. Einige meiner Cousins mussten auf dem schnellsten Weg die Stadt verlassen. Mein größtes Problem war, meine Mutter nicht zu beunruhigen, denn sie wusste nichts von meinen politischen Aktivitäten. Also sagte ich ihr, ich hätte keine Probleme, und ich glaubte das auch selbst. Ich fühlte mich sicher, weil ich meine Tarnung als junge Studentin für perfekt hielt.

In unserem geheimen Kommunikationsbüro begann ich die ersten Sicherheitsvorkehrungen einzuleiten: Viele *Compañeros* und *Compañeras* mussten aus der Stadt gebracht, neue Sicherheitswohnungen organisiert werden, denn die ersten Informationen über Festnahmen, Razzien und Wohnungsdurchsuchungen erreichten uns. Obwohl ich viel unterwegs war, blieb ich unbehelligt. Unser Büro fiel erst später in die Hände der Militärs, vermutlich durch Hinweise von Nachbarn. Einige von uns waren schon verhaftet worden. Wir arbeiteten auf der Straße weiter. Die Verbindungen mussten unter schwierigsten Umständen aufrechterhalten werden. Die meisten *Compañeros* und *Compañeras* waren inzwischen untergetaucht, ins Ausland geflohen oder im Gefängnis gelandet. Im Dezember schließlich war ich in Concepción nicht mehr sicher und daher folgte ich meinem Freund nach Santiago. Meiner Mutter erklärte ich zur Beruhigung, dass ich in Santiago weiterstudieren wollte.

Für meinen Freund, der dort im Untergrund lebte und auf neue Papiere wartete, hielt ich Kontakt nach außen und stellte Verbindungen her. Mit einer neuen Identität ausgestattet, ging

mein Freund nach Valparaiso, um dort den Widerstand zu organisieren. Ich fungierte wieder als Verbindungsfrau und war offiziell als seine Freundin Teil seines »neuen Lebens«. Nach außen haben wir versucht, ein ganz »normales« Paar zu sein.
Ab und zu musste ich Informationsmaterial von Valparaiso nach Santiago bringen und umgekehrt. Nur selten konnte ich Geld aus Santiago mitnehmen. Trotz der vielen Kontrollen fühlte ich mich so sicher, dass ich einmal bei einer flächendeckenden Fahndung in Valparaiso einfach durch die Reihen der Polizisten hindurchging.
Am 6. Jänner 1975 musste ich nach Santiago, um Geld abzuholen, weil unsere Gruppe ums nackte Überleben kämpfte. Die meisten *Compañeros* und *Compañeras* lebten im Untergrund und konnten ohne Unterstützung von außen nicht für sich und ihre Familien sorgen. Trotz allem Verständnis, das ich für unsere Situation hatte, wollte ich auf keinen Fall in die Hauptstadt fahren. Ich hatte eine Vorahnung, dass an diesem Tag etwas passieren würde. Aber ich musste trotzdem fahren. Mein Kontakt funktionierte nicht. Ich war nervös und unsicher. Um die Zeit bis zum nächsten Treffpunkt zu überbrücken, wollte ich Freunde besuchen, und tappte dabei in die Falle. In der Wohnung wartete der Geheimdienst *DINA*. Da ich den Zettel mit den Informationen noch rechtzeitig schlucken konnte, gab es keine Hinweise, wer ich war und welche Funktion ich hatte.

Die Männer brachten mich zunächst zur *Villa Grimaldi*, dem Folterzentrum der *DINA*, dann kam ich zur Marine in Valparaiso, danach wieder in die *Villa Grimaldi* und dann nach *Cuatro Alamos*. Über das, was in diesen Folterzentren geschah, gibt es Berichte von Amnesty International, wo alles genau beschrieben wird. Schließlich kam ich nach *Tres Alamos*, und das bedeutete, dass das Ärgste überstanden war, denn ab diesem Zeitpunkt waren wir »offiziell«. Uns wurden die Augenbinden entfernt, wir konnten miteinander reden und einander sehen. Wir tauschten Informationen aus, um herauszubekommen, was mit den Freunden, Bekannten oder Familienangehörigen passiert ist. Dadurch gab es die ersten Listen von *Verschwundenen*. Wir versuchten so gut wie möglich den Weg der *Compañeros* und *Compañeras*, von denen es keine Spuren mehr gab, nachzuvollziehen und zu dokumentieren.

.....

In *Tres Alamos* waren wir zu zwölft in einem kleinen Zimmer, es gab nur sechs Betten. Wir schliefen manchmal im Turnus. Wäre nicht Winter gewesen, hätten wir im Hof schlafen müssen. Das Rote Kreuz durfte uns besuchen, aber an diese Leute habe ich nicht meine besten Erinnerungen. *CIME* durfte auch zu uns herein. Sie organisierten auch, dass die Leute, die des Landes verwiesen wurden, ein Visum bekamen, und kümmerten sich um Dokumente, Tickets und alles, was für die Ausreise notwendig war.

Von *Tres Alamos* wurden wir nach Pirque gebracht. Nach einiger Zeit wurde ich in das Frauengefängnis von Santiago überstellt. Mit einem normalen Zug »reiste« ich dann ins Gefängnis nach Valparaiso. Einige Tage später erfuhr ich, dass mir gemeinsam mit anderen Genossen der Prozess gemacht werden sollte – das letzte Kriegsgericht der Diktatur. Wir wurden zu unterschiedlich langen Haftstrafen verurteilt. Ich bekam drei Jahre. Da ich schon etwa die Hälfte der Strafzeit abgesessen hatte, stand mir die gesetzliche Möglichkeit auf Haftentlassung zu, allerdings unter der Auflage der täglichen Meldung bei der Marine. Der mir zugewiesene Anwalt stellte mehrmals den entsprechenden Antrag. Nach einiger Zeit wurde dem Antrag stattgegeben, und ich stand plötzlich vor der Tür und wusste gar nicht, wohin ich gehen sollte. Schließlich landete ich bei einer Freundin, die ich im Gefängnis kennen gelernt hatte und die kurz vor mir entlassen worden war.

Eigentlich wollte ich immer in Chile bleiben. Aber wie das Leben so spielt, bekam ich plötzlich ein Visum nach Österreich. Zweimal hatte mich Dr. Paul Sommer von der österreichischen Botschaft im Gefängnis besucht, ein alter, sehr liebenswürdiger Herr. Die Mutter meines Freundes hatte diese Verbindung hergestellt. Durch ihn wusste ich, dass mein Freund das Angebot, ins Exil zu gehen und damit aus dem Gefängnis herauszukommen, nur dann annehmen würde, wenn ich mit ihm ginge. Dr. Sommer schilderte mir Österreich als das schönste und beste Land der Welt. Er brachte mir kleine Geschenke mit. Ein Bildband über die Steiermark mit wunderschönen Herbstbildern ist mir heute noch in Erinnerung. Vorher wusste ich nicht einmal, wo Österreich liegt.

Enttäuschung Traiskirchen

Ende November 1976 verließen wir beide Chile und flogen nach Österreich. Am Flugplatz in Schwechat wurden wir von einem dicken Uniformierten erwartet, der kein Wort Spanisch sprach, auch nicht Englisch. Ich war fassungslos, wusste nicht, wer der Mann war und wollte deshalb auch nicht mit ihm fahren. Der Polizist musste fast Gewalt anwenden, um mich in das Auto zu bringen. Endlos lang fuhr er mit uns durch die Dunkelheit. Wir dachten, wir würden nach Wien gebracht. Und dann blieben wir vor dem Tor des Lagers Traiskirchen stehen: eine Absperrung, Bewaffnete, kaum eine Beleuchtung, Geräusche. Alles war unheimlich.

Sie brachten uns im Krankentrakt in ein Zimmer und die Tür wurde abgesperrt. Sie gaben uns noch ein Esspaket: eine Wurstsemmel, eine Birne und ein Päckchen Manner-Schnitten.

Wir waren nicht darauf vorbereitet, was uns in Österreich erwarten würde. Wir kannten die Spielregeln nicht, sonst wäre es leichter gewesen. Am anderen Tag öffnete ich das Fenster und ich hörte unten jemand Spanisch sprechen. Es war eine *Compañera* aus Uruguay. Sie hörte mich rufen und holte noch andere lateinamerikanische Flüchtlinge, die dann durchsetzten, dass wir das Zimmer kurz verlassen konnten. Es war ein Sonntag, und weil der zuständige Beamte des Innenministeriums, Helmut Langschwert, erst am Montag kam, mussten wir hier eingeschlossen bleiben. Als er dann kam, wurden unsere Daten erfasst. Wir mussten unsere Pässe abgeben und waren nun »aufgenommen«. Wir gingen in den Keller und bekamen dort zwei Decken, einen Metallnapf für das Essen und einen für das Trinken. Das war genau so, wie ich es in Filmen über den Krieg gesehen hatte, und so fühlten wir uns auch, wie Gefangene.

Herr Langschwert führte uns dann in ein riesengroßes Zimmer mit zehn Betten, zehn Spinden und einem kleinen Tischchen. Er sagte, wir mögen uns wie zu Hause fühlen. Ich war deprimiert. Außer uns war niemand da. Das sollte also nun unser Zuhause sein?

Fast ein Jahr mussten wir in Traiskirchen bleiben. Von Freunden erhielten wir manchmal Geschenke wie Zigaretten, Briefpapier und Briefmarken, einmal auch einen Mantel. Das Klima war für uns unerträglich kalt und die Gutscheine für wärmere

Kleidung bekamen wir nicht gleich am Anfang. Wir wollten Deutsch lernen, aber das war recht schwierig, denn es kamen ständig neue Leute dazu, und so kamen wir nie vom Fleck. Einmal kam ich ins Krankenhaus nach Baden, weil ich glaubte, ich hätte einen Gallenanfall. Ich war aber schwanger und wusste es nicht. Ich verstand nicht, was Ärzte und Schwestern sagten. Erst eine Besucherin, die schon etwas Deutsch konnte, klärte mich auf, aber ich wollte es nicht glauben. Während dieser Zeit wurde ich in einen Saal gebracht, wo mich der Primar einer Unzahl von jungen Ärzten vorführte. Das war mir zu viel, ich hatte das Gefühl, ein Versuchskaninchen zu sein. Mit der Hilfe einer *Compañera*, die mir die Kleidung brachte, verließ ich einfach das Krankenhaus.

Das Leben in Traiskirchen wurde langsam unerträglich. Das Lager war überfüllt, mehrere Familien mussten ein Zimmer teilen, es herrschte eine aggressive Stimmung.

Auch aufgrund meiner Schwangerschaft wollte ich unbedingt bessere Bedingungen für mein Kind. Glücklicherweise zogen Freunde in ein Studentenheim nach Wien, und wir besetzten deren Zimmer in der Vorderbrühl. Zwei Tage vor der Entbindung meines Kindes schließlich erhielten wir die offizielle Genehmigung, hier bleiben zu können. Da ich aufgrund des »Vorfalls« nicht mehr in das Spital in Baden gehen konnte, musste ich mir nun ein neues Krankenhaus für die Entbindung suchen. Durch einen österreichischen Freund konnte ich dann mein Kind in einer Wiener Klinik zur Welt bringen. Bei der Entbindung verstand ich wieder nichts, was mir gesagt wurde, ich konnte nur erraten, um was es geht, wir mussten mit der Körpersprache auskommen.

Weihnachtskerzen

Ich wollte Sozialarbeiterin werden. Auf jeden Fall wollte ich eine Ausbildung machen. Also begann ich 1979/80 mit einem Deutschkurs auf der Universität Wien. Mein Problem war die Betreuung meines Kindes, ich fand eine Kinderkrippe und finanzierte alles durch Putzen. Mitten im Kurs musste ich aufgeben, ich kam mit dem Geld nicht mehr durch, denn ich sollte am Vormittag putzen und ebenfalls am Vormittag in den Kurs gehen. Ich wollte gerne die Sozialakademie machen. Die Aufnahmsprüfung hatte ich schon bestanden. Aber bereits nach

kurzer Zeit konnte ich mir die Ausbildung nicht mehr finanzieren. Ein Stipendium zu erhalten, war aussichtslos.
Meine erste Arbeit, abgesehen vom Putzen, hatte ich in der Nähe von Mödling bei der Herstellung von Lecksteinen für Kühe. Meine Hände vertrugen aber auf Dauer die Arbeit mit den darin enthaltenen chemischen Mitteln nicht. In diesem Betrieb waren lauter Ausländer beschäftigt, niemand sprach Deutsch. Wir konnten uns nur durch Zeichen verständigen. Ich war die einzige Frau, es war auch wirklich Männerarbeit. Dann dekorierte ich in einem Geschäft in Perchtoldsdorf Kerzen. Ich musste um vier Uhr früh aufstehen, um rechtzeitig um sechs Uhr in der Arbeit zu sein. Obwohl die Entfernung zwischen der Vorderbrühl und Perchtoldsdorf minimal ist, braucht man so lang, weil es keine direkte Verbindung gibt. Diese Arbeit gefiel mir, aber ich fand es langweilig, immer nur dieselben Muster auf die Kerzen zu malen. Die Muster für Weihnachten waren schauerlich. So erfand ich andere, was aber der Chefin nicht passte, und sie warf mich raus.
1980 bezogen wir eine Wohnung in Siebenhirten, die mir sehr gut gefiel. Mein Freund bekam eine Arbeit bei der UNO. Da er sich 1982 von mir trennte, konnte ich die Wohnung nicht mehr behalten. Sie war schön, aber für mich nun viel zu teuer. So zog ich schließlich in eine kleinere Wohnung im dritten Bezirk, die ich durch die Vermittlung von Freundinnen bekam.
Ich arbeitete nun in Wien in der Boutique eines Vereins, der dem Lateinamerika-Institut nahe stand. Das Geschäft war bei der Universität. Ich arbeitete gemeinsam mit einer anderen Lateinamerikanerin. Die Arbeitsbedingungen waren miserabel. Wenig Geld, schlechte und gefährliche Elektroinstallationen und kein Klo – wir mussten gegenüber in die Universität gehen. Wir streikten, um bessere Arbeitsbedingungen zu erhalten, und wurden entlassen. Dann machte ich in Vertretung eines anderen Chilenen Reinigungsarbeiten im Wiener Institut für Entwicklungsfragen. Direktor Arne Haselbach gab mir bald andere Beschäftigungen wie die Mithilfe bei den Konferenzen und den Aussendungen. Er wollte mir weiterhelfen und übergab mir bald die Arbeit in der Bibliothek. Ich konnte in diesem Institut einen Aufstieg machen, und heute bin ich für die Administration zuständig. Ich habe eine Arbeit, die mich mit vielen Menschen zusammenbringt und mir sehr gefällt.

.....

Mein Sohn absolvierte die Hauptschule, versuchte sich dann in der Kunstschule und als Malerlehrling, aber das war alles nicht das Richtige. Nach dem Zivildienst und einem längeren Aufenthalt in Chile begann er als Volontär bei einem Privatradio. Das gefiel ihm, und heute ist er Programmgestalter bei einem Musiksender.

Die Vergangenheit ruht nicht

Vor einigen Jahren hat mich der ehemalige österreichische Botschafter in Chile, Segúr Cabanac, geklagt. Er hatte in der Zeitung »Die Presse« einen Leserbrief geschrieben, in dem er sehr deutlich seine Sympathien für Pinochet erkennen ließ. Ich schrieb dann an die Redaktion, eigentlich nur um zu verdeutlichen, wie einseitig und unreflektiert die abgedruckte Meinung des Botschafters i. R. war. Ich bezog mich auf die Vorkommnisse des Jahres 1975 in der bulgarischen Botschaft in Santiago, die damals unter österreichischer Verwaltung stand. Etwa 25 Personen hatten im Botschaftsgebäude Zuflucht gesucht, wurden aber dennoch von der chilenischen Polizei verhaftet. Zwei von ihnen sind bis heute verschwunden. Ich spielte in meinem Brief auf die Rolle des Botschafters Segúr an, denn wie hätte so etwas ohne sein direktes oder auch indirektes Wissen passieren können? Es ist schwer vorstellbar, dass die chilenische Polizei ohne die Erlaubnis des zuständigen Botschafters in das Botschaftsgelände eindringen kann. Und wenn sie es dennoch tat, hätte er doch protestieren müssen, was aber nicht geschah. Mein Brief wurde abgedruckt.
Der Botschafter klagte mich wegen Verleumdung, und es kam zu einem Prozess, der in erster Instanz eingestellt wurde, weil die Richterin die Ansicht vertrat, dass nicht der Botschafter klagen könne, sondern nur die Republik Österreich, die er damals repräsentierte. Das Berufungsgericht teilte diese Meinung allerdings nicht. Doch Herr Segúr gab sich »großzügig« und verzichtete auf die Weiterführung des Prozesses. Darüber war ich mit Rücksicht auf meine beschränkten finanziellen Möglichkeiten zwar froh, denn ich hätte z. B. Zeugen aus Chile herholen und viele Übersetzungen bezahlen müssen, zugleich aber ärgerte es mich, dass es zu keiner Klärung in dieser Sache gekommen ist. Seine »Großzügigkeit« kam einer Demütigung gleich, er sah

sich bestätigt. Er betrachtet sich selbst als Opfer und sieht nicht die Tausenden, die Opfer der Diktatur wurden. Heute, nachdem Pinochet selbst in Chile wegen der Verbrechen gegen die Menschenrechte einvernommen wird, wäre so ein Prozess vielleicht leichter zu führen. Es bedürfte keiner großen Anstrengung mehr, zu zeigen, dass die positive Einschätzung des Pinochet-Regimes durch Botschafter Segúr falsch ist.

Ein Verein für lateinamerikanische Frauen

Durch die vielen Beziehungen zu chilenischen und anderen lateinamerikanischen Frauen entstand die Idee, einen Ort zu schaffen, wo wir über unsere Probleme frei reden und uns Rat holen können. Wir sahen die Notwendigkeit, etwas für die Ausbildung zu tun, bei der Arbeitsvermittlung zu helfen. Gemeinsam hatten wir das Problem der Sprachbarriere, die Hilflosigkeit bei den Behördenwegen, viele offene Rechtsfragen. Was soll eine Frau machen, wenn der Mann sie schlägt, wenn er sie verlässt? Die ersten Zusammenkünfte fanden in meiner Wohnung statt und wir diskutierten darüber, was wir tun könnten. Dann erlaubte uns Direktor Haselbach, uns im Institut zu treffen. So entstand der Verein LEFÖ, Lateinamerikanische Exilierte Frauen in Österreich. Jede von uns hatte bestimmte Kontakte und Kenntnisse, die sie in den Verein einbringen konnte: Die einen kannten einen Anwalt, andere Ärzte oder Psychotherapeuten, andere hatten wieder gute Kontakte auf politischer Ebene.

Die chilenischen Männer verstanden nicht, was da passierte und intrigierten gegen uns, verleumdeten uns sogar. Sie fühlten sich angegriffen, obwohl – oder weil – es gar nicht um die Männer ging. Später wurde das besser, aber 1985, etwa ein Jahr nach der Gründung, übernahm eine bestimmte Gruppe von Frauen das Sagen in LEFÖ, und da zog ich mich zurück.

Integriert?

Nach so vielen Jahren in Österreich fühle ich mich integriert, obwohl ich schon manchmal dem Rassismus begegne. Es kann passieren, dass ich etwa in einem Geschäft nicht ordentlich behandelt werde. Nicht aufgrund meines Aussehen, sondern wegen meiner Aussprache. Wenn so etwas vorkommt, dann gehe ich eben nicht mehr in dieses Geschäft. Ich bin mit vielen österreichischen Frauen befreundet, mit vielen Chilenen und Chileninnen und anderen Lateinamerikanern. Ich genieße das Kulturleben in Wien und nehme jede Gelegenheit wahr, in Konzerte zu gehen, Theater- und Tanzaufführungen zu besuchen und mir gute Filme anzuschauen.

Erst 1988, nach 12 Jahren, konnte ich zum ersten Mal wieder meine Mutter und meine Schwester in Chile besuchen. Gegen Ende der Diktatur wurden Listen herausgegeben mit den Namen der Exilierten, die wieder nach Chile einreisen dürfen. Mein Name schien erst in der letzten dieser Listen auf. Ich borgte mir das nötige Geld für die Reise. Mit der Wiedergewinnung der Demokratie stellte sich für viele Chilenen die Frage der Rückkehr. So auch für mich. Ein Teil von mir wollte sofort zurück, die Realität riet mir zum Gegenteil. Für meinen Sohn ist Österreich die Heimat. Ich habe hier nun einen Freundeskreis, eine Arbeit, die interessant ist, und auch eine gewisse soziale Sicherheit. Eine Rückkehr hätte einen völligen Neuanfang bedeutet, beruflich und auch privat. Zu dem jetzigen Zeitpunkt hätte ich mich nicht dafür entscheiden können. Aber wer weiß, vielleicht werde ich als Pensionistin nach Chile zurückkehren.

Peter Zahradnik

Für Leute wie uns, die die dunklen Tage der Vernichtung der Demokratie in Chile überlebten und danach den Weg in ein sicheres Exil in Wien geschafft haben, ist es relativ schwer, eine einfache Beschreibung von all diesen schicksalhaften Ereignissen zu machen. Die Erzählung dieser Geschichte muss man an einem bestimmten Moment beginnen. Aber wann? Mit meiner Jugendzeit? Oder mit dem Wahlsieg der *Unidad Popular*? Die Erzählung soll kurz und klar sein, also werde ich lieber mit dem 11. September 1973, einem Schicksalstag für alle Chilenen – unabhängig von ihrer Weltanschauung –, beginnen. Der Tag des Militärputsches war ein entscheidender Tag der jüngsten Geschichte Chiles. Der Angriff der Streitkräfte am 11. September gegen das demokratische Leben Chiles hat das Land für mehrere Generationen schwer gezeichnet.

Der Putsch

Es war spät vormittags und ich war mit Maribel noch im Bett. Klingt angenehm, aber wir waren auf Flitterwochen, nachdem wir am Samstag in unserer kleinen Stadt Peñaflor geheiratet hatten. Das Strandhotel war praktisch leer, weil noch nicht Hochsaison war. Der Portier klopfte an die Tür: »Haben Sie ein Transistorradio?« – »Ja«, antwortete ich und dachte, dass es eine Frechheit ist, sich auf so eine Art ein Radio auszuborgen. »Schalten sie es ein!« – »Warum?« Ich ahnte etwas Furchtbares. Niemand wird Sie auffordern, die Nachrichten zu hören, wenn nicht etwas Gewaltiges geschehen ist. Es sei denn, dass der Portier ein Fußballfanatiker ist, der Sie an irgendeinem Erfolg von Colo-Colo[1] in Mailand teilhaben lassen will. »Nein, es handelt sich um einen Militärputsch«, sagte er mit einer außergewöhnlich neutralen Stimme. Man konnte aus der Stimme nicht schließen, wie er politisch eingestellt war. Ein Putsch? Ich hatte nie dieses Wort aus dem Mund eines Laien gehört. Es war bisher ein Ausdruck gewesen, den nur sehr versierte Fachleute ge-

1 Colo Colo: beliebteste und erfolgreichste chilenische Fußballmannschaft

brauchten. »Ja, eine *Militärjunta* hat die Macht übernommen und alle Radios senden Marschmusik. Weiters versucht jetzt die Luftwaffe, den Präsidentenpalast *La Moneda* in Schutt und Asche zu legen, mit allen Menschen, die darin eingekesselt sind. Den Präsidenten inbegriffen.« Ich realisierte innerhalb einer Sekunde die ganze Situation und ihre Folgen. An einem anderen Tag hätte ich vielleicht mehrere Minuten oder Tage gebraucht, um das Gleiche zu verstehen. Wie eine Katze, die vom Dach fällt, arbeitete der Verstand blitzschnell. Der lang erwartete Angriff der Streitkräfte Chiles hatte begonnen, und ich war am Ende der Welt, im Ferienort El Quisco, weit weg von diesen schicksalsschweren Ereignissen.
Ich fragte: »Wissen Sie mehr?« Aufgrund der darauf folgenden Antwort vermutete ich, dass der Portier ein Demokrat war: »Alles, was ich weiß, ist, dass die Regierung des Präsidenten Allende am Ende ist.« Er benützte das Wort »Präsident« und nicht »Schurke« oder ein anderes beleidigendes Wort für Allende. Nachdem mir seine Einstellung klar geworden war, bemerkte ich: »Das ist eine Katastrophe!« Er stimmte mir zu. Wir befanden uns im gleichen Lager. Der Mann wurde eine Insel der Sicherheit in einer immer bedrohlicheren Lage.
Der Fernseher zeigte an diesem und an den darauf folgenden Tagen immer wieder die gleichen Bilder und Androhungen. Wie die Luftwaffe mit modernsten Hawker-Hunter-Düsenjägern und treffsicheren Raketen *La Moneda*, den Regierungspalast, zerstörte und die Anweisungen, dass jede Person, die sich den Befehlen des Militärs widersetzt, mit einer Bestrafung zu rechnen habe.
In diesen ersten Tagen der Militärdiktatur habe ich, Gott sei Dank, richtig eingeschätzt, dass dies nur der Anfang einer langen und blutigen Zeit wird. Obwohl das aus heutiger Sicht selbstverständlich erscheint, war es in diesen Tagen nicht so offensichtlich. Das Verhalten der Putschisten war eine unerwartete Situation und jeder Beobachter war überzeugt, dass in ein paar Monaten, wenn nicht Wochen, die Machtübertragung an eine zivile Regierung stattfinden werde. Vielleicht an Eduardo Frei Montalva, einen Christdemokraten, den Präsidenten Chiles vor Allende.
Allende wurde im Sturm auf *La Moneda* getötet, und die Art und Weise, wie in den Medien über diesen Tod berichtet wur-

de, gab den Soldaten und Polizisten in abgelegenen Winkeln des Landes zu verstehen, mit welcher Härte zu operieren war. Weil zum Beispiel der Befehl von oben, »den Feind neutralisieren«, unterschiedlich interpretiert werden konnte, wollte die *Militärjunta*, dass die eigenen Leute an einem Beispiel die genaue Vorgangsweise erfahren, dass sie begreifen, mit welcher Härte die Sympathisanten der demokratischen Regierung »bestraft« werden sollen. Dieses Beispiel bekamen sie durch Fernseher und Radio. Aber auch wir verstanden die verschlüsselte Botschaft und versuchten, nicht in eine Straßenkontrolle zu geraten. Tage später haben uns einige gute Freunde aus Peñaflor, die von unserer prekären Lage wussten, aus El Quisco geholt und nach Santiago gebracht. Dort sind wir von einem Haus ins andere übersiedelt. In Häuser von guten Freunden. Wir mussten immer dann übersiedeln, wenn die Durchsuchungen der Soldaten, »Kamm-Operationen« genannt, bedrohlich näher kamen.
Ich schwor mir damals, mehr über das innere Leben der Militärs zu erfahren. Sie sind in jeder Gesellschaft ein wichtiger Bestandteil, aber niemand spricht über ihr Leben. Welche Ausbildung Offiziere erhalten, wie die Institution aufgebaut ist, welche Sorgen sie haben, wie sie über die Welt denken. Und das Allerwichtigste: wie sie in einer Krise reagieren werden. Sie sind in ruhigen Tagen absolut unauffällig, aber im entscheidenden Moment können sie eine Gefahr für die Demokratie sein, wie der September 1973 in Chile bewiesen hat.

Nach Wien

Ende September hatte sich die Situation im Land teilweise normalisiert, so z. B. in der Hinsicht, dass die tägliche Ausgangssperre verkürzt wurde. Die von der Junta zugelassene Presse berichtete auch, dass wichtige Mitglieder der früheren Regierung entweder in Gefängnissen waren oder in Botschaften in Santiago Asyl gesucht hatten und mit Unterstützung der internationalen Gemeinschaft das Land zu verlassen versuchten. Ich hatte früher als Manager einer kleinen Firma, die dem Wirtschaftsministerium unterstellt war, gearbeitet und musste nun mit der Verfolgung durch die Soldaten rechnen.
Langsam fanden Maribel und ich uns mit der Idee, das Land zu verlassen, ab. Überzeugt, wie Tausende andere Arbeiter, Intel-

lektuelle und Fachleute, dass sich die Junta, mit Pinochet an der Spitze, ohne die Unterstützung der breiten Öffentlichkeit nicht lang an der Macht halten könne, haben wir das Angebot des Flüchtlingshochkommissariats der UNO, nach Wien zu fliegen, angenommen. Maribel war Spanierin und für in Chile lebende Ausländerinnen und Ausländer gab es ein Spezialprogramm, um außer Land zu kommen, weil das Militär sie systematisch und mit Brutalität verfolgte.
In der Zeit, in der wir auf die Ausreisegenehmigung der Junta warteten, wohnten wir in einem »Flüchtlingslager«, das eigentlich ein Jesuitenkloster war. Dort hat uns eine junge Brasilianerin ihre Odyssee erzählt: Sie war zur Zeit des Putsches mit ihrem Mann in Iquique, im Norden Chiles. Weil die Stadt klein war, wurden sie gleich erkannt und verhaftet. Von ihrem Mann wusste sie nichts mehr. Aber sie wurde lange und grausam gefoltert, vergewaltigt und erniedrigt. Später wurde sie Experten des brasilianischen Geheimdienstes zur Folterung übergeben, und die entschieden, sie nach Brasilien zu fliegen. Als sie in Santiago ins Flugzeug umsteigen sollte, hörte sie Stimmen, die ihr Hilfe anboten. Sie stand unter Einfluss von Drogen und wusste nicht einmal, wo sie war, und noch weniger, was diese Leute wollten. Sie wollte nur mit den Brasilianern in das Flugzeug einsteigen. Plötzlich und gerade, als sie beim letzten Tor des Flughafens stand, drehte sie sich um und schrie so laut es ging: »Hilfe!« Die Helfer, Mitglieder von Botschaften (mit diplomatischer Immunität), haben sie von ihren Begleitern weggenommen und in spektakulärer Weise in Sicherheit gebracht. Sie hat sich später über ein Asylangebot von Paris gefreut. Bemerkenswert dabei ist, dass die Geheimdienstler geglaubt hatten, dass ein komplexer chemischer Stoff den Überlebenswillen eines Menschen so einfach brechen kann.
Ein zweites Beispiel ging weniger gut aus. Von unzähligen Horrorgeschichten, die wir von Flüchtlingen in Chile gehört haben, war die von einer jugoslawischen Familie, die nach Europa ausreisen wollte, besonders traurig. Die Familie, ein älteres Ehepaar mit vielen Kindern in verschiedenem Alter, hatte ein Greißlergeschäft in einem dicht besiedelten Bezirk Santiagos betrieben. Tage nach dem Putsch kamen die Soldaten, um den ältesten Sohn zu holen, aber er war nirgendwo zu finden. Schließlich kamen sie an einem Tag und holten die ganze Fa-

milie samt den kleinen Geschwistern vor die Haustür. Sie hatten den Sohn gefunden, er lag am Boden und wurde vor ihren Augen ständig mit Fäusten und Füßen misshandelt. Die Schreie der Eltern halfen nichts. Am Ende musste er aufstehen und wurde auf der Stelle erschossen. Um alles noch schlimmer zu machen, nahmen die Soldaten den toten Burschen mit und seine Leiche wurde nie gefunden. Die Militärs leugnen bis heute die Tat. Ich fragte mich, was das alles zu bedeuten hat. Wenn die Soldaten mit Uniform in dieser Art und Weise operierten, dann konnten wir erahnen, wie die gefürchteten Todesschwadronen von fanatischen Nicht-Uniformierten – hauptsächlich von der Gruppe, die sich »Vaterland und Freiheit« nannte – unterwegs waren. Es wurde klar, dass die Junta die Bevölkerung in totale Angst versetzen und so ohne jeden Protest aus der Bevölkerung regieren wollte, statt die Meinung der Bevölkerung für sich zu gewinnen, wie es eine politische Partei tut.

Langsam, aber sicher verbreiteten sich derartige Geschichten unter der Bevölkerung und leider auch unter den Soldaten. Und Verletzungen der Menschenrechte, anfänglich nur als Ausnahmefälle angesehen, wurden zur Regel. Offiziere gaben härtere Befehle in der Hoffnung, von der neuen Junta adäquat befördert zu werden. Die Soldaten, die irgendwie der gestürzten Regierung nahe standen, wurden zu den blutigsten Taten gezwungen, um ihre Treue zu beweisen. Nur wenige hohe Offiziere widersetzten sich der Junta. Diese verfassungstreuen Männer wurden eingesperrt oder umgebracht.

Es war so weit. Nach unendlich langem Warten erhielten wir die Genehmigung der Beamten, das Land zu verlassen. Österreich hat uns politisches Asyl angeboten, und wir haben zugesagt. Vorher hatte Finnland uns Schutz angeboten, wir lehnten höflich ab. Ich, weil ich von den berühmten langen Wintern und der schwierigen Sprache wusste, und Maribel, weil es zu weit weg von ihren Verwandten in Aragón in Spanien war. Wien lag genau richtig. Obwohl ich mich anfangs auf England gefreut hätte, wegen der Sprache. Ich sah aber kein Problem, weil ich vor allem Chile verlassen wollte. Ich war – wie gesagt – überzeugt, dass wir alle in wenigen Monaten zurückreisen könnten.

Wir haben uns von unseren Eltern in Tränen verabschiedet. Ich versuchte, sie zu beruhigen, aber mein Vater befürchtete schon, dass die Diktatur länger dauern könnte, und war froh, dass wir mit dem Leben davonkamen. In Chile besaß ich nichts Wertvolles, außer einer Sammlung von Fotos, die ich für die Reise in Bündeln von Negativen vorbereitet hatte. Am Flughafen allerdings durchsuchten die Soldaten alles Gepäck der Reisenden. Was hätten sie von diesen Negativen gedacht? Dass es private Bilder sind? Auf keinen Fall. Negative waren hoch verdächtig und sie hätten sie im besten Fall als geheime Dokumente beschlagnahmt, im schlimmsten Fall mich auch mitgenommen. Ich war ratlos und entsetzt von der Perspektive, diese einmalig schönen Bilder zu verlieren. Olga Machado aus Uruguay, die mit uns reiste, nahm die Plastiktasche und ging selbstbewusst und furchtlos durch der Sperre. Nichts geschah, sie wurde nicht durchsucht und wir kamen schüchtern nach. Ich habe alle Bilder noch bei mir, aber bis heute sind nicht alle Negative entwickelt worden. Es sind zu viele. Die Plastiktasche habe ich übrigens auch noch. Endlich, nach einigen Stunden Verspätung wegen Durchsuchungen der Polizei in der Kabine, hob die Boeing 707 der Lufthansa Richtung Wien ab. Das Flugzeug war voll mit zerschmetterten Träumen. Wir aus Chile mussten zum ersten Mal in unserer Geschichte aus der Heimat flüchten. Im Laufe der folgenden Monate wurden es mehr als eine halbe Million. Eine beachtliche Zahl dafür, dass Chile damals nur zwölf Millionen Einwohner hatte.

Wien

Es war der 8. Dezember 1973, die Maschine aus Frankfurt landete um 16.30 Uhr nachmittags in Schwechat, es war dunkel. Nicht nur bewölkt, sondern auch dunkel, weil die Nacht angebrochen war. Wir kannten so etwas nicht. Das Wetter hatte sich höflicherweise an die Stimmung unserer Seelen angepasst. Dunkel. Diese Nacht weinten Maribel und ich stundenlang, im vollen Bewusstsein, dass eine schreckliche Niederlage unser Leben für immer verändert hatte. Ich glaubte entdeckt zu haben, dass das Wasser der Meere salzig ist, nur weil wir Menschen sie mit unseren Tränen gefüllt haben. Für einen Chemiker mit wissenschaftlicher Ausbildung war allein dieser Gedanke wie eine Gotteslästerung.

.....

Unser erstes Domizil in Wien war das Hospizhotel der *YMCA*[1] in der Kenyongasse. Obwohl wir dort nur ein paar Wochen blieben, war es die erste sichere Bleibe, die erste von mehreren Wohnstätten, die wir bis 1979 hatten, als wir in die Zirkusgasse übersiedelten, unser erstes selbst gemietetes Zuhause.
In Wien hatten wir vom zweiten Tag an die unterstützende Solidarität von unseren Gastgebern. Die Österreicher waren gut informiert über das, was in Chile geschehen war, und boten uns ehrliche Freundschaft an. Damals schickte uns ein junger Politiker, der Leiter der Jungen Generation und Zentralsekretär der SPÖ, Karl Blecha, eine herzliche Begrüßung. Er wurde später Innenminister und ein großer Freund Chiles. Aber nicht alle waren so freundlich. Einige Österreicher zeigten verdeckte und auch offene Sympathie zur Regierung Pinochets. Es gab z. B. einen Bankangestellten, der für uns Übersetzungen machte. Ein korrekter und freundlicher Mensch, der allerdings für die Auswanderung von Österreichern nach Chile Werbung machte. Dabei erzählte er Märchen, er behauptete, dass die Medien hier in Europa über die Diktatur falsch informierten. Mich hat auch sehr schockiert, dass er die österreichische Regierung als fast kommunistisch abstempelte, obwohl sie absolut anti-kommunistisch war. Grund genug für ihn zum Auswandern und Flüchten aus diesem sicheren Land. In Wirklichkeit blieben die österreichischen Freunde der chilenischen Diktatur im Laufe der Jahre eine lächerliche und unbedeutende Minderheit. Die vom ersten Moment an korrekte Berichterstattung auf der ganzen Welt machte den Militärs zu schaffen, und in Österreich hatten wir in der Regierung Kreisky durch die wiederholten Beweise von Solidarität mit den Demokraten Chiles eine große Unterstützung.
Eine der schlimmsten Folgen der Jagd auf Menschen in Chile war, dass jeder an einer Art Verfolgungswahn in der einen oder anderen Form litt. Dies hat mir der Arzt Claudio Weber zu erklären versucht, aber ich habe ihm damals nicht richtig zugehört. Das ständige Terrorisieren der Bevölkerung durch die Machthaber hat ein ganz besonderes Verhalten bei den Men-

1 YMCA (Young Men's Christian Association): in ihrem Hospiz in der Kenyongasse im 7. Wiener Bezirk war anfänglich ein Teil der Flüchtlinge aus Chile untergebracht

schen verursacht, das bis heute seine furchtbaren Spuren hinterlassen hat. Niemand traute mehr dem Nachbarn und noch weniger einem Unbekannten. Man war immer wachsam auf der Straße, um einer möglichen »Kamm-Operation« zu entgehen. Während der nächtlichen Ausgangssperre, die fast ein Jahrzehnt lang Nacht für Nacht in Kraft war, hörte man Schreie von Nachbarn, wenn sie vom Geheimdienst *DINA* geholt wurden. Am Anfang glaubte man, dass das nur die Sympathisanten der Regierung Allendes traf. Aber später wurde jeder, der versuchte, eine eigene Meinung zu haben, von starken repressiven Maßnahmen getroffen. Der lange Arm der *DINA* hat auch Persönlichkeiten im Ausland verfolgt. Einige wurden ermordet und andere haben knapp überlebt. Einige Exilierte, die keineswegs wichtige politische Persönlichkeiten waren, fanden ihre Wohnungen durchsucht vor oder erwischten sogar »Räuber«, die recht chilenisch aussahen. Der Leiter der *DINA*, Manuel Contreras, protzte, dass er in Schweden mit *Altamirano* auf einer Solidaritäts-Versammlung geplaudert habe. *Carlos Altamirano* war Leiter der Sozialistischen Partei Chiles während der Regierung Allendes und einer der meistgesuchten Gegner der *Militärjunta*. General Contreras log nicht, *Altamirano* bestätigte die Version. Contreras erzählte die Geschichte mit der Absicht, seinen Gegnern im Ausland Angst einzujagen, und er schaffte es, ob es uns gefiel oder nicht.

Normalisierung

Nach und nach haben Tausende Chilenen und Chileninnen das Land verlassen müssen. Sie wurden auf der ganzen Welt verstreut. Österreich, ein kleines Land mit großer Erfahrung mit Flüchtlingen, nahm Hunderte von Leuten von der anderen Seite der Welt auf. Alle in Wien angekommenen Chilenen und Südamerikaner haben 1973 zusammen Weihnachten gefeiert. Es war, wie es in Zukunft sein würde: große Freude, dass wir noch am Leben sind, und große Traurigkeit, dass wir nicht in der geliebten Heimat sein können. Alle haben einige Bekannte von früher wieder getroffen, aber wir haben vor allem neue Freunde gefunden.

Das Innenministerium sorgte dafür, dass die Flüchtlinge keine großen Sorgen mit Wohnmöglichkeiten und dem Taschengeld fürs tägliche Leben hatten. In Zusammenarbeit mit dem UNO-Hochkommissar bekam eine Familie nach der anderen eine kleine Wohnung und eine Art Arbeitslosengeld. Die Stadt Wien sowie staatliche Firmen, wie Simmering-Graz-Pauker, boten den Chilenen Dutzende Arbeitsmöglichkeiten an. Mit wenigen Ausnahmen hatten alle in kürzester Zeit ein eigenes Einkommen und begannen, ein »normales« Leben zu führen. Maribel hat, zusammen mit Tatiana und Muriell, bei der Zentralsparkasse in der EDV-Abteilung eine Arbeit gefunden. Es war harte Routinearbeit, Daten in Computer-Karten zu tippen, aber das war das Beste, was man damals finden konnte. Maribel blieb dort, bis Kathi geboren wurde. Ich meinerseits las den Kurier und fand eine Arbeit als Laborant in einem klinischem Labor. Mein erstes Gehalt waren 3.000 Schilling. Damals hatte ich beschlossen, über ein weiteres Studium (Doktorat in Chemie) erst dann zu entscheiden, wenn meine Sprachkenntnisse besser waren. Nach drei Monaten hat sich mein Gehalt auf 5.000 Schilling verbessert, was unser Leben erleichtert hat. In diesen Jahren war es relativ einfach, eine Arbeit zu finden. Nach der Karenzzeit begann Maribel als Lehrerin für Spanisch beim Österreichischen Entwicklungsdienst (ÖED) zu unterrichten. Es war ein Erfolg. Sie bekam ständig mehr Anerkennung und neue Aufgaben, und das blieb bis heute so.

Endlich bekamen wir eine kleine Hauptmietwohnung in der Zinnergasse in Wien Simmering. Obwohl sie klein war und abseits von den Hauptverkehrsadern Wiens lag, waren wir zufrieden, auch wenn der Eigentümer der Bund war und nicht wir selbst. Wir wussten, dass die Zinnergasse nur eine vorübergehende Lösung war.

1975 wurde unsere Tochter Katharina geboren, sie war wie eine echte Puppe und machte uns überglücklich. Nur das erste Kind bringt den Sprung vom Jung-Sein zum Reif-Sein. Wir haben es geschafft, unseren Freund Pater Herbert zu überzeugen, Kathi in der Kirche von Kaiserebersdorf zu taufen. Der Cura Berger war nicht sehr begeistert von der Idee, aber er hat am Ende eine wunderschöne Zeremonie gehalten. Wenig später hat sich Herbert Berger ganz auf die Rettung von Menschen in Not auf dieser Erde, statt auf die Rettung der Seelen für das Paradies im Himmel konzentriert. Er und Sigrun haben sich

.....

seit damals für die Menschenrechte und die Demokratie in Chile und Lateinamerika voll eingesetzt.
Unser Sohn Francisco kam 1978 zur Welt. Er war der erste Bub in meiner Familie und bekam den Namen seines Großvaters, der merkwürdigerweise nur 70 Kilometer von Wien entfernt, im tschechischen Hodonín 65 Jahre davor geboren worden war. Mein Vater arbeitete in vielen Ländern Asiens und Südamerikas für die Firma Bat'a aus Zlin. Seine letzte Station war Chile, nach seiner Einschätzung eines der schönsten Länder der Welt.
1979 sind wir in eine größere Wohnung in der Leopoldstadt, in die Zirkusgasse übersiedelt. Die Wohnung befand sich fast im Stadtzentrum, war bequem und nicht weit vom Kindergarten unserer Kleinen. Die Zirkusgasse blieb für fast ein Jahrzehnt unser Zuhause. Ich wechselte auch nach wenigen Monaten meinen Job, vom klinischen Labor zum Limnologischen Institut der Österreichischen Akademie der Wissenschaften, um im Bereich der Chemie von Binnengewässern zu arbeiten. Es war aufregend an einem Institut zu arbeiten, wo Professor Heinz Löffler, der auch Chile bei seinen umfangreichen Forschungsreisen auf der ganzen Welt gut kennen gelernt hatte, der Chef war und verschiedene Projekte leitete. Heinz Löffler war zweifellos einer der wichtigsten Pioniere in der Welt der Limnologie. Einmal sagte er vor vielen Anwesenden: In Chile kann man die besten Meeresfrüchte essen! Ich war beeindruckt, dass jemand anderer als ein Chilene selbst diese Tatsache erkannte. In dieser Arbeit hat fast alles gestimmt. Die Forschung im Bereich der Gewässerökologie und Chemie war schlicht und einfach schön. Das Gehalt hat auch gestimmt, aber die Dauer der Projekte wurde mit der Zeit immer kürzer und die Forschungsmittel waren schwieriger zu bekommen. 1987 bekam ich eine einmalige Chance, als Angestellter der UNO und Chemiker in einem Labor, das die Überwachung des Vertrags für Nicht-Verbreitung von Atomwaffen unterstützte, zu arbeiten. Diesen ehrwürdigen Aktivitäten wird von den österreichischen Medien wenig Beachtung geschenkt, mit dem Ergebnis, dass ein großer Teil der öffentlichen Meinung noch immer glaubt, dass die Atombehörden in Wien nur mit Atomstrom zu tun haben. Ich bin froh, dass ich einen kleinen Beitrag zu den Bemühungen, die Entwicklung und den Bau von Waffen zu stoppen, leisten kann.

.....

Für Chile

Die Solidarität mit dem Leiden des chilenischen Volkes hat auf zwei verschiedenen Ebenen stattgefunden: Zum einen sind die chilenischen Parteien im Exil aktiv gewesen, zum anderen waren Österreicher für die Menschenrechte in Chile in der Chile-Solidaritätsfront tätig. Die Vertreter der chilenischen Parteien arbeiteten in der Chile-Solidaritätsfront ebenfalls mit. Ehemalige höhere Politiker gab es nur zwei: den ehemaligen bolivianischen Vizepräsidenten Ovando, der wenig später in ein anderes Land auswanderte, und Tito Palestro, den Bürgermeister von San Miguel, dem größten Stadtteil von Santiago. Tito Palestro kam aus der Gefangenschaft auf der Insel Dawson. Er blieb die ganze Exilzeit hier und leitete die chilenischen Sozialisten in Österreich. Leider starb er, kurz bevor die Diktatur die Macht abgeben musste. Er hat die geliebte Heimat nicht wiedergesehen.

Die Exil-Chilenen bildeten hier die Parteien als Spiegel der Parteien in der Heimat und die Organisation war in ähnlicher Weise wie in allen Ländern der Welt aufgebaut. Die Hauptaufgabe war, die in Chile Kämpfenden zu unterstützen, hauptsächlich mit finanziellen Mitteln. Eine zweite Funktion war, die ständige Verletzung der Menschenrechte in Chile publik zu machen. Dabei half hin und wieder die Junta selbst, weil sie die Vorwürfe wegen der grausamen Misshandlungen in plumper Weise als Notwendigkeit zu rechtfertigen versuchte. Die Beziehungen zwischen den verschiedenen Parteien und auch innerhalb der einzelnen Parteien liefen nicht so reibungslos ab, wie es die Situation erfordert hätte. Aber weil die Vorgaben für unsere politische Arbeit aus Chile selbst kamen, wurde eine überparteiliche Plattform, die ein gemeinsames Vorgehen ermöglichte, ins Leben gerufen. Ich hatte vor 1973 die erbitterten Kämpfe unter Exil-Brasilianern in Chile erlebt und dachte, dass aus einer derartig gespaltenen Lage kein effektiver Protest gegen die Diktatur in Brasilien möglich sei. Und ich hatte Recht. Verglichen mit diesem Beispiel waren wir Meilen voraus und versuchten, den Streitigkeiten auszuweichen. Es kam allerdings zu mehreren Spaltungen der Sozialistischen Partei Chiles. Ich blieb in der von Clodomiro Almeyda geleiteten Gruppe. Weil ich, wie erzählt, panische Angst vor einer Spaltung in den Rei-

hen der chilenischen Demokraten auf irgendeiner Ebene hatte, pflegte ich meine Beziehungen zu den anderen Sozialisten ständig weiter. Ich war sicher, dass die Reibereien großteils durch unsere Niederlage in Chile verursacht waren. Tatsächlich, sobald der Fall von Pinochet in Sicht war, vereinten sich die verschiedenen Fraktionen wieder in einer Partei und alle Demokraten halfen zusammen, um den ersten frei gewählten Präsidenten nach der Diktatur zu sichern.
Auf einer ganz anderen Ebene bildeten Österreicher und Österreicherinnen, die von der Zerstörung einer demokratischen Gesellschaft und der stabilsten Verfassung Südamerikas geschockt waren, die Front für die Solidarität mit Chile. Nach einigen kleinen Differenzen mit einer Gruppe von Trotzkisten in den ersten Monaten war die Front die Hauptsäule der Solidarität mit allen Gruppen von Chilenen für viele Jahre. Auch wichtige Politiker, wie Bundeskanzler Kreisky zum Beispiel, haben sich für das Ende der Militärdiktatur eingesetzt.

Panzer für Pinochet?

Im Juli 1980 kam über die Medien die Nachricht, dass die Firma Steyr 100 leichte Kürassier-Panzer, zwölf weitere Panzerfahrzeuge und Maschinengewehre im Wert von zwei Milliarden Schilling nach Chile exportieren wollte. Bundeskanzler Kreisky hatte noch nicht sein Einverständnis zu dem Geschäft gegeben, obwohl einige Minister und die Gewerkschaft dafür waren, wartete er noch ab. Es gab zu dieser Zeit einige Österreicher, vor allem Intellektuelle, die längst einen Ausstieg aus der österreichischen Rüstungsindustrie wollten. Und plötzlich hatten sie einen guten Grund zu protestieren: Der Export von Panzern nach Chile war ein hervorragendes Beispiel, wie diese Exportartikel mit aller Wahrscheinlichkeit gegen das einfache und unbewaffnete Volk verwendet werden könnten. Die Geschichte der blutigen Diktatur Chiles war durch die Medien vielen bekannt, und sie war unabstreitbar. Eine Lieferung von Kürassieren war in diesem Fall eine fragwürdige Angelegenheit, und hätte sie stattgefunden, hätte das einen Pyrrhussieg für Steyr bedeutet. A la longue hätten Bilder vom Einsatz der Panzer aus Wien die Welt geschockt, Pinochet hätte sie schlicht und einfach gegen die Menschen auf der Straße eingesetzt und

Steyr hätte sich schämen müssen. Die Unterhändler des Generals hatten den Österreichern versprochen, dass die Panzer nur zum Schutz der chilenischen Grenzen vorgesehen waren. Das war gelogen. Pinochet war immer schon ein professioneller Lügner: Er hat Allende einen Tag vor dem Putsch belogen und er tat das Gleiche Jahrzehnte später, mit den Richtern in England, um seine Freiheit zu erzwingen. Er gab vor, krank und senil zu sein.

Der Verkauf von Panzern führte auch zu einem Streit zwischen den jungen Leuten, die für ein Verbot waren, und der Arbeiterschaft von Steyr, die um ihre Arbeitsplätze besorgt war. Es war sehr schwer, die Interessen aller zu befriedigen, nicht zu sprechen von denen der Konzerne und der Generäle. Ich erklärte einem Gewerkschafter, dass das Problem nicht Chile war, sondern die Waffenproduktion. Denn dasselbe hätte mit Griechenland, Thailand oder einem anderen Land passieren können. Ein Export nach Chile hätte furchtbare Konsequenzen für das Prestige und Ansehen Österreichs gebracht. Nach einem mehrwöchigen Kampf, dem große öffentliche Beachtung zukam, entschied Kreisky, den Export nicht zu gestatten. Wir Chilenen waren froh, dass die Panzer hier blieben, weil es ein Sieg für den Frieden in Chile war und auch weil diese Niederlage ein Beweis für die internationale Isolation der chilenischen Diktatur war. Die Österreicher waren zufrieden, weil es der Tag war, an dem sich das Land vom Rüstungsexport zu distanzieren begann. Später gab es andere Probleme im Zusammenhang mit Waffenexporten in den Nahen Osten. Einige Regierungsmitglieder mussten sogar zurücktreten, was den Niedergang der Rüstungsindustrie beschleunigte. Aber der Anfang des Niederganges dieser industriellen Sparte war das Exportverbot von Panzern nach Chile. Auch für die wenigen Österreicher, die bis dahin noch nicht über Chile Bescheid gewusst hatten, sicherte die Panzeraffäre Chile einen bescheidenen Platz in der jüngsten Geschichte dieses Landes.

Zurück in der Demokratie

In Chile begann nach weniger als einem Jahrzehnt diktatorischer Herrschaft die Macht der Militärs zu wackeln. Große Massen von Menschen gingen auf die Straßen und riefen nach

Freiheit. Obwohl die Repressionen blutig waren, haben die Leute weiter das Ende der Diktatur verlangt. Infolgedessen hat Pinochet schrittweise einige Zugeständnisse gemacht. Eines war, das Einreiseverbot für Exil-Chilenen zu beenden. Wir hatten Informationen, dass einige Chilenen zurück ins Land konnten, aber alles war nur ein Gerücht. Meine Eltern riefen mich wenig später an und sagten, dass die Zeitung »El Mercurio« vom 28. August 1983 eine Liste von Exil-Chilenen, die die Einreisegenehmigung erhalten haben, veröffentlicht hat. Mein Name war auf Seite C4 zusammen mit 1.160 anderen Namen. Ich war überglücklich, und Maribel und ich machten Pläne über unsere Rückreise. Weil meine Eltern mich so bald wie möglich sehen wollten, flog ich zuerst allein, um sie zu besuchen und die ganze Lage zu erforschen. Im Allgemeinen fand ich das Land unverändert, die Leute aber hatten panische Angst vor der Polizei und dem Geheimdienst. Man traute sich nicht, offen zu sprechen. Von einigen Universitäten, wo ich nach Arbeit im Bereich der Limnologie suchte, kam kurz danach eine Absage. Ein Dekan war höflich genug, mir zu sagen, dass der Rektor meine Einstellung entschieden abgelehnt hatte. Alle Rektoren waren Generäle. Es war klar, dass in diesen unsicheren Zeiten nur Personen, die keine Verantwortung für eine Familie haben, zurückkehren konnten. Diejenigen, die damals zurückkehrten, litten unter ständigen Schikanen durch die Behörden und fanden keine Arbeit. Viele gingen wieder ins Exil zurück. Die Diktatur war noch immer stark und dauerte weitere sieben Jahre.

Zwei Umstände haben der Militärregierung von Pinochet ein Ende gesetzt: Das eine war das ständige Verlangen des chilenischen Volkes nach Freiheit und Demokratie und das Zweite die Solidarität und der Boykott durch die internationale Gemeinschaft. Einige Leute wollen dem einen oder dem anderen mehr Gewicht verleihen, aber beide Umstände haben gleichermaßen die Rückkehr in die Demokratie ermöglicht. Der internationale Druck für eine Beendigung der Militärzeit war so groß, dass auch die Vertreter von Wirtschaft und Handel nach einem Wechsel verlangten. Obwohl Pinochet Präsidentenwahlen ausrufen musste, traf er zahlreiche Vorkehrungen, um auch in der Zeit der Demokratie Einfluss zu behalten.

Ende 1989 wurde Patricio Aylwin als Präsident gewählt, im März 1990 trat er sein Amt an. Er hatte die Aufgabe, in einer Übergangszeit von sechs Jahren das Land von der Diktatur zur Demokratie zu führen. Maribel, die Kinder und ich waren Jänner und Februar 1990 in Chile. Es waren die letzten Monate der Diktatur. Wir besuchten Guanaqueros, ein Fischerdorf etwa 500 Kilometer nördlich von Santiago, wo ich als Junge öfters Sommerferien gemacht hatte. Ich wollte, dass unsere Kinder das kennen lernen. Es war leider ein bisschen enttäuschend, der Strand war nicht so schön und die Preise waren unglaublich hoch. Also nicht zu vergleichen mit dem Guanaqueros, das ich in meiner Erinnerung behalten hatte. In Santiago merkte ich, dass ein Streit um höhere Posten innerhalb der neuen Regierungskoalition entflammt war. Die Christdemokraten, die bei den Wahlen die meisten Stimmen erhalten hatten, bekamen, wie zu erwarten war, die wichtigsten Posten in der Staatsverwaltung. Man wollte die Militärs, die noch eine intakte Macht darstellten, irgendwie nicht mit zu vielen Sozialisten in Schlüsselpositionen provozieren. Sie waren letzten Endes das Argument, das die Junta für den Putsch 17 Jahre zuvor benutzt hatte.
Zu dieser Zeit hatte ich einen guten Job in Wien als Angestellter bei der UNO, was auch nicht unwesentlich war für die Entscheidung, in Österreich zu bleiben, statt nach Santiago zurückzukehren. Aber wichtiger war die Erfahrung von vielen guten Freunden, die schon in die Heimat zurückgekehrt waren. Viele hatten in Chile unangenehme Erfahrungen gemacht und schwärmten davon, wieder nach Wien zu gehen. Später sind einige tatsächlich wieder hierher gekommen, meistens um fehlende Pensionsversicherungszeiten zu ergänzen.

Epilog

Wir haben ein halbes Leben in unserer neuen Heimat verbracht. Es ist eine süß-bittere Zeit gewesen. Süß, weil Österreich ein schönes Land ist. Wir haben ohne Angst und ohne finanzielle Sorgen leben können. Die Behörden und unsere Freunde und Freundinnen waren immer für uns da. Bitter, weil wir immer Sehnsucht nach Chile haben. Einer der größten Nachteile für jemanden wie mich, der entwurzelt wird, ist, dass er eine Reihe von »unsichtbaren«, schon geschaffenen Beziehungen aufgeben muss. Beziehungen, die später im Leben fehlen, wie Verwandte, Schulkameraden, Amigos, Geschichte, Geographie, Sprache, Bräuche und ein Wissen darüber, wie die Gesellschaft aufgebaut ist. Es ist, als ob ein Teil der eigenen Identität verloren geht. Das alles muss er in Österreich wieder ersetzen und erlernen? Unmöglich! Zum Beispiel sind unsere Kinder ohne Onkel, Tanten und Cousinen aufgewachsen. Etwas Unvorstellbares in Chile, wo die Verflechtung mit der Familie so groß ist. Man kann »Die österreichische Seele« von Erwin Ringel lesen, aber es wird nur teilweise helfen. Obwohl ich mit dem Leben davongekommen bin, muss ich erkennen, dass die Militärs uns den größten Schaden zugefügt haben, indem wir beim Verlassen des Landes diese Beziehungen verloren haben.

In meinen Beziehungen zu Österreichern kann ich nur von guten Erlebnissen berichten. Ich weiß, dass es nicht jedem so gegangen ist, aber ich hatte nie einen Streit, den ich nicht irgendwo anders auch hätte haben können. Ich hatte Glück! Unsere Kinder sind hier geboren und haben eine gute öffentliche Schule besucht. Wir haben absichtlich versucht, sie von den schrecklichen Ereignissen in Chile abzuschirmen. Sie sollten alles erfahren, aber gleichzeitig die Chance haben, ein neues Leben ohne die Last des Exils anzufangen. Sie sind durchwegs kosmopolitisch geworden und beherrschen mehrere Sprachen. Sie werden, davon bin ich überzeugt, in diesen komplexen und rasanten Zeiten Erfolg haben. Maribel und ich sind deutlich älter geworden und machen Pläne für die Zeit nach unserer Pensionierung. Wenn ich über mein bisheriges Leben Bilanz ziehe, muss ich, obwohl mein Leben manchmal in Gefahr war, erkennen, dass es viel Positives gibt: dass ich eine tolle Ehefrau und tolle Kinder habe, dass ich viele gute Erlebnisse in meinem Beruf und mit Freunden hatte. Das Lied »Gracias a la vida« von *Violeta Parra* drückt mein Gefühl am besten aus: Dank dem Leben, das mir so viel gegeben hat.

Francisca Sanchez

Ich bin in einer kleinen Stadt in Chile zur Welt gekommen und wuchs in einem Dorf auf, wo ich bis zu meinem 15. Lebensjahr blieb. Meine Eltern waren Kaufleute, aufgewachsen bin ich vor allem bei meiner Großmutter. In meiner Kindheit gab es zwar keinen Überfluss, aber es fehlte mir auch nichts. Ich war das erste Enkelkind der Großeltern von beiden Seiten und habe daher viele schöne Erinnerungen.
Meine Großmutter mütterlicherseits erklärte mir als Erste, was um mich herum geschah, und durch sie bekam ich meine ersten Einblicke in den Klassenkampf. Mit 14 trat ich in die Sozialistische Jugend ein. Am Anfang war ich sehr schüchtern, aber als meine Eltern in eine größere Stadt übersiedelten, wurde ich sehr aktiv, besonders in der Studentinnenbewegung. Ich glaube, dass die vier letzten Jahre der Mittelschule, die ich bei den »Schwestern der hl. Martha« besuchte, entscheidend waren, um mich der Politik zu widmen. Diese Schwestern waren sehr konservativ und vom Bewusstsein der Oberklasse bestimmt. Sie behandelten die Mädchen aus den ärmeren Familien sehr schlecht, sie mussten Arbeiten verrichten, die mit dem Unterricht nichts zu tun hatten. Das war zur Zeit der ersten Demonstrationen der Studenten unter der Regierung des Präsidenten Frei.
Mit 18 lernte ich den Mann kennen, den ich später heiratete. Ich begann an der Universidad de Chile Statistik zu studieren. Meine Teilnahme an der Arbeit der Jugendorganisation der Partei war nun sehr intensiv. Ich übernahm Verpflichtungen in der Leitungsgruppe, ich gründete neue Basisgruppen und beteiligte mich an Arbeitseinsätzen in den *Poblaciones*. 1970, als unser *Compañero* Salvador Allende zum Präsidenten gewählt wurde, arbeiteten mein Mann und ich gemeinsam an der Festigung der Macht der Werktätigen mit. In diesem Jahr kam meine älteste Tochter zur Welt, trotzdem blieb ich politisch aktiv. Die Jahre zwischen 1970 und 1973 waren sehr schön. Wir lernten viel von den Menschen, mit denen wir arbeiteten, und sind dabei politisch gereift.
Mit einigen Universitätsprofessoren organisierten wir Alphabetisierungskurse für Frauen, das war für mich die schönste Er-

fahrung meines Lebens. Während die Frauen im Unterricht waren, mussten die Männer die Kinder und den Haushalt betreuen, und so begannen sie zu lernen, ihren Machismus zu überwinden. Ich hatte in dieser Zeit viele Verpflichtungen: Da war der Haushalt, die Betreuung meiner Tochter und meines Mannes, der Besuch der Vorlesungen und nicht zuletzt die zahlreichen politischen Aufgaben. Das alles wäre ohne die Hilfe meiner wunderbaren Schwiegereltern, die selbst auch politisch aktiv und der Sache der Unterdrückten verpflichtet waren, und die Hilfe einer Tante meines Mannes, die auf meine Tochter aufpasste, während ich politischen Aufgaben nachging, nicht möglich gewesen.

Es war eine schöne Zeit, eine Zeit der Solidarität und der wahren Mitmenschlichkeit, sie ließ uns oft die vielen Alltagsprobleme, die auftauchten, vergessen. Das alles fand ein plötzliches Ende. Unsere Verantwortlichen hatten es nicht wahrhaben wollen, dass sich eine Katastrophe anbahnte.

Es begann in einer stürmischen Nacht in Valparaiso, an einem Montag im Monat September. Um zehn Uhr abends dieses unheilvollen 10. Septembers wurden die Telefonverbindungen von Valparaiso in die anderen Landesteile unterbrochen. Die Arbeiter der Fabriken, die nach ihrer Schicht heimgehen wollten, wurden an ihrem Arbeitsplatz festgehalten. Die Arbeiter der neuen Schicht durften in die Betriebe hinein, konnten sie aber nicht mehr verlassen. Damit verhinderten die Putschisten, dass außerhalb der Fabrik bekannt wird, was sich abspielt. Die Arbeiter wurden noch während der Nacht verhört, alle, die sich im Klassenkampf engagiert hatten, wurden gefangen genommen. Zugleich begann das Militär die Straßen zu kontrollieren, um 23 Uhr wurde erstmals die Ausgangssperre verhängt. Die Stromversorgung der Stadt wurde mehrmals unterbrochen.

Valparaiso wurde auf diese Weise vom übrigen Land isoliert. Ich weiß nicht, ob die Militärs in anderen wichtigen Städten ähnlich vorgegangen sind. Aus meiner Sicht der Dinge wurde damit verhindert, dass die Soldaten, die in der Marine den Militärdienst ableisteten und die in ihrer Mehrheit aus armen Familien stammten, den Gehorsam verweigerten und sich erhoben. So begann die Tragödie von Tausenden Chilenen und Chileninnen, die nichts anderes wollten als Frieden und Gerechtigkeit, die deswegen verhaftet wurden, gefoltert, ver-

schleppt oder ermordet, oder die gezwungen waren, ins Exil zu gehen.
Bis Jänner 1974 blieb ich in Chile, am 20. Jänner mussten wir ins Exil nach Kuba, wo am Tag darauf meine zweite Tochter zur Welt kam. Wir blieben bis Oktober 1980 in Kuba, dann kehrte ich nach Chile zurück. Gleich am Flugplatz wurde ich verhaftet, weil ich aus Kuba kam. Dank der Intervention der Rechtsanwälte des kirchlichen *Vikariates für Solidarität* wurde mir dann die Einreise gestattet. Die ersten Monate waren schwierig, wir mussten uns erst daran gewöhnen, mit der Angst im Nacken zu leben. Das hinderte mich aber nicht daran, im Untergrund weiterhin politisch aktiv zu sein. Das ging bis zum 13. Mai 1981, es war der Geburtstag meines Vaters.
Es tut mir Leid, aber was sich dann ereignete, darüber kann ich nicht schreiben.
Nach meiner Entlassung aus dem Gefängnis wollte ich in Chile bleiben. Ich nahm in Santiago und in Valparaiso an einigen geheimen politischen Versammlungen teil. Ich musste ständig meinen Wohnort wechseln, denn fast überall, wo ich für ein paar Nächte blieb, kamen die Militärs und machten eine Hausdurchsuchung. Glücklicherweise war ich jedes Mal nicht mehr zu Hause. Ich entschloss mich daher, wieder ins Ausland zu gehen und wollte nach Frankreich, wo ich gute Freundinnen habe. Doch das war leider nicht möglich, denn die französische Botschafterin wurde von der *Militärjunta* zur »persona non grata« erklärt. Da aber mein Aufenthalt im Land mit jedem Tag gefährlicher wurde, entschied ich mich, die Möglichkeit, die mir die österreichische Regierung gab, anzunehmen und als politischer Flüchtling nach Österreich zu reisen. Eine Entscheidung, die ich nicht bereue.
Ich kam am 24. April 1984 in Wien an. Mitglieder von Amnesty International holten mich ab. Bis zur Erledigung der behördlichen Schritte zur Anerkennung als politischer Flüchtling wohnte ich bei Landsleuten, dann bekam ich eine Flüchtlingswohnung in *Macondo*, wo ich bis heute lebe. Meine ältere Tochter, die zugleich mit mir ankam, hatte die Möglichkeit, einen Deutschkurs zu besuchen, und wurde in einem Internat aufgenommen, um ihre Schulbildung fortzusetzen. Das wäre ohne die Hilfe österreichischer Freundinnen und Freunde nicht möglich gewesen.

.....

So begann ein neuer Abschnitt in meinem bewegten Leben. In der ersten Zeit arbeitete ich an verschiedenen Stellen als Putzfrau. Dann wurde ich bei einer Firma angestellt, der Direktor war sehr freundlich. Hier lernte ich die humane Einstellung der Österreicher kennen, ihre Solidarität und ihr großes Engagement, auch wenn sie politisch gar nicht interessiert waren. Wir waren wirklich so etwas wie eine große Familie. Der Direktor spielte dabei eine wichtige Rolle, durch seine Art und sein politisches Engagement trug er entscheidend dazu bei, dass wir uns so fühlten. Leider ging diese Firma zugrunde, aber eine kleine Gruppe kommt zumindest einmal im Monat noch immer zusammen.

Heute arbeite ich in einer Volkshochschule, wo es ebenfalls viel Freundschaft, Geselligkeit und Solidarität gibt. Hätte mich jemand vor einigen Jahren gefragt, ob ich eine Erfahrung mit Rassismus gemacht habe oder ob ich mich bedroht fühle, so hätte ich mit einem großen NEIN geantwortet. Leider kann ich das heute nicht mehr sagen, heute habe ich Angst. Ich habe zwar kein persönliches Problem, aber ich habe ein Enkelkind mit dunkler Hautfarbe und ich habe Angst vor dem, was in Zukunft passieren könnte.

Das ist es, was ich in kurzer Form über mein Lebens in Österreich sagen kann. Ich möchte betonen, dass im Allgemeinen meine Erfahrungen hier sehr positiv waren. Ich fühle mich hier wohl und hoffe, noch viele Jahre in diesem schönen Land leben zu können.

Eduardo Labarca

Mein Leben in einem Wiener Spiegel

Bücher sind meine älteste Erinnerung. Bücher bis hoch über meinem Kopf, Bücher zu meinen Füßen. Lawinen von Büchern, die durch einen absichtlichen Stoß des Kindes mit seinen Schultern herunterrollen. Ein Regen von Büchern, Berge von Büchern, in deren Abhängen es sich sorglos zum Schlafen ausstreckte. Bücherlabyrinthe in den Gängen. Bücher beim Bett und im Zimmer, das es mit seinen größeren Brüdern teilte. In der Küche, auf dem Tisch, Bücher, die Vater und Mutter in braunes Packpapier einwickelten, um sie in entfernte Buchhandlungen zu schicken, mit der Aufschrift des Familienbetriebes »Ediciones La Barca«, mit dem Papierschiffchen als Firmenzeichen, dort in Buenos Aires. Und als das Schiffchen der Edition unterging, entfernten sich die Bücher als Beutegut in den Händen der zornigen Gläubiger.

Dann auf einem wirklichen Schiff nach Europa, in die Armut des Hotels Peyris. Drei Kinder in Paris, die an den Ufern der Seine die alten Bücher betrachten. Und er kauft sich mit seinem ersten Geld ein Buch mit Pergamenteinband, ein Buch in einer Sprache, die er mit seinen acht Jahren nicht spricht, geschweige denn lesen kann. Aber nach einem Jahr, im Büchersalon des Grand Palais, sagte er »Chilien« zu dem Schriftsteller, der ihn nach seiner Nationalität fragte und ihm auf die erste Seite des Buches schrieb: »Pour Edouard, un ami de ton pays, André Maurois«. Monsieur Vergnoles lehrte ihn mit dem Lineal in der Hand, Molière zu analysieren.

Und wieder eine Bibliothek in Auflösung, Bücher, die in alle Richtungen verschwinden, beim Aufbruch zur Rückkehr nach Amerika, nach Chile schließlich. In Santiago, die Wiedergeburt einer Bibliothek, die der Vater, Buch für Buch neu gestaltet. Bücher in einer zweiten Reihe, die die schon vorhandenen Bücher auf den überfüllten Regalen verdecken. Auf allen Seiten Bausteine aus Papier, die die Wände bis zum Plafond verhüllen, Titel in vielen Sprachen, von zahllosen Autoren. Trunken liest das Kind im grünen Lehnstuhl, bevor es hinausläuft, Drachen steigen und Kreisel tanzen zu lassen, mit Glasku-

.....

geln zu spielen. Aber auf all seinen Wegen wird es Bücher geben.
Mit elf Jahren der erste Versuch: ein Heft, eine Idee, eine Geschichte, die Kapitel für Kapitel entsteht. Das Thema? Ein Kind, natürlich. Ein Kind, das zu sterben beschließt und eine Nacht hindurch Abschiedsbriefe schreibt. Es schreibt, die Stunden vergehen, es wird hell, es schreibt, die Vögel beginnen zu singen, und es schreibt. Die Stadt ist erwacht, und das Kind wird am Leben bleiben ... Das Buch wird verloren gehen wie viele andere Bücher seines Lebens.
Der Spanischlehrer in der Schule, Rubén Azócar, ein richtiger Schriftsteller. Ihm verdankt es das Erwachen der Liebe zu der Sprache, die ihm schon in die Wiege gelegt war. Eine Englischlehrerin, die ihn verpflichtet, mit dem Oxford-Wörterbuch in der Hand Shakespeare zu lesen. Und erstmals einige eigene Seiten mit lauter Stimme in der Literarischen Akademie deklamiert. Auf der Universität ein anderes Buch, das Zivilrecht von Andrés Bello, die juristischen Normen in Gedichte verwandelt. Eine Wandzeitung, eine Studentenzeitschrift, die erfolgreiche Herausgabe einer Anthologie von Liedern von den Träumen Spaniens und vieler Völker, illustriert mit Tuschzeichnungen von Juan Capra, dem unkonventionellen und sorglosen Maler, der viel zu früh gestorben ist.
Flucht vor den Gesetzesbüchern und den Gerichten, um jeden Preis. Auf meinen Kleidern die Spuren von Druckerschwärze aus den Redaktionsstuben und des Rotweins durchzechter Nächte. Ich gehe hinaus in die Stadien, in die Vorstädte, aufs Land. Ich lerne die Kabaretts kennen, die Nachtarbeit der Bäcker und der Polizisten. Ich rede mit den Nachbarn einer Frau, die von ihrem Mann erstochen wurde, mit dem Reiter, der alle Preise gewann, mit Miss Chile, mit dem einsamen Seefahrer, mit dem jugendlichen Dichter und mit dem alten, an Silikose erkrankten Minenarbeiter. Ich mache Interviews, ich höre zu, ich frage nach und lerne, die Texte rasch niederzuschreiben. Es gefällt mir. Und es wird gelesen. Eine Zeitung gibt mir den Auftrag, über das Geschehen im Parlament zu berichten, eine andere über die Einflüsse des Auslandes in Chile. Das Ergebnis ist mein erstes publiziertes Buch: »Chile invadido« (Invasion in Chile). Es wird in Chile und im Ausland kommentiert: ein Bericht in Le Monde, eine Notiz auf der ersten Seite der New

York Times. In Argentinien, Venezuela und Frankreich wird das Buch ganz oder kapitelweise nachgedruckt. Ich erfahre es zufällig, ich versuche nicht die Autorenrechte einzufordern, ich wüsste auch nicht wie, Chile ist so weit weg.

Eine Zwischenbemerkung: 1969 bin ich Rechtsanwalt, und der juristische Verlag publiziert und verkauft meine Doktorarbeit. Und so habe ich ganz unerwartet ein zweites Buch: »El concepto de Patrón o Empleador en la legislación chilena« (Der Begriff des Unternehmers und Arbeitgebers im chilenischen Recht). Und nun: Adieu der Juristerei!

Von den Zeitungen wechsle ich zum Radio und zum meistgesehenen Fernsehprogramm »A esta hora se improvisa« (Jetzt wird improvisiert). Aber das Oberflächliche macht mir Angst. Mein Land gerät aus den Fugen, um mich herum der Lärm einer Gesellschaft in Bewegung. Ich kenne die Höhenangst und werde in sie zurückfallen. Ich ziehe mich zurück. 1971 erscheint mein Buch »Chile al rojo« (Chile, glühend rot), ein journalistischer Ansatz, ein Buch, das von jenen, die über diese Epoche Chiles forschen, oft zitiert wird. Und dann das Kino. Ich leite die Wochenschau von Chile-Film: Ich komme im ganzen Land herum, ich reise ins Ausland, ich lerne unterwegs die verschiedenen Sichtweisen zu unterscheiden und versuche, ein offenes Kino zu machen, ein Kino der Gefühle und der Bilder und nicht der Phrasen. Das Ergebnis: 30 Kurzfilme von je zehn Minuten und mehrere lange Dokumentarfilme, die bis heute in den Filmklubs gezeigt werden. Dazwischen, ich weiß nicht wie, mache ich ein neues Buch. Es ist ein langes Interview und heißt »Corvalán 27 horas« (27 Stunden *Corvalán*). Ich hatte nicht vermutet, dass die kommenden Ereignisse die Wirkung des Buches vervielfachen werden: mehrere Auflagen in Chile, Raubdrucke in Mexiko, Kolumbien, Spanien und ... in der Türkei. Übersetzungen in fünf oder sechs Sprachen.

Die Panzer fahren durch die Straßen, eine Welt bricht zusammen. Eine Bibliothek ist ein Ballast, wenn es um das Überleben geht. Uniformierte kommen, um ihn zu holen, sie müssen sich aber mit einigen Bänden des persönlichen Archivs, ein Schatz, der in zehn Jahren Arbeit entstanden ist, zufrieden geben.

Die Kolumbianer sind gastfreundlich, aber es gibt in Bogotá keine Arbeit für einen chilenischen Journalisten. In Mexiko ein Hoffnungsschimmer, aber schließlich eine Reise in die Kälte.

Wieder die Koffer packen, die Kinder warten in Paris, von dort nach Moskau. Probleme mit der Sprache, dem Klima und der Entwurzelung. Ein Mikrophon in Radio Moskau, eine privilegierte, mit Leidenschaft gemachte Arbeit. Die Schlacht der Radiowellen, die seine Stimme der Anklage in das Herz Chiles tragen, in die Herzen der Chilenen, und die die Diktatur am zentralen Nerv treffen. Aber das genügt nicht, es muss eine Krankheit erfunden werden, ein Vorwand, um Zeit zu gewinnen. Im Schnee sehe ich den Spiegel meiner Nostalgie. So entsteht ein neues Buch: »El turco Abdala y otras historias« (Der Türke Abdala und andere Geschichten), drei kurze Geschichten, die wenig Glück haben, denn es vergehen zehn Jahre, bis sich ein Herausgeber findet. Doch der Durchbruch ist geschafft: Wie ich mich zuerst von der Rechtswissenschaft verabschiedet habe, so jetzt vom Journalismus. Prosa, Phantasie treten an seine Stelle. Und das erste Theaterstück »Diario de un desaparecido« (Tagebuch eines *Verschwundenen*), herausgegeben von einem armenischen Freund, der sterben musste, in der Nacht vorgetragen von René, Katia, José, Arturo, Pilar.
FNAC in Paris, Foyles in London, Barnes and Nobles in New York. Erschreckend große Supermärkte für Bücher. Hohe Wände von Büchern. Kompakte Masse von Worten, Ideen und Papier. Nein. Meine Bücher sind Geschöpfe, die hier nicht bleiben wollen. Was wäre mit der Buchhandlung Lope de Vega in Santiago, wo nicht mehr als fünf Personen Platz haben? Eng, keine Verkleidung als Supermarkt, nicht einmal eine Klimaanlage. Wie gut konnten wir dort atmen. Und die schäbigen Buchhandlungen in der Straße Alonso Ovalle, was ist aus ihnen geworden? Mallol, verkauft er noch immer Bücher in San Diego, an der Ecke zur Alameda? Und ich? Was tue ich hier? Was ist das für eine Welt, in der mein Schiff gestrandet ist? Soll ich weiterschreiben? Was? Warum? Für wen?
Koffer, wiederum Koffer. Wieder eine Bibliothek, die mir im Weg steht und sich in 48 Stunden auflöst. Paris, 30 Jahre danach. Vergebliche Korrespondenzen, Leben in der Vorstadt, es ist schwierig, die Kinder zu ernähren. Dazu eine Besessenheit für Zettel. Zettel, die am Ärmel zupfen, die ins Ohr flüstern, die in der Nacht den Schlafenden mit schriller Stimme aufwecken. Weiße Zettel, die beschrieben sein wollen. In sie sperre ich Worte, Sätze und Ideen ein, die ich nicht in die

Leere, ins Nichts, ins Vergessen entschwinden lassen will. Zettel, die in der Metro, in der Schlange der Arbeitssuchenden, in den öffentlichen WCs und im Bett vor dem Morgengrauen geschrieben werden. Inmitten des Elends, der Krankheit kündigt sich am Horizont das vage Licht des neuen Buches an.
Die Türen sind taub in Paris. Bis ich schließlich bei einer Zeitschrift ohne Scheuklappen einen bescheidenen Platz finde. Ich übersetze, redigiere Texte und korrigiere Einsendungen für »El Correro de la UNESCO«. Ich komme so zur Gruppe, die in den internationalen Organisationen Übersetzungsarbeit macht, eine Arbeit, die mich in einem langen Kreislauf nach Genf, Rom, New York und schließlich nach Wien bringt. Bei jedem Aufenthalt, in jedem Hotel, auf jedem Flugplatz stauen sich in meinen Taschen die Zettel, und die Nächte sind geprägt vom Kampf mit Worten, Sätzen und Bildern.
Wien, viertes Exil. Die Geschichte wiederholt sich: die Chilenen, die lokalen Solidaritätskomitees, die Sprache. Aber diesmal ist es anders: Ich komme mit einem Arbeitsauftrag und der Entscheidung, mich einzuschließen, um zu schreiben. Außerdem bin ich müde, und wenn man arbeiten und schreiben möchte, muss man sich schützen, sich fernhalten, auch wenn die Freunde das missverstehen könnten. In Chile ändert sich einiges. Es kommt das Jahr 1988 und Chile, sein Land, nimmt ihn wieder auf. Sein Buch »El turco Abdala« schaut ihm aus den Auslagen der Buchhandlungen in Valparaiso entgegen und in Santiago empfängt ihn der Schriftstellerverband in einem vollen Saal mit alten und neuen Freunden. Doch er hat sein Leben in Wien organisiert und seine Gefühle sind dort verankert, das ist für jetzt sein Platz. In Wien warten außerdem seine Zettel und die Gestalt, zu denen er sie in zehn Jahren zusammengefügt hat. In Wien feierte er seinen 50. Geburtstag mit der Verleihung des Silbernen Preises der Erzählkunst, der ihm in Genf zuerkannt wurde. Die Suche nach einem Verlag für seinen Roman hinderte ihn nicht, einen anderen neu zu beginnen. Denn vom ersten Tag an war seine Welt die Welt der Bücher, und sie wird es weiterhin sein, wer weiß wie lange.
»Butamalón«, das größte Unternehmen meines Lebens, seine Ursprünge reichen 30 Jahre zurück, als ich die *Araukanie*

durchwanderte und in den Hütten des Kaziken[1] Painemal schlief. Zwei Jahre intensiver Forschung zwischen Wien und Purén, fünf Jahre in Wien ausschließlich daran geschrieben. Um vier Uhr früh an der Schreibmaschine, um halb neun im Büro, um acht Uhr abends wieder zu Hause, wenig Schlaf, wieder früh aufstehen, Samstag und Sonntag den ganzen Tag durch. Ohne die Möglichkeit, Freunde zu sehen, fast ohne Reisen, ohne die neue Sprache zu lernen. In der Arbeit Übersetzungen aus dem Englischen, Französischen und Russischen ins Spanische. Zu Hause die Niederschrift des Romans in altem und neuem Castillanisch, in Chilenisch, in Spanisch und in *Mapudungu* natürlich. Wien war nicht Wien, Wien war die *Araukanie*. Meine Wohnung in der Kolschitzkygasse wird für mich zur Hütte der *Mapuches* im 16. Jahrhundert. Als das Buch 1994 in Spanien erschien, schlief ich zwei Monate, ohne Unterbrechung, wie ein Geist, wie ein Auferstandener. Wieder steigen die Bücher die Wände meiner Wohnung hoch. Ein chilenisches Phantasma in Wien, Santiago de Chile, ein Wiener Phantasma, Interviews, Feiern. Ein chilenisch-österreichisches Phantasma auf den Straßen Spaniens, Italiens, Boliviens, Mexikos. Ein irrealer Mensch, entwurzelt, sich selbst nicht kennend, überall ein Phantasma. Das ist vielleicht das Exil, das ist vielleicht das Leben, das ist vielleicht der Tod im Leben.

1 Kazike: Vorsteher einer indigenen Gemeinschaft

Muriell Garfias

Es war der 24. November 1999.
»Ja, Garfias, hallo!«
»Alles Gute zum Geburtstag, mein Sohn!«
»Wieso, ich hab doch schon Geburtstag gehabt?«
»Heute sind wir 26 Jahre in diesem Land.«
»Verdammt, daran hab ich nicht gedacht«, antwortete er. Wir redeten über unsere Familie.
»Alles Gute, chao!«
Nachdem ich das Telefon aufgelegt hatte, blieb ich eine Weile stehen und machte einen Rückblick auf diese Zeit. 26 Jahre, 26 lange Jahre, die doch auch wieder kurz waren. Es ist nicht notwendig über die Umstände zu sprechen, unter denen wir in dieses Land kamen, über das Warum und über die Ursache unseres Exils. Es scheint erst gestern gewesen zu sein, als ich in der österreichischen Botschaft um Asyl ansuchte. Voll Angst und Schrecken, denn ich wusste, dass die Tore sich hinter mir geschlossen hatten und mein Sohn, der damals erst sechseinhalb Jahre alt war, draußen, auf chilenischem Territorium blieb. Ich war damals bei einer revolutionären Partei aktiv, deren Mitglieder durch die Diktatur der Repression, der Verfolgung und der Gefahr, verschleppt zu werden, ausgesetzt waren.
Nach einem Monat kam ich mit meinem Sohn am Flughafen Pudahuel (Santiago) wieder zusammen, und wir flogen gemeinsam mit der Lufthansa über Dakar und Frankfurt nach Wien. Beim Flug hatte ich sehr widersprüchliche Gefühle: einerseits das Erlebnis der Befreiung, andererseits aber auch Schuldgefühle und Hoffnung. Aber vor allem war da die Frage, was mich in diesem Land Österreich erwarten wird, das mir nur durch Jodler, Tirol, Strauß und Mozart bekannt war. Was wird uns erwarten? Als wir in der Botschaft waren, diskutierten wir darüber, was wir in diesem uns unbekannten Land machen werden. Textilarbeiter, Händler, ein typisches Lokal aufmachen, Zahnassistentin? Was immer es ist, dachte ich mir, wichtig war mir die Verantwortung, die ich vor mir hatte: die Erziehung meines Kindes.
Bei der Ankunft in Wien schockierte uns das Wetter. Als die Tür des Flugzeuges geöffnet wurde, schlug uns die Kälte ins

Gesicht, und obwohl wir chilenische Winterkleidung trugen, froren wir bis auf die Knochen. Wir stiegen aus und suchten den Ausgang in das neue Land. Alle Leute gingen in eine Richtung. Internationale Polizei, Pass! »Habe ich keinen.« Ich verstand kein Wort, ich konnte nur sagen: »Only the child has it, I have no passport, I have only this paper.« Ich hatte nur den Passierschein der *Militärjunta*, der mir erlaubte, Chile zu verlassen. Und meine chilenische Identitätskarte.

Als Anekdote möchte ich noch etwas von der Ausreise erzählen. Als ich mit dem Auto der österreichischen Botschaft auf dem Weg zum Flughafen war, hielt uns ein Polizist an. Er trat an das Auto heran und verlangte die Dokumente. Ich gab ihm meine Identitätskarte, er schaute mich an, ob ich die Person bin, auf die der Ausweis lautet, und als er ihn mir zurückgab, sagte er: »Señora Garfias, ich wünsche Ihnen eine gute Reise, dass Sie glücklich sind in Österreich und bald wieder nach Chile zurückkommen.« Ich war baff, ob dieser Polizist vielleicht ein Gegner des Staatsstreiches von Pinochet war? Was veranlasste ihn, so etwas Aufrichtiges zu sagen? Hatte er vielleicht Angehörige, die auch betroffen waren? Gab es in seiner Familie vielleicht Verhaftete, *Verschwundene*, Hingerichtete oder Exilierte? Wer weiß, was diesem Uniformierten durch den Kopf ging. Das Auto fuhr dann an dem Haus, in dem ich zur Welt kam, vorbei. Ich weinte, ich glaube, in diesem Augenblick wäre ich gerne wieder ein kleines Mädchen gewesen, ohne die Probleme, die ich jetzt hatte.

Nun aber war ich am Flughafen Schwechat, mit Leib und Seele. Ich ging zum Ausgang, ich sah kein bekanntes Gesicht und ich fühlte mich traurig und verlassen. Mein Sohn fragte mich immer wieder, wer uns erwarte. »Ich weiß nicht, ich weiß nicht.« Wir waren müde und verschreckt. Ich schaute herum und blickte zur Glaswand, die uns vom Warteraum trennte, und sah plötzlich das mir bekannte und lächelnde Gesicht von Herbert Berger, derselbe, der mich schon angelächelt hatte, als ich die Botschaft betrat, und gesagt hatte: »Wir erwarten euch!« – Auch jetzt erwartete er die Chileninnen und Chilenen, die ins Exil kamen. Ich sah auch andere bekannte Gesichter und viele fremde. Ich lernte Isi Pernerstorfer, ein junges Mädchen, das auch aus Chile wegmusste, kennen. Sie setzte sich im Autobus zu mir und erklärte mir einige Sachen, wie z. B. die große Raffi-

nerie, die mich beeindruckte. Es war erst 16.30 Uhr, aber schon Nacht, es war Winter.
Wir kamen zur Herberge der YMCA, und hier fing das Leben in Österreich an. Ich werde versuchen, es kurz darzustellen, was schwierig ist. In den ersten Tagen glaubte ich, auf einem anderen Planeten zu sein. Du versteht nichts, alles ist ungewohnt, alles ist fremd, alles ist anders, sogar die Menschen sind anders angezogen. In der ersten Woche gaben sie mir 1.000 Schilling fürs Essen. Ich ging in die Mariahilfer Straße und fand ein Lokal der WÖK, das damals ein Selbstbedienungsrestaurant für Arbeiter war. Ich verlangte nur ein Essen und eine Nachspeise, denn ich wusste nicht, ob das Geld reicht. Wir aßen die ganze Woche lang von diesem Geld, und am Schluss hatte ich noch so viel übrig, dass ich meinem Sohn eine Wollhaube und Schuhe, geeignet für den europäischen Winter, kaufen konnte. Wir wurden nach kurzer Zeit in das Ferienheim am Hörndlwald gebracht, inmitten eines schönen Waldes, wo wir wohnten und essen konnten.
Langsam begann sich mein Leben zu normalisieren. Das Dringendste war die Schule für mein Kind, aber da es schon auf Weihnachten zuging, mussten die Kinder bis zum Beginn des zweiten Halbjahres warten. Es kam der Tag des Schulbeginns, mein Sohn war wegen einer beidseitigen Lungenentzündung mehr als einen Monat im Wilhelminenspital gewesen und war nun glücklich, in die Schule gehen zu können. Sehr besorgt fragte er mich am Morgen des ersten Schultages: »Mama, wie werde ich die österreichischen Kinder verstehen?« Ich antwortete ihm: »Die Kinder haben nur eine Sprache, auch wenn jeder anders redet, ihre gemeinsame Sprache ist das Spielen. Wenn du versuchst, mit ihnen zu spielen, werden sie deine Freunde sein.« Glücklicherweise gelang das, die chilenischen Kinder wurden damals in den Schulen sehr freundlich aufgenommen. Es gab eine breite Solidarität mit Chile und die Regierung von Bundeskanzler Kreisky verwirklichte sozialistische Ideen, von der Bildungspolitik angefangen über die Fragen der wirtschaftlichen und sozialen Sicherheit bis hin zur internationalen Solidarität.
Schritt für Schritt normalisierte sich unser Alltag. Zuerst arbeitete ich als Putzfrau, dann bei der Datenverarbeitung in der Zentralsparkasse und später als Zahnarztassistentin. Während

meines ganzen Lebens waren meine Aktivitäten immer sehr unterschiedlich, es gab Höhen und Tiefen. Aber eine besondere Seite meines Lebens möchte ich hervorheben. Ich kam in Chile in einer Familie des Mittelstandes zur Welt, in der dem kulturellen Leben viel Aufmerksamkeit entgegengebracht wurde. Meine Mutter hatte eine starke Beziehung zu Spanien (zum »Mutterland«), insbesondere zur spanischen Tanzkunst. Durch meinen Vater habe ich eine starke Beziehung zur Literatur, zum Humanismus und zu Rechtsfragen. Diese vielseitige Erziehung gab mir vielfältige Impulse, um sowohl kulturell als auch politisch an der Gesellschaft teilzunehmen. Als ich drei Jahre alt war, entdeckten meine Eltern an mir eine starke Neigung für das Tanzen, aber nicht für den klassischen Tanz, sondern für etwas mit mehr Temperament, wie den spanischen Tanz und insbesondere den Flamenco. Sie brachten mich in eine private Tanzschule und schon mit vier Jahren stand ich erstmals auf einer Bühne. Bis zum Alter von zwölf Jahren machte ich mit. Das Tanzen faszinierte mich, vor allem als Solistin. In der Gruppe freute ich mich über das Zusammensein mit den anderen Tänzerinnen und Tänzern, aber als Solistin konnte ich schöpferischer sein. In meiner Jugend interessierte ich mich für die Wurzeln unserer chilenischen Folklore, insbesondere für jene, die bis Andalusien reichen.

Dieses Interesse half mir bei der Solidaritätsarbeit für Chile in Österreich. Ich war die künstlerische Leiterin des Folkloreballets Caleuche. Wir versuchten, die gesamte Folklore Chiles vom Norden bis zum Süden darzustellen, ebenso Tänze aus anderen lateinamerikanischen Ländern. Vielleicht erinnert sich niemand mehr an diese Gruppe, ich schon. Und wenn ich daran denke, bin ich zufrieden, denn ich machte das mit Liebe, Hingabe und revolutionärem Engagement. Ich dachte, dass wir mit jedem Schritt, den diese Gruppe auf der Bühne macht, gegen die *Militärjunta* kämpfen. In Chile hatte ich zwei Jahre auf der Akademie für Musik und Bühnenkunst studiert, ich hatte die Fächer Theaterwissenschaft, Folklore und Gitarre belegt. Diese Ausbildung half mir, die Zusammenarbeit mit einer Theatergruppe herzustellen, mit der wir unter der Leitung von Paulino Ramirez ein Stück aufführten. Dabei setzten wir mehrere Medien wie Diapositive und die Life-Musik der Gruppe Arauco ein, die damals ihre beste Zeit hatte. Alle Mädchen Wiens waren nach den Musikern dieser Gruppe und ihrer Musik verrückt. Das Theaterstück war ein typisches Protesttheater: Die Besetzung einer Fabrik, der Anführer wird ermordet. Welche Vorahnung! Denn Pablo Cespedes spielte in diesem Stück den Ermordeten und er wurde einige Jahre später tatsächlich umgebracht. Ich habe ihn in liebevoller Erinnerung, er war mir in meinem Leben ein guter Freund, und in diesem Theaterstück war er mein Ehemann.

Das alles war wie ein Taumel. Wir hatten uns nach und nach in diese Gesellschaft integriert und uns an ihre Fehler gewöhnt. Wir bemühten uns, sie zu akzeptieren, wie sie ist, uns in ihr Räderwerk einzubringen und zu versuchen, ihre Mentalität zu verstehen. Durch den schulischen Werdegang meines Sohnes wurde es mir zur Gewohnheit, viel mit jungen Leuten zu reden. Mein Sohn kennt Österreich als sein eigenes Land, hier ist er aufgewachsen, hier hat er studiert. Auch er interessiert sich für die Kultur, für Musik, den Humanismus und das Recht.

Wie wir alle wissen, hat Österreich ein weltbekanntes Opernhaus, wo mindestens einmal im Jahr die Oper Carmen aufgeführt wird. Carlos Saura gewann bei den Filmfestspielen in Cannes für seinen Film Carmen die Goldene Palme, einen Film, der die Wirklichkeit und die Fiktion des Themas der Oper darstellt. Der Film lief ein Jahr lang mit großem Erfolg und bewirkte ein großes Interesse am Flamencotanz. Es war ein richtiger Boom, der mich als Flamencotänzerin indirekt begünstigte. Ich habe damals in der Gemeinde Wien gearbeitet und privat Unterricht in der Kunst des Flamencotanzes gegeben. Der Boom dieses Films wirkte sich auf meine Situation aus. Ich wurde nun von Radio und Fernsehen interviewt. Es folgten Verträge für das Theater, wie z. B. für »Bodas de Sangre« (Bluthochzeit) von Garcia Lorca im Künstlerhaus, für Tanzwerkstätten, für Reisen und Auftritte, vor allem mit der Gruppe Alhama aus Deutschland, mit der ich drei Jahre lang auf Tournee ging. Nun entschloss ich mich, mich vollständig dem Flamenco zu widmen. Mein Sohn fragte mich: »Bist du sicher, wovon werden wir leben?« Ich antwortete ihm: »Iss und sei still, ich werde uns beide erhalten.«

Er war damals in der letzten Klasse des Gymnasiums, vor der Matura, und wir mussten auch eine andere schwierige Entscheidung treffen. Er wollte Medizin oder Jus studieren, aber da er als Chilene diese Berufe nicht hätte ausüben können, entschlossen wir uns, die österreichische Staatsbürgerschaft anzunehmen. Es war eine Entscheidung, die tiefe Gefühle auslöste. Wir hatten einen Pass gemäß der Genfer Flüchtlingskonvention. Wir fühlten uns in erster Linie als Chilenin und Chilene und in zweiter Linie als Bürgerin und Bürger dieser Welt. Aber wir mussten kühlen Kopf bewahren und uns danach richten, was für uns möglich war. Pinochet und die *Militärjunta* waren in Chile noch immer an der Macht, und es gab nicht die geringste Hoffnung einer Rückkehr. Daher los, und den grünen Pass besorgen. Es war eine Zeit der drastischen Entscheidungen, immer wieder musste ich mich drastischen Situationen stellen. Ich hoffe, dass die aktuelle politische Situation in Österreich, die mich sehr traurig macht, mich nicht zwingt, neuerdings eine drastische Entscheidung zu treffen.

Der österreichische Pass gab mir die Möglichkeit, dass ich dank des Flamenco in vielen europäischen Ländern auftreten konnte. Sowohl im Osten (Polen, Ungarn und Slowakei) als auch im Norden und Süden des Kontinents. Dadurch konnte ich auch meine geographischen, historischen und kulturellen Kenntnisse erweitern. Ich richtete nun ein Tanzstudio im bekannten Lokal Andino in Wien ein. Da unterrichtete ich viele junge Österreicherinnen und Österreicher in der Tanzkunst, aber auch Interessierte aus anderen europäischen Ländern, aus Asien und Südamerika. Die Bühne des Lokals Andino gab mir die Möglichkeit, spanische MeistertänzerInnen und internationale Flamencogruppen nach Wien zu bringen. In dieser Zeit fuhr ich auch nach Spanien, um meine andalusischen Wurzeln zu suchen und den kulturellen Kontakt mit der Welt des Flamenco in Spanien zu vertiefen. Durch den Flamenco konnte ich meine Gefühle ausdrücken oder »Funken aus dem Boden schlagen«, wie mein Sohn humorvoll sagte. Ich konnte ihm dadurch helfen und ihn ermutigen, sein Studium und seine Berufsausbildung erfolgreich abzuschließen.

Jetzt sind es schon 26 Jahre, die wie im Flug vergingen, schwindelerregend, wir bemerkten es kaum. Nach wie vor beschäftige ich mich mit dem Tanz, halte Kurse ab und vermittle etwas von der Kultur, die ich mitgebracht habe, ich konnte sie in Österreich verbreiten. Ich schuf für viele Menschen die Möglichkeit, diese Kunst näher kennen zu lernen und zu tanzen. Das kann

ich anbieten, weil Österreich mir die Möglichkeit gab, das alles zu entwickeln.
Es gibt so viele, denen ich zu danken habe: meinen SchülerInnen, meinen Freunden und Freundinnen, Carlos Saura und Antonio Gades für den Film Carmen, wodurch sie die Voraussetzung schufen, dass der Flamenco als Volkskunst nach Österreich kam. Ich danke allen, die mir vertrauten und an mich glaubten, dem Andino, den Medien und meinem Sohn, der mich ermutigte, mir vertraute, mich aber auch kritisierte. Vor allem aber danke ich Österreich, das ich durch meine SchülerInnen von innen her verstehen konnte und das mir weiterhin viele Chancen anbietet. Und schließlich, um mich kurz zu fassen, gibt es die Möglichkeit durch einen Film, der in Altaussee gemacht wird, eine kulturelle Parallele zwischen der Folklore des Salzkammergutes und dem Flamenco herzustellen (Projekt Wunderland II von Harald Krassnitzer).
Ich kam mit 29 Jahren in dieses Land, mit einem Koffer und einem Sohn. Er hat mir zwei wunderschöne Enkelinnen geschenkt, ihnen widme ich diesen Rückblick,

für euch, Camilla und Nicole,
für euch, Nicole und Camilla.

Ich lebe heute auch von meinen Erinnerungen und den reichen Erfahrungen, die ich in diesem Land machte. Ich wünsche diesem Land das Beste und möchte, dass die dunklen Wolken, die sich über dem politischen Geschehen des Landes zusammenziehen, bald durch die Sonne der Hoffnung erhellt werden. Dasselbe wünschte ich Chile, als ich nach 25 Jahren Exil erstmals wieder in mein Land zurückkehrte.

Luis Parra

Erinnerungen an meine Kindheit

Ich heiße Luis Antonio Parra Madariaga. Ich wurde am 15. 7. 1954 geboren, zufällig in der kleinen Stadt San Felipe im *Norte chico* Chiles. Der Zufall sollte in meinem Leben wiederholt eine Rolle spielen. Ich bin der Sohn von Luis Armando Parra Cardenas und Antonia de Padua Madariaga Montanelli. Ich bin das mittlere Kind von fünf Geschwistern. Ein ständiges Herumziehen mit vielen Abenteuern und voller Farben kennzeichnet meine Kindheit. Das hängt damit zusammen, dass meine Eltern als ewige Nomaden nie aufhörten in der Zentralzone Chiles von Provinz zu Provinz zu ziehen. Sie arbeiteten eine Saison oder eine Erntezeit lang bei einem Großgrundbesitzer, dann zogen sie weiter. So hatten wir kein festes Zuhause und kein normales Leben. Wir trugen unser Haus am Rücken, wie die Schildkröten oder die Schnecken. Ich wuchs inmitten der Natur auf, mit keiner anderen Verpflichtung als mitzuhelfen, dass unsere Familie überleben kann. Ich war glücklich in meiner Kindheit und wie jedes andere Kind wusste ich nichts von den sozialen Problemen, von der Ungerechtigkeit und der Härte der Arbeit auf dem Land, auch nichts von der brutalen Ausbeutung der Landarbeiter. Jeden Tag erlebten wir, meine Brüder und ich, neue Abenteuer, auch im Winter. Es war lustig für uns die Früchte, hoch oben in den Bäumen, zu ernten, wobei wir den Eltern manchmal mehr Probleme machten als halfen.

Die Schule spielte in diesem Dasein, wo es um das tägliche Überleben ging und meine Eltern ständig unterwegs waren, um Arbeit zu suchen, nur eine zweitrangige oder eigentlich gar keine Rolle. Trotz der Arbeit hatten wir genügend Zeit zum Spielen und der ständige Ortswechsel war für uns eine phantastische Odyssee. Immer wieder bauten wir im Wald oder auf einem Platz, den uns der Verwalter des Fundo[1] zuwies, eine notdürftige Hütte. Oft hatten wir Hunger und litten unter der Kälte, aber das steht bei meinen Erinnerungen nicht im Vordergrund. In die Schule gingen wir, wenn es halt möglich war.

1 Fundo: Großgrundbesitz

Keiner von uns drei älteren Geschwistern erreichte mehr als die vierte Volksschulklasse. Im Winter war der Kampf um das tägliche Essen und um ein schützendes Dach besonders hart, und außerdem sagte man, es sei genug, wenn wir lesen und schreiben können.
Mit neun Jahren hatte ich erstmals gegenüber jemandem, der nicht zur Familie gehörte, eine Verantwortung wahrzunehmen und eine Aufgabe zu erfüllen. Wir waren in Requegua, einem Dorf 100 Kilometer südlich von Santiago, dort erhielt ich meine erste Arbeit. Ich musste 300 Ziegen und etwa 100 Schafe hüten. Meine Eltern suchten mich dafür aus, weil sie der Meinung waren, ich sei ein aufgewecktes und lebhaftes Kind. Der Grundbesitzer gab uns am Abhang eines Hügels, nahe beim Weideplatz der Tiere, eine Lehmhütte mit Strohdach. Ich bekam auch einen kleinen Lohn, aber davon sah ich nichts, nicht einmal einen Peso bekam ich, um etwas zum Naschen zu kaufen. Mein Lohn musste für den Kauf des täglichen Brotes verwendet werden. Das Brot war die einzige sichere Nahrung, wenn nicht gerade eine schwarze, eigensinnige Ziege uns nachlief und uns das Brot entriss, wenn sie uns mit dem Brotsack vorbeigehen sah. Das übrige Essen musste von Tag zu Tag improvisiert werden. So verbrachte ich zwei Jahre bei den Ziegen auf den Hügeln. Um sechs Uhr früh ließ ich die Ziegen aus dem Pferch heraus und ging dann für einen halben Tag in die Schule. Im Sommer um sechs Uhr abends, im Winter um vier Uhr, brachte ich die Tiere wieder zurück. Es waren zwei schöne Jahre, es gab viele neue Erlebnisse. Ich schaute zu, wie Ziegen und Schafe ihre Jungen bekamen, und half ihnen dabei. Ich wuchs mit den Tieren auf, bis es meinen Eltern einfiel woanders hinzugehen. Wir blieben zwar im selben Dorf, aber doch weit weg vom alten Platz.
Kurz nach dieser Veränderung starb mein Vater. Mit seinem Tod ging ein wichtiger Teil unserer Kindheit zu Ende. Bei schönem Wetter hatten unsere Eltern am Abend oft vor der Hütte unter einer Weinhecke ein Feuer gemacht und Mate[1] getrunken, wir Kinder bekamen einen Kräuter- oder Pfefferminztee. Wir saßen rund um das Feuer und hörten die Geschichten, die sie uns erzählten: Geschichten vom Lande, Schauermärchen

1 Mate: fermentierter Tee aus der Matepflanze

oder auch wahre Begebenheiten über die Gewerkschaftsbewegung, von den großen Streiks und den Kämpfen mit den Faschisten. Die Eltern erzählten auch von den Protestmärschen der Bergleute durch die Wüste im Norden. Von meinem Vater hörte ich die ersten Revolutionslieder, viele davon aus dem Spanischen Bürgerkrieg, und dazwischen immer wieder die geliebten Tangos, die er gemeinsam mit meiner Mutter sang.
70 Prozent meiner Kindheit spielten sich auf dem Land ab, 30 Prozent in Santiago. Jedes Jahr lebten wir drei oder vier Monate in der Hauptstadt, danach brachen wir immer dorthin auf, wo wir vermuteten, dass es Arbeit gibt. Meine Freunde sah ich immer nur einige Monate, was für mich und offensichtlich auch für die anderen ganz normal war. In der kurzen Zeit, in der ich jeweils in Santiago war, habe ich mich immer ganz rasch und problemlos in die Gruppe und ihre Spiele integriert. Nach dem Tod meines Vaters übersiedelten wir endgültig nach Santiago, ohne zu ahnen, dass das Leben in der Stadt viel härter und vor allem sehr unpersönlich ist. Es war ein Alptraum, der viele Jahre dauerte. Ich war nun elf Jahre alt und meine kindliche Gutgläubigkeit schwand dahin, die Welt zeigte sich mir kalt und grausam, wie ich mir das nie vorgestellt hatte. Wir waren immer arm gewesen wie Mäuse, aber in Santiago war es noch schlechter. Wir drei Größeren halfen mit, wo immer es ging, damit die beiden anderen Geschwister weiterhin in die Schule gehen und in der großen Stadt überleben konnten. Bis heute zahlen wir dafür einen großen Preis.

Meine Jugend

Was die Entbehrungen anlangt, war meine Jugend die Fortsetzung meiner Kindheit. In der Kindheit war die Welt von Phantasien und Abenteuern erfüllt, jetzt aber lernte ich die andere Seite kennen. Ich wuchs mit vielen Frustrationen auf, ich machte jede mögliche Arbeit und lebte ständig am Rande der Kriminalität. Als meine kindliche Unschuld komplett verschwand und die Erinnerungen an meine Kindheit in immer weitere Ferne rückten, wurde mein Leben für mich zur Hölle. Es war für mich sehr hart, mit meiner neuen Situation fertig zu werden, und mir wurde klar, dass ich zu ihrer Bewältigung nichts hatte, weder eine Ausbildung noch einen Beruf. Ich war nur einer von Millionen in meinem Land, die nichts anderes hatten als den Instinkt zum Überleben. Der Alkohol und die Drogen waren meine einzige Zukunft. Für Jugendliche wie mich, ohne Ausbildung und mit Problemen in der Familie, gab es keinen anderen Weg als die Kriminalität. So lebte ich, bis ich 16 Jahre alt war, bis ein Zufall den Lauf meiner Jugend und meines Lebens änderte.

Erinnerungen an die Schule

Eigentlich habe ich keine großartigen Erinnerungen an die Schule, nur vage Vorstellungen, und mir fallen ein paar Anekdoten ein, über die ich heute lache. Oft wurde ich von der Schule heimgeschickt, weil ich sehr lange Haare hatte. Sie drohten mir, ich könne nicht mehr zur Schule gehen, wenn ich sie nicht abschneide. Das machte mir aber nichts aus, meine Haare waren mir wichtiger, ich war nicht bereit, sie herzugeben. Das erreichten nur meine Eltern mit Prügeln. Ich erinnere mich auch an den Spott der Kinder. Als ich einmal die Lehrerin bat, auf das WC gehen zu dürfen, und sie mich nicht ließ, machte ich sitzend in die Hose. Sie schickten mich nach Hause, und unter dem Lachen der anderen Kinder ging ich mit meiner nassen Hose heim. Und wie immer gab es daheim eine Strafe. Für drei Grundschulklassen brauchte ich aufgrund unseres abenteuerlichen Wanderlebens, von dem ich schon vorher berichtete, sechs Jahre.

Familie und Freunde

Trotz aller Probleme hielt unsere Familie immer zusammen. Wir waren nicht das, was man eine glückliche Familie oder einen geordneten Hausstand nennt, aber die schwierigen Umstände lehrten uns Solidarität, die wir auch heute noch praktizieren, trotz der Entfernung. Zu meinen Freunden der Kindheit möchte ich sagen, dass es für mich eine der größten Freuden war, ihnen später in meiner politischen Partei wieder zu begegnen. Das war wie ein Geschenk der Zeit und des Lebens. Dieselben, die früher zusammen Fußball, Cowboy oder Indianer spielten, trafen sich dann bei der Zusammenarbeit für mehr Gerechtigkeit in unserem Land. Auch mein älterer Bruder war dabei, meine Schwester Maria schloss sich später an. Noch immer habe ich mit diesen unvergesslichen Freunden Kontakt, doch einer ist schon tot, ich rede von Miguel Pablo Cespedes, der in Wien gestorben ist und an den ich tief gehende Erinnerungen habe. Wir lebten alle auf der Straße, zwischen Raufereien und Spielen wuchsen wir auf dem Platz unseres Viertels auf, ich sage Platz, um dieser kahlen Fläche irgendeinen Namen zu geben. Auch wenn wir Brüder immer die »Huasos« waren, womit die Leute vom Land gemeint sind, wo wir ja jedes Jahr lange lebten, und dieses Wort auch abwertend gebraucht wurde, waren wir eine Gruppe von Kindern, die fest zusammenhielt.

Mein Leben zur Zeit der *Unidad Popular*

Ich war in dieser Zeit ein sehr aktiver Jugendlicher. Seit meinem Eintritt in die Sozialistische Jugend Chiles im Jahre 1969 war ich bis einige Jahre nach dem Militärputsch politisch aktiv. Der Beginn meines politischen Engagements war ein Zufall. Die Politik wurde zu einem der wichtigsten Dinge meines Lebens, sie prägt mein Leben bis heute und sicherlich bis zu meinem Tode. Als mein großer Bruder mir von der Sozialistischen Jugend und der Politik erzählte, war ich in einer sehr schwierigen Situation. Er lud mich zu einer Sitzung ein, ich hatte schon mehrmals die Einladung ausgeschlagen, doch schließlich überzeugte er mich. Ich ging aus Neugierde hin, und da es sehr nah war, war ich schon eine halbe Stunde vor Beginn dort. Während die anderen eintrafen, fragte mich ein *Compañero*, ob ich Musik hören möchte. Natürlich, sagte ich und dachte, er würde das Radio einschalten. Aber er öffnete einen Schrank, in dem ein Plattenspieler war, und legte eine Platte der Gruppe Quilapayún auf. Niemals hatte ich diese Musik und diese Instrumente gehört, noch weniger kannte ich die Texte. Es war ein Erlebnis, das ich nicht beschreiben kann, es nahm mich total gefangen. Das war das entscheidende Motiv, mich in Zukunft für Politik und die politische Volksmusik zu interessieren. Als die anderen kamen, war meine Überraschung noch größer. Zuerst kam Negro Cespedes, dann sein Bruder Miguel, dann Alfredo und Juan Cadima und Moncho Guerrero. Sie waren der Kern der Gruppe, alles Freunde und Bekannte meiner Kindheit. Es ist für mich unvergesslich: Umarmungen zur

Begrüßung und dann redeten wir über die Ereignisse aus unserer Kindheit, von unseren Raufereien.
Ich fühlte mich sehr wohl, wenn ich auch von dem, was sie redeten, nichts verstand. Sie sprachen in politischen Begriffen, die für mich wie Chinesisch waren. Ich begann über die sozialen Probleme zu lesen und studierte alles, was mit der sozialistischen Theorie zusammenhängt. Ich fühlte mich in der Partei respektiert und geschätzt. Bei den Propagandaaktionen meiner Sektion machte ich aktiv mit, etwas später auch in der *Brigada Elmo Catalán* des Zentralkomitees der Sozialistischen Jugend. Ich entdeckte neue Werte und verstand, dass das Leben einen tieferen Sinn hat, wenn man für eine bessere Welt kämpft. Ich nahm an den freiwilligen Arbeiten bei Katastrophen (Erdbeben, Überschwemmungen) teil, ich arbeitete bei der Direktversorgung in den *Poblaciones* mit und bei Massenimpfungen von Kindern gegen die Kinderlähmung. Ich war der Leiter unserer Sektion und wurde dann der Organisationssekretär der Sozialistischen Jugend für die nördliche Region Santiagos. Eine Funktion, die ich aber nur kurz ausübte, da ich bald andere Aufgaben in der Partei übernahm.
Während der Zeit der *Unidad Popular* arbeitete ich sehr viel, ohne auf mein Privatleben oder auf meine berufliche Situation Rücksicht zu nehmen. Ich war der Einzige in unserer Gruppe ohne eine öffentliche Anstellung, nicht, weil ich das nicht gewollt hätte, sondern einfach, weil mir so etwas nicht angeboten worden war. Aber das war mir auch nicht wichtig, ich gab dem keine Bedeutung. Für mich war das Wertvollste, für die Partei und mein Land zu arbeiten. Im Juni 1972 kam mein Sohn zur Welt. Heute lebt er in Wien und musiziert mit mir. Ich war damals noch nicht einmal 18 Jahre alt, mein Kind erfüllte mein Leben mit einem noch tieferen Sinn.
Ich besuchte Kurse über die Geschichte Lateinamerikas, machte eine Abendschule und Kurse über politische Bildung. Ich begann Gitarre zu spielen. Ich kann nicht alles beschreiben, was ich damals gemacht habe, aber ich kann sagen, dass es ein schöner Traum war, der in einem Alptraum endete, unter dem noch heute viele leiden. Millionen glaubten, dass mit der Regierung Allende eine bessere Zukunft kommt, Tausende von uns waren bereit, das bisher Erreichte mit ihrem Leben zu verteidigen. Nie zuvor hatte eine Regierung für unser Land so viel

getan wie die *Unidad Popular*, niemals hatten die Menschen so viel Hoffnung wie damals. Die Regierungszeit von Salvador Allende war für mich und für viele ein Lebensabschnitt, den wir niemals vergessen werden und der ständig in unseren Gedanken und in unserem Herzen bleiben wird.

Der Militärputsch und die Folgen

Wir wussten schon lange, dass ein Staatsstreich vorbereitet wird, alle wussten es. Unsere politischen Führer sagten, dass die Linke sich vorbereitet, um die rechtmäßige Regierung zu verteidigen. Alle sagten es und überall hörte man es: »Der Putsch kommt, es wird mit den Säbeln gerasselt.« Viele von uns bereiteten sich darauf vor, dem Faschismus, der seine Wurzeln in großen Teilen des Heeres, in der konservativen Rechten und in einem Teil der Christdemokraten hatte, entgegenzutreten. Zwei Wochen lang vor dem Putsch waren wir in Alarmbereitschaft, zwei Wochen, in denen jeden Moment ein Bürgerkrieg hätte ausbrechen können. Das Problem jedoch war, dass wir nichts hatten, um irgendetwas zu verteidigen, nicht einmal unser eigenes Leben. Aber es gab hohe Funktionäre der Linken, die lautstark Kriegsparolen und andere Absurditäten verkündeten, ohne an die Folgen zu denken. Natürlich waren sie es, die dann als Erste ins Exil gingen und sich zu frommen Lämmern wandelten. Viele wurden Funktionäre in sozialdemokratischen Parteien, die sie früher als zu weit rechts stehend kritisiert hatten.

Am Abend des 10. Septembers kam die Anordnung, die Alarmbereitschaft aufzuheben und nach Hause zu gehen. Am nächsten Tag, am 11. September, wurde ich durch Explosionen wach. Ich wusste nicht, woher der Explosionslärm kam, und stand sofort auf, um zu sehen, was los war. Wir schalteten das Radio ein und schon hörten wir die ersten Durchsagen der Militärs. Ich suchte linke Sender wie Radio Magallanes und ich glaube auch Radio Cooperación, aber auch sie berichteten vom Aufstand des Militärs. Ich lief auf die Straße, man spürte die angespannte Atmosphäre. Viele Leute rannten erschrocken durch die Straßen, um noch rasch etwas einzukaufen. Andere kamen von der Arbeit und liefen, um ihr Haus zu erreichen. Ich ging in unser Lokal. Etwa 40 Jugendliche, die bereit waren

zu kämpfen, waren versammelt. Wir warteten bis zum nächsten Tag, dann sagten sie uns, wir sollten heimgehen, es gäbe keine Waffen, es habe nie welche gegeben. Ein schwerer Schlag für mich und uns alle. Wir weinten Tränen der Ohnmacht, dann verabschiedeten wir uns, und einer nach dem anderen verließ das Lokal. Heute weiß ich, dass wir das große Glück hatten, dass das Militär nicht in unser Lokal kam. Wer weiß, was geschehen wäre, vermutlich wären wir alle tot, denn mehr als einer hatte einen kleinen Revolver oder eine Pistole, und das ware ein ausreichender Grund gewesen, uns alle zu töten.
Zu sechst entschieden wir uns, den Putschisten entgegenzutreten, und wenn es sein muss mit unseren nackten Händen. Dieser Versuch dauerte nur fünf Tage, ein trauriger und verzweifelter Versuch, der einige Wochen später eine Familie, wo wir versteckt waren, sehr teuer zu stehen kam. Die ganze Familie wurde gefoltert. In diesen fünf Tagen hatten wir einen Zusammenstoß mit einer Militärpatrouille, sie überraschten uns, als wir in der Nacht von einem Sicherheitshaus in ein anderes wechselten. Es gab einen Schusswechsel, aber es gab auf keiner Seite Verletzte. Wir entdeckten in dieser Nacht, dass wir sehr schnell laufen können. Sie erwischten uns nicht, es war ein Wunder, dass wir uns retten konnten. Kurz danach wurde die *Población* komplett durchsucht, Hubschrauber und Überfallsautos waren im Einsatz, aber wir waren nicht mehr da. Wir trennten uns, jeder musste versuchen seine Haut zu retten, irgendwie durchzukommen. Wenige Tage später erfuhren wir von der Verhaftung und dem Tod von verschiedenen Funktionären unserer Partei, auch aus unserer Sektion Barrancas Süd. In der *Población* Santiago Pino waren seit dem 11. September sieben Sozialisten festgenommen und im früheren Kulturzentrum, das von den Militärs besetzt worden war, erschossen worden. Einer von ihnen war ein Funktionär aus unserem Bezirk. Dort wurde auch nach schweren Folterungen unser geliebter *Compañero* Carlos Ibarra, ein Student, ermordet, ebenso wie ein anderer Jugendlicher, Mitglied der Gruppe Exequiel Contreras, der durch einen Genickschuss getötet wurde.
Im Februar 1974 wurde ich von der Polizei festgenommen und des unerlaubten Waffenbesitzes und der Zugehörigkeit zu einer bewaffneten Gruppe beschuldigt. Die Festnahme erfolgte aufgrund der Aussage eines kriminellen Jugendlichen aus unserer

Siedlung, den ich seit meiner Kindheit kannte. Die Polizei hatte ihn festgenommen, und er glaubte, dass er die Sympathie der Polizisten und seine Freiheit erreichen kann, wenn er mich als Funktionär der *Unidad Popular* hinstellt und als Guerillero verdächtigt. Eine Woche hielten sie mich fest, sie behandelten mich schlecht. Sie schlugen mich, traten mich mit den Füßen, sie prügelten mich mit Stöcken und gaben mir Stromstöße. Zu meinem Glück wussten diese Herren nichts über mich, nicht sie und auch nicht die Leute vom Geheimdienst, die mich danach in ihrem Zentralgebäude verhörten. Die Polizei war der Meinung, einen großen Fisch gefangen zu haben und übergab mich mit dieser Bewertung dem Geheimdienst. Dort wurde ich nicht geschlagen, sie beschränkten sich auf das Verhör. Die Leute des *Servicio de Inteligencia* waren intelligent und meinten: »Dieser Trottel weiß überhaupt nichts.« Dem Polizisten, der mich festhielt, gaben sie die Anweisung, wenigstens irgendetwas aus mir herauszubringen. So wurde ich wieder geschlagen, und sie fragten mich über Dinge, von denen ich keine Ahnung hatte. Das ist die einzige Erklärung dafür, warum ich niemanden verriet. Denn ich wusste das Versteck vieler wichtiger Leute, aber niemand fragte mich danach, auch nicht über meine eigenen Aktivitäten. So sagte ich nichts und konnte die Schläge aushalten. Sie fragten mich über Leute, die ich nicht kannte, und sie fragten nach versteckten Waffen. Ich wusste nicht, ob solche existierten, aber wenn es sie gegeben hätte, so hätten die Faschisten den Putsch nicht so leicht machen können.

Ich muss sagen, dass ich mich niemals in meinem Leben so gedemütigt fühlte. Meine Menschenwürde wurde mit Füßen getreten und niemals hatte ich eine so große Angst wie damals. Ich weiß nicht, wie ich diese Situation bewältigte, wenn ich auch sagen kann, dass ich im Vergleich mit anderen wenig gelitten habe. Es gab Menschen, die durch die Folter getötet wurden, ich kann noch von Glück reden.

Sie brachten mich dann ins Verteidigungsministerium, wo ich nochmals aussagen musste, und dann schließlich in das Gefängnis von Santiago, zu den »Kriegsgefangenen«, die in den Abteilungen 15 und 16 untergebracht waren. Es gab zwar keinen Krieg in Chile, sondern eine Repression des Militärs gegenüber einem Teil der Bevölkerung, aber so wurden halt die politischen Gefangenen genannt. Ich traf mehrere, mir bekannte

Compañeros, aber aus Sicherheitsgründen redeten wir wenig, denn es war gefährlich, im Gefängnis den Mund zu weit aufzumachen. Es gab verschiedene Verhaltensformen, um das zu vermeiden.
Das Gefängnis war für mich eine wichtige Schule. Die Rechten und die Militärs glaubten, wenn sie töten und die Menschen ins Gefängnis werfen, werden sie, wie sie es nannten, den marxistischen Krebs ausrotten, unsere Ideen, die Freiheit und den Humanismus vernichten können. Bei mir geschah das Gegenteil. Meine Ideen wurden vertieft, mein Leben bekam noch mehr Sinn. Im Gefängnis gingen mir die Augen auf, und ich lernte meine Vorstellungen und mich selbst kritisch zu überdenken. Ich konnte nun den wahren Wert der Demokratie und des Sozialismus verstehen. Fast ein ganzes Jahr lang konnte ich nachdenken und durch das Zusammenleben mit so vielen und so verschiedenen Menschen viel dazulernen. Ich entdeckte, dass die Musik und die Kunst ein Weg und eine Form des Kampfes und der Selbstverwirklichung sind. Mit großer Liebe erinnere ich mich an die *Compañeros* meiner Zelle, an Humberto Gatica, einen Schriftsteller und großen Freund, an Enrique Berrios, einen sensiblen Freund und Musiker, der mir die ersten Akkorde auf der Gitarre beibrachte, an meinen großen Freund Francisco Morales Romo, Schauspieler und Direktor des Fernsehens, an die Brüder Carlos »el cuate«[1] und Manuel Moragas, Landarbeiter aus Paine, und an Arias, einen Soldaten und ausgezeichneten Sportler.
Wir waren sieben, sieben Welten in einer Zelle, die für zwei oder drei Personen gebaut war. Aber trotz allem gelang es uns, dieser Zeit einen Sinn zu geben, aus den Widrigkeiten heraus unsere Ideen zu stärken und uns für den Kampf zu motivieren. Ich hörte im Gefängnis von unglaublichen und bestialischen Folterungen, wie ich sie mir nie vorgestellt hatte, so etwas seien nur Übertreibungen in Filmen, dachte ich. Aber im Gefängnis berichteten mir die Betroffenen, die Opfer selbst, und oft waren an ihren Körpern die Spuren dieser Brutalitäten deutlich sichtbar. Angesichts dieser Barbareien redete ich nicht von mir, denn mich hatten sie nur geschlagen und die Schläge und der körperliche Schmerz gehen vorbei. Aber wenn sie vor dir deine

1 El cuate: Bezeichnung für Mexikaner, hier angewendet, weil der Betreffende mit einem mexikanischen Akzent sprach

Tochter oder deine Frau vergewaltigen oder vor dir dein Kind oder einen nahen Verwandten töten, um aus dir Informationen herauszuholen, so sind das Wunden, die niemals heilen und die viele Menschen erleiden mussten.
Eines Tages konnte ich das Gefängnis verlassen, aber ich wusste nicht, wohin ich gehen sollte. Meine Brüder waren nach Argentinien geflüchtet, mit meiner Mutter hatte ich keinen sehr guten Kontakt, ich war auch nicht sicher, wo sie wohnte. Auch die Beziehung zur Mutter meines Sohnes war nicht gut und stabil. Es war Nacht und nach langem Überlegen machte ich mich zum Haus meiner Mutter auf. Doch ich war so verwirrt, dass ich den falschen Bus nahm und drei Stunden lang herumirrte, bis ich das Haus fand. Um zu überleben, machte ich irgendwelche Arbeiten. Ich schloss mich einer religiösen Gruppe an, in der ich mit Jugendlichen, die Probleme hatten, arbeitete. Ich gab ihnen Unterricht im Gitarrespielen, wir lasen Gedichte und wir regten die jungen Menschen an, neue Wege zur Lösung ihrer Probleme zu suchen. Wir sprachen über die Situation des Landes und die fehlende Freiheit. Ich arbeitete im Studienzentrum der Arbeiterpastoral mit, bevor ich mich dann ganz der Musik widmete. Die Musik war mit diesen Organisationen und mit den politischen Gruppen im Untergrund eng verbunden. Ich musizierte meist in den armen Stadtrandsiedlungen, um mit der Musik den Widerstandswillen zu stärken und den Menschen die Möglichkeit zu geben, wenigstens für einige Augenblicke die schreckliche Situation zu vergessen. Ich arbeitete mit Gruppen, die gemeinsame Küchen für Kinder und andere Personen, die nichts zum Essen hatten, schufen. Die Musik begleitete immer diese Arbeiten. Von der Diktatur wurde ich ständig wegen dieser Aktivitäten bedroht.
Wir spielten in den verschiedenen Regionen Chiles, wir unterstützten den ersten großen Streik der Minenarbeiter von El Teniente in der Provinz Rancagua im Jahre 1980. Wir sangen zum 1. Mai in Santiago, als es endlich wieder erlaubt war, diesen Tag zu feiern. Beim ersten Treffen von *»Canto Poblacional«* erreichten wir durch die Abstimmung der Teilnehmer den ersten Platz. Wir spielten auch für die streikenden Hafenarbeiter in Talcahuana.
Im Jänner 1981 musste ich mein Land verlassen. Einerseits aus Sicherheitsgründen, ich war zwischen 1979 und 1980 zweimal

verhaftet worden, allerdings ohne weitere Folgen, es geschah nur, um mich zu bedrohen, andererseits auch aus wirtschaftlichen Gründen. Mein psychischer Zustand und meine ökonomische Situation waren katastrophal. Meine Familie war nicht mehr da, auch meine Mutter war nach Argentinien gegangen, nur ich war noch in Chile, ich hatte niemanden, nur meinen kleinen Sohn. Zuerst ging ich mit der Musikgruppe nach Uruguay, dort hatte ich einige Flüchtlinge und Musiker, mit denen ich befreundet war. Erst später kam ich nach Europa und nach Österreich. Wir blieben zwei Jahre in Uruguay und machten dasselbe wie in Chile: Wir schufen Gruppen und nahmen an allen Aktivitäten gegen die Diktatur in Uruguay teil. Die Widerstandsbewegung war aber nicht so groß wie in Chile. Wir wurden zwar mehr kontrolliert, hatten aber weniger wirkliche Probleme. Sie bedrohten uns nicht und ließen uns in Ruhe. Wir machten uns einen gewissen Namen, wodurch wir überleben und Geld für die Reise nach Europa ansparen konnten. Vor Europa besuchten wir noch Brasilien, wo wir ebenfalls für Gewerkschaften und politische Bewegungen spielten.
Im Mai 1983 kam ich nach Madrid, wo ich mich ganz der Solidaritätsarbeit für Chile und Lateinamerika widmete. In Spanien fühlte ich mich erstmals fremd, nicht weil ich das Gefühl hatte ein Ausländer zu sein, sondern weil ich ein schreckliches Heimweh nach meinem Land hatte, eine große Sehnsucht nach meinen Brüdern, nach meinen Leuten, nach meinem kleinen Sohn, die alle so weit weg waren. Ich hatte nur meine Gitarre und mein Charango[1], die mir Halt gaben. Ich wusste nicht, was ich in Madrid machen sollte, ich war allein und kannte niemanden. Eines Tages hörte ich von einer Solidaritätskundgebung für Chile. Ich ging hin und durch Zufall – oder durch das von Pinochet uns auferlegte Schicksal – traf ich dort Luis Lorca, den Bruder von Carlos Lorca, der früher der Generalsekretär der Sozialistischen Jugend gewesen war. Dieser war vom Geheimdienst der Diktatur verschleppt und ermordet worden, obwohl seine Familie 100.000 Dollar für seine Freilassung bezahlt hatte. Noch immer weiß man nicht, wo sein Leichnam ist. Wir begrüßten uns, und ich fing an, in ganz Spanien gegen

1 Charango: Saiteninstrument mit dem Panzer eines Gürteltiers als Klangkörper

die Diktatur zu arbeiten. Ich zog von Stadt zu Stadt und erstmals erhielt ich für meine Arbeit so viel Geld, dass ich in einer Pension leben und den Versuch machen konnte, die rechtliche Situation meines Aufenthaltes zu regeln. Dieser Versuch war nicht sehr erfolgreich, daher sprach ich mit den Leuten vom *MDP*, mit denen ich arbeitete, und sie rieten mir, um Asyl anzusuchen, denn ich hätte dafür mehr Gründe als manche andere. Das habe ich gemacht und so war ich kein Tourist mehr, sondern politischer Flüchtling.

Meine Situation als politischer Flüchtling

Mit dem Status des politischen Flüchtlings konnte ich mich frei bewegen und daran denken, eine Wohnung zu erwerben, weiters meiner Familie zu helfen und meinen Sohn nachkommen zu lassen. Meine ganze Familie war in Argentinien, es ging ihnen sehr schlecht, denn die Bedingungen für Flüchtlinge waren dort äußerst schwierig. In kurzer Zeit konnte ich mein Leben so einrichten, dass mein Sohn nachkommen konnte und für mich ruhigere Zeiten anbrachen. Im Unterschied zu Österreich und auch zu anderen europäischen Ländern bekam ich in Spanien als politischer Flüchtling keine Hilfe. Der Flüchtlingsstatus sicherte mir nur das Aufenthaltsrecht, aber das war für mich entscheidend. Ich fühlte mich in Spanien wohl, denn die Sprache spielt bei der Integration in eine Gesellschaft eine wichtige Rolle.
1987 kam ich durch eine Einladung von Freunden zum ersten Mal nach Wien, um hier im Sommer zu musizieren. Ich lernte eine Wienerin kennen und entschloss mich nach Wien zu gehen, was ich dann Mitte 1989 machte. Doch diese Beziehung dauerte nicht lange, wir gingen auseinander. Ich konnte jedoch nicht mehr nach Spanien zurückkehren, weil ich in Spanien, um in Wien leben zu können, die entsprechenden Dokumente zurückgegeben hatte. Ich hatte für Österreich ein Visum und so blieb ich hier. Vom ersten Augenblick an zahlte ich hier meine Steuern und brachte alles in Ordnung. Ich bekam auch einen österreichischen Pass. Mit diesem Pass war es viel leichter, von einem Land in ein anderes zu reisen, als dies mit dem Flüchtlingspass der Fall war. Ich zähle in Österreich nicht als politischer Flüchtling und habe also damit keine Erfahrung. Ich be-

kam aber auch keinerlei Unterstützung und lebte nur von meiner Arbeit, auch wenn es mir dabei manchmal schlecht ging.

Mein Leben in Österreich

Mein Leben folgt hier einem gleichbleibenden Ablauf. In meiner Wohnung habe ich mir alles so eingerichtet, wie ich es brauche. Jedes Jahr arbeite ich sechs Monate in den Schulen und mache ein südamerikanisches Musikprogramm, das wir im ganzen Land präsentieren. Die übrige Zeit gebe ich Konzerte, oder ich arbeite in irgendeinem Kulturprojekt, um aktiv zu bleiben und Leute kennen zu lernen.

Meine Beziehung zu den Chilenen und den Österreichern

Zu einigen Chilenen ist meine Beziehung nicht gut, insbesondere zu einigen Caudillos[1], die immer bestimmen, wer die Guten und wer die Schlechten sind. Ich bin der Spaltung, die unter den Chilenen wegen ideologischer Fragen besteht, immer entgegengetreten. Wir haben vergessen, wo der Feind ist, und haben uns gegenseitig zerstört. Bei diesen Streitereien übersehen wir, was inzwischen alles geschieht, dass ein großer Teil für immer hier bleibt und viele Kinder zur Welt kommen. Dass nicht die materiellen, sondern die geistigen Grundlagen fehlen, die uns helfen könnten, das Leben in diesem für uns so kalten Land zu erleichtern. Nach 26 Jahren haben wir noch immer kein Lokal, wo wir uns treffen können, es gibt kein chilenisches Kulturhaus. (Es ist allerdings das nächste Projekt unseres Vereins.) Es existiert nichts, und jedes Mal, wenn jemand etwas unternimmt, dann treten andere dagegen auf, damit nichts daraus wird. Aus diesem Grund habe ich mit einigen Leuten Probleme, aber die Mehrheit meiner Freunde und Freundinnen sind Chilenen, mit denen man etwas anfangen kann: Freundschaft schließen, sich gegenseitig besuchen, gemeinsam essen oder ein Glas Wein trinken. In meinem Fall haben alle meine Freunde etwas mit Kultur zu tun, sie arbeiten mit Kinder-, Tanz- oder Musikgruppen, wodurch wir eine erfreuliche und

1 Caudillo: Anführer

stabile Beziehung haben. Wir haben schon mehrere Projekte gemeinsam verwirklicht.
Meine Beziehungen zu den Österreichern konzentrieren sich auf die Arbeit oder auf punktuelle Fragen. Aus meiner Sicht ist es sehr schwierig, mich in eine Gesellschaft zu integrieren, deren jüngste Geschichte durch Rassismus und Intoleranz geprägt ist. Als Musiker ist es mir erspart geblieben, selbst Erfahrungen mit einer brutalen Behandlung zu machen, aber ich sah, wie Polizisten Ausländer schlecht behandelten und hörte das auch von anderen. Ich muss aber auch sagen, dass ich diesem Land dankbar bin, denn ich kann hier ohne Probleme arbeiten, und dass es hier auch großartige Menschen gibt, die mehr wert sind als 20 Rassisten. Doch es gibt etwas, das die Integration schwierig macht, und ich glaube nicht, dass das an der Sprache liegt. Denn es gibt junge Menschen, die perfekt Deutsch sprechen und dennoch keine österreichischen Freunde haben. Bekannte schon, aber keine Freunde, und das gibt mir zu denken.
Ich lebe und arbeite mit zwei Kulturen, und ich meine, dass meine Situation sicher leichter ist als die vieler Chilenen, die in einer Fabrik oder in irgendeinem Betrieb arbeiten müssen. Aber manches Mal frage auch ich mich, ob es wir Ausländer sind, die sich nicht integrieren wollen, oder ob es die Gesellschaft ist, die dafür keine Mechanismen geschaffen hat. Das ist ein sehr komplexes Thema, bei dem wir uns gegenseitig beschuldigen. Die Situation der Ausländer wurde das zentrale Thema jeder Wahl, nicht nur in Österreich, sondern in mehreren Ländern der EU. Zusammenfassend möchte ich sagen, dass ich in diese Gesellschaft nicht integriert bin, obwohl ich meinen Teil dazu beigetragen habe, um dieses Ziel zu erreichen. Natürlich braucht so etwas Jahre und vielleicht erreichen es meine Kinder und Enkelkinder.
Bei den hier im Exil lebenden Chilenen gibt es bezüglich der Integration mehrere Gruppen. Manche sind sehr gut integriert, andere nicht, und das ist die Mehrheit. Es macht mich sehr traurig, wenn ich mit Chilenen spreche, die, als sie nach Österreich kamen, schon über 40 Jahre alt waren und die bis heute nicht Deutsch gelernt haben. Sie machten aus ihrem Zuhause ein kleines Stück Chile und leben mit der bitteren Erinnerung an das Land, das sie einmal verlassen mussten und in das sie

nicht zurückgehen wollen, um nicht das Einzige, was sie haben, zu verlieren: ihre Kinder und Enkelkinder, die hier ihr Leben gefunden haben. Wenn ich an das denke, dann frage ich mich, wie lange noch müssen wir für die Folgen des Putsches zahlen? Diese Situation hat mich auch veranlasst, durch kulturelle Arbeit einen Beitrag zu leisten. Wir haben zwei Treffen unter dem Slogan »Bailes de recuerdo« (Tanzfest der Erinnerungen) für ältere Leute organisiert, damit diese Menschen aktiv werden und sich beachtet fühlen. Außerdem möchten wir mit den Jugendlichen arbeiten, viele von ihnen liegen in den Fesseln von weichen Drogen, die der Anfang einer sehr zweifelhaften Zukunft sind; und wenn niemand etwas unternimmt, um ihnen einen Platz anzubieten, einen Raum, wo sie sich aufhalten und ihre Kreativität entwickeln können, so werden sie es sehr schwer haben.

Die Jahre in Europa waren für mich sehr wertvoll, ich konnte andere Länder und andere Kulturen kennen lernen. Dadurch sehe ich die Welt und das Leben von einem anderen Gesichtspunkt und in einer Vielfalt, die ich früher nicht kannte. Es ist eine harte, aber positive Erfahrung. Unsere Familie hat sich praktisch aufgelöst. Meine Mutter starb vor drei Jahren in Buenos Aires. Unsere Familie ist für immer durch den 11. September gezeichnet, Kinder mussten aufgrund der Trennungen und der Angst ohne Eltern aufwachsen. Heute, nach so vielen Jahren, frage ich mich, welches Verbrechen wir begangen haben, für das wir so teuer bezahlen müssen. Nur weil wir die Sehnsucht nach einem besseren Leben hatten.

Von Zeit zu Zeit muss ich Chile sehen und chilenische Luft atmen. Dort bin ich aufgewachsen, und kulturell gesehen gehöre ich dorthin, auch wenn ich fast die Hälfte meines Lebens außerhalb Chiles verbracht habe. Das hat meinen Charakter geformt und mein Lebensgefühl, überall und nirgendwo hinzugehören, obwohl ich das nicht will. In meiner Heimat bin ich heute ein Tourist, ich schlafe in Hotels und habe einen österreichischen Pass. Ich habe niemanden dort, nur ein paar Freunde noch. Aber wenn ich ein paar Wochen oder Monate dort bin, dann gibt mir das Kraft, hier weiterzumachen, zu arbeiten und etwas von dem Land, aus dem ich komme, zu vermitteln.

.....

Erwartungen und Zukunftspläne

Ich kann hier in Österreich im Bereich der Musik relativ gut arbeiten. Ich kann mir keinen Luxus leisten, aber ich habe alles, was ich brauche. Von meiner Musik aus den Anden wurden drei CDs produziert, die letzte mit anderer lateinamerikanischer Musik. Und ich habe die Möglichkeit, diese Arbeit fortzusetzen. Ein großes Anliegen ist es mir, ein Haus der chilenischen Kultur zu schaffen.

Ein Wunsch für die Zukunft ist, Spanien zu besuchen, denn dort habe ich Freunde und dort kenne ich das Leben. Meine Frau ist Polin, neben ihrer Muttersprache spricht sie Deutsch, Spanisch und etwas Russisch. Wir glauben, dass Österreich ein neutraler Ort für uns beide ist. Natürlich würde ich gerne in Chile leben, aber das ist nicht möglich, denn die Eltern meiner Frau leben nur 400 km von Wien entfernt und sie will sie nicht alleine lassen, was ich vollkommen verstehe. Jetzt, mit 45 Jahren, wurde ich Vater eines lieben Buben. Er heißt Ernesto Armando und ich sehe es als meine Aufgabe an, ihn zu erziehen, ihm die Werte der Solidarität und des Humanismus zu vermitteln und ihm das zu geben, was er für ein gutes Leben braucht. Mein Sohn Luis ist 27 Jahre alt und Vater von lieben Mädchen. Da ich weder Brüder noch Eltern bei mir hatte, war alleine er Stütze und Hilfe für mich.

Abschließend möchte sich sagen, es ist mein großer Wunsch, dass sich die Gerechtigkeit durchsetzt. Dass nicht die ökonomischen Interessen über die Wahrheit siegen, dass Pinochet und alle Mörder vor Gericht müssen. In meinem Inneren aber weiß ich, dass auch dieser Wunsch sich nicht erfüllen wird.

.....

Fresia Porte

Ich bin Fresia Porte Valderrama, geboren 1942. Ich gehöre zu einer großen Familie: Wir sind sieben Geschwister, vier Brüder und drei Schwestern. Ein Bruder starb vor elf Jahren. Ich war das fünfte Kind, die Jüngste unter den Schwestern. Meine Kindheit verbrachte ich in der berühmten Republik San Miguel, einem Stadtteil im Süden Santiagos, wo ich von Familienangehörigen umgeben aufwuchs. Zur Großfamilie gehörten von väterlicher Seite 13 Onkel und Tanten, drei von ihnen waren ledig. Diese spielten in meinem Leben eine wichtige Rolle. Abgesehen davon, dass sie eine Privatschule leiteten, wo wir alle die Grundschule absolvierten, widmeten sie uns ihre ganze Sorge, sie waren wie zweite Mütter für uns. Aus meiner Kindheit habe ich schöne Erinnerungen, so z. B. als wir den Sommer am Hof meines Großvaters väterlicherseits verbrachten. Er war ein rabiater Katalane, der mit uns immer Katalanisch redete oder uns anschrie. Aber er konnte nie verhindern, dass wir, Geschwister, Cousins und Cousinen, während der Siesta unsere Streiche machten. Mit der Zustimmung der Tanten nützten wir diese Zeit, um mit den alten Maschinen zu spielen, die von dem früheren Weinbaubetrieb noch da waren. Unser Großvater war sehr katholisch und wir mussten immer vor, nach und während des Essens beten, eine weitere Gelegenheit, um Dummheiten zu machen. Diesen Bauernhof gibt es noch immer, auf ihm lebte und arbeitete einer meiner ehelosen Onkel, der im Dezember 1998 mit 92 Jahren starb. Er war unser Lieblingsonkel und nannte mich immer die kleine »Negrita«. Als wir schon etwas größer waren, verbrachten wir im Sommer immer zwei Wochen am Meer.

Erst mit zwölf machte ich die ersten Schritte außerhalb des Familienkreises und kam auch mit anderen zusammen. Neben den Brüdern und Cousins hatte ich nun auch andere Freunde und Freundinnen, aber immer unter der Kontrolle der Tanten. Meine Mutter war Lehrerin und Direktorin an einer Grundschule, wir hatten einen gewissen Einblick in ihre Arbeit. Es war üblich, dass zwei oder drei Kinder aus ihrer Schule, die daheim Probleme hatten, bei uns wohnten. Für mich war und ist sie bis heute eine außergewöhnliche Frau. 50 Jahre hat sie gearbeitet und auch heute noch, mit ihren 88 Jahren, nimmt sie re-

gen Anteil und hilft allen, die sie um etwas ersuchen. Sie war die Tochter eines Freimaurers und erzog uns viel liberaler als unser Vater, der ein konservativer Katholik und ein Freund des Alkohols war. Die ersten zwei Jahre der Mittelschule musste ich an der katholischen Privatschule »Inmaculada Concepción« machen, denn mein Vater wollte, dass ich Nonne werde. Mit 13 sagte ich: »Nein, wenn ihr mich nicht an die Schule schickt, wo meine Schwestern sind, werde ich von daheim weggehen.« So kam ich für den Rest der Schulzeit auf das Lyzeum Nr.1. Mein Vater hatte bestimmt, dass ich Handelswissenschaften studieren musste. Ich machte das ein Jahr lang und wechselte dann heimlich zur Theaterwissenschaft. Im dritten Jahr wurde das entdeckt, denn mein Name stand auf dem Programmzettel eines Theaterstücks, bei dem ich als Assistentin mitarbeitete. Das war ein Skandal, aber es machte mir nichts aus, denn ich war schon vor dem Abschluss.
Ich ging dann als Kostümbildnerin zum Fernsehen der Universidad de Chile, um eine entsprechende Abteilung aufzubauen. Zwischen Proben und Einkaufen lernte ich dort Jorge kennen, 1965 heirateten wir, drei Wochen nachdem wir uns kennen gelernt hatten. Meine Kinder bekam ich, ohne die Arbeit zu unterbrechen. Solange sie klein waren, kamen sie mit uns ins Studio. Alle *Compañeros* und *Compañeras* halfen uns mit den Kindern, so auch, wenn wir im Studio oder außerhalb von Santiago filmten. Mein Arbeitsplatz war für mich ein zweites Zuhause und meine *Compañeros* meine andere große Familie. Im Café Biógrafo, im Stammlokal der Fernsehleute, treffen wir uns heute noch, wenn wir in Chile sind. Mit Ausnahme derer, die getötet wurden, sind alle dabei: jene, die nach Chile zurückkamen, und jene, die in Chile geblieben sind.
Die Erfahrung in meinem Beruf war für mich eine große Bereicherung, gemeinsam schufen wir den Kanal 9, das Fernsehen der Universidad de Chile. Anfangs arbeitete die Mehrheit ehrenamtlich. Somit war es für uns kein Problem, wenn der jeweilige Rektor der Universität uns als Bestrafung kein Gehalt auszahlte, weil wir die von ihm ernannten Fernsehdirektoren in Frage stellten, da sie entweder undurchsichtige Geschäfte machten oder kein Arbeitsprogramm hatten. Wir kritisierten sie offen in unserem Fernsehen und wir überlebten, indem wir uns eine gemeinsame Verpflegung organisierten. Mir fiel es da-

bei zu, auf den Markt zu gehen und um Nahrungsmittel zu bitten. Wenn wir bei diesen Konflikten die Studios besetzt hatten, war ich fast immer schwanger, was dazu beitrug, dass mir die Leute auf dem Markt die Körbe füllten. Jene von uns, die nicht gerade im Studio für die Sendungen arbeiteten, betreuten die Kinder und machten die Arbeit in der Küche. Wir lebten und schliefen im Fernsehstudio, bis der Rektor einen anderen seiner Freunde als Direktor schickte und die Situation sich normalisierte. Das ging so bis zum Jahr 1970, bis dann ein Direktor kam, mit dem wir gleichberechtigt zusammenarbeiten konnten, vom Reinigen des Studios bis zur gemeinsamen Arbeit im Hof, wo wir einen kleinen Garten mit Rasen und Bäumen hatten. Es gab schon viele Ehepaare unter uns, wir Frauen organisierten einen Kindergarten, es war wie eine große Familie.
Unsere ersten Schritte für ein eigenes Fernsehstudio machten wir an der technischen Fakultät. Wir fingen mit dem Fernsehtheater an und waren dann in einer großen Halle von Chile-Films untergebracht, an der Ecke der Straßen Colón und Manquehue, wo von allen Seiten Kälte und Regen eindrangen. Jorge, mit seiner Leidenschaft, alle Zeitungen inklusive der Anzeigen zu lesen, fand heraus, dass in der Straße Inés Matte Urrejola eine aufgelassene Fabrik verkauft wurde. Er schaute sich das an und insistierte beim Rektor, bis dieser nachgab und diese alte Fabrik kaufte. Es dauerte fast ein Jahr, bis alle technischen Einrichtungen installiert waren. Jorge und ein anderer Beleuchter montierten die Lichtbalken und die Schaltbretter für die drei Studios, ohne dafür extra bezahlt zu werden. Noch heute funktionieren die Studios mit diesen Einrichtungen.
Gegen Ende der Regierung des Präsidenten Eduardo Frei wurde das Gesetz über einen Verbund der Fernsehanstalten beschlossen. Damit wollten die Christdemokraten die Kontrolle über alle Fernsehkanäle erlangen. Das Gesetz sah einen Fernsehbeirat vor, der von der Regierung zu ernennen ist. Da sie mit ihrem Wahlsieg rechneten, hätte dieser Beirat nicht nur weiterhin jene beiden Kanäle kontrolliert, die in der Wahlkampagne nur den Kandidaten der Christdemokraten unterstützten, sondern auch den Kanal der Universidad de Chile, wo wir arbeiteten. Zugleich wurden mit dem Gesetz die Türen für eine unkritische Kommerzialisierung und für ausländische Programme, die unserer Kultur fremd sind, weit geöffnet. Im Fernsehen

der Universidad de Chile war bereits eine Reform im Gange, und die Normen für unser Kommunikationsmittel waren definiert worden. Wenn wir nun Teil eines Verbundes geworden wären, hätten sich die Ziele unseres Kanals verändert. Wieder besetzten wir unsere Fernsehanstalt, um das zu verhindern.

Als entgegen der Erwartung der Christdemokraten Allende Wahlsieger wurde, widersetzten sich die Christdemokraten der Einrichtung des vorgesehen Beirates, um nicht der *Unidad Popular* die Kontrolle über das gesamte Fernsehen zu überlassen, und so blieben zwei Kanäle unter ihrer Kontrolle. Unser Kanal wurde benachteiligt. Bald kam es zu einer Kürzung des Budgets, und da nichts importiert werden konnte, mussten unsere Techniker lernen, alle Instrumente zu reparieren. Alle mussten wir nun neue Aufgaben übernehmen. 1972 verließ uns fast die Hälfte der Mitarbeiter, vor allem Personal aus der Verwaltung, weil sie mit unserem Programm nicht einverstanden waren. Unser Kanal war der einzige, in dem Präsident Allende sprechen konnte. Die Mitarbeiter, die sich von uns getrennt hatten, gründeten mit Unterstützung des Rektors der Universidad de Chile einen neuen Fernsehkanal, was zu weiteren Konflikten führte.

Jorge war damals Betriebsleiter bei unserem Fernsehen. Als die Busunternehmer streikten, war es für die Mitarbeiter schwierig, rechtzeitig zur Arbeit zu kommen. Daher machten wir uns um sieben Uhr früh auf, um alle, die keine andere Fahrmöglichkeit hatten, abzuholen, damit wir rechtzeitig die Aufnahmen für die Sendungen machen konnten. Nur mehr selten konnten wir eigene Theaterstücke bringen, denn es fehlte uns das Geld für die Künstler, wir nahmen nur mehr solche, die bei uns gratis arbeiteten. Einmal filmte ich in San Fernando; sechs Monate lang musste ich hin und her fahren, da ich in Santiago auch Vorbereitungen für das Fernsehtheater machen musste. Wir hatten wenig Geld, politische Flüchtlinge aus Brasilien halfen uns, die Aufnahmearbeiten zu beenden, und nach weiteren vier Monaten war der Film fertig. Jorge nahm sich im Sommer Urlaub, um mir bei der Organisation und dem Transport zu helfen. Meine Kinder sah ich nur selten, meine Mutter und meine Schwiegermutter kümmerten sich um sie und lebten praktisch in meinem Haus. Immer dann, wenn wir kein Gehalt bekamen, machten wir mit meinen Eltern am Samstag und am Sonntag Empanadas, die wir verkauften, um Geld für Benzin und Essen zu haben.

1973 spitzte sich die Situation zu. Die Christdemokraten novellierten das Fernsehgesetz, um uns den Kanal wegnehmen zu können. Es gab bereits Anschläge auf unser Studio und auf unser Haus, obwohl wir in einem ärmeren Stadtteil wohnten. Die Nachbarn wussten, dass wir Sozialisten sind. Wenn wir die rationierten Lebensmittel holten, haben uns sogar Konservative verteidigt, sie sagten, wir seien anständige Leute. Wir hatten dort keine engeren Freunde, aber wir waren immer gute Nachbarn, wie sie uns heute versichern, wenn ich meinen Bruder, der noch dort wohnt, besuche. Dennoch wurden vor unserem Haus Schüsse abgegeben.
Präsident Allende wollte, dass durch den Streit um unseren Fernsehkanal nicht noch mehr Konflikte entstehen und ersuchte uns, den Kanal zu übergeben. Am 8. September mussten wir gehen. Ohne zu wissen, was Jorge und die anderen *Compañeros* taten, zerstörte ich mit einigen Frauen alle Hintergrundkulissen (Hintersetzer), die wir in monatelanger Arbeit mit den Stoffen, die uns die Arbeiterinnen einer Textilfabrik geschenkt hatten, hergestellt hatten. Das reut mich auch heute noch nicht. Jorge wollte ich es erst nicht erzählen, nach vielen Monaten erfuhr ich, dass er und andere Techniker das vorrätige Filmmaterial mitgenommen haben, Material, das uns von ausländischen Gewerkschaften geschenkt worden war. Sie nahmen auch Filme aus dem Archiv der Presseabteilung mit, die nach dem Putsch zur Herstellung von Dokumentarfilmen verwendet wurden und die ein spanischer Freund heimlich aus Chile herausbrachte.
Den Film »La tierra prometida« (Das gelobte Land), den wir gemacht hatten, konnte der Regisseur Miguel Littin am Tag des Putsches von Chile-Films, wo er geschnitten wurde, herausholen und im Ausland fertig stellen. Zwei der Schauspieler, die mitwirkten, wurden nach dem Putsch verschleppt und sind bis heute verschwunden, ebenso ein Techniker. (Er war der Sohn deutscher Eltern. Sie glaubten nicht, was da geschehen war. Als ich später an Besuchstagen zum Gefängnis *Tres Alamos* ging, fragten sie mich dort nach ihm, denn ich war vermutlich die Letzte, die ihn gesehen hatte. Sie glaubten, er werde vielleicht im Ausland sein, denn die Polizei hatte ihnen gesagt, dass viele junge Leute das Land verlassen wollten.)
Am Tag des Putsches waren wir zu Hause, wir hatten ja keine Arbeit mehr. Aus dem Radio hörten wir die Berichte über die

aktuellen Ereignisse. Wir wollten mit dem Auto zum Studio fahren, wir wollten hinein, um eine Durchsage zu machen. Wir riefen unsere Freundinnen und Freunde an, aber wir kamen nicht bis zum Studio. Wir versuchten es auf einem anderen Weg, vergeblich, schon wurde von allen Seiten geschossen. Wir kehrten um. Wir saßen zu Hause und wussten nicht, was wir sagen sollten. Ich war wahnsinnig nervös, denn zur Vorbereitung eines neuen Films hatte ich 200 gebrauchte Militäruniformen gekauft und zum Färben gebracht. Ich wusste nicht, was geschehen wird. Als von der *Militärjunta* der Aufruf kam, dass alle wieder auf ihre Arbeitsplätze zurückkehren müssen, gingen wir hin. Gemeinsam mit jenen, die den Kanal übernommen hatten, waren wir 150 Personen. Wir wurden sofort von Panzerwagen umstellt und sie sagten uns, dass wir entlassen sind. Wir beschlossen sofort eine Kommission zu bilden, und Jorge übernahm es, im Namen aller an den Rechnungshof zu appellieren. Natürlich erhielten wir von dort dieselbe Antwort. Der Chef der Administration ersuchte Jorge, sich mit ihm am nächsten Tag in der Straße Inés Matte zu treffen, um die formelle Übergabe des Studios zu machen. Jorge ging hin, aber einer der Polizisten, die uns früher beschützt hatten, denunzierte ihn, dass er an der Besetzung des Kanals teilgenommen hatte. Das führte zur ersten Festnahme von Jorge, die allerdings nur einen Tag dauerte, denn der Chef der Administration konnte ihn rasch herausholen. Bei seiner dritten Festnahme war er neun Monate in Haft, davon zwei Monate lang verschwunden. Im August 1975 wurde er des Landes verwiesen. (Seine zweite Festnahme erfolgte bei der Durchsuchung eines Hauses, in dem er sich zufällig befand und dauerte nur einige Stunden.)

Da wir von irgendetwas leben mussten, richteten wir mit der Hilfe meines jüngeren Bruders zu Hause eine Werkstatt zur Erzeugung von Arbeitshandschuhen ein. Mein Bruder, der in Concepción lebte, erreichte, dass ein Freund aus der Petrochemie monatlich 500 Paare bestellte. Mit Mühe gelang es uns ein einziges Paar pro Tag herzustellen, obwohl außer uns noch zwei *Compañeros* mit uns arbeiteten. Das Leder wollten wir in einer Gerberei kaufen, deren Besitzer ein Österreicher war. Wir erzählten ihm, warum wir diese Arbeit machten, und da stundete er uns die Bezahlung des ersten Einkaufs. Als er erfuhr, dass wir einen so großen Auftrag hatten, schickte er uns zu einer Frau, die eine gut eingeführte Fabrik hatte, aber seit dem Putsch keine Aufträge mehr erhielt. Daraufhin verblieben wir so, dass wir das Leder kauften, es dann zur Werkstatt dieser Frau brachten, wo die Arbeit in einer Woche erledigt wurde. Dann holten wir die Ware ab und schickten sie per Bus nach Concepción. Das genügte uns aber nicht, und da wir schon eine Ledernähmaschine gekauft hatten und die zwei *Compañeros* da waren, kauften wir auch Rauleder und begannen Jeansjacken herzustellen, die ich in den Büros meiner Bekannten verkaufte. Aus den Lederresten machten wir Taschen.

So arbeiteten wir fünf Monate lang, etwa bis April oder Mai 1974, bis uns der frühere Direktor unseres Fernsehkanals aus Mexiko anrief, wo er im Exil lebte. Er ersuchte mich, die Boutique seiner Frau Sonja in der Straße Mac Iver weiterzuführen. Ich ging darauf ein, und das gab mir die Gelegenheit, dort auch unsere Produkte zu verkaufen. In dieser Boutique arbeiteten fünf *Compañeras*. Sie hatten mit Sonja schon damals gearbeitet, als sie im Oktober 1972 während des Streiks der Geschäftsleute ihren Laden offen hielt, und sie haben Sonja begleitet, als sie bedroht wurde, weil sie in der Patriotischen Front der Frauen engagiert war.

Wir waren alle schon richtige Geschäftsleute, als Jorge plötzlich verhaftet wurde. Die Frauen aus dem Geschäft halfen mir, ihn zu suchen, und schliefen abwechselnd bei mir. Es war nämlich irgendwer in unser Haus eingedrungen und hatte alle Papiere, die mit Jorge zu tun hatten, mitgenommen. Familienangehörige von anderen politischen Gefangenen hatten mich bereits gewarnt, dass ich beobachtet werde. Um für Jorge wieder ein Dokument in der Hand zu haben, ging ich zum Personalbüro der Universidad de Chile und bat um eine Arbeitsbestätigung. Dieselben Leute, die uns schon seit Jahren kannten, leugneten aber, dass Jorge dort gearbeitet hatte. 1988, als ich erstmals wieder nach Chile kam, ging ich in das Zentralgebäude der Universität, wo mir neuerlich die Dokumente verweigert wurden. Aber da ich schon eine beglaubigte Bestätigung vom Fernsehkanal vorweisen konnte, die meine Schwester durch einen befreundeten Angestellten des Kanals bekommen und die sie mir 1976 zugesandt hatte, übergaben sie mir endlich die Dokumente.

Jorge war den ersten Monat in der *Villa Grimaldi* gefangen, dann brachten sie ihn nach *Cuatro Alamos*. Wir wussten aber

.....

nicht, wo er war, und suchten ihn an allen Orten, von denen wir hörten, dass es dort Gefangene gibt. Mein siebenjähriger Bub musste in diesen Tagen zur Mandeloperation, der Termin war seit sechs Monaten festgelegt. Als ich mit dem Kind nach der Operation nach Hause kam, läutete das Telefon und jemand, der seinen Namen nicht nennen wollte, sagte mir, dass Jorge am nächsten Tag nach Puchuncavi gebracht würde. Ich hatte in meiner Aufregung verstanden, dass sie ihn erschießen werden. In der Panik über dieses mysteriöse Telefonat rief ich meine Mutter an, und in meinem Schock sagte ich ihr alles, ohne zu bemerken, dass mein kleiner Sohn mithörte. Von da an blieb er drei Monate lang stumm. War es die Operation oder der Schock darüber, was er bei diesem Telefonat mitgehört hatte? Etwas Ähnliches geschah mit Barbara, meiner fünfjährigen Tochter. Als sie begriffen hatte, dass wir ihren Vater nicht finden konnten, fielen ihr die Augenwimpern aus. Wir und auch eine befreundete Ärztin meinten, dass dies durch etwas anderes bewirkt worden sei. Als sie aber Jorge des Landes verwiesen und uns nicht erlaubten, uns von ihm zu verabschieden, lief sie zwischen den Füßen der Polizisten hindurch und küsste ihn. Sie weinte nicht, sie blieb stumm. Am nächsten Tag wachte sie neuerdings ohne Wimpern auf. Erst als wir sieben Wochen später hierher nach Österreich kamen, begannen die Wimpern wieder zu wachsen.

Der »Sommerurlaub« in Puchuncavi dauerte für Jorge bis zum Winterbeginn. Er stand auf der Liste derer, die ausgewiesen werden sollten, aber so wie andere lehnte auch er die Ausweisung ab. Daraufhin wurde er nach *Tres Alamos* gebracht. Der Aufenthalt in diesem Lager war sehr gefahrvoll, denn von dort verschwanden immer wieder Personen, auch solche, die schon als Gefangene registriert waren. Später wurden dann oft ihre Leichen in Argentinien gefunden. Man wusste, dass der Geheimdienst CNI sie mit Kleinlastern aus dem Gefängnis herausholte. Dieses Vorgehen war ein Druckmittel, damit die Gefangenen die Ausweisung akzeptieren. So kam es, dass Jorge am 27. August 1975 ausgewiesen wurde. Wir, seine Familie, kamen ihm am 10. Oktober nach Wien nach.

Für drei Monate kamen wir in das Flüchtlingsheim Vorderbrühl, wo ich Landsleute kennen lernte, die schon länger hier waren, Chileninnen und Chilenen aus allen Teilen des schmalen Landstriches, der meine Heimat ist. Im Laufe der Zeit lernte ich hier die kulturelle Vielfalt meines Volkes kennen, besser, als ich das in Chile selbst erlebt hatte. Es gab im Flüchtlingsheim Deutschunterricht, aber ich konnte nur eine Woche lang teilnehmen, denn es wurde mir eine Arbeit als Putzfrau angeboten. Da wir sechs Personen waren, meine drei Kinder, meine Schwiegermutter und wir beide, reichten die 120 Schilling in der Woche, die man uns neben dem Essen gab, nicht aus, um angesichts des Winters unsere Ausgaben zu decken. Meine zwei älteren Kinder begannen Ende November mit der Volksschule, aber sie blieben nur einen Monat, denn im Jänner mussten wir übersiedeln, und sie setzten die Schule in Wien fort. Da die Kinder nicht Deutsch konnten, wurden sie in die zweite und erste Klasse aufgenommen, obwohl mein Sohn schon neun und meine Tochter schon sieben Jahre alt war.

Bald nach unserer Ankunft in Österreich machte Jorge gemeinsam mit anderen Chilenen einen Kurs und Ende November begann er in einer Fabrik als Schweißer zu arbeiten. Er bekam, die Kinderbeihilfe eingerechnet, etwas mehr als 4.000 Schilling. Dabei verdiente er wegen der Kinder mehr als andere. Als uns die Wohnung im 11. Bezirk übergeben wurde und wir nun die Kosten für Heizung, Miete, Kindergarten, Essen usw. übernehmen mussten, erkannten wir, dass es unmöglich war, von dieser Arbeit zu leben. Jorge hatte außerdem einen Unfall in der Fabrik und so entschloss er sich, gründlich Deutsch zu lernen, um eine bessere Arbeit zu finden. Nachdem ich drei Monate als Putzfrau gearbeitet hatte, suchte ich eine Beschäftigung, bei der ich versichert war. Im Jänner 1976 fing ich als Bedienerin im Krankenhaus am Rosenhügel an. Jorge stellte sich im Mai mit seinen Papieren beim ORF vor, und es wurde ihm für September ein Posten in Aussicht gestellt. Schon im Juni begann er mit Reinigungsarbeiten bei einer Firma, die für den ORF arbeitete. Die Tatsache, dass er selbst diese Arbeit als Universalassistent fand, war für ihn ein wichtiger Schritt nach vorne und half ihm eine schwere Depression zu überwinden, die uns alle in diesem ersten österreichischen Winter bedrückte. Ich arbeitete bis Juni im Krankenhaus und ging nebenbei noch als Putzfrau, um meine Deutschkurse finanzieren zu können.

Es vergingen Jahre, bis wir das Exil akzeptierten. Immer dachten wir daran, wie wir den *Compañeros* und *Compañeras* in Chile helfen könnten. Gemeinsam mit Freunden aus der Partei machten wir ein Café auf, um Geld zu verdienen und dieses nach Chile schicken zu können. Doch es blieb nicht viel, denn den größten Teil der Einnahmen mussten wir für die Unkosten und für die Bezahlung derer verwenden, die sonst keine Arbeit hatten und nur vom Café lebten. Wir arbeiteten sechs Jahre lang in diesem Café, von 1979 bis 1985. 1977 inskribierte ich an der Universität Wien Theaterwissenschaft und konnte als außerordentliche Hörerin drei Semester studieren. Ich arbeitete zugleich im Serapionstheater und einige Monate in einer Malwerkstatt (Vesna); es waren sporadische Beschäftigungen, aber sie ermutigten mich, im Bundestheaterverband Arbeit zu suchen. Im November 1979 begann ich als Tagesaushilfe. 1986 musste ich aufhören, um meine Enkelin, die uns unsere kleine Tochter mit 15 Jahren »schenkte«, zu betreuen. Erstmals musste ich ein Kind ohne die Hilfe einer Familie aufziehen. Ich musste ständig zu Hause bleiben, was für mich ganz neu war.

Wir Frauen aus Chile organisierten uns und gründeten, gemeinsam mit der Kolumbianerin Emperatriz, den Verein LEFÖ (Lateinamerikanische Exilierte Frauen in Österreich). Wir präsentierten ein Projekt und erhielten eine Subvention. Wir waren sehr glücklich in dieser Tätigkeit, aber wegen Unstimmigkeiten über die Arbeitsmethode verließen viele von uns wieder diesen Verein. Ich schloss mich der »Gesellschaft für bedrohte Völker« an, und da setzte ich mich erstmals mit den Ureinwohnern Chiles auseinander. Mehr als 13 Jahre arbeitete ich in diesem Verein mit und organisierte verschiedene Konferenzen, z. B. über die *Mapuches* in Chile. Dabei lernte ich den ÖIE (Österreichischer Informationsdienst für Entwicklungspolitik, heute: Südwind Agentur) kennen, von dem ich immer wieder eingeladen wurde, über Chile zu referieren. 1989 stellten wir, einige Lehrerinnen aus Wiener Neustadt und ich, eine Ausstellung über Lateinamerika für Kinder zwischen acht und zwölf Jahren zusammen. Sie wurde seither oft angefordert und der Entwicklung unserer Länder entsprechend ständig aktualisiert. Wenn sie in den Schulen gezeigt wird, gehe ich mit, um sie zu erklären. Heute haben wir nicht nur eine Ausstellung für Kinder, sondern auch für Erwachsene, z. B. für Studenten der Pädagogik.

.....

»Gracias a la vida que me ha dado tanto.«[1] Ich versuche in meinem Leben mich als die Person zu verwirklichen, die ich bin, konsequent zu sein mit den Idealen unseres Lebens. Ich will meinen Kindern das weitergeben, was wir erlebt und erfahren haben, und sie sollen wissen, dass wir nicht aufgrund unserer eigenen Entscheidung hier sind, etwa um mehr Geld zu verdienen.
Die Kinder haben ihre Ausbildung abgeschlossen, das wäre für uns in Chile sehr schwer zu finanzieren gewesen. Der Sohn ist Buchhändler, die ältere Tochter Ethnologin und die jüngere Sozialarbeiterin. Trotz ihrer drei Töchter arbeitet sie und macht eine Ausbildung als Psychotherapeutin. Jorge ist vor zwei Monaten mit 61 Jahren aus Krankheitsgründen in Pension gegangen. Ich mache dies und jenes und erfinde immer etwas Neues: Theater (Boal) mit meiner Gruppe, zweimal in der Woche arbeite ich mit der Emigrantinnengruppe MAIZ in Linz. Drei oder vier Tage in der Woche bin ich Großmutter, damit meine Tochter studieren kann.
Hier mache ich Schluss.

11. Februar 2000, zwei Tage nach dem 34. Geburtstag meines Sohnes

1 »Dank dem Leben, das mir so viel gegeben hat« – Anfang eines Liedes von *Violeta Parra*

Alejandra Olivares

Liebe Sigrun, lieber Herbert! Kennt ihr das Gefühl, zweimal geboren worden zu sein, ohne jemals gestorben zu sein?
Es ist ein seltsames Gefühl, das mich schon seit langem begleitet, und wenn ich genau nachdenke, ein uraltes.
Ich bin in Chile, Vicuña, zur Welt gekommen, als ältestes von vier Kindern. Mein Vater war damals ein engagierter junger Lehrer, der schon im Alter von elf Jahren politisch tätig gewesen war. Meine Mutter war eine sensible, ruhige Frau.
Wenn ich über meine Vergangenheit nachdenke, fällt mir auf, dass das Wort »Exil« immer schon mein ständiger Begleiter war. Im Alter von ca. zwei Jahren mussten wir abrupt Vicuña verlassen, mein Vater wurde nach Combarbalá verbannt, weil er Sozialist war. Combarbalá war ein »verlorenes Dorf« im *Norte chico* Chiles, umgeben von Bergen. Die Landschaft war karg und trocken, aber richtig schön wurde es dort, wenn die Kaktussäulen zu blühen begannen oder wenn man einem armseligen Fluss begegnete und der Einladung der Trauerweiden zu einer kleinen Rast folgte.
Ich kann mich noch genau daran erinnern, wie es für meine Eltern damals war, als wir aus dem verstaubten Zug ausstiegen, der uns nach Combarbalá gebracht hatte. Das Entsetzen im Gesicht meiner Mutter angesichts des Dorfes und die massive Ablehnung von Seiten meines Vaters werde ich nicht vergessen. Ich jedoch habe die schönste Zeit meiner Kindheit in diesem Dorf verbracht, das für mich meine innere Heimat wurde – und auch geblieben ist.
Als ich zwölf Jahre alt wurde, mussten wir Combarbalá wieder verlassen und gingen nach Puente Alto, wo wir bis zur Zeit des Militärputsches leben sollten. Mein »unkorrigiert« gebliebener Vater betätigte sich dort weiterhin politisch und wurde dann in der Ära Allendes Gouverneur des Bezirkes.
1970 starb meine Mutter, im Alter von 40 Jahren. Ihr Tod hinterließ tiefe Wunden in mir, und damit begann für mich eine der schwierigsten Phasen meines Lebens. In meinen Erinnerungen bleibt meine Mutter eine stolze, schweigsame Frau.
Kurz nachdem ich 18 Jahre geworden war und maturiert hatte, putschte das Militär gegen die Regierung. Mein Vater wurde

bald von der *Militärjunta* festgenommen und anfangs im Gefängnis von Puente Alto inhaftiert, später im Nationalstadion und dann in der Wüste in *Chacabuco*, in Ritoque, in *Tres Alamos* und in weiteren Stationen.
Für uns Kinder war es extrem schwer, das Leben ohne Eltern zu bewältigen. Meine Geschwister waren damals 17 (Manara), 14 (Fiffo) und zehn (Ana Maria) Jahre alt. Wir haben jedoch nie aufgehört, auf eine Rückkehr des Vaters zu hoffen. Nach ca. zwei Jahren im Konzentrationslager erhielt er dann endlich die Möglichkeit, nach Österreich auszureisen, und nach einiger Zeit, im Herbst 1975, auch wir Kinder.
Die ersten Monate in Österreich haben wir in einem Flüchtlingsheim in der Vorderbrühl verbracht. Später haben wir, unter der Bedingung, uns Miete und Lebensunterhalt selbst zu finanzieren, vom Innenministerium eine Wohnung im 14. Wiener Bezirk erhalten.
Hier begannen mein Vater, mein Bruder und ich zunächst, in einer Plastikfabrik im Schichtdienst zu arbeiten. Jeder von uns verdiente dabei 3.400 Schilling im Monat. 1976 erhielt ich durch eine chilenische Bekannte die Möglichkeit, als Stationsgehilfin am Neurologischen Krankenhaus Rosenhügel zu arbeiten. Nach einem einjährigen Kurs absolvierte ich mein erstes Diplom in Österreich. Ich arbeitete insgesamt fünf Jahre in diesem Krankenhaus.
Während dieser ersten Zeit im Exil hatte ich nie meinen Traum, Psychologie zu studieren, aufgegeben. Bereits als Dreizehnjährige hatte ich schon begonnen, Freud zu lesen. Mein Interesse an einer Realisierung dieses Traums hat mich dazu geführt, meinen späteren Mann Karl kennen zu lernen, zu dieser Zeit ein Psychologiestudent, von dem ich wissen wollte, wie die Bedingungen an der Wiener Universität waren.
1979 haben wir geheiratet, 1980 kam unser Sohn Alexander zur Welt. Parallel dazu begann ich zu studieren und ein Jahr später begann ich beim Wiener Arbeitskreis mit der Ausbildung zur Psychoanalytikerin. 1985 ist unser zweiter Sohn Sebastian geboren.
1987, nach Abschluss meines Psychologiestudiums, begann ich am Psychiatrischen Krankenhaus der Stadt Wien zu arbeiten und ein Jahr später übernahm ich die psychotherapeutische Leitung der ersten Langzeittherapieeinrichtung Österreichs für drogenab-

hängige Mädchen (KOSI). Gemeinsam mit meinem Mann entwarf ich ein psychoanalytisches Konzept für diese Tätigkeit und wir begannen, als Psychotherapeuten-Ehepaar zu arbeiten.
Die Tätigkeit in KOSI gehört zu den interessantesten und gleichzeitig schwierigsten psychotherapeutischen Aufgabengebieten überhaupt. Wir hatten in einigen Jahren ein multikulturelles Team aufgebaut, in dem auch andere Chileninnen, Psychologinnen und Sozialarbeiterinnen arbeiten konnten. Nach neun Jahren Kampf (Behörden, Drogenpolitik der Stadt etc.) hörte ich damit auf und arbeite jetzt (in meiner Karenz) in freier Praxis als Klinische Psychologin und Psychotherapeutin.
1998 starb mein Vater, kurz nachdem sein lang ersehnter Wunsch, seine Gedichte und seine Prosa zu publizieren, in Erfüllung gegangen war. Mein Vater ist für mich einer der wichtigsten Menschen in meinem Leben gewesen. Ich habe seine Integrität, seine Bescheidenheit und seinen Idealismus bewundert, sein politisches Engagement allem zum Trotz, was er erlebt hat, und sein Motto »Ich bereue nichts«, weder das Gute noch das Schlechte (E. Piaf).
Es gäbe noch so viele Fragen an ihn – ich vermisse die Antworten darauf und seine Nähe. Wir haben ihn ein Jahr später, so wie er es sich gewünscht hatte, nach Vicuña in seine Heimat zurückgebracht. Auf einem kleinen Hügel, von wo aus man das Elqui-Tal überblicken kann, haben wir seine Asche in die Winde zerstreut.
Inzwischen lebe ich bereits seit über 25 Jahren in Österreich und werde immer wieder gefragt, woher ich komme, werde als fremd erlebt, obwohl ich mich gar nicht so fühle. Das muss jedoch nicht unbedingt immer etwas Negatives bedeuten, da ich auch die Erfahrung gemacht habe, dass manche Leute dazu tendieren, mich zu idealisieren. Sie phantasieren, dass ich ganz anders bin als sie (wärmer, spontaner etc.).
Persönlich fühle ich mich wohl unter ÖsterreicherInnen, schließlich lebe ich schon seit über 20 Jahren mit einem Wiener zusammen, der nicht nur mein Mann ist, sondern gleichzeitig auch mein bester Freund. Wenn ich mich jetzt definieren sollte, als was ich mich fühle, würde ich genau wie einer der Jugendlichen antworten, die ich im Rahmen meiner Doktorarbeit befragt habe: Mit dem Verstand als Wienerin und mit dem Herzen als Chilenin.

.....

Julián Ricci

Mein Leben in Chile

Ich bin der älteste Sohn von Rina Lucrecia del Valle las Heras und Jorge Mario Ricci Vargas und bin am 16. November 1945 in Santiago de Chile geboren. Meine Eltern sind Kinder von europäischen Einwanderern, meine Großeltern mütterlicherseits kamen am Beginn des 20. Jahrhunderts aus Spanien und die Großeltern väterlicherseits aus Italien. Das bedeutet, dass ich praktisch kein chilenisches Blut habe, aber dennoch wie meine Eltern ein echter Chilene bin, »más chileno que porotos« [1].
Meine Familie ist sehr groß, und alle Verwandten, gleich ob sie nah oder fern verwandt sind, haben eine starke Beziehung zueinander. Familientreffen waren und sind eine Tradition bei uns, vor allem bei den Festen, wie zu Weihnachten, trafen wir uns alle im Haus meiner Eltern, um gemeinsam zu feiern. Oft gab es Zusammenkünfte der ganzen Verwandtschaft oder wenigstens des größeren Teiles, wir grillten und aßen miteinander. Ich erinnere mich, dass wir dabei viel gesungen haben, vor allem Lieder, die wir von unseren Großeltern gelernt hatten. Wir waren eine sangesfreudige Familie, in irgendeiner Weise liegt uns allen die Musik im Blut.
Meine Großmutter mütterlicherseits, meine »Yaya«, war eine bewundernswerte Frau. Sie war eigentlich das Familienoberhaupt. Sie hatte sich dieses Ansehen zweifellos durch ihre ständige Fürsorge für die Familienmitglieder, aber auch für andere Menschen erworben. Sie organisierte zum Beispiel, dass zur Zeit des Spanischen Bürgerkrieges viele Flüchtlinge direkt aus den Gefängnissen Francos nach Chile kommen konnten. Zehn hat sie im eigenen Haus untergebracht, viele von ihnen schlossen sich später dem Familienverband an. Sie war Lehrerin und unter anderem Direktorin der staatlichen Kinderheime. Sie gründete in Santiago in der Gran Avenida die »Stadt des Kindes« und war die erste Direktorin dieser neuen Einrichtung.

1 Sprichwort, wörtlich übersetzt heißt es: noch mehr Chilene als Bohnen. Bohnen sind eines der Grundnahrungsmittel der Landbevölkerung.

Meine »Yaya« ist und wird für immer die Person sein, die neben meinen Eltern meine Lebenseinstellung und meinen Charakter am meisten beeinflusst hat. Ich bin ihr ältestes Enkelkind, und da sie nur zwei Töchter hat, wurde ich auf den Namen meines Großvaters, meines »Tata«, Julian getauft.
Leider habe ich meinen Großvater väterlicherseits nicht kennen gelernt, er starb, als mein Vater erst 15 Jahre alt war. Meine Großmutter von dieser Seite war eine typische italienische Mamma, die eingeschlossen in ihrem großen Haus, das drei Höfe hatte, lebte und sich der Aufgabe widmete, Kinder zu bekommen und sie aufzuziehen. Von ihren 13 Kindern ist mein Vater der Jüngste und der Einzige, der noch lebt. Ich lernte aus dieser Familie noch zwei Onkel und eine Tante kennen. Meine »Nona« starb, als ich 19 Jahre alt war, ich hatte nie viel Kontakt mit ihr, wohl aber mit einem der beiden Onkel. Dieser war wie mein Vater Jäger, und in der Jagdzeit gingen wir fast jeden Sonntag mit ihm auf die Jagd oder fischen.
Meine Eltern waren ein ideales Paar. Das ist nicht nur meine Meinung, sondern das sagen alle, die sie gekannt haben. Sie schenkten meiner Schwester Patricia, meinem Bruder Mario und mir alle Liebe, die sich Kinder nur wünschen können, und ich glaube, sie werden für mich immer ein unerreichbares Vorbild sein. Wir waren eine typische Familie der chilenischen Mittelklasse, wir hatten keinen Luxus, aber alles, was für ein angenehmes Leben notwendig ist. Meine Mutter war immer um uns besorgt und führte den Haushalt mit allem, was dazugehört. Mein Vater war Verkäufer beim Weingut Santa Teresa, er arbeitete sehr viel, um uns alle zu erhalten. Zum Wochenende fuhren wir immer aus der Stadt hinaus, um zu jagen oder zu fischen, das war das liebste Hobby meines Vaters. Neben unserem Haus in Santiago hatten wir auch ein Haus in Quintero, an der Küste, wo wir gemeinsam mit vielen Verwandten die Ferien verbrachten. Dort lernte ich das Meer lieben, ich lernte schwimmen und kämpfte mit den starken Wellen. In meiner Jugendzeit ging ich auch viel tauchen.
Durch die guten Verbindungen meiner »Yaya« konnten uns unsere Eltern in eine der besten der damaligen Schulen, ins Liceo experimental Manuel de Salas schicken, das direkt mit der Universidad de Chile zusammenarbeitete. Ich trat in der dritten Grundstufe in diese Schule ein, meine Geschwister besuchten

von Anfang an dieses Lyzeum. Alle drei machten wir dort die mittlere Reife und die Matura.
Ich kann sagen, dass ich während der ganzen Schulzeit ein relativ guter Schüler war und nie eine Klasse wiederholen musste. Im Sport tat ich mich besonders hervor und ich wurde Mitglied der nationalen Schülermannschaft für Basket- und Volleyball. Ich war ein guter Sportler, bei den südamerikanischen Schülerwettkämpfen 1962 in Lima wurde ich der Sieger im Achthundertmeterlauf. Bei nationalen Jugendwettkämpfen siegte ich mehrmals im Mittelstreckenlauf. 1962 hatte ich ein viermonatiges Stipendium für die USA bekommen, um ein Trainingsprogramm zur Vorbereitung für die Olympischen Spiele 1964 in Japan zu machen. Doch zu Jahresbeginn 1963 erlitt ich eine schwere Verletzung, die mich daran hinderte, weiterhin als Athlet aktiv zu sein, was für mich eine der größten Enttäuschungen in meiner Jugend war.
Von zehn bis vierzehn war ich bei den katholischen Pfadfindern. Unser Kaplan war Pater Ramón Echeverría. Er war auch mein Religionsprofessor und bis zu meiner Heirat mein geistlicher Ratgeber. Er war ein sehr aktiver Priester und ein entschiedener Anhänger der Befreiungstheologie. Durch sein Verständnis von Solidarität, Geschwisterlichkeit und das Engagement für die Entrechteten hat er einen tiefen Eindruck bei mir hinterlassen. Oft holte er eine Gruppe von uns zusammen und fuhr mit uns in ein Elendsviertel, um dort zu arbeiten. Wir planierten z. B. eine Fläche, um eine Hütte aufstellen zu können, oder wir bauten ein Hütte aus Brettern, die zwar nur einen Raum hatte, aber doch viel besser war als die aus Karton und Fetzen zusammengeflickten Verschläge, in denen die Mehrzahl der Familien wohnte. Hier lernte ich die Realität der Armut kennen, diese Menschen lebten in einer permanenten Tragödie. Ich sah die unglaubliche Ausbeutung, die ungeheure Anstrengung, die Mütter auf sich nehmen mussten, um mit ihren Kindern überleben zu können.
Mit 15 ging ich zur katholischen Studentenjugend, aber schon nach kurzer Zeit trat ich wegen grundlegender Differenzen bei der Interpretation und vor allem bei der Anwendung einiger Theorien wieder aus, ich sah mich unter Druck gesetzt, in einer bestimmten Form zu denken. Ich konzentrierte mich nun auf den Sport, was zu den oben genannten Resultaten führte.

.....

Nach der Matura studierte ich zwei Jahre an der Universidad Austral in Valdivia, aber die Laufbahn eines Forstingenieurs hatte für mich nicht mehr die Anziehungskraft, wie ich mir das früher vorgestellt hatte. Doch es war eine wertvolle Erfahrung, einmal fern von meiner Familie zu leben und für mich selbst sorgen zu müssen. Außerdem konnte ich in dieser Zeit einen großen Teil des Südens Chiles kennen lernen. Ich begann in Valdivia auch mit einer mir bis dahin völlig unbekannten Sportart, dem Rudern. Valdivia hat durch den Fluss Calle-Calle in diesem Sport eine lange Tradition und ich konnte nicht widerstehen, ihn auch auszuüben.
Zurück in Santiago inskribierte ich an der Universidad de Chile, um Maschinenbau zu studieren und mit dem Diplom eines Ingenieurs abzuschließen. Ich war ganz sicher, dass dies das Fach war, das ich wirklich wollte. Ich traf nun wieder viele bekannte Sportler, ich begann wieder Volleyball zu spielen und wurde der Trainer des Damenteams meiner Fakultät, nachdem ich die entsprechenden Kurse absolviert hatte. Kurz darauf wurde ich der Präsident des Volleyballklubs der Fakultät und dadurch in den Sportklub der Universität delegiert. Nach einem Jahr wurde ich Trainer der Damenauswahl der ganzen Universität und Präsident des Volleyballklubs und somit auch Mitglied des Gremiums für Sportfragen der Universität. Zwischen 1966 und 1968 arbeitete ich bei den Reformen der Universität auf dem Gebiet des Sports intensiv mit.
Ich war bis zum Tag meiner Verhaftung durch die *DINA* beim Volleyballsport aktiv. Ich war Spieler, Trainer und Funktionär und bin meinem Freund Guillermo Garrido sehr dankbar, der als Trainer vieler Teams immer bereit war, mir zu helfen und mir alle seine Erfahrungen und Erkenntnisse mitzuteilen.
Durch das Volleyballspiel lernte ich auch meine Frau Roxana kennen. Sie spielte im Team der Universität und später im Nationalteam. Wir verliebten uns und nach drei Jahren, im November 1971, wurden wir von Padre Ramón getraut.
Durch die Universitätsreform wurde die Studienrichtung Maschinenbau geschlossen, und ich musste meine Studien bei einem staatlichen Institut für Berufsausbildung (INACAP) fortsetzen, wo ich nach zwei Jahren mein Diplom als Kraftfahrzeugtechniker und Ausbildner für Automechanik erhielt. Die Praxis während der Ausbildung machte ich bei der Firma IN-

DUMOTORA (General Motors Chile) und nach Beendigung meines Studiums nahm mich diese Firma sofort unter Vertrag. Von *CORFO* bekam ich als bester Student des Instituts eine Auszeichnung. Neue Reformen zu Beginn der Regierung Allende gaben mir die Möglichkeit, an der Universität Federíco Santa Maria einen Abendkurs zu besuchen, um Ingenieur für Automechanik zu werden. Ich machte den Kurs mit Auszeichnung, doch leider, vier Tage bevor ich die Prüfung über meine Abschlussarbeit, die notwendig war, um den Titel zu bekommen, ablegen konnte, wurde ich verhaftet. Es gab keine Gelegenheit mehr das nachzuholen, denn vom Konzentrationslager *Tres Alamos* wurde ich direkt ins Ausland deportiert.
Meine Berufskarriere bei INDUMOTORA verlief wie im Bilderbuch. Ich fühlte mich bei dieser Arbeit sehr glücklich und ich konnte meinen Beruf mit großem Erfolg ausüben. Ich verstand mich gut mit allen Kollegen und im Jänner 1971 wurde ich zum Werkstättenleiter ernannt. Mit 25 Jahren und einem noch sehr jugendlichen Aussehen hatte ich die Verantwortung für 184 Mechaniker, vier Kundenbetreuer und zwei Sekretärinnen. Es war wie ein Traum, der am 16. November 1974 durch die Diktatur Pinochets beendet wurde.

Verhaftung und Gefängnis

Dieser Teil ist die wörtliche Übersetzung meiner Erklärung vom 3. August 1990 für die Kommission für Wahrheit und Versöhnung, die von Präsident Aylwin nach dem Ende der Diktatur eingesetzt worden war.

Als ich in der Nacht vom 16. auf den 17. November 1974 mit meiner Frau Roxana Milagros Roi Jonas nach Hause kam und die Tür öffnete, sahen wir, dass sich in unserem Haus sieben mit Maschinengewehren bewaffnete Männer befanden. Sie trugen Zivil, aber sie sagten, sie seien Polizisten. Wir hatten meinen Vater von der Zentralambulanz Santiagos in der Straße Portugal, wo er wegen eines Herzinfarktes behandelt worden war, in seine Wohnung zurückgebracht. Die Bewaffneten waren in unser Haus in der Straße Rio Támesis 886 im Bezirk Las Condes durch das Aufbrechen einer Seitentüre eingedrungen. Sie hatten weder einen Haftbefehl noch einen Auftrag zur

Hausdurchsuchung. Sie behaupteten, Polizisten zu sein, zeigten aber keinen Ausweis vor, der das bestätigt hätte.
Sie fragten zunächst nach unseren persönlichen Daten und wollten dann wissen, wo Cecilia Gabriela Castro Salvadores und ihr Mann Juan Carlos Rodriguez Araya waren. Wir antworteten, es nicht zu wissen, doch sie behaupteten, die Information zu haben, dass sie bei uns wohnten. »Das ist nicht richtig«, war meine Antwort, »wir haben sie seit zwei Wochen nicht gesehen.« Damals waren sie zum Abendessen bei uns gewesen, und da es schon spät war und sie nicht mehr vor der Ausgangssperre, die damals galt, ihr Haus hätten erreichen können, schliefen sie bei uns. Danach durchsuchten die Polizisten unser ganzes Haus, sie fanden nichts, was uns hätte kompromittieren können, auch keinen Hinweis, dass Cecilia und Juan Carlos bei uns wohnten. In einem alten Adressbuch von mir fanden sie die Anschrift von Cecilia, als sie noch ledig war und bei ihren Eltern wohnte.
Da wir ihnen den Aufenthaltsort von Cecilia und Juan Carlos, den wir ja wirklich nicht wussten, nicht mitteilten, nahmen sie uns fest und führten uns zu ihrem Auto. Zwei oder drei Häuserblocks weiter verbanden sie uns mit Klebestreifen die Augen, aus Sicherheitsgründen, sagten sie. Meine Frau musste dann in ein anderes Auto umsteigen und mit beiden Autos fuhren sie zum Haus von Cecilias Eltern, um die Adresse zu überprüfen. Danach brachten sie uns in das Gebäude, das als »El Hoyo« (das Loch) bekannt war, an der Ecke der Avenidas José Manuel Infante und José Domingo Cañas, wo die Verhöre stattfanden. Dort mussten wir uns hinsetzen, wir vermuteten, dass es das Wachzimmer war. Sie erlaubten uns nicht, die Klebebänder von den Augen zu entfernen.
Wenig später hörten wir, wie die Eltern von Cecilia hergebracht wurden, die Polizisten verlangten von ihnen, den Aufenthaltsort ihrer Tochter bekannt zu geben. Sie setzten sie unter psychischen Druck, sie sagten, wenn sie schwiegen, würde ihr Enkelkind Valentina, die Tochter von Cecilia, dafür bezahlen. Valentina war damals zwei Jahre alt. In dieser Situation entschieden sich die Eltern auszusagen, wo ihre Tochter war. Gemeinsam mit einer Kommandoeinheit der *DINA* gingen sie weg.
Eine halbe Stunde später bemerkten wir die Ankunft von Cecilia und Juan Carlos. Sie wurden sehr brutal behandelt, sie wur-

den geschlagen und ununterbrochen beschimpft. Sie brachten sie sofort in die Innenräume des Hauses. Wenig später steckten sie meine Frau und mich in einen Raum, in dem schon etwa 20 Verhaftete waren, Männer und Frauen. Viele klagten über die Schmerzen, die sie infolge der Folterungen hatten, denen sie während der Verhöre unterworfen worden waren. Die Wachen ersetzten die Klebestreifen auf unseren Augen durch Stoffbinden, wodurch wir ein kleines Feld rund um unsere Füße sehen konnten.

Etwa eine Stunde später wurde ich in das Verhörzimmer gebracht und ich sah, dass Juan Carlos am Boden lag und hinausgeschleppt wurde. Er war offensichtlich bewusstlos, er bewegte sich nicht und gab keinen Laut von sich. Sie setzten mich auf einen Stuhl und ich hörte, dass jemand eintrat und sagte: »Der Kerl, den wir eben hinausgetragen haben, scheint zu sterben.« Ein anderer, offensichtlich der Vorgesetzte, antwortete indigniert: »Ich habe gesagt, ihr sollt aufpassen, es ist sehr wichtig, dass er nicht stirbt, bevor wir alles von ihm wissen. Bringt ihn in die Klinik.« Dann verließen beide den Raum. Nach etwa zehn Minuten kam einer zurück und begann mich zu verhören. Nachdem ich meine persönlichen Daten genannt hatte, sagte jemand: »Dieser Saukerl ist vom *MIR*.« Er schlug mich, vermutlich mit einem Gummiknüppel, und verletzte mich schwer am rechten Ohr. Ich fiel vom Sessel, sie traten mich mit Füßen und setzten mich wieder hinauf. Sie fesselten meine Hände, meine Augen waren noch immer verbunden und blieben es während der ganzen Zeit, die ich in dieser Polizeistation war.

Sie sagten mir, dass diese Behandlung noch das Geringste sei, was mir passiere, wenn ich nicht mit ihnen zusammenarbeite und ihnen alles erzähle. Sie sagten, ich sei beschuldigt worden, Listen der Fahrzeuge der *DINA* an den *MIR* weitergegeben zu haben. Es handelte sich um Fahrzeuge, die in der Firma INDUMOTORA, wo ich seit fünf Jahren bis zu meiner Verhaftung Werkstättenleiter war, repariert wurden. Meine Antwort war, ich sei kein Politiker, ich sei mit Juan Carlos und Cecilia seit vielen Jahren befreundet und unsere Freundschaft habe nichts mit Politik zu tun. Ich hätte Cecilia, so wie meine Frau, beim Volleyballspiel kennen gelernt, beim Sportklub der Universidad de Chile. Auch ihre Eltern, Don Angel und Frau Edita würde ich sehr gut kennen. Ich hätte nichts von dem getan, was

sie mir vorhielten, das wäre auch gar nicht möglich gewesen, denn die Fahrzeuge, die in INDUMOTORA repariert wurden, waren lauter Chevrolet C-10, Kleinlastwagen, letztes Modell, in fünf verschiedenen Farben und ohne Kennzeichen. Alles Fahrzeuge, die noch Garantie hatten, und wir reparierten nur das, was im Arbeitsauftrag des Hauptmanns Raúl Etcheverry Mardoff von der Luftwaffe, der sich um die Fahrzeuge der *DINA* kümmerte, angeordnet wurde. Mit allen offenen Fragen musste ich mich an ihn wenden und daher stand auf jedem Auftrag die Adresse Macoleta 89 und eine Telefonnummer, an die ich mich nicht mehr erinnere. Diese Information war allen, die in INDUMOTORA arbeiteten, zugänglich. Ich wiederholte, dass aus den genannten Gründen ihre Beschuldigung nicht aufrechterhalten werden könne. Da wurde ich wieder geschlagen, noch brutaler, und der Chef gab den Befehl, mich in das »Loch« zu stecken, um mich später nochmals zu befragen.
Das »Loch« war einer Vorratskammer eines Privathauses ähnlich: ungefähr einen Meter breit, zwei Meter lang und hoch. Ohne Fenster, ohne Belüftung. Sie brachten mich hinein, es waren schon viele drinnen und als die Wachen die Tür geschlossen hatten, sagten die anderen Gefangenen: »Mit dir sind wir 14, manches Mal waren es schon 17.« Auf irgendeine Weise schafften sie es, mir Platz zu machen, damit ich mich hinsetzen konnte. Es gab zu wenig Luft und immer wieder riefen die Gefangenen, die Wachen sollen die Tür aufmachen, damit frische Luft hereinkomme und man atmen könne. Sie machten es erst, knapp bevor wir erstickten.
Hier lernte ich Guillermo Roberto Beausire Alonso kennen, der mir erzählte, dass er am Flughafen Ezeiza in Buenos Aires am 2. November 1974 festgenommen worden war, als er dort aus Chile ankam. Während er auf seinen Flug nach England wartete, wurde er durch Lautsprecher aufgefordert, sich beim Schalter der Aerolineas Argentinas zu melden, wo er von der argentinischen Polizei festgenommen und beschuldigt wurde, ein gefährlicher Extremist zu sein. Sein Gepäck wurde durchsucht und beschädigt. Sie suchten Dokumente oder Informationen, die ihn belasten könnten, aber er hatte nichts bei sich, was die Polizei interessiert hätte. Er gab zu, der Bruder von Marie Anne Beausire zu sein, die in Chile mit Andrés Pascal Allende, dem Anführer des *MIR*, zusammenlebt. Er wurde auf eine Toilette

des Flughafens gebracht und dort fünf Tage lang gefesselt festgehalten. Dann wurde er von Agenten der *DINA* mit verbundenen Augen in ein Flugzeug gesetzt und geheim, ohne irgendwelche Formalitäten, nach Santiago geflogen und an diesem Ort, wo wir jetzt beisammen waren, eingesperrt. Natürlich wurden ihm bei der Verhaftung der englische Pass und alle Dokumente abgenommen und nicht mehr zurückgegeben. Ich glaube, dass Bill Beausire bis heute zu den *Verschwundenen* zählt, sowohl die Regierung von Augusto Pinochet als auch die damalige Regierung Argentiniens leugneten, ihn jemals festgenommen zu haben.

Ich wurde noch zwei- oder dreimal verhört. Jedes Mal verlangten sie, ich solle den oder die Namen der Personen nennen, denen ich die Liste der Fahrzeuge übergeben habe. Jedes Mal antwortete ich, ich hätte das, wessen sie mich beschuldigten, nicht gemacht, worauf sie mich immer brutal schlugen. Bei einem weiteren Verhör wurde ich Cecilia gegenübergestellt, ihre Aussage stimmte mit meiner überein. Dann brachten sie uns beide in einen Raum, in dem auch meine Frau und andere Gefangene waren. Obwohl wir alle verbundene Augen hatten und der Wachposten darauf achtete, dass wir nicht miteinander redeten, war es mir möglich, meiner Frau und Cecilia ein paar Worte zuzuflüstern.

In der Nacht des 18. November wurde ich mit meiner Frau und etwa zehn weiteren Gefangenen in das Lager *Cuatro Alamos* überstellt, wo wir getrennt und in verschiedenen Zellen untergebracht wurden. Hier erlaubte man uns, die Augenbinden abzunehmen, und wir durften auch mit den anderen Häftlingen reden. Einige waren schon mehr als drei Monate hier, ohne irgendetwas über ihre Familien oder über ihr zukünftiges Schicksal zu wissen. Mir wurde gesagt, dass sich hier auch das Lager *Tres Alamos* befindet, wo die Personen inhaftiert sind, die aufgrund des Ausnahmezustandes verhaftet worden waren. Sie hatten dasselbe durchgemacht wie wir, hatten jedoch jetzt die Möglichkeit, mit der Außenwelt in Kontakt zu treten.

Am Mittwoch, den 20. November, wurde ich gemeinsam mit meiner Frau in ein anderes Gebäude gebracht, es war die *Villa Grimaldi*. Die Wachen sagten, sie wollten es mit uns einweihen. Kurz danach kam eine andere Gruppe von Gefangenen direkt aus dem »Loch« hierher. Auch Cecilia war dabei, wir waren nun etwa zehn »Kriegsgefangene«, wie sie uns nannten. Frauen und Männer wurden in verschiedenen Räumen untergebracht. Am Freitag, den 22. November, wurde meine Frau freigelassen, ich musste bis zum 3. Dezember 1974 in der *Villa Grimaldi* bleiben, dann kam ich in das Gefängnis für politische Häftlinge, nach *Tres Alamos*.

Während des Aufenthaltes in der *Villa Grimaldi* wurde ich täglich mindestens dreimal verhört und bedroht, damit ich den Namen der Leute sage, denen ich ihrer Ansicht nach die Liste der Fahrzeuge der *DINA* übergeben habe. Während dieser Zeit waren meine Augen verbunden, Hände und Füße gefesselt. Ich wurde bei diesen Verhören auf vielfache Weise gefoltert: Ich wurde geschlagen, ich bekam Fußtritte, insbesondere liebten sie es, in die Hoden zu treten. Sie folterten mich auch durch die Methode »Submarino Seco« (trockenes U-Boot), dabei stülpten sie mir einen Plastiksack über den Kopf und banden ihn am Hals zu, um mich langsam ersticken zu lassen. Sie nahmen den Sack erst ab, als ich praktisch schon bewusstlos war. Weiters verwendeten sie Elektroschocks mit beweglichen Elektroden, die am ganzen Körper angelegt wurden. Ich bekam Schläge mit schweren Gegenständen, z. B. mit Holzprügeln. Einmal wurde ich mit einem Stock, der mit Stacheldraht umwickelt war, auf den Rücken geschlagen.

Als ich in *Tres Alamos* war, sah ich im Juni oder Juli 1975 mit Schrecken eine Liste von 119 ChilenInnen, die in Argentinien angeblich von den Genossen der eigenen Partei, des *MIR*, ermordet wurden. Auf dieser Liste war auch der Name von Cecilia Gabriela Castro Salvadores. Die chilenische Regierung stritt ab, dass irgendeine der genannten Personen von ihr festgenommen worden sei. Das ist zumindest für den Fall von Cecilia absolut falsch, wie aus der vorliegenden Erklärung zu ersehen ist. Die Regierung von Pinochet leugnete ebenfalls, ihren Mann, Juan Carlos Rodriguez Araya, festgenommen zu haben. Beide gelten seit ihrer Festnahme am 17. November 1974 um 2 Uhr früh als verschwunden. Ihre Festnahme wurde vom Agenten der *DINA* Osvaldo Romo, bekannt als »Quatón Romo«, und seiner Gruppe durchgeführt. Es waren dieselben, die auch mich und meine Frau verhaftet hatten.

Abschließend möchte ich sagen, dass ich durch ein Gesetzesdekret des Landes verwiesen wurde. Ich verließ Chile am 7. August 1975, ich wurde mit einem Polizeiauto direkt von *Tres Alamos* zum Flughafen Pudahuel gebracht und dort in ein Flugzeug gesetzt, das Ziel war Österreich.

Während meiner Haft hatte ich nicht die Möglichkeit von einem Anwalt verteidigt zu werden. Die Anträge auf *Recurso de Amparo* oder *Habeas Corpus* wurden zurückgewiesen. Eine offizielle Anklage wurde niemals gegen mich erhoben, nie wurde ein Prozess eröffnet.

Als Christ schwöre ich vor Gott, dass ich in der vorliegenden Erklärung nur die Wahrheit und nichts als die Wahrheit geschrieben habe, und ich hoffe, dass sie der Aufklärung des Verschwindens meiner Freundin Cecilia Gabriela Castro Salvadores und meines Freundes Juan Carlos Rodriguez Araya dient.

Meine Ankunft in Österreich und die Integration

Am 7. August 1975 holten mich Polizeibeamte aus dem Konzentrationslager *Tres Alamos* heraus und brachten mich zum Flughafen Pudahuel. Dort konnte ich mich wenigstens von meinen Eltern, meiner Frau Roxana und Eduardo Blanco, einem meiner besten Freunde, verabschieden. Mitarbeiter des Internationalen Komitees für Europäische Migration (*CIME*) hatten sie benachrichtigt und zum Flugplatz gebracht, damit sie sich von mir verabschieden konnten. Die Polizei gab mir einen Pass, in dem auf jeder Seite der große Stempel »Nur gültig, um das Land zu verlassen« eingetragen war. *CIME* übergab mir einige Dokumente für den Transit durch Deutschland und die Einreise nach Österreich. Dann brachte mich die Polizei direkt zu einem Flugzeug der Lufthansa und sie passten auf, dass ich bis zum Abheben des Flugzeuges an Bord blieb. Als wir in der Luft waren, kam eine Stewardess und sagte mir, der Kapitän sei über meine Situation informiert, ich solle mir keine Sorgen machen und sie würden mir, so weit wie möglich, helfen. Verständlicherweise war ich sehr nervös und aufgeregt und bat um einen doppelten Whiskey, um mich zu beruhigen. Der stieg mir nach so vielen Monaten der Abstinenz in der Gefangenschaft rasch in den Kopf, aber ich erreichte die gewünschte Wirkung. Etwa zwei Stunden später kam der Kapitän selbst zu mir und sagte, dass wir eben die Grenze überflogen hätten und bald eine Zwischenlandung in La Paz machen würden. Ich könne mich nun vollkommen frei fühlen. Damit endete für

mich der schreckliche Alptraum, der in der Nacht vom 16. zum 17. November 1974 begonnen hatte.
Wir machten weitere Zwischenlandungen in Lima und New York, bevor wir in Frankfurt ankamen, wo mich ein Mitarbeiter von *CIME* erwartete und mich rasch zu meinem Anschlussflug nach Wien brachte. Wir hatten kaum Zeit, miteinander zu reden, ich übergab ihm nur einige Dokumente, und dann verabschiedeten wir uns schon wieder.
Am 8. August 1975 kam ich in Wien an, wo mich Helmut Langschwert, ein Beamter des Innenministeriums, der für die Chileflüchtlinge in Österreich zuständig war, in Empfang nahm. Er brachte mich in ein Flüchtlingsheim bei Mödling, wo schon viele chilenische Familien im Asyl lebten. Auch René Vergara, Gregorio Mena und José Contreras, die mit mir in *Tres Alamos* gefangen und einige Tage vor mir herausgekommen waren, traf ich hier wieder. In der Direktion des Heimes musste ich meine Dokumente abgeben, auch meinen Pass, und sie fragten mich, ob ich dringend einen Arzt benötige. Ich antwortete: »Bald, aber nicht dringend«, denn ich hatte aufgrund der Folter – durch das »Telefon« – eine Verletzung in meinem rechten Ohr, an der ich nun schon mehr als neun Monate litt, und ich dachte, es werde kein Problem sein, jetzt, da ich frei bin, noch einige Tage zu warten. Sie gaben mir ein Zimmer, das ich mit einem anderen Chilenen teilen sollte, doch ich erinnere mich nicht an seinen Namen, weil er, solange ich dort war, nie im Heim geschlafen hat und, wie ich erfuhr, bald nach Frankreich ging. Mit der Hilfe von René und seiner Frau Pilar richtete ich mich ein, und sie gaben mir auch die nötigen Informationen über das Leben in diesem Haus, das nun für die nächsten neun Monate mein Zuhause sein sollte.
Natürlich kamen gleich viele meiner Landsleute, die mich begrüßten, mich kennen lernen und mir helfen wollten, darunter auch einige *Compañeros* des *MIR*, denn sie wussten, dass ich wegen meiner Hilfe für Cecilia Castro und ihren Mann Juan Carlos Rodriguez festgenommen worden war. Beide waren Mitglieder des Zentralkomitees des *MIR*. Wir waren seit vielen Jahren gute Freunde gewesen, wenn wir auch ihre Ideologie nicht teilten.
Noch am Tag meiner Ankunft nahm ich an einer politischen Versammlung teil, die für alle ChilenInnen des Flüchtlingshei-

mes offen stand. Es war meine erste große Enttäuschung, als ich feststellte, dass hier völlig andere Informationen über Chile gegeben wurden, als ich sie hatte. Besonders krass war, dass sie uns neu Angekommenen versicherten, wir sollten uns keine Sorgen machen, denn spätestens zu Weihnachten könnten wir wieder in unser Land zurückkehren. Pinochet und die Militärs müssten aufgrund des internationalen Druckes und der Neuorganisation der Linken in Chile die Macht bald abgeben und selbst flüchten, möglicherweise nach Paraguay. Schon vor der Versammlung hatte mich René informiert, dass die ChilenInnen, die schon länger hier waren, die Realität unseres Landes falsch einschätzten, doch ich solle vorläufig nichts kommentieren und besser schweigen. Ich befolgte seinen Rat. An diesem Tag legte ich mich sehr müde und mit vielen unterschiedlichen Gedanken in meinem Kopf zum Schlafen nieder. Nach fast einem Jahr konnte ich mich wieder freuen, frei zu sein, es war allerdings eine begrenzte Freiheit, weil ich nun im Exil leben musste.

Am nächsten Tag besuchte ich den Stephansdom. Ich erfüllte damit das Gelübde, dass mein erster Weg in Österreich ein Besuch in diesem Dom sein sollte und dass ich hier beten würde. Mein christlicher Glaube – ich bin ein Bewunderer von Jesus Christus, aber ein scharfer Kritiker des Vatikans – hat mir in allen schwierigen Momenten meines Lebens immer geholfen. Aber ich war enttäuscht, als ich sah, dass diese Kathedrale für den Tourismus kommerzialisiert wird, das war etwas ganz Neues für mich. Am Nachmittag hatte ich meine erste medizinische Untersuchung und es stellte sich heraus, dass mein Gehör mit einem kleinen chirurgischen Eingriff wiederhergestellt werden konnte. Um die Folgen der Folter zu überprüfen, riet mir der Arzt, mich im Krankenhaus durchuntersuchen zu lassen, zugleich könne die Operation vorgenommen werden. Er gab mir eine Einweisung und ich sollte in zwei Tagen ins Krankenhaus kommen. Diese zwei Tage nutzte ich, um die ersten notwendigen Schritte für das Nachkommen meiner Frau Roxana im Rahmen des Programms der Vereinten Nationen für Familienzusammenführung zu unternehmen. Schon in diesen Tagen lernte ich den Großteil der ChilenInnen kennen, die im Heim wohnten. Viele von ihnen waren im Dezember 1973 angekommen und fast alle hatten schon Arbeit.

.....

Im Krankenhaus wurde ich ausgezeichnet betreut und nach vier Tagen war ich beruhigt, denn nun wusste ich, dass mir nichts Ernsthaftes fehlte. Mein Gehör war wieder in Ordnung, ich musste nur auf meinen Magen achten, weil ich eine starke Gastritis hatte, die sicherlich durch die schweren nervlichen Belastungen, die ich im vergangenen Jahr hatte ertragen müssen, verursacht war. Durch meine guten Englischkenntnisse konnte ich mich mit den Ärzten relativ gut verständigen, aber ich musste erkennen, dass ich mit meiner Muttersprache wie ein Taubstummer bin: Niemand versteht, was ich sage, und ich verstehe nicht, was die anderen zu mir sagen. Ich nahm mir daher vor, so schnell wie möglich Deutsch zu lernen.
Meine Frau kam fast genau einen Monat nach mir nach Österreich. Ich hatte diese Zeit genützt, um eifrig die neue Sprache zu lernen und mich psychisch und physisch zu erholen. Ich unterhielt mich viel mit René, der mein bester Freund wurde, und ich traf mit Mitgliedern des *MIR* zusammen, hauptsächlich um ihnen über die politische Situation in Chile zu berichten. Ich sagte, ich sei sicher, dass wir vor zehn Jahren nicht in unser Land zurückkehren können und dass die Lage in Chile, wie wir, die eben aus der Gefangenschaft Entlassenen, sie kennen, völlig anders ist, als sie hier beschrieben wird. Wir hatten unsere Informationen von den neuen politischen Gefangenen, die täglich in *Tres Alamos* eingeliefert wurden. Ich vertrat die Meinung, dass wir uns jetzt hier in diese Gesellschaft so gut wie möglich integrieren sollen und uns bemühen müssen, die besten Möglichkeiten zu suchen, um unseren Leuten in Chile helfen zu können.
In dieser Zeit gab es eine unglaublich starke Solidaritätsbewegung mit Chile, die besonders von den Organisationen der SPÖ, der KPÖ und weiter links stehenden Gruppen getragen wurde. Regelmäßig wurden Solidaritätsveranstaltungen durchgeführt, an denen ich fast immer teilnahm, und oft wirkte ich mit Gesang und Gitarre mit. Zwischen den Liedern konnte ich auch manches erzählen, was natürlich übersetzt werden musste.
Als meine Frau ankam, hatte ich mich schon recht gut erholt. Ich hatte einige Kilo zugenommen, ging fast jeden Tag laufen und machte Gymnastik. Im Heim bekam ich ein größeres Zimmer und ich versuchte, es mit meinen beschränkten Mitteln möglichst schön herzurichten, damit sich Roxana einiger-

maßen wohl fühlt. Es war mir klar, dass trotz der Freude, dass wir wieder zusammenleben können, die Zeit kommen würde, wo sie den Rückhalt unserer Familie und aller FreundInnen schmerzlich vermissen wird.
Es gab für alle Interessierten einen Deutschkurs im Haus. Wir nahmen mit großem Eifer daran teil, aber wir erkannten bald, dass diese Sprache für uns Lateinamerikaner sehr schwer zu erlernen ist. Die Kurse, die gar nicht schlecht waren, wurden nach und nach von immer weniger ChilenInnen besucht, was mich ärgerte. Ich weiß nicht, warum sie fernblieben. Am Schluss nahmen praktisch nur mehr René, Pilar, Roxana und ich am Kurs teil, was verständlicherweise dazu führte, dass das Innenministerium keine weiteren Kurse mehr organisierte.
Nach mir waren etwa 15 weitere *Compañeros* aus den Gefängnissen Pinochets hier angekommen. Es wurde uns ein Kurs zum Erlernen des Bogenschweißens angeboten. Die relativ gute Bezahlung dieser Arbeit und die geringen Sprachkenntnisse, die dafür notwendig sind, sprachen für dieses Angebot. Beim Kurs selbst sollte uns Helmut Langschwert sprachlich aushelfen. Alle aus dieser Gruppe haben das Angebot angenommen und den Kurs positiv abgeschlossen. Für mich war das nicht schwer, denn zu meiner Mechanikerausbildung in Chile hatten 180 Stunden Schweißen gehört, und mit diesem Vorteil war ich der Beste in der Gruppe. Helmut vermittelte uns allen einen Arbeitsplatz. René und ich kamen zu Simmering-Graz-Pauker (SGP), wo wir gut aufgenommen wurden. Langschwert erzählte unsere Geschichte und übersetzte unsere Fragen. Dann mussten wir zur Probe einige Schweißarbeiten machen, wobei sie uns sehr behilflich waren. Wir waren dem Meister offensichtlich sympathisch und er nahm uns auf. Am 3. November 1975 begannen wir in diesem Betrieb zu arbeiten.
Zu diesem Zeitpunkt hatte ich schon über die Österreicher gelernt. Das vielleicht Wichtigste war, dass der Großteil der Österreicher Ausländer völlig anders behandelt, als es bei uns in Chile üblich ist. Jemand sagte mir einmal: »Man braucht die Haut der Österreicher nur ein wenig aufkratzen, und schon kommt das Braune hervor.« Bis heute denke ich, dass er Recht hatte, besonders, wenn man an die Regierung denkt, die wir jetzt haben. Ich lernte Sachen, die mir halfen, zum Beispiel zu sagen, dass ich Chilene bzw. Lateinamerikaner bin, um mich

von den Gastarbeitern zu unterscheiden, die vor allem aus der Türkei oder aus Jugoslawien kamen und im Allgemeinen nicht gut behandelt werden. Ich ging immer mit einem Fotoapparat aus, um wie ein Tourist auszusehen, wodurch ich viel besser behandelt wurde. Natürlich gab es auch viele Menschen, die uns halfen und korrekt mit uns umgingen, aber leider sind sie nicht in der Mehrheit. Insgesamt hat man in Österreich den Eindruck, dass AusländerInnen, sofern sie nicht aus Deutschland, Westeuropa oder den USA kommen, als minderwertig angesehen werden.

In der Fabrik wurden wir von Anfang an gut behandelt, wir waren für die Kollegen etwas Neues und Exotisches. Damals kannte man keine Spanisch sprechenden Flüchtlinge, auf jeden Fall keine, die aus Südamerika stammten. Die Tatsache, dass wir direkt aus einem Konzentrationslager kamen, verlieh uns bei unseren Kollegen einen Status, der sich von dem der anderen AusländerInnen deutlich unterschied.

Die Sprachprobleme waren enorm, aber wir hatten das Glück, einen Kollegen zu haben, der Spanisch sprach. Es war Paul Halber, der nicht nur unsere Sprache, sondern auch unsere Situation gut verstand, denn er hatte mehr als zehn Jahre als Flüchtling in der Dominikanischen Republik gelebt. Er war Jude und konnte Österreich verlassen, bevor ihn die Nazis gefangen nahmen. Leider war er der Einzige seiner Familie, dem das gelang, seine Eltern und seine Geschwister starben in den Gaskammern der Konzentrationslager Hitlers. Paul war fast wie ein Vater für uns. Er versuchte, uns in allem zu helfen, insbesondere beim Übersetzen. Im ersten Monat schenkte er uns auch Zigaretten, da er annahm, dass wir dafür kein Geld hatten. Wir wurden mit der Zeit sehr gute Freunde und obwohl er sehr viel mitgemacht hatte, war er ein fröhlicher und solidarischer Mensch. Nach einigen Jahren ging er in Pension, aber wir blieben in Kontakt. 1998 starb er nach einer langen Krankheit, das war ein schmerzlicher Verlust für mich.

In dieser Zeit, als ich mit der Arbeit in der Fabrik begann, erwartete meine Frau Roxana unser erstes Kind. Das erscheint fast etwas unverantwortlich, da unsere Zukunft noch recht unsicher war, aber wir hatten schon so lange darauf gewartet, dass unsere Familie wächst. Roxana war deswegen in Chile in medizinischer Behandlung gewesen, die knapp vor unserer Verhaf-

tung zu Ende gegangen war. Als wir uns in Österreich endlich wieder trafen, beschlossen wir, nichts zu tun, um eine Schwangerschaft zu verhindern, wissend, dass es schwer sein würde mit einem Kind, aber auch, dass unsere Freude sehr groß sein wird. Das Wissen, dass ich Vater werde, gab mir viel Kraft und Motivation, ich strengte mich sehr an, voranzukommen. Das Schweißen ging mir gut von der Hand und wenn es auch eine schwere Arbeit ist, so fand ich sie doch interessant, sie gefiel mir. Nach und nach wurde mein Meister auf mich aufmerksam und teilte mir immer schwierigere Aufgaben zu, die ich im Allgemeinen ohne Probleme lösen konnte. Ich begriff, dass ein guter Schweißer eine jahrelange Praxis und Erfahrung braucht, und ich entschied mich, diesen neuen Beruf gründlich zu erlernen und zumindest so lange in der Firma zu bleiben, bis ich die Sprache wirklich beherrschte. Denn ohne gute Deutschkenntnisse wäre es unmöglich, eine ähnliche Arbeit auszuüben, wie ich sie in Chile hatte.
Zugleich mit meinem Arbeitsbeginn in dieser Firma erlebte ich den ersten Winter in Österreich. Das war für uns aus Santiago etwas ganz Neues. Ich finde es schön, wenn der Schnee tagelang alles bedeckt, ganz anders als bei uns, wo ganz selten Schnee fällt und, wenn wir Glück haben, einige Stunden liegen bleibt. Außer, wir steigen auf die Berge hinauf. Wenn auch die Temperaturen viel tiefer sind als bei uns, so herrscht hier eine andere, eine durchaus erträgliche Kälte, vorausgesetzt, man hat die entsprechende Kleidung. Zum ersten Mal erlebten wir »weiße Weihnachten«. Wir hatten widersprüchliche Gefühle: einerseits die Sehnsucht nach unseren so weit entfernten Familien und andererseits die Freude und Hoffnung auf unser kommendes Kind.
Meine Freundschaft mit René wurde immer enger. Wir unterstützten uns gegenseitig bei der Arbeit in der Fabrik, auch er machte große Fortschritte als Schweißer. Aber seine physische Konstitution war den Anforderungen nicht gewachsen, vor allem, wenn er schwere Lasten heben oder bewegen sollte. Die tägliche Fahrt von Mödling nach Floridsdorf bot uns viel Zeit zum Reden und alles zu bedenken, was uns durch den Kopf ging. Wir verstanden uns sehr gut, das machte uns vieles leichter, und da auch unsere Frauen gute Freundinnen waren, waren wir fast immer zusammen. Als René verhaftet worden war, war

er im fünften Jahre seines Studiums als Bergbauingenieur an der Universität von Concepción. Er hatte natürlich den Wunsch, dieses Studium abzuschließen, und entschloss sich daher nach sechs Monaten, die Arbeit in der Fabrik aufzugeben und sich auf das Deutschstudium zu konzentrieren, um hier auf die Universität gehen zu können, was ihm auch noch im selben Jahr gelang.

Im April 1976 wies mir das Innenministerium eine Wohnung im 11. Wiener Bezirk zu, in einem Viertel, das die Chilenen *Macondo* nennen. Die Wohnung verfügte über alles Notwendige und obwohl sie klein war, hatten wir nun die lang ersehnte private Atmosphäre. Wir fühlten uns wohl und zufrieden und wir waren dankbar. Aber *Macondo* ist wirklich ein Ghetto, wo das Ministerium Flüchtlinge aus Ungarn, zum Teil problematische Fälle, konzentrierte. Als wir hinkamen, lebten dort außer den Ungarn auch chilenische und vietnamesische Familien. Da wir die Situation nicht kannten, störte es uns am Anfang nicht, an diesem Ort zu wohnen, doch mit der Zeit erkannten wir, dass wir in einem Gebäude leben, in dem die Mehrzahl der ungarischen Mitbewohner Leute waren, die man nur als asozial bezeichnen kann. Fast alle waren Trinker und lebten von der Notstandshilfe und der Schwarzarbeit und zwangen ihre eigenen Töchter zur Prostitution. Da es unter ihnen oft Streit gab, kam die Polizei häufig in unser Wohnhaus. Trotzdem gelang es uns, uns in dieser Situation irgendwie zurechtzufinden und ein normales Leben zu führen und jene Kontakte zu haben, die wir uns selbst suchten.

Vielleicht ist es für manche fast notwendig, in so einem Ghetto zu leben, aber ich glaube heute, dass diese Wohnsituation für die meisten ein großes Hindernis bei der Integration in die österreichische Gesellschaft war. Dadurch entstehen häufig Frustrationen. Bedauerlicherweise bemerken viele das gar nicht. Erst dann, wenn sie woanders hinziehen, verstehen sie das Problem. Den Beweis dafür sehe ich in der Tatsache, dass ich niemanden kenne, der wieder nach *Macondo* zurückging, wenn er es einmal verlassen hatte.

In der Fabrik gab es in dieser Zeit viel Arbeit, und ich hatte die Möglichkeit durch Überstunden mehr zu verdienen, was unsere Situation verbesserte. Wir konnten das kaufen, was notwendig war, und uns ab und zu auch einen besonderen Wunsch erfüllen. Ich machte Fortschritte in den für meine Arbeit notwendigen Fertigkeiten, aber durch die Verständigungsschwierigkeiten war ich öfters frustriert. Es ist für uns sehr schwer, Deutsch zu lernen. Ich konnte das nicht ausdrücken, was ich sagen wollte, und ich verstand auch nur einen kleinen Teil dessen, was man mir erzählte. Dennoch hatte ich nun schon viel mehr Kontakt mit meinen Kollegen und einige waren sogar daran interessiert, meine Situation kennen zu lernen, und wollten wissen, was in Chile geschieht. Freilich muss ich sagen, die große Mehrheit wusste gar nicht, wo Chile liegt und welche Sprache dort gesprochen wird.

Am 30. Juni 1976 wurde Giannito geboren. Unsere Freude war riesengroß. Er war ein gesundes und schönes Baby, das sich ohne Probleme entwickelte. Mit der Hilfe und den Ratschlägen anderer Chileninnen, die schon Mütter waren, begannen wir die Erfahrung der Elternschaft. Unsere Familien fehlten uns jetzt besonders, da Probleme auftauchten, mit denen wir bisher noch nie zu tun gehabt hatten. Es gab keine Mutter oder Schwiegermutter, um sie zu fragen, was in einer ganz bestimmten Situation zu tun sei. Aber wir machten nun unsere eigenen Erfahrungen und bald normalisierte sich unser Leben wieder. Im Oktober kamen meine Großmutter und meine Mutter, um das neue Enkel- bzw. Urenkelkind kennen zu lernen. Mit meinen lieben Angehörigen an unserer Seite fühlte ich mich wie im Himmel. Wir besuchten in Wien und Umgebung alles, was nur irgendwie möglich war. Dieser Besuch ließ mich aufatmen, weil wir viel miteinander redeten und ich so alles von meiner Familie in Chile erfuhr. Die beiden Frauen wollten das Kind gar nicht mehr aus der Hand geben, das war ja zu erwarten gewesen. Sie verwöhnten es, so viel sie nur konnten, und erleichterten uns dadurch unsere Aufgaben. So hatten wir auch einige Male die Möglichkeit, allein auszugehen. Sie blieben fast zwei Monate bei uns und wir nützten diese Zeit voll und ganz.

Gegen Jahresende kamen Manuel Morales, Manque genannt, und Josef Pernerstorfer, zu dem wir Seppi sagten, mit dem Vorschlag zu mir, mich einer Musikgruppe, die sie eben gegründet hatten, anzuschließen. Ich trug mich damals mit dem Gedanken, ein Konzert für *Violeta Parra* vorzubereiten, und da sie ähnliche Absichten hatten, überlegte ich nicht zweimal und schloss mich der Gruppe Ranquil[1] an. Wir machten Musik, um die Solidarität mit Chile zu unterstützen. Wir beschlossen, von allen Organisationen und politischen Parteien der Chilenen in Österreich unabhängig zu bleiben, damit wir mit allen zusammenarbeiten können und niemand über uns bestimmen kann. Wir wollten mit den unheilvollen Spaltungstendenzen, die es unter den ChilenInnen gab, nichts zu tun haben, sondern für die Einheit arbeiten. Auch heute noch kann ich es kaum glauben, dass wir dadurch viele Schwierigkeiten bekamen, einige versuchten sogar unsere Gruppe unter ihre Kontrolle zu bekommen, was ihnen aber nicht gelang. Sie wurden unsere Gegner, sie boykottierten unsere Auftritte und versuchten unsere Gruppe auseinander zu bringen. Aber die Entwicklung gab uns Recht, nach einigen Jahren wurde unsere Arbeit überall anerkannt. Ich bin stolz darauf, was wir erreicht haben, wir hatten zahlreiche Auftritte in ganz Österreich, auch in vielen kleinen Orten. Zwischen den Liedern, die wir vortrugen, berichteten wir über die Situation in Chile, über den Militärputsch, den Geheimdienst *DINA*, die *Verschwundenen* und vieles mehr. Heute noch singe ich in der Gruppe Guayacán[2], das ist eine Art Fortsetzung von Ranquil.

Kurz vor Weihnachten 1980, am 14. Dezember, kam unser zweiter Sohn zur Welt: Claudito. Er war rund und gesund, hat grüne Augen und macht uns ebenso glücklich wie sein Bruder. Nun hatten wir schon mehr Erfahrung, alles war viel leichter als beim ersten Kind. Obwohl Roxana nicht arbeiten ging, schickten wir Giannito schon mit einem Jahr in den Kindergarten, damit er die Sprache lernt und dann später in der Schule keine Probleme hat. Dasselbe machten wir mit seinem Bruder, denn zu Hause redeten wir natürlich nur Spanisch. Ebenso mit unseren Freunden in *Macondo*.

Nach fünf Jahren machte ich die Facharbeiterprüfung für Schweißer, ich durfte nun auch Turbinen und Kessel schweißen, ebenso verschiedene Sorten Stahl mit hohen Legierungen. Obwohl ich schon mehrere Deutschkurse besucht hatte, waren

1 Ranquil: chilenisch-österreichische Musikgruppe in Wien, das Wort kommt aus der Sprache der *Mapuches* und heißt Freiheit

2 Guayacán: chilenische Musikgruppe in Wien, Name eines Baumes im Norden Chiles, der sich durch sein hartes Holz auszeichnet

und sind meine Sprachprobleme immer noch gravierend. Trotzdem konnte ich in der Firma beruflich vorankommen, aber ich fühle, dass die Sprachbarriere mich hindert, mich so zu entwickeln, wie ich es mir vorstelle. Oft kann ich mich nicht klar ausdrücken und ich habe den Eindruck, dass ich das, was ich denke, nicht exakt vermitteln kann. Das hat zur Folge, dass meine Argumente von den anderen nicht ernst genommen werden. Zum Glück kennen meine Chefs diese Situation, sie haben viel Erfahrung in der Arbeit mit Ausländern und außerdem spreche ich doch besser als die meisten Ausländer.

1981 schlug der Betriebsingenieur vor, mich darauf vorzubereiten, Werkmeister zu werden. Wir hatten ein neues Projekt, wir sollten die Karosserie für Panzer konstruieren, die dann von der Firma Steyr-Daimler-Puch für das österreichische Bundesheer fertig gestellt werden sollten. Da für die dabei zu entwickelnde Technologie eine Geheimhaltung vorgesehen war, verlangte das Verteidigungsministerium, dass alle, die an der Entwicklung des Projektes arbeiten, österreichische Staatsbürger sind. Ich dachte, der Besitz des österreichischen Passes wird nichts daran ändern, dass ich im Herzen Chilene bin, aber die Staatsbürgerschaft unseres Gastlandes bringt Vorteile für mich und meine Familie. Außerdem verlangte niemand, dass ich meine chilenische Staatsbürgerschaft zurücklege, und so bekamen wir alle durch die Unterstützung der Betriebsleitung in kurzer Zeit die österreichische Staatsbürgerschaft.

Nach acht Monaten Entwicklungsarbeit und Experimentieren gelang es uns gemeinsam mit dem Ingenieur für Schweißtechnik eine Karosserie herzustellen, die allen vorgeschriebenen Tests entsprach. Meine nächste Aufgabe war es, Schweißer für das Projekt auszubilden, und ich wurde mit der Leitung dieser Gruppe beauftragt. Diese Abteilung arbeitete etwa acht Jahre lang, dann beschloss die Firma, sich exklusiv dem Bau von thermischen Kraftwerken großer Dimensionen zu widmen. Der nächste Schritt meiner Laufbahn bei SGP war die Qualitätskontrolle. Dafür musste ich mehrere Kurse absolvieren, um die verschiedenen Techniken wie Röntgen, Ultraschall, Normalisierung des Materials etc. zu erlernen.

1983 bekam ich von der Gemeinde Wien im 21. Bezirk, ganz nahe bei meinem Arbeitsplatz, eine Wohnung zugewiesen. Sie war neu und schön und hatte alle modernen Einrichtungen.

.....

Am Dach des Gebäudes befindet sich sogar ein Schwimmbad. Natürlich nahm ich die Wohnung sofort an und wir zogen um, die Wohnung in *Macondo* war mit den zwei Kindern ohnehin schon viel zu klein.

Mitte 1984 verließ mich Roxana, wir wurden geschieden, die zwei Kinder blieben bei mir. Das war eine der schlimmsten Situationen, die ich erlebte, aber mit der Hilfe vieler österreichischer und chilenischer Freunde und Freundinnen konnte ich sie bewältigen. Ich werde Pilar und René Vergara, Carmen und Jorge Fuentes, Carmen und Manuel Morales, Patty und Quico Délano, meiner Schwägerin Lina, meinem Chef Erhard Olejsowsky, aber vor allem meinem Schwager Alexis, der aus Graz zu mir kam, mit mir lebte, um mir mit den Kindern zu helfen, und meinem heutigen Schwager Johann Lausch (Hansi) dafür immer dankbar sein. Ihnen und noch vielen anderen, die mir geholfen haben, möchte ich meine ständige Dankbarkeit ausdrücken.

Gegen Jahresende lernte ich die jüngere Schwester von Hansi kennen, Maria. Es war Liebe auf den ersten Blick und schon nach wenigen Tagen begann eine schwierige Beziehung. Schwierig, weil wir zwei unterschiedlichen Kulturen angehören, weil ich zwei Kinder bei mir habe, für die zu sorgen ist, und weil ein Altersunterschied von fast 18 Jahren besteht. Wie zu erwarten war, gab es viele Krisen und schmerzliche Trennungen, aber mit der Zeit fanden wir wirklich zusammen und wir heirateten am 19. Oktober 1990. Jorgito kam am 11. Oktober 1991 zur Welt, Camilito am 5. Oktober 1993. Beide sind für uns eine große Freude, beide sind gesund und schön wie ihre großen Brüder.

Ich glaube, dass sich durch meine Kinder und die Ehe mit Maria mein Integrationsprozess in diesem Land sehr vertieft hat, denn nun habe ich auch eine österreichische Verwandtschaft, die mich mit viel Liebe aufgenommen hat. Die Freunde und Freundinnen meiner Frau sind nun auch meine Freunde und Freundinnen geworden. Und meine Freunde und Freundinnen wurden auch die ihren und meine österreichische Frau hat eine chilenische Verwandtschaft bekommen. Ich habe mir einen Teil der Kultur dieses Landes zu Eigen gemacht, ja ich empfinde sie schon als die meine. Ein Beweis dafür ist, dass ich jedes Mal, wenn ich im Ausland

bin, mich freue, hierher zurückzukommen, und ich mich hier geborgen fühle.
Ich lernte dieses schöne Österreich lieben und ich bin diesem Land dankbar, dass ich hier mein Leben neu gestalten konnte.
Um mich besser verständlich zu machen, möchte ich mit einem Beispiel abschließen, das einmal mein Freund Jorge Fuentes in einem Gespräch mit ÖsterreicherInnen erwähnte: »Kurz nach unserer Ankunft in Österreich gab es in Spanien die Fußballweltmeisterschaft. Wir hatten natürlich den Wunsch, dass Chile gegen Österreich gewinnt, alles andere hätte uns nicht zufrieden gestellt. 22 Jahre später spielten diese beiden Länder bei der Weltmeisterschaft in Frankreich wieder gegeneinander. Auch diesmal wünschten wir uns, dass Chile gewinnt, aber das Unentschieden erfüllte uns mit einer größeren Freude, als es ein Sieg Chiles vermocht hätte.«

Sigrun Berger / Herbert Berger

Die chilenischen Flüchtlinge in Österreich

In diesem Kapitel soll versucht werden, eine Übersicht über die Flüchtlingsbewegung von Chile nach Österreich zu geben, also den allgemeinen Hintergrund der Einzelschicksale zu skizzieren. In den Berichten kommt immer wieder zum Ausdruck, dass die Betroffenen trotz der Gefahren der Verfolgung Chile nicht verlassen wollten. Einerseits aufgrund der starken gefühlsmäßigen Bindung an die Heimat, andererseits, weil viele den Kampf gegen die Diktatur in Chile selbst in irgendeiner Form fortführen wollten. Viele Männer und Frauen haben die Verfolgung oder ihr Engagement im Widerstand nicht überlebt. Auch an diese ist zu denken, wenn wir die Berichte jener lesen, die schließlich den Weg ins Exil gingen, das alle als schweres Schicksal empfinden.

1. Wege ins Exil

Die Wege ins Exil waren sehr unterschiedlich, dennoch kann man drei große Flüchtlingsströme unterscheiden. Da gab es einmal diejenigen, die in den ersten Wochen in den ausländischen Botschaften Santiagos Zuflucht suchten und dann nach und nach ausreisen konnten. Weiters flohen viele Verfolgte in andere lateinamerikanische Länder, vor allem nach Argentinien. Da aber in Argentinien die Militärs ebenfalls putschten, mussten die meisten der Verfolgung durch das Ansuchen, in einem europäischen Land aufgenommen zu werden, ausweichen. Die dritte Gruppe sind jene, die direkt aus den Gefängnissen oder Konzentrationslagern Chiles ins Exil gehen mussten. Auch für die meisten chilenischen Flüchtlinge, die nach Österreich kamen, trifft diese Einteilung zu, aber es gab auch noch andere schwierige Wege bis zu uns.

Asyl in der Botschaft

Lateinamerikas Staaten gewähren seit jeher in ihren Botschaften politisch Verfolgten Asyl. Wenige Tage nach dem Putsch waren die lateinamerikanischen Botschaften Santiagos total überfüllt, Tausende Menschen drängten sich in den Gärten

und Höfen ihrer Gebäude. Nach und nach nahmen auch die europäischen Vertretungsbehörden Asylsuchende auf, nur der österreichische Botschafter Hobel weigerte sich, gefährdeten Personen Schutz zu gewähren, obwohl die österreichische Bundesregierung unter Bundeskanzler Dr. Bruno Kreisky beschlossen hatte, die Botschaft für politisch Verfolgte zu öffnen. Hobel begründete seine Haltung uns persönlich gegenüber mit seiner Meinung, dass alle, die von den Militärs verfolgt werden, Verbrecher seien, und er kein Gefängniswärter sei. Erst durch mehrmalige Telefonate, die wir mit dem damaligen Außenminister Dr. Rudolf Kirchschläger führten, änderte sich die Situation. Minister Kirchschläger entsandte Dr. Paul Leifer nach Santiago, um das Problem zu lösen. Da sich Botschafter Hobel auch ihm gegenüber weigerte, den Beschluss der Regierung auszuführen, wurde er abgelöst und Dr. Leifer als Geschäftsträger eingesetzt. Erst jetzt – seit dem Putsch waren bereits vier Wochen vergangen – konnten Asylsuchende auch in der Residenz der österreichischen Botschaft Zuflucht finden, soweit dies angesichts der Kontrollen und Absperrungen von Polizei und Militär überhaupt noch möglich war.
Der Großteil derer, die sich in die österreichische Botschaft geflüchtet hatten, kam Ende 1973 und Anfang 1974 nach Wien. Dr. Leifer konnte nur nach und nach bei den Militärbehörden die Ausreisegenehmigungen erwirken. *ICEM* (Intergovernmental Commitee for European Migration) übernahm die Flugkosten. In Wien wurden die Flüchtlinge zunächst im Afritsch-Heim der Kinderfreunde am Hörndlwald in Lainz, in einem nahe gelegenen Hotel, im Kolpinghaus in Favoriten und in einem Haus der YMCA (Young Men's Christian Association) in der Kenyongasse untergebracht. Anfang 1974 mussten alle in das Flüchtlingsheim des Innenministeriums in der Vorderbrühl bei Mödling übersiedeln, wodurch die Möglichkeiten des sozialen Kontaktes nach außen sehr eingeschränkt wurden. Die Familienzusammenführung, ebenfalls durch *ICEM* organisiert, begann in etwa ab diesem Zeitpunkt. Es dauerte zumindest Monate, manchmal bis zu einem Jahr, bis die Familien wieder vereint waren.

Zwischenstation Argentinien

Viele Chilenen und Chileninnen versuchten der Verfolgung durch die Flucht nach Argentinien zu entgehen. Nur wenige konnten legal ausreisen, meistens mussten sie den schwierigen

Weg über die Anden antreten, was nur weit im Süden zu bewältigen ist, weil dort das Gebirge nicht mehr so hoch ist. Sie meinten, die Situation in Chile würde sich bald ändern, dann könnten sie aus dem Nachbarland wieder in ihre Heimat zurück. Doch die Diktatur in Chile stabilisierte sich und als 1976 in Argentinien die Militärs die Macht ergriffen, waren sie auch in diesem Land ihres Lebens nicht mehr sicher. Alle Linken, ob In- oder Ausländer, wurden brutal verfolgt. In dieser Situation richteten sich ihre Hoffnungen auf Europa und Nordamerika, doch es dauerte oft unerträglich lang, bis das ersehnte Visum eintraf.

Aus den Lagern

Eine dritte große Welle von Flüchtlingen aus Chile setzte ein, als die *Militärjunta* ab 1975 aufgrund der Vermittlung der Vereinten Nationen und des Drucks der internationalen Solidarität zusagte, politische Gefangene aus den Konzentrationslagern zu entlassen, wenn irgendein Land bereit war, sie aufzunehmen. Auch die österreichische Regierung stellte immer wieder persönliche Visa für einzelne Gefangene aus. Wir wussten aus verschiedenen Berichten, wie die Menschen in den Lagern der *Militärjunta* behandelt wurden, aber die neu Angekommenen machten bestenfalls Andeutungen über ihren Leidensweg. Sie wurden vom Flugplatz Schwechat meistens direkt in das Flüchtlingslager Traiskirchen gebracht, was für diese Menschen ein weiterer Schock war. In diesen grauen, alten Kasernenbauten, mit Bewachung durch die Gendarmerie und mit hohen Mauern umgeben, fühlten sie sich wieder wie in Gefangenschaft, nicht nur für die Dauer der Quarantäne, der sie sich in den ersten Tagen oder Wochen unterziehen mussten. Manche kamen in das Flüchtlingsheim nach Reichenau an der Rax, wo sie zwar eine freundlichere Umgebung hatten, aber total isoliert waren.

Einzelne Personen kamen auch noch in den nächsten Jahren und auf anderen Wegen. Noch 1987 bemühten wir uns z. B. um ein Einreisevisum für einen politisch verfolgten Chilenen. Ab Ende der Siebzigerjahre kamen auch Chilenen und Chileninnen nach Österreich, die in ihrer Heimat keinerlei wirtschaftliche Perspektive sahen und gezwungen waren, sich in der Fremde eine neue Existenz aufzubauen. Diese Gruppe wurde aber von uns für die vorliegende Arbeit nicht kontaktiert.

Guillermo Bown, ein Chile-Flüchtling der ersten Stunde, veröffentlichte 1987 eine Studie[1] über das chilenische Exil, in der er folgende Zahlen nennt: Laut Angaben des Bundesministeriums für Inneres wurde bis März 1986 576 chilenischen Familienvorständen politisches Asyl gewährt. Die Angehörigen mitgerechnet, kann man annehmen, dass die gesamte Gruppe etwa 1.500 Personen umfasste. Andere europäische Länder haben eine weitaus größere Anzahl von chilenischen Flüchtlingen aufgenommen, der Großteil aber der auf eine Million geschätzten Chilenen, die aus politischen oder wirtschaftlichen Gründen nach dem Putsch zumindest für einige Zeit ihr Land verließen, ging in andere Länder Lateinamerikas.

2. Die Betreuung

Das Bundesministerium für Inneres war die für die Betreuung zuständige Behörde. Leider hatte das Innenministerium kein erkennbares Konzept für die Flüchtlinge aus Chile, und die meisten Beamten zeigten auch kaum ein Verständnis für ihre Lage. Das Ministerium sorgte für ein Dach über dem Kopf, für das tägliche Essen im Lager, gab einen einmaligen Gutschein aus für die dringendst notwendige Bekleidung und gewährte ein kleines Taschengeld. Das war aber auch schon fast alles. Das Ministerium fühlte sich für die Sicherheitsüberprüfung der Flüchtlinge, die durch polizeiliche Verhöre erfolgte, und ihre Verwahrung zuständig, nicht aber für eine Behandlung, wie sie Menschen gebraucht hätten, die Verfolgung, Gefängnis und sogar Folter hinter sich hatten und durch das alles traumatisiert nun in eine ihnen völlig fremde Umgebung gekommen waren. Die Beamten waren nicht im Geringsten auf die hier gestellte Aufgabe vorbereitet. Das Ministerium weigerte sich, sprachkundige Sozialarbeiterinnen einzusetzen, es meinte schon großzügig zu sein, weil es einen einzigen Beamten für die Arbeit mit den Flüchtlingen abgestellt hatte. Dieser Beamte war für alles zuständig: dolmetschen, Arbeit vermitteln, Konflikte regeln, Sprachkurse organisieren, Ansprech- und Auskunftsperson für alle großen und kleinen Sorgen.

1 Guillermo Bown: Das chilenische Exil in Österreich 1973–1987, hektographiert, Wien 1987

Die Kritik an der Betreuung kommt in fast allen Berichten zum Ausdruck, sie konzentriert sich auf zwei Punkte: Erstens, dass bei der Ankunft am Flughafen niemand da war, der sie in ihrer Sprache informiert hätte, was nun mit ihnen geschehen werde, und zweitens wird das Lagersystem Traiskirchens als grauenhaft erlebt. Beides wäre nicht notwendig gewesen.
Die zuständigen Behörden meinten vielfach, Österreich sei doch ein Vorbild in der Asylpolitik, weil hier viele Flüchtlinge aus Osteuropa aufgenommen wurden, und es bräuchte daher keine weiteren Anstrengungen, als das zu tun, was schon immer gemacht wurde. Dabei wurde übersehen, dass die Menschen aus Osteuropa unter anderen Voraussetzungen hierher kamen als die Flüchtlinge aus Lateinamerika. Diese hatten es aus zwei Gründen schwerer. Erstens mussten sie sich mit dem in Österreich weit verbreiteten Antikommunismus auseinander setzen, der die Ostflüchtlinge, zumindest solange es den Eisernen Vorhang gab, begünstigte. In der österreichischen bürgerlichen Presse herrschte anfänglich Jubel über den Sturz Allendes, eine Haltung, die viele konservativ eingestellte Beamte und vielleicht auch die Mehrheit der Bevölkerung teilten. Anhänger Allendes wurden von diesen Gruppen mit großer Reserviertheit betrachtet.
Zweitens gibt es einen großen Unterschied in der zu überwindenden kulturellen Distanz. Menschen aus Osteuropa ist Österreich ein relativ genauer Begriff, manche kamen aus Ländern, die vor wenigen Jahrzehnten noch zur österreichisch-ungarischen Monarchie gehört hatten. Deutsch ist heute noch in vielen dieser Länder eine Sprache, die nicht wenige relativ gut beherrschen. Die Chilenen hingegen wussten praktisch nichts über Österreich, kaum wo es liegt, so wie Österreicher nicht wussten, wo Chile ist. Im mitteleuropäischen Raum gibt es gemeinsame kulturelle Ausdrucksformen und Lebensweisen so wie eben auch in Lateinamerika. Für Lateinamerikaner ist unsere eher kühle, sachliche und kurz angebundene Form des Umgangs schockierend und wird sehr rasch als Rassismus interpretiert, den es daneben sowieso gibt. Auch die höheren Beamten des Innenministeriums wussten kaum etwas über die politische und soziale Entwicklung Lateinamerikas. Einer von ihnen meinte einmal, es wäre doch nahe liegend, dass die Chilenen nach Brasilien gingen, sie würden damit in ihrer lateinamerika-

nischen Umwelt bleiben, nicht wissend, dass zu dieser Zeit in Brasilien ebenfalls eine grausame Militärdiktatur herrschte.

Wie groß die Kluft zwischen den Beamten und den Flüchtlingen war, mögen zwei Zitate aufzeigen. John Patillo-Hess, ein Philosoph, der nach Österreich flüchten musste, veröffentlichte 1986 eine Broschüre, die auch Erwartungen und Enttäuschungen chilenischer Flüchtlinge in Österreich thematisiert. Darin heißt es:[1]

»Wir rechneten damit, am Ende der Reise, wenn schon nicht in einer Wohnung, doch in einem Hotel untergebracht zu werden; wir erwarteten nicht gerade eine Begrüßung durch einen Minister, aber doch durch einen Vertreter der verantwortlichen österreichischen Behörden, sowie einen menschenwürdigen Empfang, den wir als Zeichen für eine neue Existenz in Würde und Freiheit werten konnten. Ganz im Gegensatz dazu wurden wir vom Flughafen direkt in die Flüchtlingslager gebracht – die meisten von uns nach Traiskirchen. Die Chauffeure der Lager holten uns ab, eine Verständigung mit ihnen war unmöglich.«

Und dann weiter: »In Österreich werden Flüchtlinge, die in ihrer Heimat Opfer von Folter gewesen waren, in ihrem Schicksal völlig allein gelassen. Ja, während sie mit einer auch nur annähernd adäquaten Behandlung ihrer psychischen Probleme ohnehin nicht rechnen konnten, wurde ihre Furcht durch die Anwesenheit der Polizei, die regelmäßig überfallsartige Lagerkontrollen durchführte, weiter verstärkt. Was half es da, sich einreden zu wollen, es sei eine ›andere Polizei‹, und daß Uniformen und Waffen nicht ›immer‹ Unterdrückung und Gewalt bedeuten. Der Schock der Vergangenheit war noch zu gegenwärtig, war noch nicht einmal in seinen Ansätzen überwunden worden. Daß dabei auch die Kinder zu leiden hatten, denen die Furcht der Eltern nicht verborgen blieb, braucht wohl nicht extra betont werden.«[2]

Dagegen E. Stanek, Geschäftsführer des Flüchtlingsfonds der Vereinten Nationen von 1960 bis 1980, mit Sitz im Innenministerium, der 1985 in seinen Erinnerungen schrieb: »Die

1 John Patillo-Hess: Vom Zerfall der Masse zur Hetzmeute? Chilenische Flüchtlinge in Wien, Schriftenreihe 9, Verband Wiener Volksbildung, Wien 1986, S. 20

2 Ebd., S. 21

Mentalität der Lateinamerikaner, verbunden mit ihren oft nebulosen Weltanschauungen, ihr völliges Unverständnis für demokratische Lebensformen, ihr unstillbarer Eifer, permanente Revolution zu machen oder zumindest als revolutionär zu erscheinen, brachte sowohl innerhalb wie auch außerhalb der Flüchtlingslager Probleme, denen zu begegnen eine der schwierigsten Aufgaben für alle offiziellen und offiziösen Flüchtlingsbetreuer war.«[1]

»In Würde und Freiheit« sagt Patillo. Die Freiheit ist Flüchtlingen in Lagern nicht erlebbar. Was war mit der Würde? Menschen in dieser Situation haben nichts anderes, als ihre Würde, die sie sich trotz allem noch bewahrten. Sie sind ungemein leicht zu verletzen, mehr als Nahrung brauchen sie Achtung.

Solange die Flüchtlinge in Wien untergebracht waren, konnten die Mängel der behördlichen Betreuung durch Freunde und Freundinnen der Chilenen gemildert werden. Die traurigen Ereignisse in Chile führten Menschen aus verschiedenen politischen und weltanschaulichen Lagern zusammen, um Solidarität mit Chile zu organisieren und den Flüchtlingen aus Chile zur Seite zu stehen. Schon in den ersten Monaten wurde die Chile-Solidaritätsfront gegründet. Die Mitglieder dieser Organisation, aber auch viele andere versuchten den Flüchtlingen bei der Lösung der unzähligen Probleme eines Neuanfangs zu helfen, vor allem aber ihnen das Gefühl zu geben, dass sie hier FreundInnen haben und in der Kälte des europäischen Winters nicht allein und verlassen sind. Aber diese Hilfeleistungen konnten das Versagen der Behörden nicht aufwiegen.

Die Verlegung der Flüchtlinge von Wien in das Heim in der Vorderbrühl bei Mödling erschwerte schon durch die Entfernung den Zugang. Zugleich wurde uns immer deutlicher zu verstehen gegeben, dass wir uns nicht »einmischen« sollen. In Traiskirchen wurde uns der Zugang ins Lager einfach verwehrt, die Schranken am Eingang galten auch für uns. In den ersten Monaten hatten wir meistens erfahren, wann neue Flüchtlinge

1 Zit. nach Aida Bohrn: »Macondo« – Fünfzehn Jahre Einsamkeit, Psychosoziale follow-up-Untersuchung an Flüchtlingsfamilien aus Lateinamerika, insbesondere der »Zweiten Generation«, Dissertation an der Grund- und Integrativwissenschaftlichen Fakultät der Universität Wien, Wien 1992, S. 35

in Schwechat ankamen, sodass wir sie dort begrüßen und abholen konnten. Doch dann schlossen uns die Behörden von solchen Informationen bewusst aus.
In den zahlreichen Vorsprachen bei leitenden Beamten im Ministerium und beim Innenminister Rösch wurden wir mit vielen kritischen Bemerkungen über die ChilenInnen konfrontiert, aus denen die emotionale Ablehnung dieser Flüchtlingsgruppe herauszuhören war. Für unsere Vorschläge zur Verbesserung erhielten wir nur vage Zusagen, die aber fast nie hielten. Kooperation wurde nicht mehr gestattet, wir begegneten einer Mauer von Vorurteilen gegenüber den ChilenInnen und einem wachsenden Misstrauen gegen unser Engagement. Die Weigerung, Partizipation zuzulassen, bestimmte die Gespräche, kein Körnchen der Macht durfte in Frage gestellt werden.

3. Der schwierige Prozess der Integration

Der Großteil der chilenischen Flüchtlinge ist vor rund einem Vierteljahrhundert nach Österreich gekommen. Genügend Zeit ist vergangen, um den Prozess der Integration zu reflektieren. Wir sprechen hier allerdings nur von der Integration jener, die als Erwachsene nach Österreich kamen, wir berücksichtigen nicht die Integration der Kinder, die durch die Familienzusammenführung hier sind oder die hier geboren wurden. Ihr Integrationsprozess hat einen anderen Verlauf und andere Probleme. Wir wollen hier keine Gesamtdarstellung des Integrationsverlaufes machen und schon gar nicht beurteilen, inwieweit die Integration gelungen ist, sondern nur einige Beobachtungen von uns und von chilenischen AutorInnen, die sich mit dieser Frage beschäftigt haben, anführen.
Wir grenzen uns vom Konzept der Assimilation klar ab, von einer unterwürfigen Anpassung an die Aufnahmegesellschaft bei Aufgabe und Verdrängung der eigenen kulturellen und ethnischen Herkunft. Ohne uns jetzt auf Definitionsfragen einzulassen, denken wir, dass man von einer am sozialen Status messbaren sozialen Integration und einer vom subjektiven Gefühl bestimmten psychischen Integration sprechen kann. In einigen Berichten wird dieses subjektive Gefühl formuliert. Manche meinen, wenn auch zögernd, integriert zu sein, andere verneinen das ganz deutlich. Trotz dieser Widersprüche haben wir

den Eindruck, dass der Großteil derer, die einen Bericht schrieben, einen Platz gefunden hat, der ihnen ein Leben zwischen und mit den beiden Kulturen und Gesellschaften ermöglicht. Wir möchten nun einige Teilaspekte der Integration herausgreifen.

Zwang und Vorläufigkeit des Aufenthaltes

Für die Integration spielt die mitgebrachte psychische Disposition, das Interesse, sich in die Aufnahmegesellschaft zu integrieren, eine wichtige Rolle. Diese Disposition war bei den Flüchtlingen aus Chile aus zwei Gründen sehr gering. Erstens, weil der Aufenthalt im Gastland nicht freiwillig zustande kam, sondern die Folge einer Zwangssituation war. Das beschreibt etwa Aida Bohrn, selbst Tochter eines politischen Flüchtlings, in ihrer Dissertation »Macondo – fünfzehn Jahre Einsamkeit«. Darin zitiert sie den Psychiater Garcia, der das Exil als eine »brutal erzwungene biographische Diskontinuität« definiert. Und Bohrn ergänzt: »Eine Situation, die die Betroffenen zur gewaltsamen Akkulturation, d. i. zur Auf- und Übernahme der fremden Werte und Güter zwingt.«[1] Und dann weist sie darauf hin, »dass politische Flüchtlinge, insbesondere lateinamerikanische, aus anhaltendem Engagement für ihr Heimatland wenig Bereitschaft zeigen, sich im Land des Exils vorbehaltslos zu integrieren und stattdessen die Rückkehr in die Heimat anstreben und damit eine verlängerte provisorische Existenz in Kauf nehmen, auch wenn sie nicht wissen, wie lange das Exil noch dauern wird.«[2]

Viele Flüchtlinge aus Chile waren der Meinung, die Diktatur Pinochets könne sich nicht lange halten und daher habe es gar keinen Sinn, sich in Österreich zu integrieren. Bildlich gesprochen, warteten sie jahrelang mit gepackten Koffern auf den Moment der Heimkehr. Als dann deutlich wurde, dass die Diktatur die ersten Jahre überlebt und sich somit gefestigt hatte, rief das vielfach eine Resignation hervor, die natürlich auch keine gute Basis war, um sich nun mit voller Kraft den Herausforderungen der Integration zu stellen.

1 Bohrn, S. 29

2 Ebd., S. 31

Erlittene Traumata

Ein Großteil der Flüchtlinge aus Chile hat Gefängnis, Konzentrationslager und Folter in den diversen Formen erlebt. Das sind traumatische Erfahrungen mit tief greifenden und langfristig wirkenden Folgen. Das lateinamerikanische Kollektiv für psychosoziale Arbeit (COLAT) in Brüssel hat mehrere hundert Flüchtlinge psychisch betreut und kommt zum Schluss, dass die Erfahrung von Folter und Gefängnis die Hauptquelle für die psychischen Leiden der Betreuten ist. »Die Gefolterten leiden unter Frustration und aufgestauten Aggressionen, sozialen und persönlichen Minderwertigkeitsgefühlen, Depressionen aus Identitätsverlust und Angstgefühlen«, zitiert Bohrn.[1]
Auch die Flucht selbst, das erzwungene Verlassen des sozialen Umfelds und der eigenen Kultur, hat einen traumatischen Charakter und ist eine psychische Belastung, die die Herausforderung der kulturellen Anpassung im neuen Land erschwert. Das alles wurde bei der Betreuung durch die Behörden nicht berücksichtigt: nicht bei der Ankunft am Flugplatz, nicht bei der Unterbringung im Lager und nicht beim weiteren Aufenthalt. Viele psychische und physische Erkrankungen, vielleicht auch der frühe Tod mancher durch Krebs, hängen damit zusammen. Die Behörden der Flüchtlingslager nahmen es einfach nicht zur Kenntnis, dass viele an den Folgen der Folter und der Angst vor Verfolgung litten. Patillo-Hess berichtet, dass jene, die am schwersten die brutale Macht der Militärs erfahren hatten, tagsüber ihre Probleme nicht erkennen ließen, bei Nacht jedoch regelmäßig von Alpträumen geplagt wurden.[2]

Arbeit und Beruf

Beruflich hatten alle Flüchtlinge, unter anderem bedingt durch die Sprachbarriere, große Anfangsschwierigkeiten. Sie mussten mit Tätigkeiten beginnen, die meist weit unter ihrer Qualifikation waren. Die Sprachproblematik betraf insbesondere Berufsgruppen, bei denen die Sprache essenziell ist, wie Lehrer und Journalisten. Diese mussten überhaupt auf andere Berufe umsteigen, ebenso ehemalige Beamte. Jeder berufliche Umstieg

1 Zit. nach Aida Bohrn: Flucht und Exil, Lateinamerikanische Flüchtlinge im Exil in Österreich, S. 5, kopierter Bericht o. J.

2 Patillo-Hess, S. 21

war mit einem sozialen Abstieg verbunden, dessen psychische Bewältigung nicht leicht war. Manche konnten nach vielen Jahren zwar wieder einen neuen Aufstieg schaffen, aber bei vielen ist es so, dass der berufliche Status des Heimatlandes auch nach vielen Jahren nicht mehr erreicht werden konnte, was zu Frustration und oft auch zu familiären Spannungen führte.

Ein Programm für eine berufliche Um- und Einschulung gab es nicht, praktisch mussten sich alle irgendwie allein durchkämpfen. Ein Umschulungsprogramm hätte nicht nur die persönlichen und familiären Belastungen erleichtert, sondern auch die vorhandenen Qualifikationen besser und rascher für die Aufnahmegesellschaft fruchtbar gemacht. So aber hatten die Flüchtlinge oft das Gefühl, einfach als billige Arbeitskräfte in Tätigkeiten, die die Österreicher nicht gerne machen, eingesetzt und ausgenützt zu werden. Zugleich war aber auch die Unsicherheit, wie lange der Aufenthalt in Österreich dauern wird, ein großes Hindernis für die berufliche Integration, für die Motivation, mit voller Energie sich den Herausforderungen des Berufslebens im Gastland zu stellen.

Wohnen

Ein großes Hindernis bei der Integration war die Wohnsituation. Viele Familien verbrachten mehrere Jahre im Lager Traiskirchen und in Flüchtlingsheimen, bevor ihnen, meist vom Innenministerium, eine Wohnung zugewiesen wurde. Dabei spielte auch das beruflich bedingt geringe Einkommen eine große Rolle, weil manche Flüchtlinge lange nicht in der Lage waren, die Kosten für eine eigene Wohnung zu tragen. In den Heimen lebten vielfach Familien mit mehreren Kindern jahrelang in einem Zimmer, und das Zusammenleben so vieler Menschen auf engstem Raum brachte natürlich schwere Belastungen mit sich. Der Aufenthalt im Lager von Traiskirchen hatte außer den schon beschriebenen Nachteilen noch die Folge, dass es kaum möglich war, soziale Kontakte zu Österreichern zu pflegen.

Diese Isolation setzte sich in *Macondo*, wenn auch unter anderen Bedingungen, fort. Nach dem Dorf *Macondo* aus dem berühmten Roman des kolumbianischen Schriftstellers Gabriel García Márquez »Hundert Jahre Einsamkeit« benannten die Chilenen das Areal der ehemaligen Artilleriekaserne in Kaiserebersdorf in Wien Simmering. Das Innenministerium hatte die feuchten, alten Gebäude mit bedrückend dunklen und langen Gängen notdürftig saniert und in die Höfe billig gebaute Bungalows gestellt, um Flüchtlinge aus aller Welt unterzubringen. Zu den dort schon lebenden Ungarn, Vietnamesen, Tschechen u. a. kamen nun auch die Chilenen. Das Areal liegt zwischen der Flughafenautobahn und den Entsorgungsbetrieben, ein an den Stadtrand gedrängtes Ghetto. Etwa die Hälfte aller ChilenInnen lebte noch in den Achtzigerjahren dort. Dieses Ghetto bot zwar durch seine dorfähnliche Sozialstruktur für die erste Zeit eine gewisse Geborgenheit, erwies sich aber langfristig als eines der größten Hindernisse für die Integration in die österreichische Gesellschaft.

Das Erlernen der Sprache

Aida Bohrn schreibt in ihrer Dissertation von einer »kulturellen Anpassungsleistung«, die »hauptsächlich vom Flüchtling selbst zu erbringen« ist, als »Voraussetzung für den wechselseitigen Prozess der sozialen Integration, die auch die Bereitschaft und aktive Mithilfe der aufnehmenden Gesellschaft notwendig macht.«[1] Die vom Flüchtling zu erbringende Anpassungsleistung besteht wohl in erster Linie im Erlernen der Sprache. Damit gibt es bis heute Schwierigkeiten, die auch in den vorliegenden Berichten immer wieder erwähnt werden. Einerseits besteht Einsicht in die Notwendigkeit, die Sprache des Gastlandes gut zu erlernen, andererseits machen die Berichte auch deutlich, dass das Erlernen der deutschen Sprache den meisten Lateinamerikanern offensichtlich ausnehmend schwer fällt.
Das Innenministerium bot in Traiskirchen und zeitweise auch in der Vorderbrühl Sprachkurse an, die aber schlecht besucht waren und denen, die teilnahmen, wenig brachten. Bown erklärt das in seiner Studie damit, dass die meisten Flüchtlinge keine Erfahrung mit solchen Kursen hatten und mit einer abstrakten Sprachvermittlung nichts anfangen konnten. Er kritisiert auch die mangelhafte Didaktik der Vortragenden, die auf die Situation der Flüchtlinge, die vielfach unter Depressionen litten, nicht einging.[2] Ebenso negativ urteilt Patillo-Hess über

1 Bohrn, Macondo, S. 30

2 Bown, S. 88f.

die Didaktik der Kurse in Traiskirchen und weist zusätzlich auf das Problem hin, dass durch das ständige Hinzukommen neuer Flüchtlinge der Kurs immer wieder von vorne begann und weitere Fortschritte nicht möglich waren.
Die mangelnde Sprachkenntnis bedingte, wie schon erwähnt, dass die Flüchtlinge vor allem für unqualifizierte Arbeiten eingesetzt wurden, Arbeiten, bei denen wenig gesprochen wurde, und zum Teil in Betrieben mit vielen Gastarbeitern. Unter diesen Umständen war sprachliche Weiterentwicklung sehr schwierig. Das führte bei jenen, die nicht später aus eigener Initiative Deutschkurse – zum Beispiel auf der Universität – besuchten, zu einer relativen Kommunikationslosigkeit, die Bown als Ursache vieler psychischer und physischer Probleme ansieht. Er hat für seine Studie unter 64 Chilenen und Chileninnen eine Umfrage gemacht und stellte fest, dass sich viele »in ihrer jeweiligen Umgebung begrenzt, gelangweilt, desinteressiert, verbittert, an den Rand gedrängt oder lustlos fühlen, vor allem, weil ihnen die Möglichkeit der Kommunikation fehlt«.[1]

Diskriminierung

Aida Bohrn hat, wie oben schon erwähnt, die Integration als einen wechselseitigen Prozess, der auch die Mithilfe und die Bereitschaft der aufnehmenden Gesellschaft braucht, beschrieben. Es muss bezweifelt werden, ob diese Bereitschaft und die aktive Mithilfe durch die österreichische Gesellschaft im ausreichenden Maß vorhanden war. Die latente oder manifeste Ausländerfeindlichkeit und den Alltagsrassismus mussten leider auch viele chilenische Flüchtlinge erfahren. Patillo-Hess meint, dass von den Flüchtlingen nicht Integration im Sinne eines schöpferischen Dialogs zwischen den beiden Kulturen verlangt wurde, sondern eine unkritische Anpassung. Eine blinde, »fast sklavische Bejahung der gängigen Befehlsstrukturen. Doch selbst diese Integration um jeden Preis garantiert noch keine soziale Anerkennung, selbst der angepaßte Chilene bleibt, nur Chilene.«[2].
Die latente Feindlichkeit und Abwertung aller Ausländer, die nicht aus dem Westen oder Norden unseres Erdballs stammen,

1 Ebd., S. 60

2 Patillo-Hess, S. 16f.

bekommen die Chilenen in Österreich auch heute noch oft zu spüren.

Die Wahrung der Identität

Die bei uns gängige, aber falsche Gleichsetzung von Integration und Assimilation führt zu völlig sinnlosen Forderungen, wie jener, dass Zuwanderer ihre kulturellen, religiösen und politischen Traditionen aufgeben und sich ausschließlich nach den hiesigen Leitbildern orientieren müssen. Eine solche Anpassung wirkt aber zerstörend: Sie kappt die Wurzeln, aus denen sich die Identität der Flüchtlinge nährt, zerbricht ihr Selbstbewusstsein und führt unweigerlich zu psychischen Krisen. Die Frage ist, wie können sich Flüchtlinge einerseits so weit integrieren, dass sie im Gastland akzeptiert werden und ihr Leben langsam in »normale« Bahnen lenken können und wie können sie andererseits ihre Tradition, die Verbundenheit mit ihrer Herkunft und ihrer Sprache so bewahren, dass der Bruch, der in ihrer Lebensgeschichte durch die Flucht entstand, nicht zerstörerisch auf ihre Identität wirkt?

Bei der Lektüre der vorliegenden Berichte gewinnt man insgesamt den Eindruck, dass die meisten ein Gleichgewicht zwischen Wahrung der eigenen Tradition und Anpassung an die österreichische Gesellschaft gefunden haben. Ein Gleichgewicht, um das sie sich aber ständig bemühen müssen. Da helfen die Besuche bei den Verwandten in Chile oder zumindest wieder einmal »chilenische Luft zu atmen«, wie Luis Parra schreibt. Und bei der Rückkehr nach Österreich wird mit einer gewissen Überraschung ein neues Heimatgefühl erlebt. Möglicherweise ist aber unter jenen, die keinen Bericht geschrieben haben, dieses Gleichgewicht viel schwächer oder seltener, vielleicht mit ein Grund, sich an dieser Arbeit nicht zu beteiligen.

Die Situation der Frauen

Die Mehrzahl der chilenischen Frauen kam nach Österreich, weil sie ihrem Partner ins Exil folgten. Wie aber aus den vorliegenden Berichten zu ersehen ist, wurden auch Frauen politisch verfolgt und mussten das Land verlassen. Ihr Integrationsprozess war meist noch schwieriger, sie konnten oft erst nach längerer Zeit oder überhaupt nicht in das Berufsleben einsteigen und mussten sich häufig mit unqualifizierten Arbeiten zufrieden geben.

.....

Durch ihre Sorge um die Familie und um das Wohlergehen der Kinder in der Fremde blieb ihnen wenig Zeit und Kraft, sich um Integration zu bemühen und die Sprache zu erlernen.
Frauen traf der Verlust der Einbindung in die traditionelle Großfamilie, wie sie in Chile gegeben ist, noch härter als die Männer, weil ihr Leben viel stärker durch die Familie bestimmt ist. Alle wichtigen Stationen des Lebens sind in Chile in die Gemeinschaft der Großfamilie eingebettet, alle nehmen intensiven Anteil an den Ereignissen, von der Geburt bis zum Tod. Dass im Exil dieses Geborgensein in der Großfamilie nicht existiert, trifft die Frauen besonders hart. So musste etwa Fresia Porte, die ihre eigenen Kinder in Chile neben Beruf und politischem Engagement aufgezogen hat, die Arbeit aufgeben, als ihre Enkelin zur Welt zur Welt kam: »Erstmals musste ich ein Kind ohne die Hilfe einer Familie aufziehen. Ich musste ständig zu Hause bleiben, was für mich ganz neu war.«

4. Gruppenbildung und Solidaritätsarbeit

Die politischen Flüchtlinge aus Chile versuchten auch in Österreich im Sinne ihrer Überzeugung weiterzuarbeiten. Sie fanden sich hier im Exil gemäß ihrer jeweiligen Parteizugehörigkeit zusammen und suchten nach Wegen, um einerseits ihre Freunde und Freundinnen in Chile zu unterstützen und andererseits die österreichische Öffentlichkeit über Chile zu informieren und zur Solidarität zu motivieren. Konkrete Ziele waren die Befreiung der politischen Gefangenen, die materielle und politische Unterstützung der Verfolgten, die internationale Isolierung der *Militärjunta* und die Wiedererrichtung der Demokratie in ihrer Heimat. Unterstützung fanden sie bei einer relativ breiten österreichischen Solidaritätsbewegung, wie z. B. bei der Chile-Solidaritätsfront, in der sich rund 20 Organisationen aus dem sozialistischen, kommunistischen und linkschristlichen Bereich zusammengeschlossen hatten, beim Chile-Komitee, das links von diesem Spektrum stand, bei den Gruppen Sozialisten für Chile und Christen für Chile, aber auch zum Teil in den anderen Strukturen der SPÖ und KPÖ sowie bei humanitären Organisationen wie Amnesty International.
Die Gruppenbildung der Flüchtlinge bedeutete für viele Chilenen, trotz aller damit verbundenen Konflikte und Rivalitäten,

eine wichtige Brücke zur Vergangenheit und bot ein gewisses geistiges Zuhause an. Die Solidaritätsarbeit gemeinsam mit den österreichischen Freunden und Freundinnen war relativ erfolgreich: Unter der Regierung Kreisky konnte z. B. erreicht werden, dass immer wieder Flüchtlinge aufgenommen wurden, dass Österreich von Anfang an bei den Abstimmungen in der UNO die Verurteilung der *Militärjunta* wegen der Menschenrechtsverletzungen unterstützte und dass im Jahre 1980 der Verkauf von 100 Panzern nach Chile verhindert wurde. Diese Erfolge und die vielen Veranstaltungen mit prominenten chilenischen Exilpolitikern und Exilpolitikerinnen waren vermutlich für das Selbstbewusstsein der Flüchtlinge und für ihr Gefühl wichtig, hier doch von einer nicht so kleinen Gruppe ernst genommen zu werden.
Viele Chilenen, Männer und Frauen, wurden auch bald auf kulturellem Gebiet aktiv. Die Musikgruppen Arauco und Ranquil, in denen auch Österreicher mitwirkten, und andere, wie die heute noch aktiven Gruppen Guayacán und Mayarauco, hatten viele Jahre hindurch zahllose Auftritte in ganz Österreich und vermittelten dabei viel von der Kultur Chiles und dem traurigen Schicksal dieses Landes. Schriftsteller, Dichter, Maler, Musiker und Fotografen wurden aktiv und konnten fallweise auch publizieren beziehungsweise ausstellen. Tanzgruppen, vor allem mit Kindern, wurden organisiert und erfreuten sich bei Chilenen und Österreichern großer Beliebtheit. Chilenische und andere lateinamerikanische Frauen fanden sich zusammen, um ihre Probleme zu diskutieren, ihre spezifische Situation als Frauen in der Fremde, als Frauen in einer anderen Kultur, was sich auch auf die Partnerbeziehungen sehr stark auswirkte. Diese Frauen gründeten z. B. den Verein LEFÖ (Lateinamerikanische Exilierte Frauen in Österreich), der heute noch sehr aktiv ist und praktische Hilfe bei der Bewältigung vieler Fragen des Alltags leistet.

5. Rückkehr in die Heimat?

Das Thema Rückkehr bewegt alle. Es ist eine zentrale, existenzielle Frage. Verbleib im Gastland, wo in der langen Zeit des Exils ein neues Leben aufgebaut wurde, oder Rückkehr in die alte Heimat, verbunden mit vielen neuen Risken.

.....

Schon gegen Ende der Siebzigerjahre hörte man unter den Chilenen die ersten Stimmen, die trotz aller Gefahren das Recht, wieder in der Heimat zu leben, durchsetzen wollten. Einige gingen zurück in den Untergrund, viele von ihnen wurden wieder verhaftet. Auf der anderen Seite kamen damals noch immer neue Flüchtlinge, sodass die Behörden in Österreich die Rückkehrbestrebungen nicht aktiv unterstützten. Erst als ab Mitte der Achtzigerjahre die Militärregierung Chiles anfing, Listen mit den Namen von Personen herauszugeben, die wieder einreisen durften, nahm die Rückkehrbewegung konkretere Formen an. Die Chilenen gründeten das »Comité pro Retorno« (Komitee für die Rückkehr) und traten mit den österreichischen Behörden in einen Dialog ein, um wie in anderen Ländern ein Programm zur Unterstützung der Rückkehrwilligen auszuarbeiten. Es wurde unter Minister Karl Blecha abgeschlossen und durchgeführt. 1993 trat auch ein Sozialabkommen in Kraft, durch das in Österreich erworbene Pensionsversicherungszeiten in Chile angerechnet werden.
Bown berichtet in seiner Studie, dass 1986 bei seiner Umfrage 95 % nach Chile zurück wollten. Aufgrund des kleinen Samples (64 Befragte) kann man diese Umfrage nicht als repräsentativ ansehen, sie zeigt aber sicherlich einen Trend auf. Die Begeisterung für die Rückkehr war in diesen Jahren sehr groß. Viele gingen noch während der Diktatur zurück, was erhebliche Risken mit sich brachte. Sie wollten auch nicht warten, bis das Unterstützungsprogramm für die Rückkehr angelaufen war. Der Wunsch, wieder in der Heimat zu leben, dominierte. Etwa die Hälfte der politischen Flüchtlinge ging in diesen Jahren, vor und nach dem Ende der Militärherrschaft im Jahre 1990, zurück, aber nicht alle konnten in Chile bleiben.
Bei der Rückkehr entdecken sie, dass sich Chile in diesen 15, 16 oder 17 Jahren stark verändert hatte, ebenso wurde ihnen oft erst bei dieser Gelegenheit klar, wie sehr sie sich selbst im Exil verändert hatten. Es waren Entwicklungen, die nach der ersten Euphorie sichtbar und spürbar wurden. Chile war inzwischen ein neoliberales Musterland geworden, der politische Elan des Widerstandes gegen die Militärs war verflogen, die Werte der Gesellschaft hatten sich verändert, wenn auch die sozialen Gegensätze geblieben sind. In diesem veränderten Chile

als Heimkehrer aus dem Exil eine neue Existenz aufzubauen, war nicht allen möglich, so entschieden sich viele, zumindest vorläufig noch in Österreich zu bleiben.
Die Frage der Rückkehr spaltete viele Familien. Während die meisten Eltern, von denen wir hier in erster Linie schreiben, ohne Wenn und Aber zurück wollten, waren ihre Kinder oft anderer Meinung, denn sie haben sich in Österreich in einem hohen Ausmaß integriert und fühlen sich hier zu Hause. Nach Chile fahren sie nur, um Verwandte zu besuchen. Das brachte neue Konflikte, neue Unsicherheiten, neue Trennungen. In manchen Fällen gingen aus diesem Grund die Ehen auseinander: Männer wollten eher zurück, Frauen eher bei ihren Kindern und Enkelkindern bleiben.
Das Leben in zwei Welten ist nun die Herausforderung. Ein junger Chilene meint, mit dem Verstand lebe er in Österreich, mit dem Herzen in Chile. Aber ein Leben in zwei Welten kann auch viel Bereicherung bewirken. Vielleicht schließt gerade deswegen eine Autorin ihren Bericht mit dem Lied der chilenischen Sängerin *Violeta Parra*: »Gracias a la vida que me ha dado tanto – Dank dem Leben, das mir so viel gegeben hat.«

Gregorio Mena

Der Schatten

Jeden Morgen nach dem Erwachen nimmt er einen irrwitzigen Wettlauf mit der Sonne auf. Allerdings nur im Sommer. Im Winter ist er unbesorgt. Er muss im Büro sein, bevor sich ihr rötliches Antlitz am Himmel zeigt.
In 99,9 % der Fälle gewinnt er.
Mit seiner Arbeit, die so einfältig und langweilig ist, dass er einschläft und von einer lichtlosen Morgenröte träumt, sperrt er sich dann für 8 Stunden ein.
Schon am frühen Morgen spürt er, wie er verfault. Wie das Krebsgeschwür der unerfüllten Wünsche seine Eingeweide zerfrisst.
Er fühlt, riecht und begreift, wie das Absterben mit jedem Arbeitstag etwas weiter voranschreitet, jeden Tag weiter ..., weiter ..., weiter.
Er weiß, dass er sich immer mehr zersetzt, ein Molekül nach dem anderen, ein Atom nach dem anderen, von einer Sekunde zur anderen ...
Täglich beobachtet er, wie der Tod die Verwesung vorantreibt. Wie alles Gute und Schöne aus seinem Leben verschwindet, wie sich die Liebe in eine ätzende, stinkende Säure verwandelt.
Während eines langen Arbeitstages, der endlose Stunden dauert, spürt er, wie das All von Exkrementen überflutet wird, wie er seine Hände beschmiert mit dem Dreck verpesteter Papiere, die läppische Nichtigkeiten verlangen. Er trinkt eine Flasche eines gesundheitsschädlichen Saftes, der aus frisch gepresster Scheiße besteht und den die Werbung als köstlichen Trank anpreist. Er isst stinkende Speisen aus einer Vielfalt verschiedenfarbiger Exkremente und bewundert den Koch, der es versteht, die Scheiße mit solch phantasievoller kulinarischer Kunst zuzubereiten.
Seine Lymphe nährt ihn nicht mehr. Sie zerstört die Organe, die er zum Leben braucht. Sein Blut singt nicht mehr. Es raunt Todesklagen und muss das Gefühl haben, als kreisten in den Adern des Mannes nicht weiße oder rote Blutkörperchen, sondern flüssiger Kot.

.....

Jeden Tag muss er ungeheure Kräfte aufwenden, um die Trägheit der Nacht zu überwinden und sich ins Leben zu stürzen, bevor das Nichts das All verschlungen hat.
Er hat seine Kreativität verloren. Alles, was er tut, ist wertlos. Längst hat er alle Illusionen und Hoffnungen aufgegeben. Es scheint, als seien seine Gehirnzellen verknöchert, oder noch schlimmer, als verrotteten sie wie der übrige Körper.
Wird der Tag kommen, an dem sein Schädel nur noch voller verfaulter Flechte sein wird, seine Augen nur noch schwarze Bilder sehen und seine Ohren nur noch das gequälte Wehklagen unbekannter Toter hören werden?
Er hat Angst, dass aus seinem Mund eines Tages statt leiser Worte eine ekelerregende Flüssigkeit hervorquellen könnte, die seine Hemdbrust besudeln und seine Krawatte aus der Form bringen würde.
Doch der lange, unerträgliche Arbeitstag ist vorbei, und er muss nach Hause gehen. Im Sommer ist das ein großes Problem.
Eiligen Schritts geht er weg, fast läuft er. Er überquert Straßen und Kreuzungen, manchmal ohne zu warten, bis die Ampel grün wird. Es ist ein irrwitziger Wettlauf mit dem Bild, das er den Wienern darbietet.
(Zum Glück kümmern sich die Bewohner des alten Vindobona wenig um ihre Mitmenschen. Sie sind in sich gekehrt und haben keinen Blick für die Weite des Horizonts. Ihre Welt ist rund und dreht sich wie das Karussell eines Dorfzirkus um das eigene Ich, ohne von der Bahn abzuweichen. So gut wie alle halten sich für ihre eigene Achse, ihre Spirale und den Antrieb ihrer eigenen Bewegung. Sie denken ans Essen, Trinken und Vögeln, an das Auto, den Urlaub und die Pension, die immer zu lang auf sich warten lässt.)
Er rennt.
Sobald er die Treppen zur U-Bahn hinuntersteigt, ist er gerettet. Jetzt fehlen nur noch wenige Schritte bis zu seinem Haus. Er legt sie zurück, indem er in großer Eile weit ausschreitet. So merken die Leute nichts.
Das ist seine Tragödie: Jeder Mensch teilt sein Tun, alles, was ihm das Leben gibt, seine Gedanken, seine Leiden, seine Lieben, seine Erinnerungen, seine Sehnsüchte, seine Hoffnungen mit seinem zweiten Ich, das allen Menschen eigen ist. Doch ER hat diesen Teil seiner selbst verloren.

.....

Er hat seinen Schatten verloren.
Dieser hat sich nach und nach von ihm abgelöst, ganz langsam ...
Das erste Stück blieb zurück, weit weg, in einem Kommissariat der Carabineros. Es war klein und unbedeutend dieses Zipfelchen, das an den alten Mauern des riesigen Gebäudes kleben blieb.
Im Kerker des Regiments von Puente Alto blieb ein weiterer Fetzen haften, mit seinem Blut, seinem Schmerz, seiner Ohnmacht und seiner Wut.
Ein großes Stück blieb festgeschweißt an den Stufenreihen, den Umkleidekabinen und in den Gängen des Nationalstadions von Santiago, wo auch die Schatten der gefolterten Körper zahlloser Genossen zurückblieben.
Das größte Stück verlor er in der trockenen Salpetererde zwischen den ärmlichen Lehmhütten, auf der Plaza, die wieder von Leben erfüllt war, in dem Theater, in dem einmal Caruso gesungen hatte, in dem scharfen Wind und in der Camanchaca, dem Nebel, der frühmorgens über der Wüste von Atacama hängt. Das Konzentrationslager von Chacabuco war der Ort, an dem sich sein Schatten am eiligsten von ihm entfernte. Er verwandelte sich in Salpeter, in Schlacke, in einen verwaisten Bergwerksgraben, in Einsamkeit und Schmerz.
Später blieb in Ritoque, wo das Meer seinen beschwörenden Jodgeruch ausströmt, noch ein Teil zurück. (Fischt dieses Zipfelchen seines Schattens vielleicht jetzt gerade nach Seehechten?)
Und das letzte Stückchen ließ er in *Tres Alamos*, an dem verfluchten Ort an der Pforte von Santiago zurück.
Als sie ihn wegbrachten, um ihn nach Europa zu verbannen, merkte die Polizei nichts, denn es war Winter und die Sonne schien nicht, jene Sonne, die für die meisten Chilenen viele Jahre lang nicht mehr scheinen sollte.
Und so kam er ohne seinen Schatten in das Land, das ihm Asyl gewährte.
Er merkte nicht sofort, wie sehr er ihm fehlte.
Doch heute, nach so vielen Jahren im Exil, lastet die Bürde der Gefühle und der Zeit schwer auf ihm. Weil er niemanden hat, mit dem er sie teilen kann.
Mit seinem Schatten verschwand die Hälfte seiner Energie, seiner spärlichen Intelligenz, seiner bescheidenen Bildung, seiner unbedeutenden schöpferischen Fähigkeiten, seiner vielen Träume und einer Menge zerschlagener Hoffnungen.

Sein Leben blieb an Bruchstücke seines Ichs gefesselt, an Bruchstücke, die nun auf vergessenen Pfaden herumirren.
Wo mag nur sein Schatten sein?
Ziehen seine einzelnen Fetzen ziellos auf den staubigen Wegen der Heimat umher? Sind sie vielleicht irgendwo im ausgedorrten Norden, im heißen Zentralchile, im fruchtbaren Süden oder in der nebeligen Antarktis unterwegs? Irren sie durch die Dörfer und Städte des Landes?
Sind sie vielleicht im Ozean, in den Flüssen oder in den Seen ertrunken? Haben sie vielleicht den Aconcagua bestiegen, um auf dem höchsten Gipfel der Anden das Lied von der ewigen Freiheit zu singen? Werden sie vielleicht wie unnütze Fetzen mit Füßen getreten? Oder hat sich ein Kind ein Stückchen davon genommen und zeichnet damit spielerisch dunkle Flecken in der Mittagszeit?
Ist sein Schatten vielleicht verschwunden wie die Schatten zahlloser Opfer der wilden Meute, die das geliebte Land zerfleischt hat?
Er begleitete ihn von Anfang an. Überall war er mit ihm zusammen, in guten und in schlechten Zeiten. Sie spielten miteinander, als sie noch klein waren. Sie studierten gemeinsam. Sie verliebten sich in die Schatten der Frauen, die er einst liebte. Sie heirateten am gleichen Tag, am gleichen Ort und zur gleichen Stunde. Sein zweites Ich liebte den Schatten seiner Frau, so wie er seine Frau liebte.
Niemand war ein treuerer Gefährte, niemand stand ihm näher: Er wuchs aus seinen Füßen hervor und je nach Jahreszeit und Stunde zog er sich mehr oder weniger in die Länge.
Er hatte an seinen Erfolgen und Niederlagen teil, an seinen Sorgen und Freuden, an seinem ganzen Leben. Doch der Militärputsch war ein harter Schlag, und der Schatten blieb an den Orten der Schmach zurück.
Wollte er vielleicht als Symbol des Guten und Schönen dort verweilen?
Heute muss er der Sonne ausweichen, damit niemand bemerkt, dass er seinen Schatten verloren hat.
Allein zieht er herum, ohne die andere Hälfte, die zu ihm gehört, ohne sein zweites brüderliches Ich. Die Scheiße, die sich in so vielen Jahren angesammelt hat, breitet sich in seiner Seele und in seinem Körper immer mehr aus.

.....

In den vielen schlaflosen Nächten denkt er manchmal an seinen Schatten und betet: »Lieber Gott, du weißt, dass ich nicht an dich glaube, doch ich flehe dich an, lass ein Wunder geschehen: Mach, dass ich meinen Schatten wiederfinde, bevor ich sterbe.«
Natürlich gibt es heutzutage keine Wunder mehr. Trotzdem träumt er:
»Eines Tages werde ich auf vertrauten Wegen wandeln, auf anderen, die mir neu sind, und auf Pfaden, die es nie gegeben hat. An den ungewöhnlichsten Orten werde ich die verstreuten Fetzen meines Schattens einsammeln und einen nach dem anderen in eine wasserdichte Tasche stecken. Sobald ich alle beisammen habe, werde ich die Fetzen irgendwo auf dem Boden ausbreiten,

unter den gnadenlosen Sonnenstrahlen der Wüste,
in einem nach Salz riechenden Hafen, in dem die
Wellen rauschen und die Möwen kreischen,
in einem Wald unter den Andentannen,
an den Ufern des Llanquihue-Sees, von wo der
schneebedeckte Kegel des Osorno zu sehen ist,
an dem vereisten Teich in der Nähe von Punta Arenas,
im »Hof der Orangenbäume« des Moneda-Palastes,
an den Toren des Nationalkongresses
oder an irgendeinem anderen Ort.

Ich werde sie auf dem Boden ausbreiten und wie ein Puzzle zusammensetzen, bis der Schatten wieder ganz ist. Wenn mir ein Stückchen fehlt, werde ich die Zwischenräume mit Ruß oder schwarzer Schuhpaste ausfüllen.
Dann werde ich Blumenkränze aus Copihue oder aus Añañucas flechten. Wir werden uns beide damit schmücken und den ›Tanz des Schattens und des Mannes, die einander wiedergefunden haben‹, tanzen. Lange werden wir eng umschlungen die Schatten und Menschen beweinen, die nie mehr miteinander tanzen können.
Dann werde ich ein hungriges, schmutziges, unterernährtes, barfüßiges, zerzaustes Kind suchen und seinen Schatten mit dem meinen vereinigen. Gemeinsam werden wir singend Hand in Hand losmarschieren auf den endlosen Pfaden, die zum Frieden, zur Gerechtigkeit und zur Demokratie führen.«

.....

»Der Schatten« ist mit anderen Erzählungen von Gregorio Mena im spanischen Original in dem Band »Cazuela de Angeles« erschienen. Übersetzung aus dem Spanischen von Helga Mena-Bohdal

Anmerkungen der Übersetzerin
Gregorio Mena, geb. 1930 in Vicuña, Chile, arbeitete 21 Jahre lang als Lehrer mit mehreren Zusatzausbildungen an Pflicht- und Mittelschulen verschiedener Dörfer und Städte, übernahm 1971 unter der Regierung des Sozialisten Salvador Allende das Amt des Gobernadors (Bezirkshauptmanns) von Puente Alto, wofür ihm nach dem Militärputsch vom September 1973 der, wie er sagte, »ehrenvolle Titel eines Kriegsgefangenen« verliehen wurde.
Nach zweijähriger Haft im Konzentrationslager Chacabuco und in verschiedenen Gefängnissen wiesen ihn die Militärs aus Chile aus. In Österreich fand Gregorio Mena bis zu seinem Tod 1997 ein neues Zuhause.
Wenige Monate vor seinem Tod erschien in Santiago der Erzählband »Cazuela de Angeles«, der von der Kritik positiv aufgenommen wurde. »Die größte Auszeichnung war für mich der Preis, der mir 1974 im Konzentrationslager Chacabuco verliehen wurde, als wir Häftlinge einen Wettbewerb für Erzählungen veranstalteten«, sagte der Autor voller Stolz.

Sigrun Berger / Herbert Berger

Die politische Entwicklung Chiles in den letzten Jahrzehnten

Alle, die in diesem Band ihre Lebensgeschichte erzählen, mussten aufgrund ihres politischen Engagements zur Zeit der Regierung der *Unidad Popular* und der Verfolgung ihrer Anhänger durch die nachfolgende Militärdiktatur Chile verlassen. Die politischen Ereignisse Chiles der letzten Jahrzehnte sind also von grundlegender Bedeutung für das Schicksal der Frauen und Männer, die hier zu Wort kommen. Wir glauben, dass es zum Verständnis der persönlichen Lebensberichte beiträgt, wenn wir im Folgenden versuchen, die historischen Ereignisse der letzten Jahrzehnte Chiles aus unserer Sicht zu beschreiben.

Aufbruch und Befreiung

Um die gesellschaftliche und politische Entwicklung Chiles vor und zur Zeit der Regierung Allende zu verstehen, müssen die sozialen Bedingungen, unter denen die Mehrheit der Bevölkerung damals zu leben hatte, beachtet werden. Die vorliegenden Berichte reflektieren zum Teil, wie es den Landarbeitern ging, unter welchen Bedingungen die Arbeiter in den Minen schufteten, wie ungerecht das Einkommen verteilt war und in welch menschenunwürdigen Behausungen viele wohnen mussten. Ein Teil der Autoren erlebte eine sehr harte, entbehrungsreiche, ständig von der Not begleitete Kindheit und Jugendzeit, sie gehörten zu den Benachteiligten und ihre Berichte über ihre damaligen Lebensumstände lassen in etwa erkennen, wie das Alltagsleben für sie aussah. Ihr Weg in linke oder revolutionäre Organisationen war folgerichtig und hängt meist mit Arbeit, Berufsleben und Gewerkschaft zusammen.

Ein anderer Teil der Autoren stammt aus der bürgerlichen Mittelschicht oder gehörte sogar zu Großgrundbesitzerfamilien. Sie kommen aus Familien mit einem konservativen Gesellschaftsbild, das oft sehr katholisch geprägt war. Ihr Zugang zu einer linken, gesellschaftsverändernden Lebenseinstellung erfolgte zum Teil durch klar identifizierte Schlüsselerlebnisse, wie das z. B. Mario Ramirez beschreibt, oder durch das Hineinwachsen in die dynamische Studentenbewegung der Sechzigerjahre, was bei Francisca Sanchez und Maria Martinez der Fall war. Diese ideologische Kehrtwendung bedeutete oft einen Bruch mit der Familie und einen Verzicht auf materielle Sicherheit.

Die Sechzigerjahre waren eine Zeit großer gesellschaftlicher Veränderungen. In Europa ging die Nachkriegszeit zu Ende, es gab die revolutionäre Studentenbewegung, die auch nach Chile ausstrahlte. Die kubanische Revolution stellte sowohl die Dominanz des nordamerikanischen Imperialismus als auch eine Gesellschaftsstruktur, die durch den Großgrundbesitz bestimmt ist, in Frage. Die katholische Kirche hatte sich durch das Zweite Vatikanische Konzil den realen Anliegen der Menschen genähert. Die katholische Soziallehre bildete in Chile und auch anderswo die Grundlage für das Entstehen der christdemokratischen Parteien. Manche Christen gingen den Weg weiter bis hin zur Befreiungstheologie und den Christen für den Sozialismus. Das Christentum als die ideologische Grundlage des in Lateinamerika seit Jahrhunderten gültigen Herrschaftsmodells wurde in Frage gestellt. Eduardo Avendaño schreibt in seinem Bericht über diese Zeit: »Das Leben in Chile war damals von vielen Hoffnungen getragen. Die Situation der Menschen verbesserte sich in dem Maße, als die politische Macht von der Rechten zur Linken überging.« Er schreibt das im Hinblick auf die Tatsache, dass der konservativen Regierung 1964 die der Christdemokraten unter dem Präsidenten Eduardo Frei folgte und 1970 schließlich der Sozialist Salvador Allende die politische Macht übernahm.[1]

Das Versagen des christdemokratischen Reformmodells und die Wahl Allendes

Jorge Fuentes geht in seinem Beitrag auf die Hoffnungen ein, die damals viele junge Leute in die Christdemokraten setzten,

1 Zur chilenischen Parteienlandschaft siehe den Eintrag *Politische Parteien* im Glossar

und schildert auch, wie diese enttäuscht wurden, was schließlich 1970 zum Wahlsieg der *Unidad Popular* führte.
Die Christdemokraten hatten unter Präsident Eduardo Frei (1964–1970) mit sozialen Reformen begonnen, die jedoch nur teilweise wirksam wurden. Sie beschlossen ein Gesetz zur Agrarreform, sie verbesserten das Gesundheits- und Bildungswesen, sie forcierten den Wohnbau und schufen durch die Einrichtung von Nachbarschaftsorganisationen, den *Juntas de Vecinos*, in den Wohnvierteln die Möglichkeit einer gewissen Einbindung der Bewohner der riesigen Stadtrandsiedlungen, der *Poblaciones*. Diese *Juntas de Vecinos* arbeiteten auch zur Zeit der *Unidad Popular* sehr intensiv, wie es zum Beispiel Juan Correa erwähnt. Die Christdemokraten versuchten innerhalb des bestehenden Gesellschaftssystems soziale Reformen durchzusetzen. Es sollte ein Gegenmodell zur kubanischen Revolution sein. Frei sprach von einer Revolution in Freiheit. Das Modell stieß aber an seine Grenzen, denn die Freiheit derer, die über Boden, Produktionsmittel oder sonstiges Kapital verfügten, wurde kaum angetastet. So zum Beispiel bei der Landreform, die nur in einem bescheidenen Ausmaß durchgeführt wurde. Die Regierung Frei setzte sich gegen die Großgrundbesitzer nicht durch und sie wagte es auch nicht, die Ausbeutung der chilenischen Minen durch die nordamerikanischen Firmen zu beenden.
Gegen Ende seiner Regierungszeit waren alle Reformen ins Stocken geraten und die Bourgeoisie hoffte, durch einen Wahlsieg Allessandris wieder alles rückgängig machen zu können. Unter den WählerInnen der Christdemokraten aber herrschte der Wunsch vor, die Reformen weiterzuführen, wenn schon nicht mit Tomic, der 1970 ihr Kandidat war, dann eben mit Allende. Dieser erreichte 1970 mit 37 % zwar nur die relative Mehrheit, doch bei der nachfolgenden Wahl im Parlament stimmten die Christdemokraten für ihn, womit Allessandri endgültig ausschied. Allende war somit frei und demokratisch gewählt und seine Regierung respektierte die demokratischen Freiheiten bis zum letzten Tag.
Die Wut der politischen Rechten über diese Entwicklung entlud sich schon vor dem Amtsantritt Allendes in der Ermordung des Oberkommandierenden des Heeres, General René Schneider, durch die rechtsextreme Terrorgruppe *Patria y Libertad*.

Schneider hatte es abgelehnt zu putschen, um den Amtsantritt Allendes zu verhindern. Er bekannte sich zur Verfassungstreue und sah in den Militärs nicht den bewaffneten Arm der Oligarchie, was diese erwartete und später auch durchsetzte.

Programm und Politik der *Unidad Popular*

Die *Unidad Popular* war eine Koalition von sechs Linksparteien. Die Sozialistische Partei und die Kommunistische Partei waren die beiden stärksten Gruppierungen, dann folgte die in der laizistischen Mittelschicht verankerte Radikale Partei, von der sich aber ein Teil abgespalten hatte. Kleinere Parteien in dieser Koalition waren: die von linken Christdemokraten her kommende *MAPU*, die Sozialdemokratische Partei und die API, eine kleine unabhängige linke Gruppe. Ihr gemeinsames Programm bildete die Grundlage der Regierung Allendes. Es stellte die Lösung der brennenden sozialen und wirtschaftlichen Probleme des Landes in einen klaren Zusammenhang mit der äußeren Abhängigkeit und der internen Sozialstruktur, der ungerechten Verteilung des Reichtums. Kupfer ist z. B. der wichtigste Exportartikel Chiles, doch den Gewinn aus diesem Export eigneten sich US-Konzerne an, für Chile blieb fast nichts. Dieselbe Abhängigkeit herrschte auch in der Industrie und bei den Banken. In diesen Strukturen sah das Programm der *Unidad Popular* die eigentlichen Ursachen für die so genannte Unterentwicklung, für die Not der Millionen. Damals wurde in Chile und in ganz Lateinamerika betont, dass die politische Zielvorgabe nicht Entwicklung heißt, sondern Befreiung. Befreiung von der äußeren Abhängigkeit und Befreiung von der internen Ausbeutung. Denn Entwicklung ohne Befreiung könne keine Entwicklung für die Benachteiligten sein, sondern würde nur das vorhandene Herrschaftsmodell stabilisieren.
Die Regierung Allendes setzte alles daran, um die strukturellen Ursachen des Elends zu überwinden. Dazu gehörte die Kontrolle über die Kupferminen, die beschleunigte Durchführung der Agrarreform und die Anhebung der Löhne und Gehälter. Die Kontrolle über die industrielle Produktion und die Banken konnte die Regierung, die im Parlament keine Mehrheit hatte, nur in Teilbereichen durchsetzen. An der Basis waren die rasch

einsetzenden Reformen in den Bereichen Gesundheit, Bildung und Wohnbau sowie die Maßnahmen gegen die Arbeitslosigkeit für die Bevölkerung unmittelbar spürbar. Im Kampf gegen die Unterernährung der Kinder wurde täglich für jedes Kind ein halber Liter Milch zur Verfügung gestellt.
Obwohl diese Reformen keineswegs revolutionären Charakter hatten, gab es im Land eine revolutionäre Stimmung. Ausschlaggebend war, dass die ärmeren sozialen Schichten nun das Bewusstsein hatten, nicht mehr rechtlos zu sein, sondern in dieser Regierung mitbestimmen zu können, was im Lande geschieht und wie der Reichtum verteilt wird. Gerade das aber war für die herrschende Schicht unerträglich, die Angehörigen der Oberschicht hatten jahrhundertelang auf alle anderen herabgeschaut, sie hatten sie in keiner Weise als gleichberechtigt angesehen, sondern als Menschen zweiter Kategorie. Die Aufwertung derer, die bisher nicht nur benachteiligt, sondern auch verachtet waren, erklärt vielleicht die Aggressivität der Oberschicht gegen die neue Regierung.
Fast in allen Berichten sprechen die Autoren und Autorinnen mit Enthusiasmus über diese Zeit, über die große allgemeine Anstrengung, die jede und jeder in seinem Bereich erbrachte, um aus Chile ein Land zu machen, in dem es Gerechtigkeit und Freiheit für alle gibt. Alle schreiben von der großen Begeisterung, die sie erfasst hatte, wie sie bis zur Erschöpfung arbeiteten und wie das Bewusstsein, an der Realisierung eines großen Zieles mitzuarbeiten, ihnen Kraft und Zuversicht verlieh. Diese Aufbruchstimmung fand auch in einem völlig neuen Kulturverständnis seinen Ausdruck, wie das zum Beispiel in den Berichten von Fresia Porte und Eduardo Labarca deutlich wird. Es war die Zeit des »Canto Nuevo« eines Victor Jara und einer *Isabella Parra*, um nur diese zwei zu nennen. Das Leben der einfachen Menschen in den *Poblaciones* der Großstädte und der LandarbeiterInnen wurde Gegenstand der künstlerischen Reflexion.

Der Krieg der »Mumien«

Die Oberschicht, von der Linken als Mumien (*Momios*) bezeichnet, setzte alle ihre ökonomischen und politischen Mittel gegen die Regierung ein. Zunächst hatte sie aber keinen Erfolg, denn der Mehrheit der Bevölkerung ging es jetzt einfach besser. Durch die Stärkung der Kaufkraft breiter Schichten wurde die Produktion belebt und gab es kaum mehr Arbeitslose. Bei den Kommunalwahlen um die Jahresmitte 1971 erreichten die Parteien der *Unidad Popular* 51 %, einen Zuwachs von 14 % gegenüber den Präsidentschaftswahlen. Die chilenische Bourgeoisie war alarmiert, aber ebenso die Regierung Nixon in Washington, die nicht nur um die US-amerikanischen ökonomischen Interessen in Chile bangte, sondern vor allem befürchtete, dass der chilenische Prozess eine Vorbildwirkung auf andere Länder Lateinamerikas haben könnte.

Die chilenische Oberschicht und die Regierung der USA gingen nun gemeinsam daran, die Regierung Allende zu destabilisieren. Durch massive Interventionen der USA wurde Chile ökonomisch isoliert: Chile bekam keine Kredite mehr, es gab keine Ersatzteile aus dem Ausland, keinen Technologietransfer, und vor allem der Verkauf des chilenischen Kupfers wurde weltweit boykottiert. In Chile wurden die Devisen knapp, die Produktion ging zurück, und es kam zu Versorgungsengpässen, die alle spürten. Gegen Ende 1972 glaubte die Bourgeoisie, dass die Zeit für den Sturz der Regierung reif sei, und organisierte einen Unternehmerstreik. Die Geschäfte blieben geschlossen, die Fabriken stellten ihre Arbeit ein, die Transportunternehmer ließen ihre Lastwagen nicht fahren. Es gehört zu den größten Leistungen der chilenischen Linken, dass es gelang, diesen Angriff abzuwehren. In einer beispiellosen Mobilisierung engagierten sich die Anhänger der Regierung, um die Auswirkungen des Unternehmerstreiks, der über einen Monat dauerte, so weit zu unterlaufen, dass die wichtigsten Versorgungsfunktionen aufrechterhalten werden konnten. Die Rechte gab den Streik auf, als Allende bereit war, hohe Militärs in Ministerämter zu berufen. Es war ein Kabinett der nationalen Sicherheit, das einige Monate im Amt blieb.

Im März 1973 gab es Parlamentswahlen, die Hälfte der Senatoren und der Abgeordneten musste neu gewählt werden. Die Linke hatte keine Mehrheit im Parlament und konnte schon bisher nur die Reformen beschließen, denen auch die Christdemokraten zustimmten. Diese hatten aber inzwischen die Fronten gewechselt und gingen nun ein Wahlbündnis mit der Rechten ein. Die beiden großen Oppositionsparteien hofften, bei der Parlamentswahl eine Zweidrittelmehrheit zu erreichen, um Allende durch einen Misstrauensantrag absetzen zu können. Doch das Volk entschied anders. Die *Unidad Popular* erreichte 43 % der Stimmen und gewann Abgeordnete dazu, allerdings nicht genug, um im Parlament eine Mehrheit zu bekommen. Damit war die Pattstellung zwischen Regierung und Parlament nicht aufgehoben, die Regierung konnte keine Reformgesetze durchbringen und die Opposition musste sich andere Strategien überlegen, um die Regierung zu stürzen. Sie verlegte die Auseinandersetzung nun immer mehr auf die Straße und begann, den Militärputsch vorzubereiten.

Die Gefahr eines Militärputsches wurde von der *Unidad Popular* gröblichst unterschätzt, sie war überzeugt, dass Chiles Militär verfassungstreu ist und bleibt. Den Putschisten war klar, dass sie nur dann einen Putsch wagen können, wenn es gelingt, im ganzen Land eine chaotische Situation herbeizuführen, und infolgedessen der Ruf nach einer Lösung, wie immer sie aussieht, alles andere beherrscht. Das zentrale Mittel dafür war der Streik der Fuhrwerksunternehmer. Der Lastkraftwagen- und Busverkehr kam fast hundertprozentig zum Stillstand. Die Versorgung brach zusammen, die Leute konnten nicht mehr in die Arbeit fahren. Tausende Lastautos waren vor der Stadt auf den Feldern abgestellt und streng bewacht. Die Fuhrwerksunternehmer wurden für ihren Ausstand reichlich mit CIA-Geldern bezahlt, »Streikbrecher« wurden überfallen und ermordet, auf die wenigen Eisenbahnlinien wurden Attentate verübt. Die seit Anfang Juli angespannte Situation wirkte zermürbend, die Menschen brachten nicht mehr genügend Kraft auf, um wie im Vorjahr effizienten Widerstand zu leisten.

Die Verantwortung für die Politik der Obstruktion, des Boykotts, der Unterstützung des Terrors und damit für den blutigen Putsch tragen wohl zu gleichen Lasten die chilenische Oberschicht und die Regierung der USA. Dante Notari meint bei seiner Analyse des Putsches: »Der Militärputsch war eine Konsequenz des Kalten Krieges, des nordamerikanischen Imperialismus und des weltweiten Kapitalismus.« Um gegen diese Offensive wenigstens eine geringe Chance zu haben, hätten die Parteien der *Unidad Popular* und die Regierung einige schwerwiegende Fehler nicht machen dürfen. Durch parteipolitische Engstirnigkeit wurde zum Beispiel so manche Möglichkeit der

Kooperation mit den Christdemokraten verspielt. Das Schlimmste aber war die Uneinigkeit zwischen den führenden Parteien der *Unidad Popular*, den Sozialisten und den Kommunisten. Auch angesichts der Zuspitzung der Lage, der offenen Absicht der Rechten, die gewählte Regierung zu stürzen, konnten sie sich nicht auf eine gemeinsame Strategie einigen, wie dies Luis Olivares in seinem Bericht andeutet. Und Dante Notari meint, die *Unidad Popular* wäre zwar ein gutes Instrument gewesen, um Wahlen zu gewinnen, weil sie viele Strömungen vereinigte, aber »kein effizientes Instrument, um zu regieren, noch weniger, um sich gegen einen Militärputsch zu verteidigen«.

Der Militärputsch und die Diktatur

Maria Teresa Gallardo schreibt über den Tag des Putsches am 11. September 1973: »Nach diesem Tag wurde in meinem Leben alles anders.« Das gilt wohl für alle Autorinnen und Autoren, aber auch für alle, die damals auf die Erneuerung Chiles gehofft hatten. Der Schrecken, die Traurigkeit und die bittere Enttäuschung kommen in allen Berichten zum Ausdruck, es war der totale Zusammenbruch der großen Erwartungen und Perspektiven.

Der Putsch wurde von Heer, Marine, Luftwaffe und der Polizei gemeinsam durchgeführt. Die anfängliche Hoffnung, dass große Teile des Heeres nicht mitmachen würden, stellte sich bald als Illusion heraus. Einzelne Soldaten und Offiziere, die sich weigerten, gegen die demokratisch legitimierte Regierung vorzugehen, wurden sofort erschossen. Die Putschisten verbreiteten die Lüge, die links von Allende stehenden Gruppen wären hoch gerüstet und hätten einen Putsch gegen die Regierung und ein Massaker geplant. Diese Fiktion nannten die Militärs den *Plan Z* und dem hätten die Militärs zuvorkommen müssen. Mit dieser Lüge wurden die Soldaten motiviert, das Feindbild des Antikommunismus, das die Rechte geschaffen hatte, wirkte. Chile müsse vom Krebsgeschwür des Marxismus befreit werden, quasi eine Operation am Volkskörper, bei der zwangsläufig auch Blut fließt, sei notwendig, meinte Pinochet. Er und seine Kumpanen gaben vor, zur Rettung der christlich-abendländischen Tradition zu handeln, und verübten in deren Namen die schlimmsten Verbrechen.

Der Widerstand der Linken war minimal, wie das z. B. Luis Parra berichtet. Kämpfe gab nur es in einigen Industriekomplexen. Diese waren aber rasch beendet, weil die Arbeiter praktisch keine Waffen hatten. Auch jene, die immer davon gesprochen hatten, die Linke müsse sich auf einen bewaffneten Kampf vorbereiten, waren nicht gerüstet. Allende kämpfte im Regierungspalast *Moneda* mit seiner Leibgarde gegen die Angreifer. Er hatte immer gesagt, das Volk habe ihn in dieses Amt gewählt und nur das Volk könne ihn absetzen. Er hielt eine letzte, erschütternde und zugleich hoffnungsvolle Rede an das chilenische Volk, knapp bevor die *Moneda* bombardiert wurde und er selbst starb. Die Möglichkeit, das Land zu verlassen, hatte er abgelehnt.
Die nun folgende Schreckensherrschaft kostete Tausenden das Leben. Eine gnadenlose, oft völlig willkürliche Verfolgung setzte ein. Folterspezialisten aus Brasilien lehrten die chilenischen Militärs ihr grausames Handwerk, Konzentrationslager wurden errichtet. Zuerst benützten sie die Sportstadien. José Henriquez berichtet von seinen Tagen im Estadio Nacional. Dann wurden die Gefangenen zum Teil in alte Arbeiterunterkünfte der aufgelassenen Salpeterminen in der Wüste, wie *Chacabuco* bei Antofagasta, gebracht, wovon José Contreras berichtet. Die prominenten Häftlinge wurden auf der kalten und unwirtlichen Insel Dawson gefangen gehalten, tief im Süden des Landes. Über 2.000 Personen wurden verschleppt und sind nie mehr zurückgekommen, das sind die so genannten *Verschwundenen*. Sie wurden meist in der Nacht von Bewaffneten aus ihrem Haus geholt, aber Militär und Polizei leugnen, diese Personen jemals verhaftet zu haben. Auf diese Weise verlor Ana Careño ihren Mann und ihren fünfzehnjährigen Sohn. Ein Teil der *Verschwundenen* wurde schon zur Zeit der Diktatur in Massengräbern entdeckt, aber die Machthaber weigerten sich, die Toten den Angehörigen zur Bestattung zu übergeben. Eine große Fluchtbewegung setzte ein, mehrere Hundertausend Chilenen suchten ihre Rettung im Exil.
Ein großer Teil der Autorinnen und Autoren der vorliegenden Berichte erfuhr am eigenen Leib Gefängnis und Folter. Manche gehen auf das Erlittene ziemlich genau ein, andere zählen nur die Stationen ihres Leidensweges auf und manche sagen einfach: »Ich kann darüber nicht reden.« Julian Ricci hatte schon

vor unserer Studie seine Erlebnisse bei und nach der Gefangennahme für eine Kommission niedergeschrieben, die nach dem Ende der Diktatur zur Wahrheitsfindung eingesetzt wurde, und er wollte, dass wir diesen Bericht seiner Lebensgeschichte beifügen. Ein Beispiel aus den rund 2.000 Berichten, die diese Kommission sammelte.

Die *Militärjunta* hatte versprochen, alle sozialen Errungenschaften der ArbeiterInnen zu respektieren. Das Gegenteil geschah. In den ersten Jahren nach dem Putsch gab es eine sprunghafte Steigerung der Arbeitslosigkeit und der Armut. In den Stadtrandsiedlungen, in den *Poblaciones*, hungerte die Bevölkerung, karitative Organisationen richteten Ausspeisungsküchen für Kinder ein, um die größte Not zu lindern. Die Kirchen wurden zu einem zentralen Faktor im Kampf um die Menschenrechte. Zuerst war es das Komitee für den Frieden *(Comité por la Paz)*, in dem ein katholischer und ein evangelischer Bischof zusammenarbeiteten, dann wirkten das *Vikariat der Solidarität* von der katholischen Kirche und die evangelische Organisation FASIC in diesem Sinne weiter. Tausende Menschen konnten durch diese Einrichtungen gerettet werden. Die politischen Parteien wurden verboten, das Parlament aufgelöst. Die linken Parteien versuchten im Untergrund weiterzuarbeiten, was viele Opfer kostete. Auch davon berichten einige unserer Autoren. Die Christdemokraten hatten gehofft, dass die Militärs sich bald wieder in die Kasernen zurückziehen würden und sie dann die Macht übernehmen könnten. So kam es aber nicht, obwohl die Christdemokraten mitgeholfen hatten, den Weg zum Putsch zu ebnen. Sie hatten damit auch den Weg zur Diktatur und zu den schlimmsten Menschenrechtsverletzungen geebnet.

Die Talfahrt der Wirtschaft wurde gegen Ende der Siebzigerjahre durch die Einführung des monetaristischen Systems gebremst. Nur mehr die Stabilität der Währung zählte, nicht die Arbeitslosenrate, nicht der soziale Ausgleich. Chile war das erste Land, das die Lehren von Milton Friedman und seinen Schülern, den so genannten »Chicago-Boys«, in die Praxis umsetzte. Dieses neoliberale Modell verlangte einerseits größte Opfer von der Bevölkerung, die unter den Bedingungen der Diktatur eben durchsetzbar waren, bescherte aber Chile andererseits ein lang anhaltendes makroökonomisches Wirtschaftswachstum.

Ein Wachstum, das die alte Oberschicht maßlos begünstigte und viele Neureiche hervorbrachte, aber bei den unteren Sozialschichten Arbeitslosigkeit und Einkommensverluste bewirkte. Durch die Zerschlagung der linken Parteien und der Gewerkschaften gab es keine politische Kraft, die die Zunahme der sozialen Gegensätze gestoppt hätte.
1980 diktierte Pinochet dem Land eine Verfassung, die ihm die Möglichkeit einräumte, bis 1998 im Amt zu bleiben. Zu Beginn der Achtzigerjahre nahm der zivile Widerstand gegen die Diktatur erheblich zu und erreichte in der Mitte des Jahrzehnts den Höhepunkt. Menschenrechtsorganisationen, die Familienangehörigen der Ermordeten und *Verschwundenen*, neu formierte Gewerkschaften, Basisorganisationen der *Poblaciones* und Anhänger der verbotenen Parteien schlossen sich zu einer gewaltigen Bewegung zusammen und veranstalteten trotz Verfolgung und Unterdrückung immer wieder Protesttage, bei denen bis zu eine Million Menschen auf die Straße gingen und eine Demokratisierung verlangten. Die Konflikte mit der Polizei kosteten immer wieder Menschenleben, auch Morde durch Agenten der Geheimpolizei waren wieder an der Tagesordnung. Um die Protestbewegung zu spalten und zu schwächen, nahm die Militärregierung mit einem Teil der Bewegung, vor allem mit den Christdemokraten, Verhandlungen auf, die zum Ergebnis führten, dass sich Pinochet 1988 mit der Frage, ob er auch nach 1990 noch Präsident bleiben solle oder nicht, einer Volksabstimmung stellte.
Pinochet hatte mit einem klaren Sieg gerechnet, aber es kam anders. Trotz der schwierigen Bedingungen für die Gegner des Regimes lehnte eine deutliche Mehrheit den weiteren Verbleib des Diktators ab. Aufgrund der starken internen Mobilisierung und des großen internationalen Drucks sahen sich die Militärs gezwungen, das Ergebnis anzuerkennen. Sie gingen damit kein großes Risiko ein, denn die Verhandlungen zwischen Militärregierung, den Christdemokraten und einem Teil der Linken hatten ja sichergestellt, dass auch nach dem Abgang von Pinochet die Verfassung von 1980 mit kleinen Veränderungen in Kraft bleibt. Das bedeutete, dass die Militärs für die Verbrechen gegen die Menschenrechte nicht verfolgt werden können.
Erst mehr als ein Jahr später, im Dezember 1989, fanden wieder Wahlen statt. Christdemokraten und Sozialisten hatten sich

zur »Concertación por la Democrácia« zusammengetan und den Christdemokraten Patricio Aylwin als gemeinsamen Kandidaten präsentiert, der die Wahl für sich entscheiden konnte. Der Kandidat, den Pinochet ins Rennen geschickt hatte, erreichte aber über ein Drittel der Stimmen, was die tiefe Spaltung der chilenischen Gesellschaft zeigt. Der Jubel war riesengroß, das Land war voll neuer Hoffnung. Im März 1990, nach fast 17 Jahren, musste der Diktator das Feld räumen. Peter Zahradnik vertritt in seinem Beitrag die Meinung, dass zwei Faktoren dafür entscheidend waren: erstens der Kampf des chilenischen Volkes und zweitens die fortdauernde internationale Solidarität mit Chile, die zur lückenlosen internationalen Isolation der *Militärjunta* geführt hatte.

Demokratie mit Einschränkungen

Patricio Aylwin trat im März 1990 sein Amt an, Pinochet blieb Oberbefehlshaber des Heeres. Er hatte seinen weiteren Einfluss gründlich abgesichert: durch die Bestellung der Obersten Richter auf Lebenszeit, durch die Ernennung eines Teils der Senatoren nach seiner Wahl, durch ein Wahlgesetz, das die Rechte eindeutig bevorzugt, und durch die Bestimmung, dass dem gewählten Präsidenten nicht das Recht zusteht, die Oberkommandierenden der drei Waffengattungen zu ernennen. Die neue Regierung führte die neoliberale Wirtschaftspolitik ungebrochen weiter, und das bescherte Chile auch in den Neunzigerjahren ein beachtliches Wirtschaftswachstum. Aylwin bekannte sich allerdings zum Abtragen der sozialen Schuld, also zur Verbesserung der Situation der unteren Sozialschichten, aber es änderte sich nicht viel, noch heute leben Millionen in Armut.

Die Concertación hatte vor der Wahl versprochen, für die Aufklärung der Menschenrechtsverbrechen während der Diktatur einzutreten. Die Regierung Aylwin setzte die schon erwähnte Kommission für die Wahrheitsfindung und Versöhnung ein, die unter ihrem Vorsitzenden Raúl Rettig im März 1991 aufgrund von Zeugenaussagen ihren Bericht vorlegte. Er beschränkt sich darauf, die Verbrechen zu erfassen, ohne nach den Verantwortlichen zu fragen. Dieser Bericht belegt, dass während der Diktatur 1.068 Personen ermordet wurden, 957

Verhaftete sind verschwunden und 164 Personen wurden bei Zusammenstößen mit der Polizei getötet. Diese Erhebung ist nicht vollständig, auch die Opfer des Putsches selbst wurden nicht erfasst. Aber sie war ein erster Schritt zur Aufklärung, dem lange kein zweiter Schritt folgte. Die Kommission hatte nicht den Auftrag, die Namen der Schuldigen zu eruieren, ebenso wurden Folterungen, willkürliche Verhaftungen oder Verbannungen nicht registriert. Pinochet hatte angekündigt, er werde nicht dulden, dass einem seiner Leute auch nur ein Haar gekrümmt werde. Entsprechende militärische Drohgesten folgten, und daher wagte niemand, auch nur eine Andeutung über die Verantwortlichen zu machen.

Die Massenbewegung, die in den Achtzigerjahren die Konfrontation mit der Diktatur durchgestanden hatte, war mit dem ausverhandelten Übergang zur Demokratie nicht zufrieden, sie wollte keine Lösung von Gnaden Pinochets, sie wollte eine grundlegende Veränderung der Gesellschaft. Sie verlangte eine gerichtliche Verfolgung der Schuldigen und eine wirklich demokratische Verfassung. Die Ablöse Pinochets war aber durch Kompromisse zustande gekommen, von denen viele enttäuscht waren. Die Konsequenz war, dass diese Volksbewegung ihre Dynamik verlor. Zusammen mit der Unzufriedenheit über die Fortführung des neoliberalen Wirtschaftskurses führte diese Entwicklung zu einer tief greifenden politischen Frustration der großen Mehrheit, zum Gefühl, es habe sich trotz Demokratisierung nur wenig geändert. Die Folge ist eine immer massiver werdende Wahlenthaltung.

Auf Patricio Aylwin folgte 1994 Eduardo Frei, der Sohn des früheren Präsidenten, wieder ein Christdemokrat. Pinochet musste 1998 infolge des für ihn verlorenen Plebiszits seine Funktion als Oberkommandierender des Heeres niederlegen und wurde gemäß der von ihm diktierten Verfassung von 1980 Senator auf Lebenszeit, was viele als eine Verhöhnung der Demokratie empfanden.

Gegen Ende der Amtszeit von Frei wurde Pinochet 1998 in London aufgrund eines Haftbefehls des spanischen Richters Baltazar Garzón unter Hausarrest gestellt. Das war für alle, die sein Regime verfolgt hatte, eine erste Hoffnung auf Gerechtigkeit. Er musste eineinhalb Jahre in London bleiben, die britische Justiz bestätigte aufgrund der internationalen Konvention

gegen die Folter die Rechtmäßigkeit des Verfahrens. Anfang 2000 wurde er aber wegen seines angeblich schlechten Gesundheitszustandes von der britischen Regierung freigelassen und konnte nach Chile zurückkehren.
Allgemein wurde angenommen, dass Pinochet in Chile vor einer strafrechtlichen Verfolgung sicher sei. Es wurden zwar zahlreiche Anklagen gegen ihn erhoben, doch zunächst schützte ihn seine Immunität als Senator. Durch die Verhaftung in London war das internationale Interesse am Fall Pinochet aber stark gestiegen, und das trug dazu bei, dass im August 2000 der Oberste Gerichtshof seine Immunität aufhob.
Zahlreiche Anklagen wurden nun eingebracht. Besonders das strafrechtliche Verfahren, das der Richter Juan Guzmán gegen Pinochet wegen seiner Mitverantwortung bei den Morden an politischen Gefangenen im Rahmen der so genannten Todeskarawane des General Arellano, einleitete, belastete Pinochet schwer. Die Aufregung bei den rechten Parteien, die immer noch Anhänger Pinochets sind, und bei den Militärs war groß. Wieder endete das Verfahren wie schon in London: Im Juli 2001 entschied ein Berufungsgericht in Santiago, dass das Verfahren gegen den ehemaligen Diktator einzustellen sei, weil er an Altersschwachsinn leide. Trotz dieses Ausgangs werten viele die Tatsache, dass erstmals der Versuch unternommen wurde, einen ehemaligen Diktator vor Gericht zu stellen, als positiv.
Im Jänner 2000 gewann der Sozialdemokrat Ricardo Lagos, er war der gemeinsame Kandidat der Concertación, knapp die Präsidentschaftswahl vor dem Kandidaten der Rechten. Juana Maticorena und Eduardo Avendaño, die beiden Autoren, die ihren Bericht in Chile verfassten, erwähnen ihre Hoffnungen, die sie in den neuen sozialistischen Präsidenten Lagos setzen. Aber es ist offen, ob ihre Erwartungen erfüllt werden.

Glossar

Altamirano, Carlos: Generalsekretär der Sozialistischen Partei Chiles zur Zeit des Putsches

Araukanie: Siedlungsgebiet der Mapuches im Süden Chiles

Barrio Alto: Viertel der Reichen in Santiago

Brigada Elmo Catalán: Gruppe von Mitgliedern der Sozialistischen Jugend, die politische Wandmalereien machte

Campamento: eine durch die organisierte Besetzung eines ungenützten Grundstückes entstandene Siedlung, wo die Familien in rasch errichteten provisorischen Behausungen aus Brettern und Plastikplanen leben

Canto Poblacional: Lieder, die sich mit der Situation und den Hoffnungen der Pobladores beschäftigen

Centro de Madres: schon zur Zeit der Regierung Frei wurden in den Poblaciones Frauen- und Müttergruppen gegründet, um über die Vermittlung von hausfraulichen Fertigkeiten den politischen Einfluss der Christdemokraten zu festigen; zur Zeit der Unidad Popular lösten sich viele Gruppen auf, andere politisierten sich im Sinne der neuen Herausforderungen

Chacabuco: liegt in der Wüste von Atacama, 1.200 Kilometer nördlich von Santiago und war bis 1940 ein Zentrum des Salpeterabbaus; nach dem Putsch richteten die Militärs in der alten Bergarbeitersiedlung ein Konzentrationslager ein.

CIME (Comité Intergubermental para la Migration Europea): Zwischenstaatliches Komitee für europäische Migration, engl.: ICEM

Comité Forestal: staatliche Einrichtung zur Förderung der Holzproduktion

Comité por la Paz: Menschenrechtsorganisation, die unmittelbar nach dem Putsch von den Bischöfen Ariztía (katholisch) und Frenz (evangelisch) gegründet wurde

Compañera, Compañero: übliche Anrede zwischen Menschen mit einer linken Gesinnung, wörtlich: Gefährtin, Gefährte

Compañero Presidente: gemeint ist Präsident Allende

CORFO (Cooperación de Fomento de la Producción): Gesellschaft zur Förderung der Produktion

Corvalán, Luis: Generalsekretär der Kommunistischen Partei Chiles zur Zeit des Putsches

Cuatro Alamos: ein abgesonderter Teilbereich des Konzentrationslagers Tres Alamos

CUT (Central Unica de Trabajadores): Dachverband der Gewerkschaften. In Chile gibt es nur Gewerkschaften auf Betriebsebene. Dachverbände sind freiwillige Zusammenschlüsse, die aber keine Verhandlungsposition haben.

DINA (Dirección de Inteligencia Nacional): Geheimdienst der Diktatur

ERP (Ejercito Revolutionario Popular): Guerilla in Argentinien

Fiducia: ultrarechte katholische Organisation in enger Verbindung mit Opus Dei, deren Kampfruf »Dios, Patria y Familia« (Gott, Vaterland und Familie) lautete

Habeas Corpus: Rechtsmittel, das Anwälte anzuwenden versuchten, um verschleppte Personen zu finden.

ICEM (Intergovernmental Commitee for European Migration): Zwischenstaatliches Komitee für europäische Migration, span.: CIME

ITT (International Telephone & Telegraph Corporation): US amerikanischer Konzern, dessen Einrichtungen in Chile durch die Regierung Allende verstaatlicht wurden und der dann führend an der Destabilisierung Chiles beteiligt war

Izquierda Cristiana: Linkschristen, eine politische Partei, die 1971 durch eine Abspaltung von den Christdemokraten entstanden ist und mit der Regierung Allende zusammenarbeitete

Junta de Vecinos: unter der Regierung Frei wurde ein Gesetz beschlossen, das die Organisation der Bevölkerung in allen Wohnvierteln ermöglichte. Die Aufgabe der Juntas de Vecinos war es einerseits, die Interessen der Bevölkerung gegenüber den Behörden zu vertreten, andererseits die Selbstorganisation zu fördern. Es ging dabei z. B. um die Wasserversorgung, die Befestigung der Straßen, die Anlage von Grünflächen oder um die Kooperation mit den Schulen und, wenn vorhanden, mit den Gesundheitseinrichtungen. Der Vorstand der Junta de Vecinos wurde von der jeweiligen Wohnbevölkerung gewählt, wobei die politischen Parteien versuchten, Einfluss auszuüben.

Macondo: Komplex einer ehemaligen Kaserne am südöstlichen Stadtrand Wiens, wo Flüchtlinge aus aller Welt wohnen, und den die Chilenen nach dem fiktiven Ort im Roman »Hundert Jahre Einsamkeit« des kolumbianischen Schriftstellers Gabriel Garcia Marquéz benannten

MAPU (Movimiento Acción Popular Unitaria): linkschristlich orientierte Partei, die sich 1968 von den Christdemokraten abgespaltet hat

Mapuches: Ureinwohner Chiles, die heute vor allem in den südlichen Provinzen leben

Mapudungu: Sprache der Mapuches

Maximalisten: alte Bezeichnung für Marxisten

MDP (Movimiento Democrático Popular): Allianz von Parteien und Bewegungen gegen die Militärdiktatur

Militärjunta: jene vier Generäle, die den Putsch anführten:
General Augusto Pinochet, im August 1973 von Allende zum Oberbefehlshaber des Heeres ernannt; Admiral José Toribio Merino, er-

nannte sich selbst beim Putsch zum Oberbefehlshaber der Marine, der bisherige Oberbefehlshaber Montero wurde abgesetzt und verhaftet; General Gustavo Leigh, von Allende 1973 zum Oberbefehlshaber der Luftwaffe ernannt und General César Mendoza, ernannte sich selbst beim Putsch zum Oberbefehlshaber der Polizei

MIR (Movimiento Izquierda Revolucionaria): revolutionäre Bewegung, die links von der Unidad Popular stand, aber fallweise mit ihr kooperierte

Momios: abwertende Bezeichnung für die politisch rechts stehende Oberschicht, wörtlich: Mumien

Moneda: Regierungspalast und Sitz des Präsidenten in Santiago, wurde beim Putsch bombardiert

Norte chico: wörtlich: kleiner Norden, Provinzen nördlich von Santiago bis zum Norte grande (großer Norden), der die Atacamawüste umfasst

Opus Dei (Werk Gottes): konservative, autoritär geführte katholische Organisation, die besonders die Eliten ansprechen will

Operación Condor: gemeinsame Aktion der Geheimdienste Chiles, Argentiniens, Uruguays und Paraguays zur Verfolgung der politischen Gegner der Diktaturen in diesen Ländern

Patria y Libertad: rechtsextreme Terrororganisation, die von den rechten politischen Parteien gefördert wurde, um die Regierung Allendes zu destabilisieren. Diese Gruppe ermordete z. B. nach dem Wahlsieg Allendes den Heereschef René Schneider, weil er sich weigerte zu putschen.

Plan Z: Ein Plan, der nie existierte, sondern nur eine Erfindung der Militärs war, um den Putsch zu rechtfertigen. Sie behaupteten, dass es eine linke Verschwörung gegen Allende und die Militärs gegeben hätte, der sie zuvorkommen mussten.

Población: Arbeiterwohnviertel

Poblador: Bewohner einer Población

Politische Parteien: Die politische Landschaft Chiles ist durch drei große Lager gekennzeichnet: das rechts stehende konservative Lager, die christdemokratisch geprägte Mitte und die politische Linke. Die Rechte wurde zur Zeit Allendes durch die Nationalpartei repräsentiert, die aus einer Fusion der Liberalen Partei mit der Konservativen Partei hervorgegangen war. Die wichtigsten Parteien der Linken sind: Die Sozialistische Partei und die Kommunistische Partei. Weitere linke Parteien waren MIR, MAPU und Izquierda Cristiana. Die Radikale Partei ist eine Mitte-Links-Partei mit einem stark laizistischen Charakter.

Porrhaus: Haus der Gewerkschaft am Karlsplatz, wo viele Solidaritätsveranstaltungen mit Chile stattfanden; heute steht an dieser Stelle die Bibliothek der Technischen Universität

Prats, Carlos, Heereschef von 1970 bis August 1973, legte seine Funktion zurück, weil er eine Spaltung des Militärs vermeiden wollte. Sein

Nachfolger wurde Augusto Pinochet. Prats und seine Frau wurden 1974 im Exil in Buenos Aires vom Geheimdienst Pinochets ermordet.

Pronunciamiento Militar: beschönigender Ausdruck für den Militärputsch

Recurso de Amparo: Rechtsmittel zum Schutz eines Verhafteten

Rotos: Schimpfwort für Arbeiter, wörtlich: Zerlumpte

Servicio de Inteligencia: Geheimdienst

Tanquetazo: Putschversuch einiger Militärs im Juni 1973, der nach einem kurzen Kampf zusammenbrach, benannt nach den Panzern (Tanques), mit denen sie zum Regierungspalast fuhren

Tres Alamos: ein Konzentrationslager in einem ehemaligen Kloster im Süden Santiagos

Tupamaros: uruguayische Befreiungs- und Guerillabewegung, die sich 1985, nach dem Ende der Diktatur, als politische Partei konstituierte und deren Name auf den von den spanischen Eroberern 1572 hingerichteten Inkaführer Tupac Amaru zurückgeht

UNHCR: Flüchtlingshochkommissariat der Vereinten Nationen

Unidad Popular: eine vor der Präsidentschaftswahl 1970 gebildete Koalition folgender sechs Parteien, die die Kandidatur Allendes unterstützten: Sozialistische Partei, Kommunistische Partei, Radikale Partei, Movimiento de Acción Popular Unitaria (MAPU), Sozialdemokraten und Acción Popular Independiente (API)

Unitas: gemeinsames Manöver nordamerikanischer, peruanischer und chilenischer Marineeinheiten Anfang September 1973

Verschwundene: Menschen, die während der Diktatur verschleppt wurden und deren Gefangennahme geleugnet wurde. Zum Teil konnten ihre Leichen gefunden werden, zum Teil ist ihr Schicksal bis heute ungeklärt, vermutlich wurden alle ermordet.

Vikariat der Solidarität: eine von Kardinal Silva Enriquez geschaffene Einrichtung zur Hilfe für politisch Verfolgte und ihre Angehörigen, nachdem die Militärregierung das Comité por la Paz verboten hatte

Villa Grimaldi: gefürchtetes Folterzentrum der DINA. Am Ende der Diktatur wurde das Gebäude zerstört, um Spuren zu verwischen. Menschenrechtsorganisationen errichteten an dieser Stelle eine Gedenkstätte für die Opfer.

Violeta Parra: geb. 1917, sammelte in ganz Chile Volkslieder und wurde zur bekanntesten chilenischen Volkssängerin. Sie trat im Radio auf und wurde bald in ganz Chile bekannt. Anfang der Sechzigerjahre lebte sie drei Jahre im Exil in Paris und hatte dort, gemeinsam mit ihren Kindern Isabella und Angel, große musikalische Erfolge. 1964 kehrte sie nach Chile zurück und gründete die »Peña de los Parra«, das Zentrum der chilenischen Volkskunst. 1967 schied sie freiwillig aus dem Leben.

Die HerausgeberInnen

Sigrun Berger, geboren 1934 in Krems, Arbeit in der Kunsttischlerei ihres Vaters, Fachschule für Holzbildhauerei, 1964 - 1967, Entwicklungsarbeit mit Frauen im Sozialbereich in Bolivien, 1968 - 1973 in Chile. Nach der unfreiwilligen Rückkehr Solidaritätsarbeit für Chile, Mitbegründerin des Vereins Frauensolidarität.

Herbert Berger, geboren 1933 in Straß, N.Ö., Studium der Theologie in Wien, Pastoralarbeit in verschiedenen Pfarren, 1968 - 1973 in Chile. Nach der unfreiwilligen Rückkehr Mitarbeiter im Meinungsforschungsinstitut IFES und im Dr. Karl Renner-Institut, Geschäftsführer bei der Arbeitsgemeinschaft Entwicklungszusammenarbeit (AGEZ), Solidaritätsarbeit, 1974 - 1990 Vorsitzender der Chile-Solidaritätsfront.

Weitere Bücher aus dem **Mandelbaum** Verlag

Connecting people
Jugendliche Flüchtlinge und ihre PatInnen erzählen
Hg. von UNICEF und asylkoordination Österreich
20 ÖsterreicherInnen betreuen im Rahmen von »Connecting people« seit Frühjahr 2001 ehrenamtlich jeweils eine(n) Jugendliche(n). Einige Patenschafts-Paare stellen sich in diesem Buch vor und berichten auf unterschiedliche Weise über Entstehen und Verlauf ihrer Beziehung zueinander. Dabei ist ein vielfältiges, facettenreiches Bild entstanden, das zugleich einen Einblick in die schwierigen Lebensumstände der Jugendlichen gewährt und die Höhen und Tiefen der Patenschaften von beiden Seiten aus beleuchtet, aber auch von den Interessen und Leidenschaften, den Träumen und Hoffnungen von Jugendlichen und ihren PatInnen in Wort und Bild erzählt.
Gebunden, 136 Seiten, viele Abbildungen, EU 9,90, sfr 17,80

Gabriele Anderl, Walter Manoschek
Gescheiterte Flucht
Der »Kladovo-Transport« auf dem Weg nach Palästina 1939 - 1942
»Das Buch beschreibt die Tragödie von mehr als tausend Juden, die versuchten, dem Zugriff der Nazis zu entrinnen. Die AutorInnen haben durch Gespräche mit Überlebenden und ehemaligen Besatzern, durch das Studium von Dokumenten und die Auswertung von Briefen die Atmosphäre einer zweijährigen Odyssee in allen Einzelheiten dargestellt. Viele der minutiös geschilderten Details waren vielen Historikern, die sich mit der Geschichte des Unterganges der europäischen Juden befassen, unbekannt – daher stellt dieses Buch eine wichtige Ergänzung unserer Geschichtskenntnisse dar.« Simon Wiesenthal
Gebunden, 298 Seiten, viele Abbildungen, EU 21, sfr 37,30

Herbert Exenberger (Hg)
Als stünd' die Welt in Flammen
Eine Anthologie ermordeter sozialistischer SchriftstellerInnen
Das Buch versammelt AutorInnen, die ihr Leben in NS-Lagern lassen mußten. Gemeinsam war ihnen ihr Zugehörigkeitsgefühl zur Arbeiterbewegung und eine Schreibhaltung, die die Literatur als Mittel der Kommunikation, der Solidarität und der Verständigung über die Fragen der Zeit verstand. Die »Vereinigung sozialistischer Schriftsteller«, gegründet 1933, war eine Schriftstellerorganisation, in der sie gegen die faschistische Unterwefung der Gesellschaft auftraten.
Von den SchriftstellerInnen dieser Anthologie ist wenig bekannt. Ihr Schicksal hat sie nicht zu Prominenten gemacht.
Engl. Broschur, 288 Seiten, EU 18, sfr 31,80

Obiora C-Ik Ofoedu
Morgengrauen
Ein literarischer Bericht
»Es war früh am Morgen, wenn der Schlaf am Süßesten ist. Plötzlich ein seltsames Krachen an der Tür. Als ob jemand kämpfen würde. Oder als ob eine Räuberbande angegriffen und mein Vorzimmer erobert hätte.« So beginnt die Geschichte eines Alptraums – Ofoedus Untersuchungshaft in Österreich. Als im Mai 1999 der Nigerianer Omofuma mit Klebebändern verschnürt bei der Abschiebung stirbt, gehört Ofoedu zu den ersten, die protestieren. Kurz darauf erlangt er als »Drogenboss Charles O.« österreichweite Berühmtheit. »Wer dieses Buch liest, wird sein Verhältnis zum österreichischen Rechtsstaat überdenken müssen.«
Marco Smoliner, Major der Wiener Polizei
Gebunden, 264 Seiten, EU 19,40, sfr 34,40

Evelyn Adunka / Peter Roessler (Hg.)
Die Rezeption des Exils
Geschichte und Perspektiven der österreichischen Exilforschung
Mit diesem Sammelband liegt ein erstes Kompendium zu Geschichte und Perspektiven der österreichischen Exilforschung vor. Die Beiträge zeigen Leistungen und Defizite der Erforschung des österreichischen Exils in den jeweiligen Wissenschaften, informieren über einschlägige Institutionen und Projekte und zeigen künftige Möglichkeiten auf. Das Buch ist interdisziplinär angelegt. Die Frage nach der Rezeption und Nicht-Rezeption des Exils erweist sich als paradigmatisch für die Geschichte des wissenschaftlichen und kulturellen Lebens in Österreich und für die Etablierung einer demokratischen Kultur nach dem Zivilisationsbruch durch die Shoah.
Gebunden, 480 Seiten, EU 29,80, sfr 52,60

George Clare
Letzter Walzer in Wien
»George Clare vermittelt präzise und betörend jene Welt, in der westeuropäische Juden ein ganzes Jahrhundert lang geglaubt haben zu leben«, meinte die NEW YORK TIMES.
»Die Familien meiner Eltern waren typisch für jenen Teil des mittelosteuropäischen Judentums, der, beeinflusst von Aufklärung und wirtschaftlichem Liberalismus, Gleichheit anstrebte und Teilhabe suchte. Es ist aber auch die Geschichte all derer, die fest daran glaubten, dass ihre Schritte sie ins gelobte Land bringen würden, während sie in Wirklichkeit in der Vernichtung endeten.«
Gebunden, 312 Seiten, isbn 3-85476-052-3, EU 19,90, sfr 35,10